講談社選書メチエ

814

楽しい政治

「つくられた歴史」と
「つくる現場」から
現代を知る

小森真樹

MÉTIER

はじめに

なぜ「政治」は「楽しく」ないのか？

「政治のどこが楽しいのかわからない」——大学で教えていると、学生たちがいつもこう言う。あるとき、そうか「政治」や「楽しさ」というものの捉え方が僕と学生ではまったく違っているのだということに気がついた。

熱心というわけではないが、政治のことはけっこう好きだ。自分ではそう思っている。でも、ふだん政治家が何をしているのかなんて追っかけていないし、特に気になる話題がなければ国会中継も見ず、ニュースやコメンタリーで情報を得るくらいだ。抗議のデモや集会が訴えるテーマに共感することはあっても、積極的に参加することはないし、SNSに熱いメッセージを投稿したりもしない。それでも自分は政治が好きだと思っている。

「政治に触れている」と感じるのは、例えば次のようなときだろう。

- 映画の続編で主人公のキャラ設定が変わって違和感を覚えたとき
- 展覧会を観た感想が友人とまったく違っていて、お互い驚いたとき
- 自分はあまり興味のないイベントで街が沸いてるなあ、と感じたとき

・ためになると思った動画や記事を友だちや家族にシェアしたとき

授業で学生と話しているうちに、彼らはこうしたことは「政治」とまったく関係ないと考えていることがだんだんとわかってきた。学生と自分の考える「政治」の範囲が大きくずれている。しかし、政治参加にはこういうチャンネルもあると自分は思うし、だからこそ政治を「楽しむ」ための工夫もしてきたつもりだ。ここに挙げた「政治」の例を見てもらうとわかると思うが、けっこう「楽しめ」そうではないだろうか？　本書は、自分の考える「楽しい政治」の形について共有したいと思って書き始めた。

「知ること」とは政治的なこと

僕が思う「政治」とは何か？　それは「いろいろな意見や立場の人々が共存するためのツール」だ。「目的」ではなく「手段」である。ましてや職業政治家が牛耳る「業界」ではない。

異なる考えをもつ人々が、なんとかうまく一緒に暮らしていくために使う道具。このツールを協力して使いこなすには、まずはお互いを知らなくてはならない。だから、さっき挙げた「政治に触れている」ときは、人によっていろいろな常識や感性があるのを知ったときだったり、つくり手が鑑賞者に伝えようとしたことを作品から受け取ったときだったり、これはぜひ知ってほしい！と思った情報を身近な人に共有したときだったりする。政治の第一歩は「知ること」であり、「知ってもらう」ことである。つまりはコミュニケーションだ。

人は一人では生きていけない。だから社会をつくった。社会は個人の集まりなので、誰かと協力して運営しないとおかしなことになる。人まかせにして放っておくと手が足りなくてガタが来るし、もっと悪ければ誰かのものになってしまう。

ひょっとしたら、もう割とガタが来ているのかも。そんな兆しがあって心苦しくなる。貧困で金も暇もないが、信頼できる仲間もいない。死ぬときは孤独死だろうな、と予感して生きている。ソーシャルメディアでは罵声と炎上が「言論」とごちゃ混ぜになっているし、世界にはすごく困っている人がいるように見えるけれど、自分のまわりを見ても、そんな人はどこにいるのか皆目見当もつかない。それなりにがんばっているし、それなりに楽しい。けれど、何のために頑張っているのかよくわからない。成功って本当に「幸せ」のためのものなのか？　海の向こうでは、独裁者のような政治家が戦争を始め、暴言を吐いて人気取りをする人物が大統領になっている。まさか、現代の日本で政治家が暗殺されるなんて。

人まかせにしていると、気づけば関わりさえなくなってしまう。おそらく社会の機能不全はそこから来ている。そこで「主体的な関わり」が必要になる。しかし、日本では多くの人が、社会との関わりしろがどこにあるのかわからないまま暮らしているように見える。社会の中で役割はある。だが、主体的に社会に関わりたいわけではない。自分の「居場所」ではないからだ。「公共性」より「自己責任」のほうが、よほどしっくりくる。……これでは、よいものにしようなどとは思いようがない。当たり前のことだ。

社会は「私」からはるか遠いところにある。なぜこんなことになっているのだろう？　どうして人々はいがみ合うのか？　困っている人に何かできる手助けはないだろうか？　しかし、どこから始めればよいのだろうか？

これらの問いに答える糸口は、すべて「知ること」から始まる。社会を関わるべき場所にするためには、関わり方を身につけるには、「政治」というツールで社会をよくするには、まずは「知ること」が必要だ。言論や行動には責任もともなうけれど、知ることならば、大胆に「物見遊山」から始められる。

「知ること」は楽しいこと

大学生と政治の話をしていると、すぐに楽しさの話になる。正確には「楽しくなさ」の話だ。目の前の学生を仮に国民の「代表」と見て、人々が政治に必要とする「楽しさ」とは何か、と考えてみる。

彼らの多くが思う政治とは、理由はよくわからないけれど、なぜだか行かないとなあ、と思っている選挙であり、ワニの動画を見てサボっている人やあまり意味のなさそうな批判をしている人が映っている国会中継であり、コロナ禍でいくらでもやってほしいことがあるのに、記者会見で〝暖簾に腕押し〟か〝テンプレ〟のような返答しかしないこの国の最高権力者や、そのお友だちが司るディストピアのような世界のことである。「楽しくなさそう」だし「あまり自分に関係なさそう」だ。こんな「政治」なら、僕だってそう思う。

選挙について尋ねると、まずほとんど何も知らない。それはそうだ。選挙権年齢が一八歳に引き下げられたけれど、高校までにまともな主権者教育がなされている気配はない。「よくわかってなかったけど、大学の授業で解説を聞いて、なぜ選挙が必要なのかわかった」、「具体的な選挙の仕組みをもっと教えてくれるといいのに」、「受験に必要な科目なら勉強したかも」。

意欲はあっても、「知る」チャンネルがないのだ。

選挙に行くのが「正しい」ことだけは先生や親から聞かされたが、なぜ「正しい」のかを知る機会は与えられていない。結果、「楽しくない」ので興味はもちにくいし、優先順位は低い。関わりしろが断たれている。

授業でお堅い政治の話をしてみる。国民主権と党派政治の機能不全、投票率の現状と対策、年齢や男女比から見た国会議員比率の偏り、世界の選挙制度や主権者教育、若者政治団体の活動……などなど、「正しい」話をすると、みんなそれなりに興味をもってくれているのを感じる。

しかし、がぜん学生が目を輝かせるのは、ディズニーランドやゾンビ映画やゲリラアートの話であり、各国の民族料理やビール文化の話題であり、消費者運動やプライドパレードの体験談だ。これらにはいかなる政治的な側面があるのかとか、いかに僕が考えるところの「政治」であるのかを話すと、レポートを書き、卒論のテーマにしたいという学生が出てくる。どうやら、これなら彼ら自身でも探求したいしもっと聞きたくなるらしい。知れば「楽しい」し、知ることも「楽しい」のである。

まずは「知らない」と始まらない。

「知ること」と「楽しさ」をつなげて、社会への主体的な関わりしろをつくり、政治への間口を広げる。「楽しい政治」が本書のテーマだ。自分の思う「政治」とはどのようなものか、それはどう「楽しい」のか、具体例から知ってもらいたい。背筋を伸ばして「政治に参加するのは正しい」と〝正解〟を語るのではなく、「どう関われば楽しいのか」を提案してみたい。人の好みは十人十色、趣味が合うかは人次第。読者それぞれの「政治」の「楽しさ」を考えるヒントにしてもらえるだけで御の字である。ちょっとだけ大仰に言ってみるならば、「政治」の概念を暮らしの領域へと解放したいのである。そして、一大学で僕が受けもった学生という、ごくごく狭い観察範囲における「主体的な関わり」のつくり方が日本社会の少なくない人にも響かないだろうか、とひそかに期待をしている。

アメリカを知ることから始める

本書のケーススタディは、主に近年のアメリカ合衆国のものである。アメリカ文化研究を専門とする筆者がパンデミックのあいだアメリカを訪れることができない時期に書いた文章が元になっている。

作品やニュースを通して日本からコロナ禍のアメリカ社会のことを考えているうちに、おのずと以前アメリカで暮らしていた頃を思い出した。日本とアメリカという二つの社会を頭に浮かべながら、人との関わり方や社会への関心のもちようについて考えていた。

ここ日本では、地震被害や感染症や花粉症など、困った事態になっていることは誰もが知っているが、「気候危機」と言われると〝まだ先の話〟で、あとまわしムードである。ジェンダー格差や性差別が話題になるたび、真っ向からの批判というより冷笑する声が目立つ。書店には恥ずかしげもなく「嫌韓・嫌中」といったヘイトの言葉が並んでいるが、かといって自分たちの表現の自由を守るためには差別的な言論をどう扱うべきか、などという議論が聞こえてくるわけではない。ふと、なぜこうした人の関わる話題にこれほど無関心なのか、と首を傾げる。「他人事」という言葉がしっくりきた。

一方、アメリカでは、こうした社会課題に対して解決策や自分なりの立場を表明するのは特別なことではない。人々はある種の常識やマナーとして社会に対する態度を身につけ、ふるまっているように見える。言葉にする機会が多いためか、意見の衝突を見かけることも多く、これはある意味では違和感や摩擦が身近な状況である。アメリカで暮らしていると、無関心でいることになにか居心地の悪さを覚える。関わりをもたざるをえないのだ。人に関わる社会課題との向き合い方に、人との関わり方が影響している。心地よく無関心でいられる日本とは対照的だ。このあたりにヒントがありそうだ。

しかし、「関わり」とは面倒なものである。経験したかぎりの話だが、アメリカでは、都市・郊外や山間部など地域によらず、知り合いでもない相手に自分の思いを熱っぽく伝える人々がやけに多い。声をかけられると無視するわけにもいかず、今まで考えたこともない話題について突然考えさせられて、意見を述べなければならなくなったりもする。

例えば、ワシントンDCのバスで隣の席に座った人が急に哲学講義を始めてきて返答に困ったことがある。サルトルだったか何だったかよく覚えていないが、別の乗客は大盛り上がりで議論に参加していた。フィラデルフィアの道端で、環境負荷の低さを売りにした電力会社の営業の人が地球環境保全に関心があるか、意見を求めてきたこともある。話が長引きそうなので「あんまりない」などとはぐらかそうとしたが、「なぜ？　いいことだと思うでしょ？」と畳みかけるテクニックで詰問され、ますます困った。ボストン市街で、通行人の小馬鹿にする目線を背に、果敢に「気候変動は闇の政府による陰謀」だと独り演説する人を見かける。観光客だらけの大学街のショッピング通りだから、違和感が満載だ。サンディエゴのカフェで、二人の中年女性から信仰を伝道され、食事に誘われる。あまりにもいい人たちで、あとで教会に激しく勧誘されるのでは、と心の中で少しだけ警戒しつつ滞在中時々会っていたが、信仰の話もほとんどせず、楽しく談笑しただけで別れた。拍子抜けして、疑念をもったことを恥じた。

これらはもちろん個人の体験にすぎないし、アメリカでは知らない人との面倒な関わりが避け難い、などと言いたいわけでもない。そうではなく、こうしたコミュニケーションの作法で生きる人々は、見聞きした考えが「われわれの社会」に存在するという事実に向き合わざるをえないのではないかと思うのである。そして、生身の人が発する言葉やふるまいを通して、いわば「人」というメディアを介して何かを知ることの力強さも感じるのである。このような意味で、アメリカは無関心でいられない、ちょっと面倒な社会である。

見ないふりは確かに楽だ。しかし、それは社会の無関心や「楽しくない政治」へと通じているのかもしれない。ならば、アメリカから面倒な関わりの作法を学べるのではないか。価値観による社会の分断、リベラルと保守のすれ違い、民主主義の危機などはアメリカ社会の病理のように語られているが、多かれ少なかれ日本社会にも身に覚えがある。それは、一面ではコミュニケーション不全の問題である。近くて遠いアメリカの是と非を観察しながら、多様な人々が意見や価値観を伝え合う〈コミュニケーション〉の方法や、他者と共存するための常識やマナーが社会〈構造〉に埋め込まれた歴史や背景について考えてみよう。

もう一つ、アメリカをケーススタディに取り上げたのは、読み手の「楽しさ」のためでもある。学生の中には、耳ざわりのよくない話に対して拒絶反応を示す者も少なくない。差別や格差、殺戮に、やるせない不正義……目の前の改善すべき社会課題について真正面から考え、取り組むのが「正しい」のはわかるが、身体はどうにも受けつけない。

日本社会の問題などは、とりわけ聞きたくない。自分に深く関わりすぎて「楽しめ」ないのだ。ところが、アメリカ社会から話が始まれば、途端に興味が湧くことがある。〝海の向こう〟の話から始めるからこそ、かえって自分事として向き合える。こうしたチャンネルがあるようだ。

アメリカを事例に選んだのは、研究の専門だからでもあるが、それ以上に「アメリカ」というレンズを通して人々の関わりや社会への関心のもちようについて考えたいと思ったのである。その意味で本書はアメリカについての本ではあるが、アメリカ論とは趣きが異なっている。アメリカを知ること「から」始めたいのである。

本書の構成

「知ること」から始めて、楽しい政治を。そのために二つの「知る」を設定した。一つは、ルールや常識が社会に埋め込まれてきたプロセスについて知ること。つまり、歴史的経緯が社会に与えている影響力を理解することだ。もう一つは、社会を変えるためのコミュニケーションの仕方を知ること。これらは本書の第Ⅰ部と第Ⅱ部に対応している。

第Ⅰ部「つくられた歴史から〈構造〉を知る」では、映画やテレビドラマを題材に、現在の社会構造がどのような歴史を経てつくられてきたのかを考えていく。われわれが生きる「今」は、すべて過去の出来事の上に成り立っている。さまざまな取捨選択のプロセスを経て語り継がれてきた歴史の産物である。各章では、いろいろな角度から歴史と社会構造のつながりを見ていく。映像作品の主題を読み解き、同時にその背景にある社会問題について解説しながら、歴史の語りに見られる偏りや複数の歴史語りの対抗関係が、いかに現在の社会構造に影響しているのかを考えていく。歴史がつくられるプロセスやバイアスに注意を払うことで、人種・民族、ジェンダーや経済格差などといった、社会構造に埋め込まれた力学について理解する方法を学ぶ。

第Ⅱ部「つくる現場から〈コミュニケーション〉を知る」では、社会運動を素材にして、人々の関わり方の作法、つまりコミュニケーションについて考えていく。歴史を経てつくられてきた社会構造の中では力関係が生じ、さまざまな立場同士がときにぶつかり合う。各々が理想とする社会をともにつくるには落としどころが必要だが、どのようにすれば対立や交渉、対話や妥協や融和といった「コミュニケーション」はうまく機能するのだろうか。そのヒントを得るために、第Ⅱ部ではデモやハッシュタグ運動、記念碑や博物館、名称変更運動など、実に多彩な方法で人々が声をあげている社会運動の現場を観察する。

声をあげることとは、主張や違和感を伝えることである。われわれが生きる社会はこうあるべきだと世の中に伝えて、社会を定義し直すコミュニケーションである。社会をつくり変え、居場所として整える。社会運動は、そのような政治の一つだ。

コロナ禍の騒乱では、声をあげざるをえない場面も増えた。ソーシャルメディアは、さらに活発な言論空間となっている。オンラインとオンサイト、ウェブとリアルの空間が絡み合って、言論の「現場《フィールド》」を織りなしている。社会運動でそれぞれが自分たちの社会をつくろうとするとき、いかにすれば健全にコミュニケーションができるのかを考える。

つくられた歴史から〈構造〉を知り、つくる現場から〈コミュニケーション〉を知る。過去形と現在形で、「楽しい政治」について考えよう。過去を知ることは、現代を知ることだ。そして、現代を知ることは、切り拓くべき未来を知ろうとすることである。「知ること」は政治の第一歩だ。「知ること」こそが政治である。「知る」から、楽しい政治を始めよう。

楽しい政治　目次

本書は、いくつかの方法で読んだり使ったりできるように編んである。三つほどオススメの楽しみ方を提案しておきたい。

(1)はじめの章から順に読み通して楽しむ

各章は少しずつ関係して展開していく。次第に理解を深めながら読み進めると、各章で触れたトピックが立体的に見えてくる。章をまたがる論点を宝探しのように見つけていくのも楽しいはず。

(2)好きな章を選び、映像作品と併せて楽しむ

章ごとに内容は完結しているので、どの章からでも読める。第Ⅰ部各章の冒頭につけた作品紹介や目次に興味のある作品を見つけたら、まずは作品を鑑賞してから文章を読み進める。逆に文章を読んでから作品を鑑賞しても、もちろんいい。ほとんどの章では、本文の中でも関連する映像作品を紹介しているので、そちらを併せて観ることもできる。各章と映像作品を併せて鑑賞して味わい尽くす方法。大学や高校の授業、各種ワークショップ等でも活用できます。

(3)キーワード事典で楽しむ

文中に登場する術語について、巻末につけた「「楽しい政治」のためのキーワード事典」で解説してある。事典をパラパラと読み、目を引いたワードの項目を読んで興味を抱いたら、本文の掲載箇所へと読み進めて理解を深めることができる。もちろん、逆に本文からキーワードへ飛んで参照するこ

ともできる。

あるいは、キーワード事典自体を読み物としてはじめに読み通し、そこから本文に戻る方法もある。事典には、キーワードについてさらに考えるときに参考になる資料を挙げてあるので、興味が深まれば、読み進めてほしい。本文中、事典に出てくるキーワードは「**陰謀論**」のようにゴシック体にしてある。

第1部
つくられた歴史から〈構造〉を知る

第1章　集会と虐殺

――パブリック・ヒストリーが開いた負の歴史

『ウォッチメン（*Watchmen*）』ＨＢＯドラマ、アメリカ、二〇一九年
製作総指揮：デイモン・リンデロフ
原作：アラン・ムーア＋デイヴ・ギボンズ

スーパーヒーロー・コミックの『ウォッチメン』は、その文学性が高い評価を得た一種の古典である。「スーパーヒーローが実在するなら、いかに史実の裏側で暗躍するだろうか」という問いを主軸に、歴史改変ＳＦとして同時代の政治への諷刺をきかせている。本章で扱うドラマ版は、二〇〇九年の映画に続く二度目の映像化である。

ウォーターゲート事件でニクソン大統領が失職せず、ベトナム戦争ではアメリカが勝利している……。一九八六年のコミック刊行当時につくられたこうした設定は引き継ぎつつも、本作はきわめて現代的な作品となっている。価値観と政治的党派性による社会の「分断」、殺人へと至るほどの苛烈

な人種差別、気候変動への危機意識などといった時代の趨勢をふんだんにちりばめているのだ。設定では、俳優のロバート・レッドフォードが大統領となり、三〇年近い超長期政権を握っていることになっているが、現実にもこの俳優は環境問題やマイノリティの権利運動などで知られるリベラル派だ。

作品内では専制政治の押さえつけによって気候変動問題が解決しているのだが、その反動で地下組織として白人至上主義者が台頭している。善意のリベラル派が長期的に力を握った顚末を描こうとした、という作者の意図は、現実社会で力を握るトランプ政権下で起こる社会の分断を諷刺しつつ、共和党・民主党という二大政党の立場を逆転させた巧みさがある。ドナルド・トランプやロナルド・レーガン、アーノルド・シュワルツェネッガーといったセレブたちが大統領や大物政治家になる現象は、言うまでもなくアメリカの現実である。

タルサ人種虐殺と歴史の記憶

二〇二〇年のアメリカは、コロナ禍と大統領選に揺れた一年だった。当時現職の大統領だったドナルド・トランプは、共和党の代表候補者として再選を狙っていた。彼の選挙戦での得意技は「集会」である。プロレス興行とテレビ界で培《つちか》ったショーマンシップで演説をマスメディアとＳＮＳで拡散し、民衆の「熱狂」を演出した。それには「現場」が必要だ。コロナ禍での休止期間を経て開かれた「**アメリカを再び偉大に**（Make America Great Again＝ＭＡＧＡ）」集会には支持者からの強い期待が集まったが、逆に反対派からも相当激しい怒りと批判が向けられた。その顚末と背景をひもといていこう。

問題のトランプ集会は、二〇二〇年六月一九日にオクラホマ州タルサ市での開催が企画されたものだ。一つ前の集会は三月で、**新型コロナウイルス**による休止前にはほぼ毎週のように全米のどこかで開かれていたから、久しぶりの集会に向けて参加者の期待が高まり、トランプがそれに応えようとしたことは想像に難くない。

この集会、「時」と「場所」が大問題だった。

その日付である六月一九日（June nineteenth）は、アメリカ最後の奴隷解放を記念した日で、「**ジューンティーンス**（Juneteenth）」と呼ばれる。この時点ではほとんどの州で公認された祝日で、バラク・オバマ大統領のときに実現こそしなかったが、連邦、つまり国全体の祝祭日として登録する運動も盛んになってきていた。[1] この年の五月二五日には黒人男性のジョージ・フロイドが殺される事件が起こり、大規模なブラック・ライブズ・マターの抗議が全米に拡大していた。その中で、トランプが

図 1-1　「世界の石油首都」のコピーが書かれたポストカード

この企画を発表したのは、まさに渦中の六月一〇日のことだった。感染拡大への懸念にも批判が集中したが、何よりも記念日にかぶせてくるとは差別的だ、という声があがり、結果的には一日ずらして二〇日に開催することを決めた。

一方、開催地の選択もまた、黒人人権運動に対して侮蔑的な行為だった。この街には、一九二一年に起こった**白人至上主義**者たちが黒人を大殺戮した「タルサ人種虐殺（Tulsa Race Massacre）」という悲惨な歴史があったのだ。逆に言えば、黒人人権否定派にとっては喝采ものの場所設定とも言える。[2]

中南部オクラホマ州のタルサは、二〇世紀に入って石油地下資源が発見されたことで、「世界の石油首都」と呼ばれるほどに発展を遂げた。[3] 逃亡や解放によって南部から移住した奴隷たちの豊富な労働力もこれを支え、黒人企業家に経済的成功をもたらした。その中心であるグリーンウッド地区は、アメリカ最大の黒人富裕層が住む「ブラック・ウォール・ストリート」と呼ばれた。[4]

しかし、その成功は白人との摩擦を生み、悲劇へと至る。一九二一年五月三〇日、エレベータ内で白人女性に暴行した廉《かど》で黒人男性が逮捕された。冤罪の疑いが強いものの、当時の報道はこの「暴行」行為をセンセーショナルに煽って事件のことを報じた。白人至上主義者が被疑者を集団リンチするのでは、と緊張が走る中、彼を保護するために武装した黒人集団と白人たちが相まみえ、州警の仲裁も虚しく一発の銃声を機に戦闘が起こった。噂はまたたく間に広がり、翌日には黒人地区への放火と略奪が起こる。なんと、最終的には飛行機による空爆さえ行われた。内戦の様相を呈して、一夜にして、「ブラック・ウォール・ストリート」は街ごと消え去った。

図1-2　破壊の様子を捉えた写真。「黒人をタルサから追放」と書かれている

隠されてきた歴史とその政治利用

タルサ人種虐殺は、これまで歴史の闇に隠されてきた事件である。黒人への人種差別意識が悲劇の継承を妨げたのだ。公的な被害調査が十分に実施されず、歴史教科書には事件が記載されず、教えようとする教員への妨害もあった。黒人住民による証言を報道に載せることが拒否され、また地域住民のあいだでもクー・クラックス・クラン（KKK）など白人至上主義団体からの暴力への恐れから口にするのをタブー視する意

識が広がり、事件の記録や記憶が妨げられてきた。すなわち、アメリカの歴史で「記憶における人種隔離」が起こっていたのである。[5]

事件の後もタルサ市は追加調査に消極的だった。街に否定的なイメージがつくことで地元の産業や移住者誘致に悪影響となることを恐れたのだ。事件報道もまた消極的になっていった。見てみると、事件直後の当時の報道内容もおかしい。タルサ市の『トリビューン』紙は、六月一日には九名の白人と六八名の黒人が亡くなったと報じたのち、翌日は九名と二二名だと黒人死者数を減らしている。『ニューヨーク・タイムズ』紙は二日には白人九名と黒人六八名と報じたが、たった六日後には三三名が死去したとだけ伝えている。[6] ほとんど焼け野原と化した黒人地区には保険さえ適用されず、一万五〇〇〇人がホームレス状態になった。この事件は、二〇二〇年代に至るまで「暴動事件」と伝えられてきたため、免責規定が適用される「暴動」には保険が下りなかったのである。何の罪もない住民がこれほどの被害を与えられた「一つの事件単位ではアメリカ史上最悪の人種的暴力事件」[7]は、近年までほとんど認知が進まなかった。[8]

二〇〇一年にタルサ市は、この歴史を公式に認めて謝罪と賠償をした。ここでの被害者数はなんと三桁に及び、最大で三〇〇名以上という調査結果が出ることになる。[9] 歴史的な検証は一九九〇年代に入って少しずつ始まっていたが、義務教育でこの事件を教える決まりがつくられたのは、二〇二〇年になってからのことである。[10]

われわれが認識する歴史とは、いかに歪んでいるのだろう。この惨劇は「黒人の生命／人生＝ブラック・ライブズ」にまつわる歴史認識のバイアスがいかに大きいのかを象徴している。奴隷制の歴史に由来する歪みこそがブラック・ライブズを抑圧しているのだと訴えるブラック・ライブズ・マター（BLM）運動の裏側で、それを劇場型政治に利用して歴史の重みを蹂躙する。トランプ集会の一件は、そのような行為だった。これが、集会への怒りと反対運動への共感が広がった背景である。

二〇二〇年の集会では、コロナも相俟ってさらなる悲劇が生まれた。そこで少なくとも八名の感染者が出たが[11]、集会後、過去に共和党の大統領候補者にもなったハーマン・ケインが感染によって死亡したのだ[12]。彼を含めて多くの出席者はマスクをしていなかった。トランプに煽動され、ウイルスの存在を否定する陰謀論やマスクをしない自由を権利として主張する言説が支持者のあいだで広がっていたためだ[13]。

パブリック・ヒストリーが開く負の歴史――コミック、映画、ドラマ

タルサ人種虐殺が近頃話題にのぼったきっかけは、ドラマに登場したことだった。二〇一九年の秋、コミック・シリーズの『ウォッチメン』がHBOでドラマ化された。アラン・ムーアが一九八六年に生んだカルト的人気を誇るスーパーヒーロー・コミック作品で、大統領の陰謀、冷戦や核戦争、人種・性差別など、社会問題を扱った政治諷刺SFだ。いわゆるポリティカル・フィクションである。二〇〇九年に原作により忠実に映画化されたが、今回は現代に合わせて設定を大胆に改変。舞台を一九八五年のニューヨークから二〇一九年のタルサへと移し、警察暴力と白人至上主義など現代的な問題を正面から描いて、大きな反響を得た[14]。このドラマ版のプレミアとなる第一話では、タルサ人種虐殺の空爆のシーンを大々的に取り上げ、生々しく描いた。画面には色処理が施され、あたかも歴

図1-3　『ウォッチメン』第1話で描かれたタルサ空爆

史資料を見ているような印象が与えられている（図1－3）。

隠されてきた大虐殺にポピュラーカルチャーが光をあてた。歴史の蓋はコミックやドラマでも開かれるのだ。歴史の専門家ではない社会一般による歴史の語り――パブリック・ヒストリーとして負の歴史が前景化したのである。

歴史とは、歴史書や教科書に書かれたものばかりではない。博物館で展示されるものや口伝されるもの、さらには映画やテーマパーク、観光地で見聞きするものもまた、人々の歴史認識を生み出す効果の点では立派な「歴史」であり、「語り継ぎ」である。

このような歴史の見方のことを「**パブリック・ヒストリー**」と呼ぶ。直訳すると「公の歴史」であるが、ここで言う「公」は「官」のことではない。つまり、政府や役所などの行政機関のことではない。「公」とは「公共」のことであり、ある一つの社会に暮らしているのだと理解をともにする「われわれみんな」のことである。思えば、人間とその集団を中心として考えてみれば、行政機関はその部分ないし従属する手段にすぎないはずだ。しかし、日本を含め多くの国民国家では、カリキュラム制度や学校教育を通じて行政が人々の「歴史」認識に対して強い影響力をもっており、その結果、日常的に何気なく「日本史」などと言うときには、政体を主語に語られる「官についての歴史」を指すことが一般的だ。逆に、民衆が有形無形に伝承してきた記憶は「民俗」などとして区別される。この官についての「歴史」は、しばしば「官による歴史」として編まれるし、「官のための歴史」となるとプロパガンダにもつながりかねない。本当は存在するはずの「わたしたちについての／わたしたちによる／わたしたちのための歴史」は、実態以上に見えなくなっている。

すべての人々には歴史がある。パブリック・ヒストリーという歴史の視座は、「公の歴史」を見える化する、わたしたちに「歴史」を取り戻す方法である。

このような意味において、『ウォッチメン』はタルサ人種虐殺の隠された歴史を語るパブリック・ヒストリーなのである。

集会での一件のあと、トランプ大統領は「誰も知らなかった記念日を有名にしてやったぜ」などと暴言を吐いた。彼がタルサを集会の場所に選び政治利用したことや、それによってタルサ人種虐殺という歴史の歪みが表に出てきたこと——それらもまた別種の「公」が語る歴史である。

その後、トランプ集会の世論への影響を抑えるための対抗集会が、タルサ市によって企画されていたことも明らかになる。[15] ゲスト候補には人気黒人司会者オプラ・ウィンフリーらの名が挙がっていたが、最終的には中止された。全米のマスコミのレベルであっても、市内の集会というレベルであっても、このように現場から「公」の声をあげることもまた、歴史を描く行為である。パブリック・ヒス

図1-4　レジーナ・キングが着用したブレオナ・テイラー「SAY HER NAME」Tシャツ。人種差別によって命を失った被害者のグッズがつくられなくてはならない社会というのも考えものだが……

トリーとは、歴史を語る対抗的なプロセスなのである。

同年九月二〇日に発表されたエミー賞で、本作は二六部門の候補、一一部門を獲得、という快挙を成し遂げた。[16] 製作総指揮のデイモン・リンデロフは、「二一年、タルサを忘れない（Remember Tulsa '21）」のTシャツを着て、「ヒストリーはミステリーです。バラバラのパズルのピースになって多くは失われている」とスピーチを始め、「一九二一年のタルサの被害者と生存者にこの賞を捧げます。今なお燃え続けているブラックウォールストリートの炎を消し去ることができるかどうかは、われわれがともに戦い続けられるかにかかっています」と述べた。彼は本作の着想を、作家タナハシ・コーツが発表した、アメリカ社会で黒人がこうむる人種的不平等について批判した記事から得た。そこからタルサ人種虐殺が語られてこなかったという歴史の不均衡とバイアスに関心を抱き、調査を始めたという。[17] 原作と映画版では、「冷戦」をモチーフに政治的緊張を描いていた。リンデロフが「リミックス」と呼ぶ本作は、「人種問題」を大々的に取り入れた。彼は、現在人種問題抜きに政治について語るのは無責任だ、とまで言いきっている。[18]

主演の黒人女優レジーナ・キングは、スピーチで二人の女性への追悼の意を表した。一人は、同年三月に警察の誤認捜査によって家宅へ押し入られ、二六歳という若さで射殺された女性ブレオナ・テイラー氏である。彼女の顔がプリントされたＴシャツが強い印象を残した（図１－４）。もう一人は、女性の法的権利拡大のために尽力した**連邦最高裁判事**ルース・ベイダー・ギンズバーグ氏である。折しも二日前の一八日に亡くなったところだったのだ。過去と今をつなげ、人種も性差も超えて連帯する、というメッセージが印象深かった。

ドラマや映画、授賞式や報道など、各所で紐づけられたポップカルチャーは、人々の理念を形づくるメッセージとなる。これらはまた、世相の反映でもある。パブリック・ヒストリーとは、社会を変える手段であり、社会を理解する手段でもあるのだ。

一九二一年事件当時のポップカルチャーなら、初期劇映画の名作『國民の創生』（監督：Ｄ・Ｗ・グリフィス、一九一五年）が思い出される。黒人投票の阻止のために暴力・殺人をも辞さない白人至上主義集団**クー・クラックス・クラン（ＫＫＫ）**を、本作はヒーローとして描いた。それによって現実世界で鎮静化しつつあったＫＫＫが活性化したのである。人種隔離が適法だった時代にあって、その過激さは表向き鳴りを潜め、大衆化して普及していく。映画の公開が一九一五年であることを思えば、間接的にタルサ人種虐殺の引き金になったとも言える。タルサ空爆が起こった一九二一年には、モントリオールとウェストバンクーバーでカナダ初のＫＫＫも組織されている。[19] このように、パブリック・ヒストリーの視座は現代に限らず有効だ（『國民の創生』については、第３章も参照）。

ドラマ『ウォッチメン』はＫＫＫをどのように描いたのか。この世界ではリベラル派が世間を席捲

図1-5　リベラルへの反動で生まれた地下組織

している。一九九二年にリベラル派の俳優ロバート・レッドフォードが選挙で大勝利を収めて大統領になった、こうした設定になっているのだ。彼は現実の世界でも環境問題や人種・性的マイノリティの権利擁護の活動で知られている。この世界では気候変動問題が解決しているのだが、それは専制政治を強権的に行った結果である。しかし、その反動から白人至上主義者が台頭していて、KKKを連想させる白マスクの地下組織が登場する（図1-5）。

　現実の世界で元俳優やセレブから大統領になったことで知られるのは、ドナルド・トランプやジェラルド・R・フォードだ。彼らは保守派である共和党の政治家である。つまり、現実の政治の「左右」を裏返しているのだ。現実には、共和党保守のニクソン大統領は、一九七二年のウォーターゲート事件で政敵を盗聴しようとしたことが明るみに出て失墜したが、この事件を描いた最大のヒット映画『大統領の陰謀』（監督：アラン・J・パクラ、一九七六年）で事件を追う記者を演じたのは、なんとレッドフォードその人だ。

　一方、『ウォッチメン』の世界では、この事件の陰謀が発覚しない。結果、ニクソンは保守派のヒーローとして称えられていて、地下組織のメンバーはニクソンヴィルという街に住んで彼の像を崇《あが》めている。これは大恐慌時代の一九三〇年代に全米にできたゲットー地区「フーヴァーヴィル」が元になっている。不況でホームレスとなった人々が寄り集まって家を建て、キッチンを共有し、自治をしながら暮らしたもので、大恐慌の責を問われたフーヴァーにちなんで名づけられた。トレーラーで暮らすニクソンヴィルの人々もまた、見るからに貧困だ（第7章のノマド生活に関する解説も参照）。

警察はニクソン像を引き下ろそうとする。これは罠だ。反発して暴力をふるった途端に彼らは逮捕される。近年のアメリカでは、公共空間の彫像に対する批判はリベラル側の歴史運動として知られている（第10章で解説）。奴隷制や人種差別思想をもっていた「偉人」の顕彰をとりやめよ、と主張するものだ。本作では、リベラルな警察権力が強権的で悪辣な手段を使って貧困にあえぐ白人至上主義者を制圧する。それも、**ポリティカル・コレクトネス**に対して反感を覚える社会の雰囲気も匂わせつつ描いている。

リンデロフは、歴史の「もしも」を使って、善意のリベラル派が長期的に力を握った顚末を描こうとしたのだと諷刺の意図を説明する。現実社会で強まる「分断の政治」を前提としながらも、「**共和党・民主党**」という二大政党の立場をシャッフルし、同時代に盛り上がっていたBLM運動で改革すべき問題を抱える機構と批判された警察機構内部の善・悪の複雑さを描いた。社会正義に基づく歴史の見直しや制度設計が「善きことの押しつけ」のように受けとめられている社会の空気や、経済的に困窮し、困難を抱えるプアホワイトと呼ばれる弱者白人たちの被害者意識なども織り込むことで、敵対する立場を「悪党」と決めつけるような党派的な「正義」をも巧みに諷刺している。これは、極右や人種主義・排外主義を批判するという単純な勧善懲悪の物語よりもはるかに批評的だ。

『ウォッチメン』公開の翌年、二〇二一年は事件から一〇〇年という節目でもあり、ドキュメンタリー映画が多く制作された。貴重な生き残りの証言も含むＮＢＣの『ブラックウォールストリートの血：タルサ人種虐殺の遺産（*Blood on Black Wall Street: The Legacy of the Tulsa Race Massacre*）』などがある。[20]歴史研究による検証、行政機関の公認、義務教育でのカリキュラム化、そしてこの全米マスメディアでの番組化に至る軌跡の一つとして、ドラマ『ウォッチメン』は位置づけられるのだ。

バイデン政権下の二〇二一年六月一七日、つまり事件の翌年にはジューンティーンスは連邦政府が公認する祝日に制定されることになった。これは、一九八三年の**マーティン・ルーサー・キング・Jr.**の日以来、およそ四〇年ぶりに新設された祝日である。これらはともにアメリカ合衆国の黒人の歴史における転換点を示すものだ。「祝日」とは、国家が公認した記念日であり、その歴史的な意義へのお墨付きである。それは、人々《パブリック》が国家という制度を使って時代精神を更新《アップデート》した印なのだ。祝日の制定とは、歴史を語り直す装置でもある。祝日やドラマという「娯楽」や「文化」は、歴史の語りに貢献するものなのである。[21]

ドラマ版『ウォッチメン』は、コミックヒーローものという、一般には「歴史」を伝えるメディアとはあまり思われていないものが、実際の歴史と連動していることを示す好例である。「不可視化されてきた人々の歴史」がポップカルチャーをもって語られる。タルサ人種虐殺の事例には、特定の人種がこうむった悲劇が忘却されてきたこと、つまり歴史認識の不均衡に対する想像力が社会全体で育《はぐく》まれていくプロセスが見える。「公の歴史＝パブリック・ヒストリー」という視座は、歴史がもつバイアスへの想像力を与え、別種の語りを「われわれ」に育んでいくのである。

第2章　コンクリートジャングルのカウボーイ
――「歴史修正」の功罪

『コンクリート・カウボーイ：本当の僕は（*Concrete Cowboy*）』Netflix映画、アメリカ、二〇二一年
監督：リッキー・スタウブ
原作：G. Neri, *Ghetto Cowboy*, Somerville, Mass.: Candlewick Press, 2011

本作の舞台はペンシルヴェニア州フィラデルフィア。建国期に首都だった時代もあり、現在も古い街並みが残るアメリカ東部の大都市だ。ダウンタウンから程近い、狭いストリートに家屋が密集する黒人地区のただなかに、馬とともに暮らすコミュニティがある。

主人公は一五歳の少年コール。デトロイトの高校を素行不良で退学になって母親にフィラデルフィアに連れてこられるが、半ば置き去りにされる形で疎遠だった父親ハープのところに引っ越すことになる。父の小さなアパートには、なぜか巨大な馬がいる。父が所属する「フレッチャー・ストリート・アーバン・ライディング・クラブ」が協力して馬を育てているという。インナーシティの荒廃し

た住宅街の一角で小さな牧場を営み、メンバーたちは馬を世話している。

本作は、家族、コミュニティやネイバーフッド、そしてクラブを通じて「居場所」について描いた作品だ。父に反発するコールに幼なじみのスムーシが声をかけるが、ドラッグの売人などに関わる悪友との友情という居場所もまた危うい。ホースクラブでの活動を通して、コールは恵まれているわけではない人々を「家族」としてケアする父を理解するようになり、次第にクラブという居場所を見つけていく……。

ニューヨークでセントラル・パーク付近を歩いていると、馬に乗った警官が突然現れてギョッとすることがある。大都会を馬が闊歩する風景は優雅ではあるが、馬の〝落とし物〟がそこら中を汚しているのを見ると、いったいどこで飼っているのだろう、さぞかし難儀だろうな、と不思議に思わされる。

二〇二一年公開のNetflix映画『コンクリート・カウボーイ：本当の僕は』では、そんなアメリカの大都会で馬を育てる人々の暮らしぶりを知ることができる。黒人中年男性が貧困地区の手狭なアパートで馬を飼っている。都心ど真ん中の立地なのに馬小屋もある。老若男女のクラブのメンバーが糞や干草など馬たちの世話をするのは狭い道路、調教をするのは公園のバスケットコートの中。こんな感じだ。

驚くことに、このクラブは実在する。映画の原作は、クラブに取材した逸話をフィクション仕立てにした二〇一一年の小説『ゲットー・カウボーイ』。

これを聞いて「変わった話」だと感じただろうか？　ならば、それはあなたが「カウボーイ」のことを「アメリカ西部」の「白人」「男性」の文化だと考えているからかもしれない。本作は、そんな私たちが理解する歴史の「常識」に次々と揺さぶりをかけてくる。

本章では、この映画を素材にして歴史の語りについて考えてみよう。

現代アメリカに生きる黒人カウボーイの暮らしを描きながら、「カウボーイ」の歴史が過度に白人中心で描かれ、歪められてきたバイアスに注意が向けられる。歴史は誰によって語られてきたのか？語られた「過去」に目をやると同時に、今まさにこの地域で現実に起こる社会問題についても語る。

図2-1　実在の「フレッチャー・ストリート・アーバン・ライディング・クラブ」。写真中央がエリス・フェレル

歴史の語りについて批判的な視座で見つめ直しながら、歴史を今につなげる。そんな作品である。

歴史の偏りをなくす

この物語は、アメリカ社会で記憶されてきた「カウボーイ」の歴史の偏りを強く意識している。アメリカにおいても、西部劇で描かれた白人男性のカウボーイイメージは根強い。つまり、黒人コミュニティのホースライド文化を描くことは、一般的な「カウボーイ」のイメージが農村部・西部の白人男性に固定されていることに対するアンチテーゼとなるのだ。

都会で馬を飼うフレッチャー・ストリート・アーバン・ライディング・クラブは、一〇〇年ほど前に結成された実在のものである。そのきっかけは、南北戦争後の奴隷解放宣言のあと、一九一〇年代から多くの黒人人口が南部から北部の工業地域へ移住した「黒人の大移動」にある。タルサにブラック・ウォール・ストリートが生まれたのと同じ背景だ。南部農村部から都市に動物を連れてきたのは彼らだ。フィラデルフィアという、古くから都市が栄え碁盤目状の狭い区画が整備されていた街に農場がつくられた理由は、ここにある。こうした黒人都市文化としてのホースライドの歴史が本作の背景にある。

クラブは一度休止したあと、二〇〇四年現在の代表であるエリス・フェレルが再建したものだ。現在八〇代になるフェレルも南部出身で、第二次世界大戦前にフロリダ州タラハシーからフィラデルフィアに越してきた。健康で健全な若者を育成するためのスポーツとして乗馬を取り入れ、一九八〇年に現在と同じ地区に馬小屋を建てた。都市の黒人による馬乗り文化は、こうして受け継がれてきたのだ。小説や映画などの物語は、その歴史を運ぶ器となっている[1]。

カウボーイと聞いて多くの人が思い浮かべるのはテキサス・レンジャーだろう。西部開拓の頃から第一次世界大戦後くらいまで活躍した馬乗りの自警団のことで、州警察のルーツである。これもまた、ドラマ『ローン・レンジャー』での描写から、その歴史が白人のものであるかのように認知されてしまった例だ。実際には当時レンジャーの四人に一人は黒人だったし、中国系、つまりアジア人カウボーイも多く存在していた。こうした逸話も『コンクリート・カウボーイ』ではクラブ・メンバーたちによって愚痴っぽい笑い話として語られているが、このように実態を歪めて非白人の影響力が小さいように語ることや、とりわけ映画産業で非白人の役を白人に置き換えることを「**ホワイトウォッシング**＝白人化」と言う。

歴史学の潮流は、歴史の記述を大きく変える。旧来の歴史学は、権力をもつ支配的な主体、つまりエリート層を歴史の中心として描いてきたが、次第に「ふつうの人々」、つまり庶民層が語られる対

図2-2　ドラマ版のローン・レンジャーと先住民の相棒トント。雪山にちなんで名づけられたシルバーもまた「白」馬だ

象に含まれるようになった。過去の歴史記述を批判的に検証し、マイノリティや社会的弱者の役割に着目して歴史を描き直し始めたのである。つまり、「政治史」や「外交史」から「社会史」への重心の変化である。支配的な主体とは、例えばアメリカ近現代史であれば、連邦や州議会などに関する歴史であり、軍事や政体の運営を担う健常者の成人白人男性を主人公にした語りである。これらを中心に描かれてきた偏りや制度設計はあまりに強く、アメリカ史やアメリカ社会の偏りをならす作業は現在も進行中である。

その中にあって本作は、歴史学の用語で言えば「**黒人史**」であり、主体的な文化の担い手としてカウガールを描いた「**女性史**」としての側面もある。そして、フィクション小説やエンターテインメント映画としてドラマ化し、これまでと異なる角度から「カウボーイ／カウガール文化」の歴史を描く**パブリック・ヒストリー**でもある。

哲学者のヴァルター・ベンヤミンは、歴史主義者は「勝者」に共感する、という言葉を残している。[2] 本作は「敗者」の感情に寄り添い、歴史を語り直す。黒人、女性、都市のホースライド文化は「なかったことになっていた」のだから、それに対してバランスをとった「修正」を加えているのである。

「歴史修正主義」と「否定論」を区別する

関連した用語に「歴史修正主義（リヴィジョニズム）」がある。日本語の「歴史修正主義」には一般に悪い響きがある。映画『否定と肯定』（監督：ミック・ジャクソン、二〇一六年）が描いたように「ナチスによるユダヤ人虐殺はなかった」とか、「南京大虐殺は中国共産党による捏造だ」など、過去の歴史を都合よく改竄・否定して書き換えようとする行為を指す。昨今の日本でも、YouTuberやお笑い芸人などの人気タレントや、国政政治家までもがこうした思想を拡散するほどに普及してしまっている。コロナ禍では、陰謀論と並んで、ＳＮＳを通じてその影響力は増しているようにも見える。

しかし、考えてみれば、「歴史の修正」とはそうした有害なものだけでなく、女性や人種的少数派といった、これまで正当に光をあてられてこなかった存在に寄り添ったものもあろう。そのため、英語では歴史を「修正する（リヴァイズ）」という表現は、特に否定的ではない文脈でも用いられる（第10章も参照）。

例えば、美術史におけるフェミニスト批評で知られるリンダ・ノックリンは、「偉大な画家」や「主要な運動」といった歴史認識を支配する規範に対して、女性作家や多様な国々で活躍した作家、過去には評価されてこなかった作家たちの評価を修正する「リヴィジョニズム的美術史」の試みを評価している。[3] 二〇一七年のデータによれば、全米の高校三年生までの教科書が描いた歴史に登場する男女比率は三対一である。職業別に見ると、女性は上から順に「活動家三九％」、「芸術家一七％」、「政治一五％」、「科学者・起業家ともに六％」である。女性の役割は歴史を語り継ぐ中でも固定化されているのだ。[4] これでは認知に歪みが生まれるのは当然である。美術領域でも、カウボーイの歴史でも、同じことが起こっているということである。まずは認知の歪み自体を伝える歴史教育が肝要だ。

用語について整理しておこう。武井彩佳『歴史修正主義』によれば、欧米で現れ、日本語にも定着したこの言葉が、歴史の見直しや修正にまつわる「主義」として否定的な意味合いを持ち始めたのは、二〇世紀転換期の社会主義思想の現状維持派と改革派のあいだでのことだった。[5] とりわけ戦後にはフランスの反ユダヤ主義やドイツのナチ擁護の文脈で、つまりホロコーストに強く結びつけられて広まっていった。その後、一九七〇年代以降、まったく根拠のない主張でホロコーストを否定する論を立て、同時に自説をさまざまな「歴史解釈の一つ」として主張する「学説」が急増する。彼らはみずからを「歴史修正主義者」と名乗り、史実やすでに歴史学者が検証済みの説を相対化する、こうした論戦術をとる。同時に欧米では、意図的な歪曲や改竄を行うこれらを有害なものとして「否定論」と呼ぶ慣例が定着してきた。ヨーロッパでは現在約半数の国がそれらをヘイトスピーチとして規制する法律を立てている。[6]

「修正主義」と「否定論」――日本では、これら二つの概念があまり区別されず「歴史修正主義」の名で理解されている。日本語でも両者を区別する用法を普及させることは、戦術化した歴史的主張を正しく把握する際に有効であろう。先に挙げた映画『否定と肯定』は、ホロコーストはなかったと主張する歴史著述家がアメリカの歴史学者デボラ・リップシュタットを名誉毀損で訴えたアーヴィング裁判を描いたものだ。学術論争ではなく法廷論争や世論を巻き込むことで、一般社会でのプレゼンスによって「歴史修正」しようという戦術をとった有名な事件であるが、本作の原題は『否定（*Denial*）』である。また、リップシュタットの当該書籍 *Denying the Holocaust*（New York: Free Press, 1993）は、日本では『ホロコーストの真実』と訳されている。日本語でも「否定論」、「改竄論」などの表現を使うのはどうだろうか。悪意をもって書き換えたり否定したりするという問題の所在自体をはっきりさせることで、「修正（主義）」という用語が曖昧に、しばしば「中立」を装って使われることが避けられるかもしれない。

「修正主義的西部劇」

「よい修正主義」について、『コンクリート・カウボーイ』以外の映画からも考えてみよう。ホースライドと歴史修正主義は、実は相性がいい。西部開拓と紐づくカウボーイは、きわめてアメリカ的なモチーフとされ、映画がアメリカ史の主流であるかのように描いてきたからだ。カウボーイが最も頻繁に登場するジャンルはもちろん西部劇で、ハリウッド映画におけるかつての花形だ。この西部劇に表象されてきた歴史を描き直そうとする作風のことを「修正主義的西部劇」と呼ぶ。

例えば、黒人レンジャーの存在に光をあてるようなものならば、歴史を修正してホワイトウォッシングに対抗する役割を果たす。古くは『ブレージングサドル』（監督：メル・ブルックス、一九七四年）から、『許されざる者』（監督：クリント・イーストウッド、一九九二年）や、全面アフリカ系キャストの『黒豹のバラード』（監督：マリオ・ヴァン・ピーブルズ、一九九三年）などがある。『コンクリート・カウボーイ』も、この系譜に位置づけられる。近年の作品にも、ホースライドをモチーフに歴史認識における人種やジェンダーのバイアスを批判する表象が数多く現れている。

実は、前章で紹介したドラマ版『ウォッチメン』の第一話の冒頭も、カウボーイの映像から始まっている。黒馬にまたがる黒ずくめの黒人保安官が、白馬に乗った白人の悪党をつかまえる。リンチにしろ！と煽る大衆に対して、保安官は「法律を信じるんだ」と理性的な言葉を口にする。

ジョーダン・ピール監督による二〇二二年の映画『NOPE／ノープ』では、主人公の黒人兄妹はハリウッドの撮影で使うレンタル用の馬を育てる牧場を営んでいる。作中には『動く馬』という映画史で有名な写真が登場する。写真家エドワード・マイブリッジが一八七〇年代に撮影し、後に『LIFE』誌の「世界を変えた一〇〇枚の写真」にも選ばれたものだ。写真が普及したての頃に、馬が走るとき四足を同時に地面から離しているかどうか連続撮影で証明を試みたもので、この制作過程で静画の写真をパラパラ漫画のように見る方法が発見され、アニメーション動画、すなわち「映画」の発明へと至った。ここで撮影された騎手こそが黒人兄妹の先祖だというのだ。つまり、「映画の歴史のルーツ」には「黒人と馬」がいたというのである。本作では、黒人のみならず、アジア人、女性、子ども、動物、オタク（ナード）……といった、社会で周縁化され、歴史の記述においても過少化されてきた、いわゆるマイノリティ的モチーフがちりばめられていて、とても「歴史修正的」だ。[7]

二〇二一年に公開され、高く評価された『パワー・オブ・ザ・ドッグ』（監督：ジェーン・カンピオン）は一九二〇年代のモンタナ州の牧場を舞台にしているが、ここでは性的マイノリティの男性が社会に押しつけられた男性像によって暴力的になる「有害な男性性」が描かれている。

女性描写については、『トゥルー・グリット』を取り上げてみよう。ジョエル&イーサン・コーエン兄弟による二〇一〇年の作品だ。主人公マティ・ロスは、父を亡くした一〇代の女性で、数字に強く、知的で弁も立つ。馬にも乗れるし、銃も扱い、大人の男性と対等にやり合いながら自身の手で仇を討って尊厳を守りきる。そんな人物もいたはずだ、というがごとく「修正」を見せていて痛快だ。女性に対するステレオタイプをひっくり返し、全能な存在として少女を描くというアプローチは、単純すぎるとも言えるが、過去に映画化された作品に対抗するものとなっている。本作は二度目の映画化で、原作である一九六八年のフィクション小説は主人公の視点から書かれているにもかかわらず、翌年に公開された映画『勇気ある追跡』（監督：ヘンリー・ハサウェイ）では（原題は同じ *True Grit*）、連れ添って彼女を支える存在である二人の男性カウボーイを中心に描いたものとなっていたのだ。イーサン・コーエンは一作目の映画は観てもいないとうそぶいているが、原作について話しているところで女性主人公の視点の重要性を強調していることからすれば、一九六九年版の映画で表象された歴史を修正しようという意図があったとしても不思議ではない。[8]

これらの作品に見られる「歴史修正」は、語り継がれながら徐々に社会の理解を上書きしていくはずだ。『コンクリート・カウボーイ』には、作中で西部劇の歴史のバイアスに触れるシーンがある。ホースクラブのメンバーが言う。「（『勇気ある追跡』主演の）ジョン・ウェインがカウボーイをホワイトウォッシュしたんだよ！」　黒人や女性や性的マイノリティの乗馬の歴史は、メインストリームのハリウッド映画によって長らくかき消されてきた。「カウボーイ文化は、もともと黒人が担ってきたカウハンド（調教）から来てるんだから」、「白人の調教は、馬を支配して従わせる。黒人はそれは違うと知っていた。馬の本当の魂や性質は「愛」を通してしかわからない」。警察の小屋で馬を管理しているシーンで馬たちを鉄格子の中に押し込めているのは白人警官で、対比も象徴的だ。モデルになったフィラデルフィア市警の馬小屋は、現在、高級スーパーのホールフーズ・マーケットに利用されている。冒頭で触れたニューヨークの警察の馬小屋は、今でもマンハッタンのど真ん中にある。[9]

コンクリートジャングルで暮らすカウボーイ・カウガールを描いた『コンクリート・カウボーイ』は、「現代」の「都市」に生きる「黒人」や「女性」という四つの点から「**カウボーイ**（馬乗り）」文化を描き直している。

当事者が語る歴史

『コンクリート・カウボーイ』は、「馬乗り文化」についての歴史に見られる「男性／白人／西部」中心の目線を裏返す。つまり、その歴史は誰が語ってきたのか、という問いを投げかけるのだ。

端役にも一言一言、台詞に重みがある登場シーンが少ない人も多くて、もったいないと思うほどだ。例えば、ホースクラブのメンバーたちが駄弁っているシーン。口からあふれたような台詞が心に刺さる。「俺たちはカウボーイの孤児だ。最後の生き残りだよ」。エンドロールになったとき、説得力の理由がわかる。彼らにインタビューしている映像が流れ、このクラブは実在するのだということが明かされる。なるほど、自分の言葉でしゃべっていたのだ。当事者が演じることで、台詞と演出の両面から「声」に強度をもたせている。主題として「歴史とは誰のものか」と問いながら、その語り手が実在のコミュニティの当事者でもある、という仕掛けは巧みである。

インタビュー映像を通して、自分は作中の痛ましいエピソードと同じ体験をしたんだとか、ここで描かれていることは実際に起こっていることなんだ、という作品の舞台に住む人々の証言を聞いて、観客は映画を観終えることになる。

これはスパイク・リーによる映画『ブラック・クランズマン』（二〇一八年）の終幕にも似ている。こちらは一九七〇年代を舞台にした痛烈な人種差別諷刺劇。**クー・クラックス・クラン**（ＫＫＫ）の支部を「ユダヤ系」と「アフリカ系」のペアで潜入捜査するバディものである。この嘘のような本当の話を、リー監督はコメディタッチのエンタメ作として描いた。しかし、本編が終わって唐突なカットインで流れるのは、ヴァージニア州シャーロッツビル「右派よ集結せよ（Unite the Right）」集会で起こったヘイト殺人事件の衝撃的な映像だ。公開は事件からちょうど一年後のこと。今まで見ていた表象が現実と地続きであることが観客の心に刻まれる。『コンクリート・カウボーイ』もまた、これまで役者だと思っていた人々が実はこの土地に住みクラブで活動する当事者で、エピソードは実際のものだったことを観客は驚きとともに知ることになる。この「お話」は他人事にしてはまずいと気づかされるのだ。

「楽しくない正しさ」から「楽しい政治」へ

すでに見たとおり、近年のエンターテインメントには続々と歴史修正主義的な作品が登場しているが、これらはポリティカル・コレクトネスの文脈で考えることができる。つまり、マイノリティの属性――アフリカ系やアジア系、女性、セクシャル・マイノリティ、多様な条件にある身体や精神など――の存在感を見直し、ステレオタイプなどの差別的表現に注意しながら描くことで、多様性という観点から豊かな表現をつくろうとするアプローチのことである。エンターテインメントでポリティカル・コレクトネス的な表現を行う意義について、用語の意味と併せて考えてみよう。

ソーシャルメディアを見れば、「ポリコレ作品は食傷気味」など、略称を使ってからかい気味に否定的な声が飛びかっている。しかし、考えてみれば、ハリウッド映画は一〇〇年以上も白人男性が、物語の主人公、役者や監督や脚本家など、各種製作陣の大半を占めてきたが、そのことに対して「食傷気味」とは言われない。一方、ポリティカル・コレクトネスを強く意識した作品が全体に占める割合はわずかなものだと思われるが、すでに倦怠感さえ生まれている。どうして社会の反応は非対称なのだろうか？

社会構造に存在する序列や規範など、「当たり前」とされているものには人は意識が向きにくい。だから、マジョリティの側の意識を変え、構造が抱える問題を是正するためにアメリカの多文化主義の文脈で広がってきたのが、**「ポリティカル・コレクトネス**（political correctness）／ＰＣ」のアプローチである。「政治的な正しさ」と訳される。日本では差別用語の言い換えのみを指すという理解も広がっているが、広義には、差別意識・構造の助長を防ぐための施策や習慣一般を指すものである。つまり、(1)弱い立場にある、(2)マイノリティ（少数）の――「女性」など数の上での例外もある――、(3)従来権利が制限されたり排除されたりしてきたグループについて、社会の理解を深める言論や表現、制度の改革によって構造と意識を望ましいものにしようとする動きである。

〝政治的な〟と限定していることに着目しよう。これが意味するところは、社会構造に埋め込まれた格差を考慮に入れた上でバランスをとる「正しさ」、歴史背景に根差した権力構造を考慮した「正しさ」である。構造を見てバランスをとりながら偏りを正すことを目指す、ということだ。それは社会全体の公益を目指す「正しさ」であり、ある誰かや特定のグループの価値観に基づく「正しさ」でもないし、絶対的な「正しさ」でもない。「政治的」という日本語が混乱を招くかもしれないが、法的な整備による規制ではなく、あくまで社会内での合意の形成やその努力・プロセスのことである。つまり、政策的なコントロールではなく、社会的なコントロールのことである。「社会的な望ましさ」と訳されることもあるが、それはこうした点を踏まえたものだ。[10]

「正義」や「正しさ」の規範は、思想や立場で異なる。時代と場所が変われば、「正しさ」も変わる。社会が多様ならば、「正しさ」もいっそうぶつかり合うものになる。一見「マイノリティの立場」に寄り添っていたとしても、「いついかなる場合でも誰にとってもやさしい」ということはありえない。だから、できるかぎり歴史や社会の構造を理解しようと努めることが肝要だ。「政治」とは、グループ同士で敵対し、奪い合うものではなく、異なる意見に耳を傾け、弱い立場を守り、社会が弱いところを補えるように調整する道具のはずだ。そのためには、できるかぎり広く構造を見通して、その妥当性やバランスを考え続けるしかない。

ポリティカル・コレクトネスが求めるのは、歴史と構造に注目した「正しさ」である。個人の価値や自分の所属する範囲にのみ着目する「正しさ」ではないのだ。ここに誤解があるように思える。マイノリティの価値観を主流社会に伝え、すべての人々にとって暮らしやすい社会を実現するための望ましい表現であるはずなのに、それが「押しつけ」と感じられるのであれば、その本意は伝わっていない。困っているマイノリティの立場から見た世界は、どのようにすれば社会一般の合意となりうるのだろうか。非対称な社会では、放っておいては届かない。

そこでエンターテインメントが一つの手段になる。エンタメからポリティカル・コレクトネスを目指すなら、「楽しさ」が鍵となるはずだ。文化は娯楽性や芸術性によって主流社会に受け入れられていくからである。そのため、「ポリコレ＝誰かが押しつけてくる気に入らない「正しさ」」には食傷気味」という批判は、「おもしろくない」とか「芸術性がない」、「表現として質が低い」という言葉とないまぜになっている。

「正しさ」に食傷しているというのなら、消化を助ける「楽しさ」を。「楽しくない正しさ」ではなく「楽しい政治」を探そう。芸術や文化としての質の高さや楽しさは、政治的な強さにもなる。「正しさ」と「楽しさ」のバランスが、社会をアップデートするはずだ。

映画やドラマは、文化産業の「商品」でもある。企業は社会を向いて商品をつくる。作品は社会の価値観の映し鏡である。商品を通して社会の望ましさを伝えるなら、「楽しくない正しさ」は長続きせず、ときに反発の下地となる。大企業がつくる人気商品のポリティカル・コレクトネスは、進歩的な立場から見ると「甘い」と感じられるものも多いが、その社会の釣り合いの中で遅々として進むしかないものでもある。

しかし、文化は表現者や企業の送り手・生産者だけがつくるものではない。どのような表現をよしとするのか、その判断は「わたしたち」に委ねられている。作品を楽しみながら、その「政治的正しさ」の妥当性を考える。それらの意見についてコミュニケーションを交わす。批評つまりは目利きの読み解きは、そのための補助線となるはずだ。よき消費者になるのではなく、よき鑑賞者であることは、文化を社会で育てていくことである。エンターテインメントが歴史と社会を描くとき、問われているのは「政治」なのである。問われているのは、社会の側のわたしたちである。

パブリック・ヒストリーによるアクティヴィズム

『コンクリート・カウボーイ』は紛れもないエンタメ作品だが、同時に弱者の立場に立って歴史認識に揺さぶりをかけるアクションを起こした点で興味深い。ここまで「パブリック・ヒストリー」、「歴史修正主義」や「ポリティカル・コレクトネス」などのキーワードを使って、歴史の表象や社会の認識という観点から本作の意義について考えてきたが、最後に、もう一歩踏み込んで、本作をある種のアクティヴィズムとして捉えてみよう。

原作のタイトル『ゲットー・カウボーイ』が示すとおり、この馬小屋がある北部フィラデルフィア地区はゲットー化した住宅街である。ペンシルヴェニア州宅地指定管理局は、この地区を再開発してジェントリフィケーションしようと試みてきた。

ジェントリフィケーションという都市計画の用語は、「高級地区化」と翻訳・説明されることが多い。このやり方がしばしば問題とされるのは、居住する低所得層の排除である。住民を追い出すのはなぜか？『コンクリート・カウボーイ』では、彼らの口から説明がなされる。「トラックが登場したことで、馬が不要だと市は決めた」。フェレルが越してきた頃は、地域は馬でいっぱいだった。荷物運搬や牛乳配達は馬車で行われていた。時は経ち、もはや馬が合理的な移動手段という時代ではなくなる。都市部では近隣住民から苦情も来る。州当局はクラブで大切に育てられている馬を回収に来る。

しかし、これは当局の名目である。ダウンタウンに近く、立地のよいゲットーから貧困層を排除して、資産価値を上げたいのだ。その多くは黒人やヒスパニックなどの有色系だ。「不動産屋は馬は不要だと追い出す。馬小屋は閉鎖されていく」。馬小屋があると地価が下がる。動物の飼育が起こすトラブルは、動物と住民排除のいい口実だ。彼らはもともとそこにいたのに！　すでにわずか五ブロック先には高級コンドミニアムができている。住民の中年女性は「オシャレ気取りの小金持ちグルメ野郎（skinny hipster-ass latte motherfucker）はそんな距離も歩いてこれやしないわ！」と罵倒して冗談をかます。

背景には歴史的な人種隔離の問題がある。白人の多く住む地区へ黒人が移住した一九六〇年代には、「白人地区」の地価の下落を避けるため、さまざまな手段で黒人の移住を妨害してきた。その結果、人種と階層で居住区が分離されたのだ。そこには人種差別と階級差別が絡み合っている。こうしたジェントリフィケーションの問題については、次章でも掘り下げよう。

フレッチャー通りの住民は苦境にある人々が多い。ゆえに、「馬」を中心に据えたコミュニティで結束して、その手で生きがいのある人生を作ろうとした。行政が権威を使って強引に奪ったのは、単なる「都会の手狭な動物小屋」ではない。彼らの「居場所」、つまり拠り所なのだ。

住民の追い出しをともなうジェントリフィケーションは、この土地で現実に起こっている社会課題だ。黒人コミュニティの地域住民と、無慈悲に彼らを退ける施政者・投資家との対立は以前より続いており、当局はクラブをその標的にしてきた。これ以前にも少し北部のブリューリータウン地区でフェレルは乗馬クラブを組織していたが、フィラデルフィア市に追われた。二〇〇八年には、現在の場所に移動した馬小屋やフェンスや触れ合い動物園などがブルドーザーをかけられ、撤去される様子が報じられたことで広く知られるようになった。一〇代でこうした経験をしたメンバーは、この事件がトラウマになっていると述べる。小説・映画のシーンは、このときの様子を元に描かれているが、事件を住民目線から描くことでアンチテーゼを提示しているのだ。

クラブはNPOとして運営しているが、組織維持は大変である。フェレルは息子や孫の助けを借りながら手弁当でなんとかやっている状態だ。[11]人々に広く知ってもらうために、クラウドファンディングなどを立ち上げた。これを下支えしたのが、彼らを取り上げた芸術や文化の活動だった。「都市型黒人ホースクラブ」という物語は訴求力も強い。例えば二〇〇五年には『LIFE』誌の表紙を飾っている。二年間フェレルと弟子たちを撮影してきたマーサ・キャマリロは、二〇〇六年に写真集を出した。二〇〇八年に公共放送NPRのテレビドキュメンタリー『ディス・アメリカン・ライフ（*This American Life*）』がクラブについて特集し、[12]二〇一二年にはイギリスのEDMミュージシャンRudimentalのMVにもクラブが登場している。[13]

二〇一七年には、市内の美術館バーンズ・コレクションで現代美術展が開かれた。世界的にも知られる私設美術館だ。ここで、パリを拠点とするアーティストのモハメド・ブーリッサが、ホースクラブを撮影した写真をコラージュしたインスタレーション作品を展示した。[14]パリ郊外でアルジェリア系として暮らす彼は、北部フィラデルフィアで暮らす黒人たちと自分を重ね合わせている。世界各地で地域や住民を軽視する街づくりがマイノリティを苦しめているのだ。

パリ郊外では、ゲットー化し、テンションが高まるコミュニティが増えている。貧困・民族・宗教などが交差しつつ、困窮する住民たちとそれを暴力で統制しようとする警察とのあいだで衝突がたびたび起こっている。近年では、こうした現状を描く映画も撮られている。二〇一八年の燃料税増の発表を機に起こった黄色いベスト運動を描いたドキュメンタリー映画『暴力をめぐる対話』(監督：ダヴィッド・デュフレーヌ、二〇二〇年)、団地での住民暴動について劇映画ながらドキュメンタリータッチで描いた『レ・ミゼラブル』(二〇一九年)や『アテナ』(監督：ロマン・ガヴラス、二〇二二年)などは、どれも秀作だ。『レ・ミゼラブル』のラジ・リ監督がマリ共和国出身のアフリカ系としてパリ郊外に向けたまなざしは、アルジェリア系のブーリッサがフィラデルフィア郊外を捉えたまなざしにも似ている。

国境を越えてジャーナリストやアーティストたちがフレッチャーのクラブに魅了されるのは、こうした点で問題意識をともにしているからだろう。

『コンクリート・カウボーイ』の小説と映画は、こうした文脈の中でつくられたものだ。中でも映画というエンターテインメントは訴求力が強い。記録として残る力もある。一度コンテンツが普及すれば、少なくとも向こう数十年は人々がアクセスしやすい状態で残るだろう。また、Netflix 制作のストリーミング映画は世界の観客に届く。実際、映画化は社会に訴える力をもったようで、制作の過程で当局が映画の公開に対して圧力をかけたという。その点で、本作は社会運動としての一定の成功を見せたと言えるだろう。

　本作にはジャズ・サックス奏者ジョン・コルトレーンに触れているところがある。彼はフィラデルフィアで活躍し、ホースクラブの地域には彼が昔住んでいたジョン・コルトレーン・ハウスがある。実はこの建物は、一九八五年に史跡に指定されたものの、近年たび重なる火災や再開発によって解体の危機にあった。二〇二〇年には建築レッドリストに指定されてしまい、クラウドファンディングの呼びかけなど、保存運動が本格化し始めていた折だった。[15] 幸い、本作公開と同時期に文化財としての登録手続きが進み、博物館化しようという話も出た。今回の映画化は、地域にある文化財を保護して歴史を残し、文化的土壌から地域を活性化する呼び水にもなることが期待される。[16] それは、短期的な経済活性化を期待するジェントリフィケーションとは対照的な手段である。ローカルの目線で見たとき、本作にはいろいろなところに社会運動の手段となる要素がちりばめられているのだ。

図 2-3　ジョン・コルトレーン・ハウス

　この点において、本作もまた、民衆の、民衆による、民衆のための歴史、すなわち「パブリック・ヒストリー」として社会を変える可能性を秘めている。このエンタメ作品は、ある種のアクティヴィズムの触媒となっていた。アメリカ文化たる「カウボーイ／カウガール」の歴史の偏りについて考えさせ、同時にフィラデルフィアのホースクラブで現在起こっていることを「民衆の問題」として記憶し、伝える。歴史とは、どこまでも「現在進行形」だ。『コンクリート・カウボーイ』は、過去と現在は連続であることに改めて気がつかせてくれる。

映画が伝える「フィラデルフィア」

自分の出身地や住む町を舞台にした映画やドラマを観ながら、あれこれ言って楽しんだことはないだろうか？　筆者は昔住んでいたフィラデルフィアに一端の郷土愛のようなものを抱いており、本作もそんなふうに楽しんでいた。現地とのつながりを感じたいのだろう、町を離れてからというもの、フィラデルフィアを舞台にした映画やドラマがリリースされると欠かさず観てしまう。作品を通してコミュニティ感覚を得ると、パブリック・ヒストリーの担い手になった気がしたりする。映画やドラマは、こうした土地への帰属感を生み出すメディアなのだ。

『コンクリート・カウボーイ』のことも現地の友だちから教えられた。フィラデルフィアを舞台にする映画やドラマは少なくないが、中でも本作は、元住人の目線で見ても、とても「フィラデルフィア映画」している。

例えば、路上のリアリティがすごい。アメリカで最古の街の一つであるフィラデルフィアは、都市の規模の割にダウンタウンが狭く、歩いていると驚くほどすぐにゲットー的な地区に入り込む。京都のように碁盤目で設計された古い街なので、ストリートの幅もかなり狭い。手狭でラフなストリートに人々が座り込み、ぶらつき、その背景には立派な高層ビルが見える。この景色は、いかにも〝フィリー〟（街の愛称）的だ。映画で話される英語のアクセントも、この街の人っぽいなあ……と思っていたら、やはり現地に住む当事者が演じていて納得した。ドラマなんかで方言がちっとも〝らしく〟なくて冷めることがないだろうか。ローカルグルメなんかのご当地アイコンをわざとらしく登場させるやり方も、あまりスマートじゃない（それはそれで面白いけれど）。一方、先のコルトレーンのネタ然り、本作はさじ加減が絶妙だ。その意味では、アメリカ各地から一度くらいはフィラデルフィアを訪れたことがある人や、フィラデルフィア映画をたくさん観たことがある人に向けた作品と言えるかもしれない。

フィラデルフィアを舞台にした映画の系譜から考えてみても、やはり〝らしい〟映画だ。フィリー映画には、『ロッキー』シリーズはもちろん、その公式リニューアル版である『クリード』や、エイズ裁判を描いた『フィラデルフィア』（監督：ジョナサン・デミ、一九九三年）、最近ではDCコミック原作の『シャザム！』（監督：デヴィッド・F・サンドバーグ、二〇一九年）がある。これらを貫くのは、「血のつながり」という規範を超えて「家族」を再考し、アンダードッグ（負け犬）や「弱きもの」の力強さと再生に光をあてようとする意志だ。Philadelphiaという言葉は、元は古代ギリシャ語で「兄弟愛（brotherly love）」を意味していて、現在では観光用のスローガンとしても知られている。本作は、苦境にある人々がみずからの手でつくった「兄弟＝家族」という居場所の尊さと、それに向けられた権力の告発を描いており、まさに「フィラデルフィア映画」の王道をいく。『コンクリート・カウボーイ』は、歴史の中で忘れられていた「黒人カウボーイ／カウガール」という〝ブラザ

図 2-4　“アメリカ最古の醸造所”イェングリングの現行版（右）と1989年のデッドストック（中央）（筆者撮影、2019年2月20日）

ー〟たちの〝愛〟を語り直す物語なのだ。

　ところで、フィラデルフィアの夏といえば、野外上映会。川原や美術館広場で催され、『ロッキー』はその定番である。コロナ禍も過ぎ、ビール片手に『コンクリート・カウボーイ』の上映は待ち遠しい。一つ本作が残念なのは、スポンサーなのだろう、バドワイザー関連会社のビールや広告ばかりが不自然にチラチラ見えて興醒めだったこと！　フィリーの安ビールといえば、〝アメリカ最古の醸造所〟イェングリングしかない。[17] 俳優ケイト・ウィンスレットがローカルコンビニＷａｗａに通ってフィリー訛りをマスターしたことが地元ではちょっとした話題になった、二〇二一年のエミー賞受賞作『メア・オブ・イーストタウン』（ＨＢＯドラマ、二〇二一年）では、バッチリそちらを飲んでました。[18]

第３章　妖怪と差別

――トラウマと人種主義を「楽しむ」倫理

『ゼム（*Them*）』Amazon Prime Videoドラマ、アメリカ、二〇二〇年
製作総指揮：リトル・マーヴィン

『ゼム』は、ホラーでスリラー、ちょっとオカルトな話だ。第一シーズン「契約」の舞台は、一九五〇年代のアメリカ。南部ノースカロライナ州に住む黒人一家が、カリフォルニア州ロサンゼルスの白人のみが暮らす街コンプトンに引っ越してくる。人種隔離政策がとられていた時代、人種差別を適法とする「ジム・クロウ法」が残る南部から逃れてきたのだ。ここに始まる悲劇の一〇日間を描いた物語である。

退役軍人である父ヘンリーは、社内でただ一人の黒人設計士として成功を収め、契約書に書かれた人種差別的な文言を見ないふりをして家を買う。近所や娘の通う学校では陰湿ないじめや暴力が、ヘンリーの通う会社ではさもそのほうが組織のためと言わんばかりに排除がなされる。戦争時やノース

カロライナ時代のエピソードが次第に明かされ、過去と現在のトラウマが一致していく……。

物語は史実に基づいているわけではないが、そのシーンや設定には、アメリカ合衆国史に〝契り〟として刻まれた、人種差別にまつわる多くのショッキングなアイコンがちりばめられている。

「人種差別」という妖怪

本作『ゼム』は、アメリカ社会に根深く残る黒人差別の実態について、見るのも不快なほど鮮明に炙り出す。恐喝や放火など、近所の白人たちからの残虐な嫌がらせが起こり、裏では開発業者や警察が人種差別で金儲けを企《たくら》み、会社や学校では主人公一家だけが黒人という状況で、まわりからのネチネチとした攻撃を受け続ける……。

差別問題を扱う社会批評的なドラマかな、と思っていると、突如ホラーな展開に。突然、地下室に巨大な牧師の亡霊が現れる。次女にだけ見える老婆が現れ、なぜだか次女は母親しか知らないはずのトラウマ曲を「老婆に教えてもらった」と口ずさむ。Ｊホラーのような、カメラワークでヒヤッとさせられる演出もある。黒人一家の愛犬が脚を切られ、横たわる。犯人は亡霊か、嫌がらせをする白人か。此岸と彼岸いずれの世のものなのかもわからない。

差別話に怪談話、二つの意味で〝背筋も凍る〟体験をすることになる。「二つ」と言ったが、それらは本来一つなのかもしれない。古来、人は合理的に説明がつかない現象を「妖怪」と呼んできた。「人種差別」は倫理的に言って合理化すべきではないものだ。にもかかわらず、人はそれを宗教や科学理論によって合理化し、悲劇を繰り返してきたし、いまだ解決を見ていない。ならば人種差別とは、過去から現代に至るまで人の心に巣くう「妖怪」そのものではないか。

社会問題を扱ったホラーである本作は、人種主義を軸として、人種隔離、トラウマ、キリスト教社会などの主題をちりばめた作品である。それだけに、歴史や社会背景への理解なしには作品の奥行きが限られてしまうように感じる。主題は盛りだくさん、あちこち時系列が動く編集で、混乱しやすい作品でもある。

「妖怪」退治の術はすぐには見つからずとも、まずは敵を知ることから始めよう。描かれる歴史・社会背景について理解しながら、本作の主題をひもといていきたい。

見えざる住まいの境界線

ここでは本作の主題を二つに絞って理解していきたい。「住まいと境界」、そして「契約とトラウマ」である。

まずは「住まいと境界」について見ていこう。シリーズの冒頭から取り上げられるのは、これまでの章でも見た「黒人大移動（グレートマイグレーション）」である。一九一六年頃に始まり、それまで黒人の多くが住んでいた南部諸州から東部（ニューヨーク、フィラデルフィア、ワシントンDCなど）、中西部（シカゴなど）や西部（ロサンゼルスなど）へ六〇〇万人もの人々が移住した現象だ。それ以前にはアメリカの全黒人人口のなんと九割以上が南部に住んでいたというのだから、「接触」の衝撃も想像に難くない。南北戦争が終わり、制度上の「奴隷」はいなくなったが、南部州ではジム・クロウ法と総称される人種差別法が残った。苦しむ黒人たちは新天地を求めて旅立った。

主人公一家はノースカロライナ州からカリフォルニア州コンプトンへ引っ越す。移住して「住まい」をもつが、これは舞台となる一九五〇年代という時代に強く紐づいたモチーフだ。中産階級になりさえすれば、結婚し、郊外に建て売りの家を買って「幸せなホーム」をもつことができる――一九五〇年代は、こうした神話が生まれた「**アメリカン・ドリーム**」の時代である。しかし、その白人向けの夢の裏側には、犠牲となった黒人たちがいたのだ。

家長ヘンリーが家を買う契約書には「黒人はお断り」の記載がある。当時、連邦規定は住宅における差別的扱いの禁止を定めていたが、各州法への強制力はもたなかったため、南部諸州のように人種差別法が残存したのだ。ここカリフォルニアでも、一九六三年の公正雇用住居法（Fair Employment and Housing Act）制定までは、大家や仲介業者が有色系への差別を明示しても罰せられなかった。賃貸や購入、さらには住宅ローンを組むことも拒否される。こうして、人種は交わることなく「白人地区」と「黒人地区」の区別ができあがっていく。しかし、そんな時代に主人公一家は〝契りを破って〟引っ越してくるのだ。黒人移住を開発の道具にしたい不動産業者の企みだ。エリート技師として社会的地位を高め、経済的に成功した主人公が〝境を越えて〟移り住む。

中産階級の白人にとってさえ、家をもち、「何者かになる」道の兆《きざ》しが今しがた見えてきた、そんな矢先である。世間・ご近所（neighborhood）のマジョリティである白人たちは、黒人が一人でも移り住んできたら、地価が下がり、治安が悪化する、次々と黒人が移住してくる、ここが黒人地区になる……と懸念する。やっと手にした幸せな暮らし、人種交差による「アメリカン・ドリーム」の崩壊を恐れるのだ。多様性と対極にある、つくりものの夢世界である。

「われわれ」の世界を守らなくてはならない。突如移り住んできた黒人一家をどうしたら排除できるのか。女たちは日々狡猾な嫌がらせを計画し、男たちはガレージで毎晩ホモソーシャルな集会を開いて恐喝の手段を模索する。深夜のうちに首吊りを連想させる大量の人形を軒先に吊るし、庭の芝生を焼いて「黒人専用」と書く。これらの光景を作品はホラー演出で描く。「白人地区」が守られること

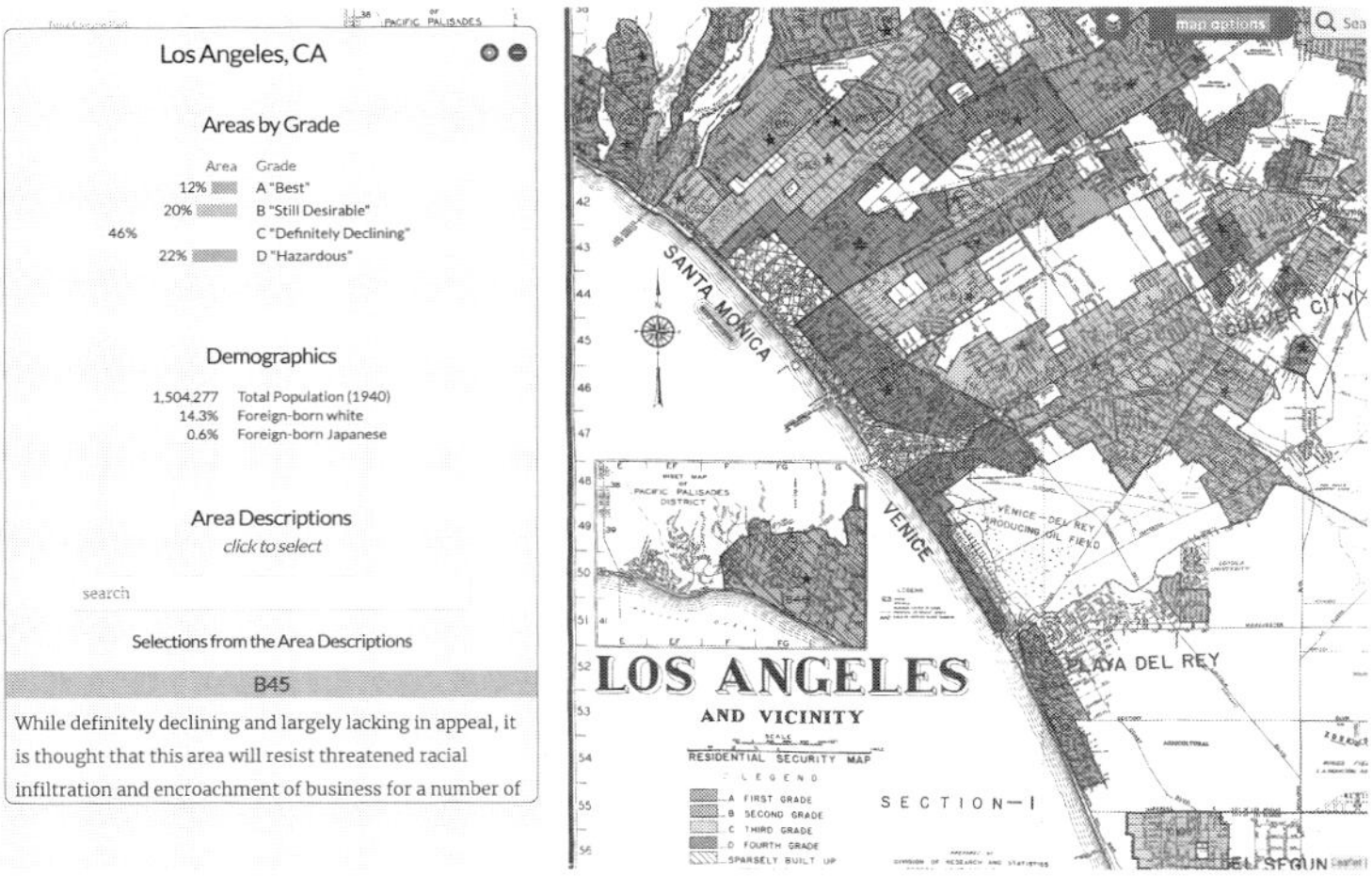

図 3-1　実際に不動産会社によって使われた1939年の査定地図。当時の地図をデジタル活用する「不平等をマッピングする」プロジェクトより

で「セグリゲーション（隔離）」が成立する。法律によって居住の禁止をしたり人種で区別した扱いを許可したりすることで起こる居住区差別を「法的な隔離（de jure segregation）」と言う。これに対して、奴隷制廃止や公民権の法的保障を経ても、ローン査定やコミュニティからの排除などによって、法の上での身分差が消えても固定化される居住区差別を「事実上の隔離（de facto segregation）」と呼ぶ。

この「境界」は、皮肉なことに福祉事業で再強化されたという歴史もある。一九三三年の大恐慌の折、ニューディール政策の一環で資産価値を可視化するためにつくられた地図が、結果的に貧困地区と有色地区を一体化して隔離し続ける「赤線化（redlining）」を生んだのだ。「最もリスクが高い（hazardous）」地区にあてられたのが赤色で、多くの黒人居住区がそのように査定された。[1]

また、ここで詳しくは取り上げないが、本作では「幸せなホームのアメリカン・ドリーム」を享受した側であるはずの「白人女性」や「白人男性」もまた、それら社会構造に押しつけられる型によって支配されていることを悲劇的に描いてもいる。

差別を背景に生まれる「隔離」状態は、住まいの領域にとどまらない。住居における「越境」が始まった時代に白人社会に入ることができた黒人は、教育の機会に恵まれた者だけだ。秀才の長女ルビーも、転校先の白人しかいない高校で「それはディキンソンの作品です」などと他の生徒には答えられなかった質問にも明晰に答える。しかし、周囲は猿の真似をして彼女をからかい、さらに教師は彼女が「授業妨害」を行ったと処分をする。このシーンは、一九五五年の設定だ。前年に下されたブラウン判決は公教育での分離を違憲であると判断していたが、ここで描かれているように、その後も教育現場の「隔離」状態は続いた。

本作は、人種主義の残酷さを見せながら、世界を変革する困難を描く。「弱き者」が「見えざる境界線」を越えたときには、いつでも線を引き合う闘争に巻き込まれ、葛藤させられるのである。

「彼ら」に埋め込まれた「トラウマ」と「契約」

本作の主題のもう一つの極が「契約とトラウマ」である。

シーズンタイトルは「契約（Covenant）」である。この言葉は、聖書では「神と人との約束」を意味する。同じ契約でも“contract”は不履行の可能性も前提されて価値判断を含まない。つまり、ある意味カラッと破ることができる。一方、こちらは破る〝べき〟ではない約束、形而上学的・精神的・倫理的で厳密な価値判断が含意される言葉である。

　この物語は「ルール」や「線引き」という境界を越える話であり、法律で明文化されない〝破られざる〟見えない契約の恐怖に焦点をあてている。このことがタイトルに示されているのだ。法律といった、人間が近代社会の合理性に基づいて定めたルールを変えたとて、「こうあるべきだ」という心の境界はそう簡単に変わらない。

　主人公たちの心のありようとして繰り返されるモチーフが、一家が抱えるトラウマである。父ヘンリーのそれは、戦争時に行われたガス兵器による人体実験で植えつけられたもの。これは第二次世界大戦中にアメリカ軍が自国兵を使って行ったマスタードガスの人体実験事件を思わせる。この実験は有色系への効果を試すためにプエルトリコ系やアフリカ系に、また敵軍への効き目を知るために、アメリカ市民であるにもかかわらず日系アメリカ人に対して実施された。[2] 人体実験にはこうした「**医学的アパルトヘイト**」の歴史があるのだ。[3] 母ラッキーは悲惨なトラウマを抱えている。ノースカロライナ州の自宅で女性を含む四名の白人至上主義者たちにレイプされ、その上、赤子であったわが子を袋詰めにされて、目の前で惨殺されたのだ。一方、ヘンリーも、そのとき母子を自宅に残して劇場に出かけてしまったことにトラウマを抱いている。

　彼らは住まいをもち、健康に暮らすことを阻《はば》まれただけでなく、心を健全に保つことさえ許されない。ガスのトラウマのせいでヘンリーはチェリーパイに異様な吐き気を催す。ふだん紳士的で柔和な父が、豹変して愛娘にパイを投げつけるほどの苦しみだ。パイのシーンは視聴者にもトラウマ的な印象を与える。

つまり、「食べられない」環境に置かれているのだ。「住」に加え、「食」という生きる術まで奪われている。ここでは心と身体は一体のものであって、心身ともに健康である権利が奪われていることが示唆されている。

人々を蝕《むしば》む「黒人のトラウマ」は、コンプトンというこの西部開拓地の歴史そのものに根差している。シーズンタイトルと同じ「契約」と題したエピソードでそのことが明かされる。

神の名の下に黒人を蹂躙した牧師は、「先に痛めつけ、殺さなくては、自分たちがやられる」という主のお告げを聞き、そして「契約」、すなわち神との破られざる約束を交わす。黒人を犠牲にすべきだという「信念」と白人の被害者意識がここに生まれ落ち、土地の記憶に埋め込まれた瞬間である。特定の人種を踏み台にして「正しい社会」をつくれなどというのは悪魔のささやきそのものだが、そのとおり牧師は亡霊へと化け堕ちていく。

オカルト・ホラー的に描写される「亡霊」とは、「黒人の心」と「アメリカ社会」二つの領域の憑き物が具現化したものである。健全な生を阻害するトラウマとは、アメリカの歴史で黒人が背負わされた「亡霊」であり「原罪」なのだ。

アメリカの歴史において、黒人は心身を健全に保つ権利を奪われてきた。それは現在に至るまで社会構造に埋め込まれており、そこで生まれた人々の居場所であるべき土地の成り立ちにまで遡ることができる。この国の黒人は、健全であるための「居場所」を奪われ続け、それは聖書という宗教的規範によって、彼らの「心」とこの地の「歴史」に埋め込まれた。作品はこのようにアメリカの歴史を描いている。『ゼム』は、そのタイトルが示すとおり、根本的に埒外に置かれ、疎外された『彼ら

（ゼム）＝彼の地の人々』についての話である。浮かび上がる本作のもう一つの主題だ。

ブラックフェイスが「白人への怒り」として現れる

さらに本作は、「トラウマ」とも呼びえない、黒人が白人社会に邂逅する際の心理・アイデンティティに切り込み、それをホラー表現に置き換えて描いている。被害者の心がどのようにコントロールされるのか、それを霊的な恐怖体験として表現したのだ。

ここで言うコントロールとは、何も洗脳のようなものではない。それは、支配的なマジョリティの立場を中心につくられた社会構造で生きるとき、自己のあり方をどのように確立するのかに悩まされるマイノリティのメンタリティだ。人種の垣根を越えて共存する努力は、常に弱者に押しつけられる。別の文脈でたとえるなら、職場で上司が何気なく発した女性蔑視的な言葉を、空気を悪くしないために飲み込んだことはないだろうか。こうしたものと同類の「社会に適合するために憤りを飲み込む」感情。本作は、このきわめて繊細な問題を、きわめてコントラバーシャルなアイコンである「ブラックフェイス」で大胆に表現している。

作中に登場するダ・タップ・ダンスマン（図3－2）は、顔を黒塗りして分厚い唇をメイクで描き、黒人のステレオタイプを強調している。「ブラックフェイス」と呼ばれる、一九世紀に白人が黒人の特徴を侮蔑的にコメディにした「ミンストレルショー」の演目である。奴隷解放後に残った人種差別法のニックネーム「ジム・クロウ」とは、一八二八年のミンストレルのヒット曲「ジャンプ・ジム・クロウ（Jump Jim Crow）」が描くキャラクターに由来する。「奴隷制度下でものんきに幸せに暮らす黒人」と白人が史実を曲げ、自分たちに都合よく黒人のイメージを歪曲したのである。ブラックフェイスは、現代のアメリカ社会ではタブー中のタブーだ。

　白人が黒人を演じる行為の邪悪さについて歴史から考えてみよう。D・W・グリフィスによる映画『國民の創生』（一九一五年）の一件が有名だ。本作は、映画制作の文法を刷新した長編劇映画の古典としてきわめて名高い。映画史の教科書にも必ず登場するような「名作」だ。しかし、同時に本作は、**クー・クラックス・クラン**（KKK）を黒人悪漢から白人女性を救うヒーローとして美化して描いた。言うまでもなく、KKKは愛国主義、白人純血主義、白人至上主義思想に立って黒人やユダヤ人――〝彼ら〟をリンチし続けてきた団体である。それも、白人がブラックフェイスで黒人を演じ、

図3-2　ブラックフェイスで表現されるダ・タップ・ダンスマン

立場を詐称し、歴史を「騙った」のだ。ブラックフェイスは、こうした歴史を抱えている。

　さらに、この映画史に残る作品の影響力によって、一時は衰退したKKKの組織は全国的に復活した。[4] 世紀転換期には奴隷から解放されたアフリカ系が白人社会に組み込まれたことで、白人の「純血」を黒人から守ろうとする思考が生まれ、その結果が隔離政策《セグリゲーション》などの反応を生んだ。『國民の創生』が描く「黒人男性の性的脅威と被害者たる白人女性」という人種とジェンダーのフレームは、それをなぞったものだ。すでに紹介したタルサの虐

図 3-3　『國民の創生』では KKK がヒーローとして描かれている

殺や、一九五五年のエメット・ティル暴行事件でも、この「黒人男性への性的恐怖」が反抗を煽った。

　実はＫＫＫは現在も活動を続けている。二〇一〇年代後半でさえ、わかっているだけでその人数はなんと三〇〇〇名を超えるというのだから、ブラックフェイスは古くさい差別アイコンではなく、現代において実害がある罪深いものだ。[5] 二〇一八年にアメリカ合衆国でネオナチを明確に「支持する」と答えた人は五％に及ぶ――仮に成人人口比であてはめると一三〇〇万人程度だ――という統計もある。[6] スパイク・リーの『ブラック・クランズマン』（二〇一九年）然り、ＫＫＫが合流した現代のネオナチの姿を描いた『SKIN／スキン』（監督：ガイ・ナティーブ、二〇一九年）然り、タブーを描いてまでこうした題材でエンタメ作品をつくる意義とは、人種主義が今も起こっている問題であることを忘れないためである。『ゼム』の場合は、これをホラー表現の系譜に位置づけて昇華した。ダンスマンは、主人公ヘンリーの心理描写で現れ、道化師のふるまいで彼に語りかける。

ホラーにおける道化師は一種の伝統だ。スティーヴン・キングの『IT』に登場するペニーワイズが有名だろう。こちらは子どもたちの「恐怖」を具現化したもの。モチーフの影響力は絶大で、現実にも「道化師」がシリアルキラーの一様式とみなされて、多くの州では公共の集会でのピエロ衣装を禁じているほどだ。

精神的動揺が道化と化すのはダンスマンも同様で、ヘンリーの心がある形で揺さぶられたときに現れる。その感情とは「白人への怒り」である。

ダンスマンの初登場は、ヘンリーがテレビを買いにきたとき。白人店員がリップサービス的に話しているうちに、うっかり「山ほどいる〝いとこ〟たちが遊びに来ますよ〜」とこぼす。この「いとこ」という表現は、「おじさん」や「おばさん」と同様に、実際の血縁でなくても血縁的語彙を使う用法で「おお、兄弟よ」というやつだ。黒人の文脈では「ブラザー」が最も知られていよう。アメリカでは「いとこ」にも同様のイメージがある。ここでは、白人が黒人ステレオタイプに触れたことで、微妙な空気が流れる。背後に映るテレビに突如、時代錯誤なミンストレルショーが放映され、ヘンリーの心理描写としてダンスマンが登場する。ヘンリーがチップを店員に手渡して「おたくも山ほどいるいとこにアイスでも」とうまく切り返して怒りを制御すると、なんとかダンスマンが消える。

内なるホワイトフェイスと戦う

しかし、その後もたびたびダンスマンは登場し続ける。ヘンリーが白人社会で白人への怒りを飲み込んで生きているからだ。ダンスマンは白人に刃を向けるよう甘い言葉を囁《ささや》くが、ヘンリーは何度も拳を上げかけては、踏みとどまる。

ふるまいが内面から矯正される。これは、白人に都合のよい「黒人」を演じなければ、まともにその声を聞いてさえもらえないことを彼ら自身がわかっているからだ。経済や教育水準を努力で押し上げてもなお、尊厳の根幹となる自意識や文化を主流＝白人社会に合わせることでしか、つまり「同化」によってしか、マイノリティは認められない。

そのことを象徴的に描いたシーンを取り上げよう。まだ就学前の幼い次女グレーシーが否定表現ain'tを使うと、両親は正式な文法とされるisn'tに矯正する。ain'tは一般に口語で使われる表現だが、「カジュアル」、「口語的」、「非標準語的」であると同時に「教育水準が低い」という印象を与え、それはアフリカ系が使う「黒人英語」として理解されてもきた。黒人が使うとき、それは言語的なスティグマになるのだ。

グレーシーが女性であることにも意味がある。「黒人女性らしい」特徴や体質をもつことは、黒人男性以上にさまざまな差別を受けるからだ。「黒人」で「女性」という二重に交差する——インターセクショナルな地点で差別を受ける。そして、それはやんわりと「事実上（de facto）」強制されている。自然に覚えた自分たちの言語を、なぜ矯正しなくてはならないのか？　なぜ強制を受け入れざるをえない状況にあるのか？　人種主義やフェミニズムなど社会問題を扱う作家ミッキ・ケンダルは、黒人女性の英語の発音を例に挙げて、次のように説明している。黒人女性以外なら「黒人英語」のアクセントは歓迎される。彼女たちは「敬意の念の権力構造（respectability politics）」の中で生きている。つまり、「白人性」が規範とされるこのアメリカ社会においては、ブラクセント（黒人のアクセント）を話す黒人女性は知性が低く、価値がないものと判断される。だから、多くの黒人は言語のコードをスイッチして（code-switching）、白人の社会規範に迎合して生きており、彼女らには「白人の少女」っぽい声で話すことを勧める。[7] 彼女らは、支配層たる白人男性富裕層がこれまでつくり出してきた社会の規範のもとで、折目正しくふるまうように、最も構造的に強制された存在である。

彼らがこうした状況にあるのは、文法やアクセントなど言語構造の問題ではなく、差別する社会構造の問題である。これを改善するために、辞書にある「黒人的」という定義を削除・改訂しようとする請願運動もあり、[8] アメリカ英語辞典として由緒あるメリアム＝ウェブスター辞典は近年、黒人的とみなされてきた単語の項目から、「いくつかの黒人英語の型で使われる」などと説明されていた文言を削除してもいる。

本作では、こうした「声が矯正される」場面がたびたび描写される。別の場面ではこうだ。母ラッキーは、社会に埋め込まれた黒人疎外の象徴である亡霊に取り憑かれる。訴える声は聞き入れられない。やむなく攻撃的な行動で訴え、そのことで狂人とみなされて精神病院に収容されてしまう。「治療」という名の下に隔離され、薬殺されかける。狂人の声は聞き入れられない。

社会でマイノリティが抵抗する際にも、まったく同じ構造が見られる。差別的なルール自体を変えようと声をあげても理解されず、少しでも暴力をともなった途端に「犯罪者」とされ――他方で、ブラック・ライブズ・マター運動のきっかけとなった警察の暴力のように、常に権力側の暴力は見過ごされ――、支配層が決める〝常識〟からずれれば「狂気」とみなされ、「逸脱行動」として弾圧・管理される。そんな現実の写し絵だ。

図3-4　長女ルビーのキーヴィジュアルには〝ホワイトフェイス〟が選ばれている

この状態が続くと、支配される人々はどのような行動に出るだろうか。

長女ルビーは、高校でいじめを受け、黒人らしさがなければ彼らと同じになれる、「白く」なれれば楽だ……と思いつめ、白いペンキを顔に塗りたくってしまう。キーヴィジュアルにも白塗りのルビーが選ばれており（図3－4）、本作にとって重要な主題であることが示されている。

これはダンスマンがヘンリーに囁く怒りの裏返しだ。白人社会に接触した黒人は「内なるホワイトフェイス」と戦う必要に迫られる。心を「白く」しなくては、と思わされるという最大級の侮蔑的状況を、白人が黒人を演じて差別を強化した「ブラックフェイス」の歴史の裏側として描いているのだ。

牧師の亡霊、老婆、ダンスマン——これらはアメリカに巣くう人種差別の「妖怪」たちなのである。

日本で人種差別を考える

日本ではブラックフェイスになじみがない人も多く、これまであまり問題視もされてこなかった。

日本における人種差別と併せて考えてみるのもよいだろう。

二〇一七年の大晦日、人気お笑いタレントがコメディ特番でブラックフェイスをして、『ニューヨーク・タイムズ』紙など海外報道機関から強い批判を浴びたことがあった。黒人俳優エディ・マーフィのモノマネとして顔を黒く塗ったのだが、それに対して国内では、なぜそれほど問題視するのかよくわからない、という反応が多く見られた。

しかし、黒人をはじめ有色系に対する人種差別が解決されない現状において、特定の属性で差別されるグループを傷つける可能性がある笑いとは、優れた作品なのだろうか。ヘイトクライムや理不尽な逮捕など、人生と命の危機にさらされている人々がいる。コロナ禍では、人種間で致死率が明確に異なり、命の格差が顕在化した。「命／人生（lives）」に関わる――ブラック・ライブズについての深刻な問題であり、「今・ここ」に差別に困っている人たちがいる。この行為が問題なのは、こうした状況下で差別を助長し、軽率に扱えないほど深刻な問題を笑いの素材にするものだからだ。それは「楽しむ」べきものだろうか？

また「日本には人種差別はない」とか「日本は単一民族国家だ」という素朴な理解も時折耳にするが、現代の日本にも死に至る深刻な人種・民族差別がある。二〇二一年夏に特定の民族を狙うヘイトクライムが起こった京都のウトロ地区放火事件のように、生まれが朝鮮系であるというだけで人生を奪われ、致死的な被害に遭う危険性が現実にある。また、日本には、過去にも今もアフリカ系とアジア系ミックスの「日本人」が暮らしてきたことは歴史的事実である。しかし、例えばテニスの大坂なおみ選手が公に何か発信するたびに、彼女を日本人ではないかのように扱う心ない人種差別発言が向けられる。日本ではアメリカのようには「民族」や「人種」に焦点があてられることが少ない。しかし、日本もまた、アイヌや沖縄、朝鮮系など民族的背景が多様な社会であり、民族差別など深刻な摩擦がある。

また、「海外」の基準を押しつけるのはよくない、という意見についても考えてみよう。現在では日本のコメディ番組などポップカルチャーは世界で楽しまれ、インターネットを通じて積極的に世界に発信されている。例えば、アメリカ社会で otaku と言うと、日本語の「オタク／おたく」などが指す範囲とは若干異なり、「日本ルーツの現代ポップカルチャー」くらいの意味合いで、アニメやマンガだけでなく、ゲームやポップス、ドラマや映画、お笑いなども指すが、こうしたジャンル用語になるほどオーディエンスが存在しているということでもある。制作者の意図は別にして、日本発のコンテンツは世界に向けて発信されている——「視聴者まかせ」の状態であれば、発信や受容に関する消費の倫理について各自が考えるべき時代にあるのだ。

「妖怪」は「楽しむ」べきものなのか？

背筋も凍る描写で背筋も凍る社会を描く本作『ゼム』には、大変嫌な気分にさせられる。しかし、同時にそれを楽しんでしまう。ここに、気持ちが引き裂かれるような感覚も残る。

数々描かれる残忍なヘイトの現場を目撃し、こんな恐ろしいことが……とホラー体験を楽しむ。しかし思えば、この恐怖とは、黒人の悲惨な体験そのものではないか。これを単純に楽しんでしまってよいのか。苦境を娯楽として消費するのは不道徳ではないか。つくり手は現実に解決されていない社会問題をエンターテインメントにするべきなのか。いかなる条件でこうした表現は許されるのか。そもそも許されるべきなのだろうか。その悲惨な描写から、当事者でない立場で「妖怪を楽しんでよいのか」と考えさせられたのである。

つくり手は誰がどう観るのかを十分配慮して発信することが重要だろう。レイティングなどの手段でゾーニングして、いかに届くのかを考慮する。すでにこうした手段はとられているが、実際には情報流通の管理はそう簡単ではない。本作はAmazon Prime Videoの制作だ。NetflixやAppleTV+など、近年ではプラットフォーマーによる映像作品の配給や流通が普及した。言語や地域の障壁は、いっそう低くなっている。本章で日本の番組のブラックフェイスを例に挙げたように、時代や文化に紐づく「常識」を共有していない人々にも作品が届く状況が生まれているのだ。それは、日本に『ゼム』が届いたことの裏返しである。そんな環境だからこそ、受け手の側もどう観るべきかを意識しておきたい。「差別」を「消費」することはできるのか？　歴史背景を学び、アメリカの人種差別について考える機会として活かす——これを一つの答えとして、本章ではそのための読み解きを試みた。

想像に難くないであろうが、本作はアメリカではあまり評判がよくない。「トラウマになる残酷描写を黒人視聴者に見せる意義があるほどの作品なのか」と批判の声があがり、白人向けの「黒人トラウマのポルノ」などと辛辣に切り捨てられた[9]。奇しくもドラマの公開は、フロイド事件のたった一年後、そのわずか一五キロ先で二〇歳の青年ダンテ・ライトが白人警官に射殺される二日前のことだった。人種差別による暴力を実際に受けている視聴者が「人種差別」のエンターテインメントを見る必要があるのか、というのはもっともな指摘である[10]。

一方、日本ではどうだろうか。空気のようにはびこる「妖怪」がうっすらとしか見えないこの国では、恐怖から興味を抱き、学びへと活かすこと、「妖怪を楽しむ倫理」が人種差別に対抗するきっかけにならないだろうか。

第４章　ビデオと映画
――共感の普遍化と〈構造による人種差別〉

『ユダ&ブラック・メシア　裏切りの代償（*Judas and the Black Messiah*）』アメリカ、二〇二一年
監督：シャカ・キング
製作：ライアン・クーグラー
主題歌：H.E.R.〈Fight For You〉

本作は、ブラックパワーのスローガンで知られるブラックパンサー党を描いた話だ。一九六〇年代末の史実に基づいている。物語の中心では二人の男がフィーチャーされている。一人は、天才的な演説で党の勢力を拡大し、二一歳の若さでイリノイ州議長となったフレッド・ハンプトン。先住民やラテン系、中国系コミュニティなど、人種を超えて連帯する一方で、経済困窮者にも手を差し伸べ、「虹の連合」を組織することで運動を拡大した。もう一人は、党員のビル・オニール。〝ユダ〟である。党の勢いを危険視した連邦捜査局FBIは、ブラックパンサー党をテロ組織認定し、潜入捜査を

画策する。車を盗難した罪に目をつぶることをもちかけてオニールを党に送り込む。

H.E.R. による主題歌〈Fight For You〉のミュージックビデオは、本作のシーンを織り交ぜながら、現代の物語を描く。そして半世紀前の史実が現代アメリカ社会へと接続されていく。

「われわれ」はどう生きるか？

二〇二一年のオスカーでは、アフリカ系アメリカ人の歴史を描いた良作が揃った。黒人解放の活動家マルコムXがモハメド・アリらカルチャーレジェンドたちと運動の行方について熱く議論する『あの夜、マイアミで（*One Night in Miami*）』（監督：レジーナ・キング）、「ブルースの母」を軸にブラックミュージックが白人社会と向き合う態度を問うた『マ・レイニーのブラックボトム（*Ma Rainey's Black Bottom*）』（監督：ジョージ・C・ウルフ）、ループもので何度起きても白人警官に殺され続ける黒人青年の無限の「一日」を描いた『隔たる世界の2人（*Two Distant Strangers*）』（監督：トレイヴォン・フリー＋マーティン・デズモンド・ロー）……。前章まで見てきた作品と同様、これらはいずれも**ブラック・ライブズ・マター運動**に呼応する形となり、とりわけ「黒人」というカテゴリー・属性に着目して対抗的な物語を紡いだものだ。

これらの作品は「黒人の歴史や社会における苦難」を題材としているが、「歴史」とそれに向き合う「態度」に関する普遍的な問いを扱っている。すなわち、歴史によって定められた条件を生きざるをえないとき、「われわれ」はどう生きるのか？　こうした問いである。これらの作品には、主題をあらゆる人々へと開こうとする意志を感じる。同時に、ブラック・ライブズ・マター運動自体が特定のグループの窮状を訴えるものから、より普遍的な反人種差別を訴える運動へと拡大した当時の時代状況にも対応しているように見える。

本章では、個別事例から普遍的なテーマを引き出すことの意義について考えてみよう。同じくアフリカ系の歴史を扱ったアメリカ映画『ユダ＆ブラック・メシア　裏切りの代償』を素材に取り上げる。本作は、黒人解放運動の史実を題材にした劇作で、「ユダと救世主」とタイトルにあるように、生き方や信念が異なる人々同士の葛藤を主題としている。この種の作品はときに「黒人映画」などと人種カテゴリーでくくられがちだが、それは作品が描く対象に着目した説明である。題材や対象に目をやるだけでなく、主題と問いに着目して作品を理解する。テーマを普遍的な「わたしたち」の物語へと広げるヒントを得よう。

分析の切り口にしたいのは、映画の関連映像だ。映画本編に先立ってYouTubeなどで公開されたH.E.R.による主題歌〈Fight For You〉のミュージックビデオである。これらのビデオが映画を補完することで、より普遍的な主題が浮かび上がるように思えるのだ。

楽曲MVには二種類ある。テキストによる解説と資料映像で史実を伝えるもの、そして、映画のフッテージも交えたストーリー仕立てのものだ。いわば〈教科書編〉と〈物語編〉である。以下では、これらが映画を補完していると見立てて読み解いていこう。

〈教科書編〉ミュージックビデオで歴史を学ぶ

映画はブラックパワーのスローガンで知られる**ブラックパンサー党**を描いたものである。物語の中心は二人の男。一人は、天才的な演説で党の勢力を拡大したフレッド・ハンプトン。もう一人は、党員のビル・オニール――FBIと潜入捜査の取引をした〝ユダ〟である。

〈教科書編〉のビデオは、ワーナーブラザース映画のYouTubeアカウントから配信され、アメリカでの封切り時にリリースされた。歴史映像にはさんでわかりやすい解説が付されていて（図4－

1）、基礎的な歴史や情報をコンパクトにまとめてあるので、映画本編を観る前に予習するのがオススメだ。

例えば、ブラックパンサー党は、**マーティン・ルーサー・キング・Jr.**牧師の非暴力主義との対比から、武力闘争も辞さずに戦ったと組織の暴力性が強調されることが多い。しかし、元は警察や白人至上主義者によって命の危険にさらされていた黒人コミュニティの自警団として始まり、次第に衝突が高まっていった、という歴史的経緯がある。動画でこの経緯を説明し、ブラックパンサー党はもともと「自衛のためのブラックパンサー党」という名であったことを紹介している。

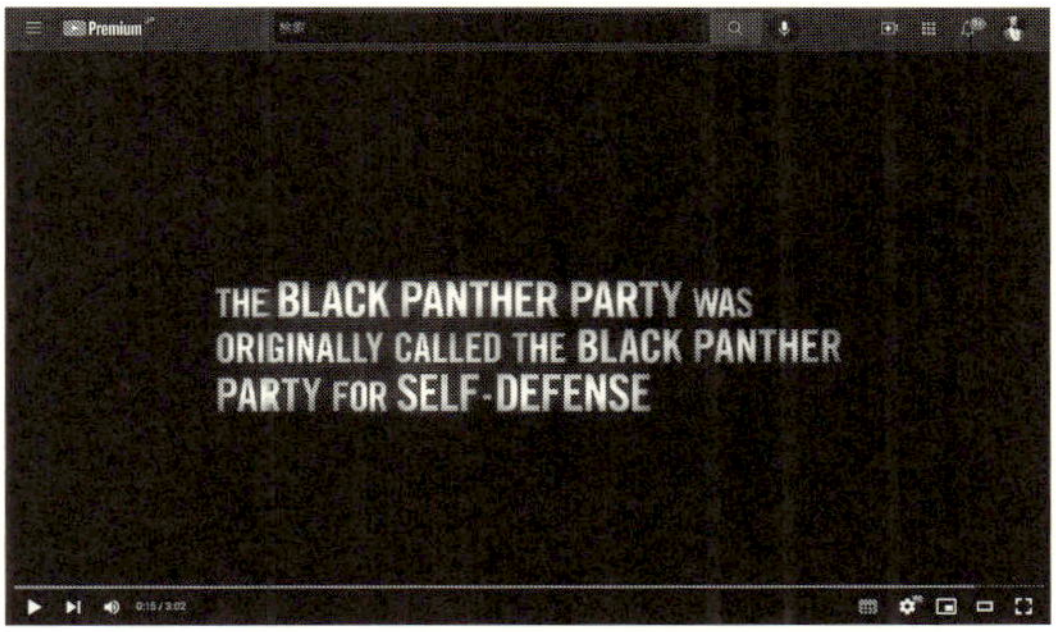

図4-1　動画キャプチャ〈教科書編〉

暴力は誰が、いつ、どのようにして始めたのか、なぜ必要であったのか。こうした歴史的視座が示される。また、警察や当局、軍隊は武力・兵力をもっており、公権力は常に潜在的・顕在的に「暴力」を行使している。つまり、しばしば見過ごされがちな社会構造の非対称性に着目するという視座も示される。ビデオで解説されるこれらの視点は、市民と当局の暴力的対抗関係という映画が描く史実を考えるには不可欠なものである。

ブラックパンサー党は、差別を受けている人種マイノリティのグループとの連携に加えて、困窮者への食事提供や子どもへの教育プログラム、また障害者への福祉や法整備への貢献などでも知られている。[1] これに対して党を拡大する「手段」として社会正義を利用しているといった類いの批判も見られるが、社会的弱者同士でつながることが〝なぜ必要だったのか〟を考えることが肝要だ。それは、彼らが社会に〝置き去り〟にされていた（いる）からである。社会とは皆でつくるものではあるが、公権力は誰にとってもよい社会をつくるための手段や基盤を公正に整える責務がある。それが不十分なら、弱者は連帯し、政府の改革を求めざるをえないし、個人は自由や権利を縛られてまで社会・国家に所属する必要を感じないだろう。

日本国内の反応からも考えてみよう。ブラック・ライブズ・マター運動をはじめ、抗議行動が起こったとき、暴力性やルール違反を取り上げて疑問視し、批判する声が真っ先にあがる。その一方で、例えばブラック・ライブズ・マター運動デモに対してトランプ大統領が州兵を使って鎮圧したことには関心がもたれなかった。このように、施政者による暴力やルールや倫理違反については、あまり反発が起こらない。これもまた、権力者が軍隊や警察を有し、暴力を行使しているという視座が見過ごされているためだろう。権力がいかに均衡しているのかという構造や、いかに対抗関係が生まれてきたのかという歴史性に着目することが重要なのである。

〈物語編〉世代をつなぐ女性のパワー

一方、ショートフィルム仕立てのビデオになっている〈物語編〉は、ミュージシャンであるH.E.R.のYouTubeアカウントで二〇二一年三月に公開された。楽曲はアカデミー歌曲賞を受賞した。

図4-2　動画キャプチャ〈物語編〉。祖父が「私は革命家」と刻んだ靴を孫H.E.R.に「手渡す」ところから始まる

以下では、このMV（図4－2）を読み解きながら、映画本編にどのようなテーマやメッセージを加えているのかを見ていこう。

H.E.R.ことギャビ・ウィルソンは、ソングライティングも自身で行い、五つの楽器を弾きこなすマルチプレイヤーである。二二歳ですでにエミー賞を四冠受賞し、EGOT（＝Emmy, Grammy, Oscar, Tonyという四つのショービズ界で毎年与えられる賞の総称）全冠へまっしぐらと報じられた若き才能のシンガーだ。二〇一六年にH.E.R.のステージネームを名乗って以降は、常に濃いサングラスで瞳を隠し、意識的に匿名化して活動している。ファーストEPのジャケットは彼女のシルエットのみという象徴的なデザインだ。

その意図について、彼女はインタビューで「人は音楽じゃなくルックスにとらわれがちだから。耳で聴かずに目で聴くでしょ？」と答える。「H.E.R.」が「すべてを明らかにする（Having Everything Revealed）」の略であるとは、なかなか皮肉が利いている。[2]

若くして花開いた彼女のカリスマ性は、まさにフレッド・ハンプトンを思わせる。現代の天才シンガーと、一九六〇年代の若き雄弁家が重なって見える。二人とも言葉を武器にするカリスマだ。

その一方で、時代を経て二人の性別が異なっているのも興味深い。つまり、「次世代への継承」と「女性のパワーの顕在化」というメッセージ性を帯びるのである。〈物語編〉ショートフィルムから、これを見ていこう。短い動画なので、一度観てから読んでもらうとよいと思う。

＊

一九七一年のニューヨーク、黒人解放運動に参加していると思しき少年が警察に追われている。史実では、フレッド・ハンプトンが殺された二年後だ。ポスターを貼る少年に向けて警官が銃を撃つ。撃たれた少年が黒い光に変わり、空に散る。バックグラウンドでは、H.E.R. がナレーターとして昨晩起こった事件について語っている。頭に銃を突きつけられ、火の手が上がった。「〝奇妙な果実は苦すぎて〔bitter.「つらい、残酷」という意味にもなる〕食べられやしない〟っていう父の言葉を思い出してしまった」。

「奇妙な果実」とは、南部諸州でリンチによって虐殺され、木に吊るされた黒人の遺体のことだ。一九三九年のビリー・ホリデイのプロテスト・ソングで使われた隠喩である。その様子は映画『ザ・ユナイテッド・ステイツ vs. ビリー・ホリデイ（*The United States vs. Billie Holiday*）』（監督：リー・ダニエルズ、二〇二一年）で描かれているが、発表当時から大きな物議を醸した。「昨晩」起こったのは黒人へのヘイト殺人事件だとわかる。同種の「食べられやしない」事件は父の時代から現在まで続いていることが示唆される。

舞台は五〇年後の現代へと移る。H.E.R. 演じる女性の祖父は靴職人である。つくっている靴底に「私は革命家だ（I am a revolutionary）」の文字を刻印している。手にはブラックパンサーのタトゥーが入っている。祖父は彼女に完成した靴を手渡し、顧客に届けるよう依頼する。出かける彼女を店員の若い男性が見つめる。アパートの男性、楽しそうにホームパーティをしている中年女性、教会の講堂に座る神父それぞれが靴を受け取り、染み入った表情をする。

血で染まった手を洗う白人男性。二人の白人警官が病院で拘束された黒人男性を運んでいる。昨晩起こった事件だ。祖父の靴屋で働いていた男性が、夜更けに公衆電話で遠くを窺いながら、あせった様子で電話をしている。〝ユダ〟なのか？

一九七一年。党員の子どもたちが「私は革命家だ」というハンプトンの言葉を学んでいる。若い女性たちはショットガンの使い方を学んでいる。ミカンを食べながらおしゃべりをしたり、ゆったりと踊ったりもしている。現代。H.E.R. は歌っている。仲間たちと踊り、チルしている。

これまでの映像が再挿入され、過去、現在のシーン、そしてブラックパンサー党を撮影した歴史映像のフッテージが入り混じる。ハンプトンの演説の言葉がフェイドインで重なる。「〝革命〟が意味するところは、すべての人にとって違う。しかし、あらゆる人にとって〝戦い〟は同じだ。来る日も来る日も、アメリカで〝黒人である〟ということ。解放のために戦うこと。抑圧の中で恐怖を感じずにいること」。再び講義のシーン。「私たちは革命家だ！　私たちは革命家だ！」　コール＆レスポンスで、子どもたちが先人から伝えられた言葉を繰り返している。

警官たちが祖父の靴屋を取り囲む。祖父が手を上げて出てくる。
H.E.R. と仲間たちは銃を構えた警官に襲撃される。
五〇年前の少年がうつ伏せで頭に銃口を突きつけられている。

「私たちは革命家だ！」

その瞬間、画面が変わる。自宅で鏡を見ながら血を洗い流す一人の警官。彼の娘らしき黒人少女が彼を見つめている姿をカメラは背中から捉える。

「THE END」の文字が浮かび上がる。

＊

H.E.R. は「メッセンジャー」だ。刻まれた言葉を届ける。歌われた言葉を届ける。祖父がその手で刻んだ、〞歩みを進めるための道具〟を人々に届けて、世代を継いでいく。
祖父の時代も父の時代も、そして今も変わらず、アフリカ系アメリカ人の日常とは「生死のかかった闘い」なのである。歴史を継いでいくといっても、ここでは風化や忘却が問題になるのではない。続く苦境の連鎖をどのようにして断ち切るか、いかにして世代を継いで闘うのかが問題である。

映画本編では「どう生きるのか」、すなわち、どう闘うのかの葛藤が描かれている。「革命」をどう成し遂げるか、それぞれの立場で向き合う態度が異なる。〈Fight For You〉のサビのリフレインでは、さまざまなパターンで「自由（freedom）」を歌っているが、これもまた、「自由」の形はあらゆる人で異なるのだと響く——途中「自由は木に吊るされない」という歌詞をアクセントを変えて歌っているところは鳥肌ものだ。映画を監督したシャカ・キングも、インタビューで、二人の男にとって「自由」の意味が全然違っていて、この曲を聴いたとき、本作の主題歌にピッタリだと思った、と述べている。

ビデオは、時代と世代をつなげ、立場を超えることの可能性を見せてくれる。これは映画を補完する役割を果たしているように思える。というのも、映画単体では、こうした主題についてはやや心もとないのだ。

その理由はまず、映画と比べると〈物語編〉のビデオは「女性」の存在を特に強調している点にある。主役はH.E.R.であり――「her＝彼女」という言葉の意味も共鳴する――、一九七一年と現代のシーンともに女性の主体性に焦点があてられている。このビデオは、「あなたはどう生きるのか」という映画の問いを、H.E.R.と同じ若い世代、特に女性の観客の共感へと開くチャンネルになったのではないか。

映画のほうでも、女性のパワー・主体性や葛藤が描かれてはいる。しかし、史実を元にしたこともあってか、運動の中心の一人である女性像はやや古めかしいものにとどまっている。例えば、運動に参加するハンプトンとフィアンセのデボラ・ジョンソンが二人で生き方の違いを語り合い葛藤するシーン。妊娠した子どもを守れるかどうか葛藤し、女性が自分の身体のことをみずから決める権利について言葉にする場面として演出した点は共感できる。いわゆるリプロダクティヴ・ヘルス＆ライツの問題だ。まさに当時のフェミニズム運動において「My body, my choice」のスローガンで広がったものである。

　だが、その語りが、個人的で私的な家庭生活を守る「女性」である自分か、革命という社会的使命に人生を捧げる「男性」ハンプトンか、という対比で語られるところは、あまりにステレオタイプすぎて共感できなかった。史実として運動内部や当時の男女観はそれほど因習的・家父長制的だったと言いたいのかもしれないが、全編を通して見ると、ハンプトンは人間くさい魅力があるダメなやつ、というよりも隙のないヒーローとして描かれており、そのため、単に運動よりも妊娠出産を選んだのがジョンソンで、その葛藤を抱えてもなおヒーローになれたのがハンプトンだと描かれているように思える。これでは「革命＝政治＞出産＝個人」という序列が前提となっているように見えてしまうので、ジョンソンは積極的に主体性を発揮したというより、単なる犠牲者のようで、ハンプトンが表向きは正義ぶっているが、家庭では犠牲を強いる典型的なダメ夫に見える。「すべての人で〝革命〟が意味するところは違う」のではなかったのか、と彼に矛盾を問いただしたくなり、釈然としない。

　こうなると、主題のほうも何だか偽善めいたものになる。「どんな立場でも誰しもがそれぞれに葛藤がある」。つまり、「歴史に定められてしまった条件で「われわれ」はどう生きるのか」という主題があまり普遍的なものではなくなり、「われわれ」の範囲が古めかしい価値観に基づくものになってしまう。これは特定の観客にとっては大きなノイズだろう。

　さらに、ハンプトンの「革命」が葛藤ではなく、有害なる男性性による犠牲の正当化に見えてしまうと、途端に物語の中心であるオニールとハンプトンの対比も崩れてしまう。権力が運動内部の裏切りの手を引いていたという救いのない史実と、その個々人のうちにある葛藤という物語の主題のあいだでバランスをとりながら、映画の終わりに用意された大どんでん返しで示そうとしたと思われる

「ユダ」の葛藤の相対化もまた、これによって失敗することになる。ハンプトンのような天才でもカリスマでもないオニールの、ユダとして歴史に悲劇的に巻き込まれた一党員の葛藤はあまり伝わらないまま、かなりひどい露悪的な「晒し」だけが残される。このように、あちこちでチグハグになり、どうもおかしなことになってしまうのだ。

このような映画の矛盾を補うように、H.E.R.のMVが映画本編も引用しながら描いた「若い世代への継承」、「自由の多様性」、「女性の主体性」という語りは、ある意味で映画をうまく補完したように見えるのである。

ここまで見たように、二つのビデオは、映画が描いた「いかに闘うのか」という問いを、〈教科書編〉では前提する知識を補ったり、〈物語編〉では映画のぎこちなさを補正したりしながら、世代やジェンダーの面で間口を広げている。

テーマを普遍化して、さまざまな立場へと開いていくこと、すなわち「いかに生きるのか」という問いへと敷衍することは、H.E.R.が〈Fight For You〉を「普遍的な自由についての歌にしたい」と言っているように、彼女自身が目指すものでもある[3]。そして、それはハンプトン自身が理念として掲げて「虹色」に広げていった連帯の形でもあった。

『ユダ&ブラック・メシア』とそれを補完する〈Fight For You〉のビデオが開いた視座とは、第一に、暴力が運動において現れた意味を歴史的・構造的視座から理解する、という点にある。ブラックパワーの「パワー」の意味を「破壊行為」のみに短絡せず、その力学を捉え直すことだ。

第二に、ブラックパワーの歴史におけるマイノリティ性、とりわけ女性や性的マイノリティの主体性を理解することである。黒人かつ女性、黒人かつ性的マイノリティという幾重にも重なる「インターセクショナルな」弱者としての経験、またそこから生まれる抵抗運動への貢献を捉え直すことである——まさしくハンプトンがブラックパンサー党において「他者の壁」を超えて連帯したごとく。

「他者」への共感と〈構造による人種差別〉という視座

ブラック・ライブズ・マター運動の世界的拡大は、アフリカ系アメリカ人の当事者たちのみならず、非黒人コミュニティでの盛り上がりが重要な役割を果たした。その広がりにおいては、特定の人種のみならず社会全体が行動し始めたこと、歴史に根差した問題として理解されたことが推進力となった。運動が高まった二〇二〇年夏頃には「構造による人種差別（systemic racism）」という言葉が広く知られるようになった。[4] 人種差別は個人の意識や罪の問題というだけではなく、社会構造やそれをつくってきた歴史に埋め込まれているものだと理解する言葉だ。当事者コミュニティや人権活動、黒人研究に携わる者にとっては基本的な問題設定であるが、人々が一体となって社会を改善するには、この理解が広く普及することが重要である。この映画がアカデミー受賞作になったという事実は、「構造による人種差別」という視座が「現在のアメリカ社会の問題」へと前景化したことだと期待したい。

「同情」ではなく「共感」へ。〝他なる人々〟に心を重ねること。「われわれ」を広げること。黒人コミュニティを超えて次世代の社会全体へと開いていくために、カルチャーの力がある。

ハリウッド映画界というきわめて資本主義的な文化産業の中心にあって、大衆文化たる映画とは、当事者を中心に培《つちか》われてきた視座を文字どおり世界規模に広げていくチャンネルとなる。それは時代や社会が抱く欲望の写し絵でもある。マイノリティに焦点があたり、気候危機や人種主義・性差別など社会の課題への関心が「大衆文化」として高まる現在、娯楽性の高い文化芸術が歴史を表象することの意味について再び考えるべき時期に来てはいないだろうか。

第5章　「トイ・ストーリー」はフェミニズム映画か？

――#MeTooと進化するアメリカン・アイデンティティ

『トイ・ストーリー４（*Toy Story 4*）』アメリカ、二〇一九年

監督：ジョシュ・クーリー

ストーリー：ジョン・ラセター＋ジョシュ・クーリー＋ヴァレリー・ラポイントほか

製作：ピクサー・アニメーション・スタジオ

配給：ウォルト・ディズニー・スタジオ・モーション・ピクチャーズ

「トイ・ストーリー」シリーズおよそ一〇年ぶりの最新作である。一九九五年の一作目は史上初の劇場公開ＣＧ長編アニメ映画。アニメーション映画の代表作でもある。意思をもち、持ち主との関係について考え悩むおもちゃたちを通して描かれる、アイデンティティとはどうあるべきか、というテーマがシリーズを通して変奏されていく。

シリーズフィナーレと思われていた「３」から長い期間を経た本作は、核となるテーマは保ちつつ

も、時代の変化を象徴するものとなった。持ち主が幼年期の女の子であること、彼女が工作したおもちゃが自分のことを「ゴミ」だと考えていること（マスプロダクトではないおもちゃもシリーズ初登場だ）、過去のシリーズで姿を消していた女性のおもちゃが様変わりして登場したこと、アンティークショップというおもちゃにとって特殊な場所＝制度をはじめとして、オールドファッションな移動遊園地や射的アトラクション、公園やキャンピングカーなど、カラフルな舞台装置が取り巻いているという点で、新たな装いを感じる作品である。続編の制作も決定した。

『トイ・ストーリー4』は**フェミニズム**映画なのか？――二〇一九年の公開直後、新聞や雑誌やブログなどでの比較的長い評論からSNSでの短いコメントに至るまで、この問いに対してさまざまな言葉が紡がれた。過去には端役にすぎないと思われていた女性キャラクター「ボー・ピープ」が、驚くべき変身を遂げて主役級でカムバックしたのだ。

本章では、アニメーション映画史に残るこのシリーズを読み解きながら、アメリカ社会が語ってきた女性像について考えてみたい。

まずはシリーズのモチーフにちりばめられたアメリカン・アイデンティティを読解しよう。その上で、そこで見られた男性中心主義的な社会像に本作がいかに向き合い、表現しているのか、そしていかにして**家父長制**的価値観を解体したのか、あるいはしていないのかを見ていこう。さらに、このシリーズにまつわる性差別問題も取り上げて、性暴力・性差別の歴史をいかに伝えていくべきなのかを考えたい。

シリーズとして作品が長く続けば、時代的な要請が生まれる。作品は時代に合わせていかに表現を変えるべきなのか。また、つくり手は過去に生み出した表現とどのように向き合うべきなのだろうか。「4」へと至る「トイ・ストーリー」の「進化」から、大衆文化が語る歴史との向き合い方について考えてみよう。

アイデンティティ神話としての「トイ・ストーリー」

まずは「トイ・ストーリー」シリーズ全体について振り返ろう。一九九五年にピクサー社のジョン・ラセター監督のもとでシリーズ初作品がつくられ、その後一九九九年の「2」、二〇一〇年の「3」、そして二〇一九年の「4」と続いた。ピクサーは、「スター・ウォーズ」で知られるルーカス・フィルムの特殊効果部門から展開し、元アップル社のスティーヴ・ジョブスが所有したのち、ディズニーの子会社となったコンピュータ・アニメ制作会社である。同社の『ファインディング・ドリー』（二〇一六年）や『インクレディブル・ファミリー』（二〇一八年）、そして「トイ・ストーリー」の「3」、「4」は、映画全体で見ても歴代興行成績上位五〇本にランクインしており、文字どおり歴史上、最も多くの人が視聴した作品である。[1]

大衆的人気の理由をストーリーに求めるならば、アメリカという国のアイデンティティを描いている点を指摘することができる。この点から論じてみよう。

シリーズを通じて「トイ・ストーリー」は「個人」と「社会」のアイデンティティをめぐる物語である。つまり、「私たちはいかに生きていくべきなのか」という内的で個人的な問いについて語りながら、同時に「アメリカという国はいかにあるべきか」というアメリカン・アイデンティティの神話を重ねて描いている。

個人のアイデンティティは、シリーズを貫くメインテーマであり、おもちゃの生き方を通して語られる。

「1」では、誕生日プレゼントのバズ・ライトイヤーが新参者として現れることで、主人公のおもちゃウッディは、持ち主アンディの「いちばんのお気に入り」という確固たる地位が揺らぎ、葛藤する。持ち主が絶対的な価値序列を決める世界で、おもちゃの優劣が競われている。「新しさ」という価値から自己の社会的評価が問われ、アイデンティティが揺らぐ。これは競争社会であり、加速化した消費社会である。そこにあるのは価値の「外部」がないシビアな世界観だ。物語の着地点は、もう一つのテーマ「友情物語」として終演し、心あたたまる結末でくくられる。一方でアイデンティティ論として見ると、当初自分のことをおもちゃではないという自意識をもっていたバズがそうだと自覚していくさまは、かえって彼らの「世界」が単一の価値基準に向かい、バズは飼い慣らされていく存在にも見え、つらいものがある。

一方、「2」では、おもちゃにとっての価値観がいくつも提示される。「世界」が複数化するのである。不要になったおもちゃが「売られる」ことになるのだが、ここには異なる世界では別の価値が見出されるということが示唆されている。ウッディは、売却されそうになるペンギン人形ウィージーを助け、元いた「世界」に連れ戻そうとするのだが、その一方で、高額で博物館に購入され、レアアイテムとして箱入りで展示される人生の選択肢にも心が傾く。つまり、子どもに使われ、愛されるという使用価値ではなく、大人が支配する経済的な交換価値の世界で生きる、という選択肢だ。一見すると、これは、おもちゃの生き方は一つだけではないと世界のアイデンティティのありようを複数提示し、相対化しているようにも見えるが、最終的には、来たる未来には捨てられようとも、献身的な愛で応えて子どもから寵愛を得ることこそが唯一のおもちゃの幸せだ、というやや唯一神的な聖書的寓話にも見える結論に落ち着く。重要なのは、その選択肢に明快な良し悪しの序列がつけられていることだ。例えば、博物館で永遠の命を得るという選択肢を最後まで信じるプロスペクターに、ウッディがそろそろ「遊びの時間の本当の意味」を知るように諭《さと》すところは、相当押しつけがましい（日本語版では「楽しみ」と訳されている)。[2]

加えて言えば、ミュージアム研究者である筆者の立場からは、きちんとした博物館であれば研究によっておもちゃはその魅力が何倍にも増すし、展示教育というきわめて高い使用価値ももつのだが……と野暮なツッコミを入れたくもなる。

一方「3」では、世界の価値が複数あるという点に加えて、経年による存在意義の変化も大きなテーマとなっている。成長した持ち主のアンディは、日用品としておもちゃを必要としなくなったものの、なんとなく捨てることはできず、特に使わずとも自分のものとしておもちゃを保管している。持ち主の目線では、保持する、収集するという行為について考えさせられるものだ。不用品にされたと(誤解して)感じたおもちゃたちは、保育園という「遊びを生活の主軸とする」子どもたちによる世界を新たな所属として見出すが、そこでは先陣のおもちゃたちが強権政治を執っていて、尊厳ある生を疎外されてしまう。本作では、人生の段階を経て生き方を変えること、生きる世界を変えることの意義、またそれにともなうリスクについて語られている。その一方で、自分のものを他人に引き継ぐことや、個人が一人では成し遂げられない行為を集団で達成すること、すなわち個人のアイデンティティにおける共同体存続の意義についても考えさせるものになっている。「3」は初回作からちょうど一五年が経って公開されており、観客自身の成長と登場人物を重ねて観るものともなっていた。

アメリカン・アイデンティティを語るモチーフ

こうして解釈をするならば、「トイ・ストーリー」シリーズは、おもちゃの世界に託して「社会」

と「個人」が生きるアイデンティティについて問うた作品と見ることができるのである。そして、その実存への問いは「アメリカ」の神話としても描かれている。まずは二人の主人公から「トイ・ストーリー」のアメリカ的モチーフをひもといてみよう。

カウボーイのウッディと宇宙飛行士のバズ・ライトイヤーは、相棒として活躍する二人の主人公だと言える。アメリカ史のモチーフとして見たとき、彼らは「西部開拓」と「宇宙開発」という合衆国の発展の歴史を結びつけている。「土地を切り拓き、力で統治し、国をつくる」ことによって、アメリカ史で国家アイデンティティの根幹を成してきた「主人公」なのである。

東海岸にイギリスから独立した一三植民地は州となり、アメリカ合「州」国として一つになった。その後、「西部へ（Go West）」のかけ声に乗って、アメリカは国を拡大していく。世界大戦の時代を経て、西へ西へと進んだ先で、ついには海上を突っきり、ハワイや韓国、ベトナムなどで「東西」が衝突することになる。冷戦期ソ連と行った宇宙開発競争は、この「西部」がついに「宇宙」へと舞台を移すことになったものである。地政学的に見て、これらのトポスが、軍事行動による領土拡大によって「国をつくり」、アメリカのアイデンティティの表舞台となった。

ウッディの職業は、シェリフ（sheriff）である。シェリフ＝保安官とは、イギリスからアメリカが独立した際に「郡（county）」単位で置かれた行政官のことだ（当時は「州の長官（Shire-Reeve）」と呼ばれたものが短くなった）。西部開拓時代には警官と法執行官を兼ねたような存在で、つまりは「秩序」を象徴する存在である。

バズ・ライトイヤーは、スペース・レンジャー、つまり宇宙のレンジャーである。ranger とは文字どおり言えば「巡回者」であるが、こちらも行政的な管理者のことを意味する。さまざまな役職に対して使われる言葉で、警察や消防から、連邦陸軍（アーミー・レンジャー）、また自然管理隊（パーク・レンジャー）も存在する。独自の歴史をもつテキサス州の「テキサス・レンジャー」は、アメリカ最古の州法執行官である。西部劇『ローン・レンジャー』などは、これを元にしている。

彼らは、まさに世界に拡張するアメリカ帝国の主体そのものである。ヨーロッパ諸国と植民地争いをしながら領土を拡張し、先住民から土地を奪い、秩序ある国家をつくる「アメリカ」の象徴なのである。

一種の無法地帯となっていた開拓時代の西部では、これら組織的な管理機構の役職だけでなく、自警団もまた「レンジャー」や「シェリフ」と混同される形で何とか自治をなしていた。こうした記憶に、アメリカ社会に色濃く残る自警自治精神のルーツがある。これらが多くの創作の素材とされてきたのは、その「自治」の主体を描くことができるからだ。ヒーローにせよ、アンチヒーローにせよ、強い権限で社会の秩序に携わる男性とは、ハリウッド映画の主人公に見られる「アメリカの主役」の一つの典型である。バズとウッディの二人は、銃という軍事力と科学という技術力によって「アメリカ」に秩序をもたらし、統《す》べる男たちなのである。すでにそこにある社会を管理する役割として描かれ、そのコミカルなキャラも相俟って、暴力性が後景化しているのは言うまでもない。

ただし、想像力を働かせれば、人種的な暴力性が垣間見える。「ウッディ」の名は、『スパルタカス（*Spartacus*）』（監督：スタンリー・キューブリック、一九六〇年）や多くの西部劇で知られるウッディ・ストロードにちなんだものだ。ストロードは黒人俳優なので、どうしても有色系を白人へと補正するホワイトウォッシング的な印象が強くなる。[3] 第2章で見たとおり、ローン・レンジャーの歴史における黒人の存在感は創作によって過小にイメージされてきたとされるが、それを正統に踏襲しているのだ。「持ち主が家にいないときだけ自由に遊べる」おもちゃという存在自体が黒人奴隷を思わせる、との指摘もある。[4]

両者のモチーフは、一九五〇―六〇年代にルーツがある。ウッディは実在する商品ではないが、一般にカウボーイ人形は、実は第二次世界大戦後になってからノスタルジア的なリバイバルとして子どもたちのあいだで流行になったものだ。「2」では史実どおりその時代のモノクロテレビCMが流れるシーンもある。一方、バズ・ライトイヤーは、その名を一九六九年の初の月面着陸を成功させたアポロ11号の宇宙飛行士バズ・オルドリンから採られたというだけでなく、「スター・トレック」以前の一九五〇年代に人気となった宇宙SFもの「スペース・パトロール」の登場人物バズ・コリーにもちなんでいるとされる。[5] 当時、宇宙飛行士は男の子が憧れる職業の花形だった。つまり、「トイ・ストーリー」における二人の主人公とは、アメリカン・ナショナル・アイデンティティを代表するアイコンなのである。

虚実ないまぜに描く戦後「アメリカ」

主人公たちが体現する「アメリカなるもの」の実在感を支えるように、脇を固めるおもちゃの多くは実在し、アメリカ社会でなじみあるものだ。オリーブグリーンのプラスチックでできた小さな兵隊は、一九三八年にベルゲントイ&ノベルティ（Bergen Toy & Novelty）社から発売されたもの。〝安価

図5-1　1960年代のおしゃべりキャシー（© Brian Crawford）

で壊れないおもちゃ〟としてバケツ単位で販売され、第二次世界大戦後期には定番のおもちゃとして普及した。グリーンカラーの印象が定着しているように思うが、実はこれは第二次世界大戦の陸軍の色に合わせて変えられたものだ。

マテル社が一九五九年に発売したバービー人形は、厚く化粧をして着飾り、手足は異様に細長く、モデルのような白人女性を象《かたど》っている。今でこそ職業設定や肌の色などの面で多様なバービーがつくられているが、これはその美の規範の狭さが批判され続けてきた結果である。今でも「バービー人形」という英語の表現は、「容姿だけはよいが中身がない白人女性」という意味の悪口として通用するほどである。「4」に登場するトーキー人形ギャビー・ギャビーのモデルは、チャッティ（おしゃべり）・キャシー（図5-1）。これもマテル社製で、一九六〇―七〇年代に一世を風靡した。

これらはどれもアメリカ社会におけるノスタルジックなアイコンである。その筆頭はMr.ポテトヘッドだ。G・I・ジョーやリトルポニーでも知られるハズブロ社から一九五二年に発売されたもので、アメリカにおいて初めてテレビコマーシャルが流されたおもちゃとしても記憶されている。つまり、マスメディアを介して大衆的記憶に根づいた最初のおもちゃなのである。

同時に、これらはアメリカ主流社会を象徴的・ステレオタイプ的に切り取っている。チョビ髭の男性が妻子をもつMr.ポテトヘッドの世帯――家族構成は、Mrs.ポテトヘッド、Brother Spud（ジャガイモにいちゃん）、Sister Yam（ヤムイモ子）――は家族経営の「農業」を、陸軍色に画一化された兵士は集団的でホモソーシャルな男性の世界である「軍事」を、バービーは白人男女をモデルとした「美」の基準を示している。このような実在のおもちゃを登場させることで、「トイ・ストーリー」が描く「世界」の価値観にはリアリティが与えられる。

　このアメリカ的価値理念のソースは、第二次世界大戦後、一九五〇―六〇年代の白人中産階級の「アメリカ」である。「トイ・ストーリー」のおもちゃのモチーフが軒並みその時代に関連していることは非常に興味深い事実である。[6]映画が制作された時期から振り返って、時代がもっている象徴を観客に提示しているのだ。つまり、この時代が遡及的に描く「古きよきアメリカ」とは、家父長制的で男性を一家の大黒柱にする「家族」を理想とした生活文化であり、「アメリカン・ドリーム」という神話についての古典的な語りである。それはまた、その後、若者を中心にカウンターカルチャーや公民権運動が起こり、黒人や先住民などの「非白人」や「女性」、「ＬＧＢＴＱ＋」などのマイノリティの主体によって「アメリカ主流社会」の家族像が更新される以前の世界観である。ウッディとバズという二人の主人公が「力」ある「白人」、「男性」であることには、ナショナルな懐古物語としての必然性があるのだ。

図5-2　ハズブロ社のMr.ポテトヘッド。2021年には社がジェンダー平等への共感を示そうと「Mr.」を取って炎上したこともあった

おもちゃを多様化し、価値観をアップデートする

ちなみに、近年では、こうした因習的な家族観やジェンダー観、身体の「正しさ」や美の規範をアップデートしようという企業側からの試みも広がっている。ポテトヘッドを例にとれば、図5－2の広告は二〇二〇年代に発表された最新版で、両親ともに口髭をたくわえてジェンダー・ニュートラルなルックスで家族を構成できる仕様になっている。二〇二一年、ハズブロ社は商品名も「Mr.」を取って単に「ポテトヘッド」に変えたが、その際SNS上では炎上騒動が起こった。セクシャルマイノリティ系の団体をはじめ、LGBTQ＋コミュニティからは好意的な声があがった一方で、従来のMr.ポテトヘッドやMrs.ポテトヘッドというキャラクターがその世界観から消えることを心配したファンの不安の声が広がり、さらにはこうしたジェンダー多様化を打ち出す**ポリティカル・コレクトネス**的な姿勢を冷笑し、揶揄する声があがったのだ。[7]

一方、マテル社もバービー人形の肌の色、髪型や体型や障害の有無、職業などのラインナップを充実させ、当初のステレオタイプ的なバービーの多様化を進めてきた。一九六八年に初の黒人ドールを、八〇年にヒスパニックのバービーを発売し、その後、一九九〇年代までにパイロット、海軍兵、消防士、考古学者、二〇〇〇年代に宇宙飛行士、有色系を含む大統領など、歴史的に男性に占められてきた職業に就いたバービーを発表してきた。二〇一五年には小柄ないしふくよかな（プラスサイズ）体型のバービーによって、「美」の規範の多様化姿勢を打ち出し、さらに二〇一九年に車椅子や義足のバービーが、二〇二三年にはダウン症をもつバービーが発売された。ジェンダー規範に関しては、二〇一九年にはいかようにも性を与えられるジェンダー・ニュートラルなシリーズを発表し、二〇二二年にはトランスジェンダーの人気俳優・活動家のラバーン・コックスが自身のモデルを発売するという形でトランスを明言したバービーが初めて公のものとなった。典型的なバービー・イメージが支える美の規範の暴力性が批判され続ける一方で、とりわけ近年マテル社が進めた多様化戦略によって、子どもたちが自認をありのままに自己投影できる選択肢が増え続けているのだ。

二〇二三年に話題となった映画『バービー（*Barbie*）』は、こうした歴史の上につくられたものだ。アート系映画で才能を発揮していたグレタ・ガーウィグ監督が起用され、フェミニズムのテーマを、超がつくエンタメとして見事に編み上げたコメディ作品となった。主人公は、バービーランドで生きるステレオタイプ型のバービー。人間の生きる「現実世界」（原語ではrealityだ）の意識に目覚め、人間界にやって来ることで、自分たちの住むバービーランドの世界を支配する「女性中心主義」とは、現実の人間世界の「家父長制」の裏返しにすぎないことに気づかされる。バービーランドは家父長制をよき価値観として人間界から持ち帰った男性ケンによって暴力的に掌握されてしまう。これに対して、バービーはスピーチや政治など、言葉と民主主義の力で奪還する。「何者にでもなれる可能性」

こそがバービーであると悟り、人間になって、人間世界で生きていく。こうした語りで、われわれ人間の住む現実を支配する家父長制の構造とそこで希望をもって生きる術について、エンターテインメントかつ教科書的に伝えるものとなっている。マテル社によって制作された本作は、同社が多様性マーケティングの方向に全面的に舵を切ったことを象徴する映画となった。作中では過去に発売したプロダクトの失敗例やバービーの生みの親ルース・ハンドラーの不正会計報告事件など会社の〝黒歴史〟を徹底的にジョークにしていて、負の遺産に向き合い、未来をつくろうとする社の姿勢が表れている。

フェミニズム神話『トイ・ストーリー4』

おもちゃをアイコンにして「アメリカ」を語るという設定は、きわめて巧みな方法ではないか。おもちゃはステレオタイプとなじみがよいし、おもちゃ箱の中で種類が違う複数のキャラクターが文脈なく混じっていても、つまり時代や属性やそれが体現する価値観が共存することに違和感がない。モデルチェンジや経年や取引、その性別や自意識など、おもちゃの設定は「歴史」について象徴的に語るための便利な装置でもある。

これらの装置で「トイ・ストーリー」シリーズはさまざまなテーマが語られてきた。たとえ時代錯誤な価値観であっても自然に登場させられ、現実社会にあるような衝突や葛藤を描くことができる。こうした点で、「トイ・ストーリー」は、おもちゃというモチーフに忍ばせてアメリカの歴史を語り、伝統的・因襲的な「アメリカ」の神話を語り継いできた物語だと言うことができる。その神話とは、戦後のアメリカン・ドリームであり、男性中心・白人中産階級の家父長制的家族主義であった。

この歴史を踏まえてみると、『トイ・ストーリー4』がいかに時代に合わせて新たなアイデンティティを語ったのかを理解することができる。それは「女性」という主体の再構築と、因襲的な「家族」の型からの脱却という物語である。本章の冒頭で述べたように、初期の端役から準主役へと躍進したボー・ピープというキャラクターの変化が、それを最も顕著に表した「事件」であった。

「4」におけるボーの役割について見る前に、ボー・ピープ（Bo Peep）のルーツをピクサー以前の描写にも遡って見ておこう。シリーズ初作品に登場した際に、彼女は次のように描かれていた。アンデルセンの世界で描かれた羊飼いをモチーフにしたおもちゃ（ランプの飾り物）であり、ウッディと恋仲になる。他のおもちゃがチームで冒険に出るときにも部屋に残って「家」を守り、主人公の精神的なケアをする。ウッディとのペアと見れば、「男が主役として外で活躍し、女はケア役として家を守る」という、きわめて保守的で型どおりの**ジェンダー・ロール**が与えられている。ディズニー・プリンセスの古典的な様式「囚われの姫（damsel in distress）」の典型である。ボー・ピープはランプスタンドに付属した〝飾り物〟だが、〝光を照らす〟ことがその主たる目的であるという点も象徴的である。初期のボー・ピープは、カウンターカルチャー前夜、戦後アメリカン・ドリームの理想が生まれた際の性別役割の典型で、ステレオタイプや主流の表現における「お約束」として、保守反動的な印象が拭えないキャラクターだった。

翻ってピクサー以前のボー・ピープは、シェイクスピアの『リア王』にも登場するイギリスの古い童謡の伝説的存在で、いないいないばあのような謡われる遊びのことでもある。[8] まさに「ケア」のた

図5-3　1877年の児童書に描かれたリトル・ボー・ピープ

めの言葉にルーツがあったのだ。

しかし、ここで保守反動的な印象をもたせるのは、「トイ・ストーリー」でモチーフが引用された際の「変身」である。一九世紀の童話集を確認すると、伝統的にはボー・ピープは図5－3のような姿で描かれてきた。

過去の童謡や童話ではこうした幼女の姿で描かれていたボー・ピープは、「トイ・ストーリー」では年齢が押し上げられた見た目で描かれるようになる。[9]「1」では数少ない台詞が彼女に与えられていたが、その役割はきわめて性的なものだ。「今夜、私が羊たちを誰かに預けるって言ったら、どうする？」とウッディを魅惑し、惑う彼に「私、すぐそこに住んでるって覚えててね」と妖艶に迫る。このように性的なアプローチで主人公を翻弄するという点から主体性が描かれる。そのケア的な社会役割と併せて、男性主人公にとって都合のいい女性として描かれている。なお、原語では「リトル・ボー・ピープ（Little Bo Peep）」という名であり、大人の女性の容姿をしているのに「Little＝ちゃん」づけで呼ばれていることにも違和感を覚えるが、これはピクサーがモチーフを借用した際にイメージを再構築したところから来る矛盾ではないだろうか（意図してのことではないだろうが、和名の「ボー・ピープ」ではその違和感が消えている）。

一九世紀のボー・ピープは、羊を追うための鞭をもち、緩いワンピースをまとっていた。羊追いの労働をしているのだから、動きやすい格好であるのが自然だ。一方、「トイ・ストーリー」のボー・ピープは、コルセットで絞られたようにウェストは細くくびれ、上半身に這わせたボディスを身につけているように見える。スカートは大きくふくれており、内側にカゴ状の骨組みがあるパニエやクリノリンを入れているかのようだ。羊追いをするには大変苦しそうな格好である。コルセットは内臓や子宮を痛めるリスクを負う危険な道具で、「女性らしい」身体を人工的につくり出してきたが、それは男性の所有財産としての女性という歴史に紐づいてもいる。[10]

こうして「トイ・ストーリー」の世界に連れてこられ、変身したボー・ピープには「古きよき」淑女のイメージが与えられた。ディズニー／ピクサー版ボー・ピープは、それまでの表象の伝統には乗らず、アメリカン・ドリームの時代に生まれた特定の「古風」なジェンダー的ステレオタイプに基づいて視覚化されている。

そのボーがさらなる変身を遂げたのが「4」だった。このディズニー／ピクサー自身による「第二の変身」は、人物像とヴィジュアルの両面からなされた。

彼女は不用品として捨てられ、アンティークショップ「セカンド・チャンス」に売られたのち、そこから逃走して、公園内で独立したおもちゃのコミューンのような組織を率いている。彼女は、おもちゃが子どもに遊ばれることという使用価値にも、アンティークショップという古くなったモノの交換価値——「2」で描かれた「博物館行き」の変奏版で、こちらもおもちゃにとって不幸な場とされる——にも依存しない。自由でいることの価値を謳う自立した存在である。そして、アクティブかつ戦闘的に（手が取れてもテープで直す）、おもちゃ奪還作戦のリーダーとして活躍する。過去には「ケア役」に徹し、一方で良識がある淑女であり、同時に性的に積極的な存在として描かれ、男性にとって都合よく美化された典型的な女性像だった印象とは大違いである。

彼女は「3」には登場しない。いなくなった理由さえ伏せられていたが、ここに来て、それが説明される。「持ち主だったアンディの妹モリーが成長したので、夜暗くしても眠れるようになったから」というものだ。これはランプの光を男性のためのものではなかったと説明づけているようにも受け取れる。彼女はそもそもランプ飾りなので、遊ぶための目的をもった「おもちゃ」からもともとやや外れた存在であったことも、独立コミューンの樹立へ向かうというストーリーにうまく合致していた。

ヴィジュアル面での変貌も大きい。彼女が登場したあとすぐに文字どおりの「変身」をする演出がある。昔のボーが身につけていたスカートを脱ぎ去り、上下揃いのパンツスーツの装いへと変貌を遂げ、翻したスカートをマントとして身につけるのだ。ボーの、そして「トイ・ストーリー」の「変化」をきわめて強く印象づけるシーンだ（筆者が観たとき、映画館ではこのシーンで子どもたちが驚きの歓声をあげていた）。

新ボー・ピープの演出は、制作チームによる「計画《プロジェクト》」として強調された。ピクサーの公式発表によれば、「男たちを部屋から追い出して」編成されたアーティストやストーリー作家の「チーム・ボー」によって、若い女性を主体に進められたと宣伝された。「コードネーム・ピープ」なるプロジェクト名がつけられ、「女性」がリードしたという公式発表自体を演出していたのだ。

アイデンティティの選択肢――解放、脱出、トリックスター、被害者

一方、本作のウッディは、とことん頼りない。女性リーダーのボー・ピープの言うことを聞かず、感情的になって失敗を犯す。「感情的」は、女性に対する差別的なステレオタイプの裏返しだ。肉弾戦でもボーに助けられ、肉体的な「力」さえ頼りない。自分の失敗を反省できず、他のおもちゃが信じる「持ち主＝子どもに頼らない」生き方を否定する。自律的な生き方や他人のもつ価値観をなかなか理解することもできない。これは成功してきた「男性」であるがゆえのダメさである。

先に説明したように、「トイ・ストーリー」シリーズに共通するテーマに心の拠り所・アイデンティティの問題がある。「４」では特に、持ち主に求められること＝他律から離れたときアイデンティティはどのようにありえるのか、という問いが際立っている。多様な価値観・社会を作品世界で描き始めていたと思えた「トイ・ストーリー」ではあるが、実はこれまでの作品では「個人が自律的にその価値を規定したり、おもちゃが他人や社会に依存しない生き方を選ぶ」という選択肢には触れられていなかった。

本作は、アイデンティティに向き合う物語として、男性と女性のありようを比較すると、さらに理解が深まる。ウッディとは、作品の主役であり、持ち主にとっても「主役」として寵愛されていたが、「いちばんのお気に入り」という愛を失って主役としてのアイデンティティを喪失した男性だ。それに対して、ボー・ピープとは、男をケアする添え物としての役割から退陣し、誰にも所有されない女性である。「外側」にいる〈解放〉された存在だ。両者はかように対置されている。

「おもちゃであること」を、社会で役割を果たして活躍することのメタファーと見れば、これにこだわってしまう歴史的に強者だった「男性」のアイデンティティ・クライシスを迎えているのがウッディだ。そもそも、競争社会においては、その構造を握られている者として、歴史的・構造的に弱い立場にある「女性」は、「おもちゃであること」とは別の生き甲斐、生きる術を見つけて自律したアイデンティティを確立しているのである。

ボー率いるチームの救出劇でも、ウッディは頑《かたく》なだ。チームの誰も賛成しない無謀な作戦を「持ち主ボニーのためだ」と言って強行しようとするが、ボーに「ボニーのためじゃなく自分のためでしょ」と見透かされる。他の子どももいる、つまり別のアイデンティティもあると諭されても、彼は「ボニーへの忠誠心だ」と吐露し、過ぎ去った栄光に固執する。保守的な価値観をふりかざし、他人の価値観を認めることはできない。しかし他人が自分を理解することだけは求め続ける。

物語の後半で、ウッディは次第に他人の生き方を認め始める。きっかけは、ボーに支えられ、ギャビー・ギャビーを助けたことだ。つまり、「女性」の支えで「女性」を助ける経験である。これは、男性アイデンティティを一度ひっぺがして再統合する、すなわち家父長制から〈脱出〉する「**通過儀礼**」の過程である。最終的な彼の決断は象徴的だ。どうしても過去の栄光を忘れることができず、やはり元どおり持ち主のいるおもちゃの社会で生きていくところに落ち着こうとしたが、信頼関係にある同性パートナーのバズが背中を押してくれたことによって、ようやく新しい道を歩み始める。そして、栄誉ある男性的職業シェリフのバッジを妹分のカウガール・ジェシーに渡すのだ（ただし、女性の胸部を気安く触ってバッジをつける男の上司はご遠慮願いたい）。

こんなに手間がかかるのか！とツッコミたくもなるが、これは本作が込めた、「男性」がその地位を顧みるのはこれほどまでに困難なのだ、というメッセージにも思える。

アイデンティティのありようという点では、本作には逸脱した存在がいる。フォーキーである。持ち主によってつくられた「おもちゃ」である彼（いや、性別からも解放されているのかも？）は、おもちゃとして主人から寵愛を受けるが、彼の自意識では「ゴミ」として生きており、他人が彼に与えるアイデンティティを拒否し続ける。他人や社会への依存、与えたり与えられたりという愛情のベクトルなど、アイデンティティとは何かについて問いかけているようにも思える。つまり、ピエロのような〈トリックスター〉的存在として、「おもちゃ」というアイデンティティそのものに対する相対化のまなざしを観客に向けさせる役割を果たすのである。彼は〈脱出〉せずともはじめから逸脱している存在だ。ともあれ、その後ストーリー上はあまり活かされず、その設定自体がアイデンティティというテーマに真正面から向き合うものである割に、その役割は弱い。

トーキー人形のギャビー・ギャビーもまた、女性がアイデンティティと向き合う困難を象徴するキャラクターだ。いわゆるヴィラン・悪役キャラだが、初期不良でトーキー装置が壊れていたために持ち主がつかず、「誰からも愛されたことがない」と悩んでいて、装置さえ直れば持ち主に愛してもらえると信じている。持ち主の寵愛を一身に受けてアイデンティティを確立してきた男性ウッディの対極にある女性だ。

彼女は「声」に執着する。それも、同じ装置を内蔵するウッディからその声を奪おうと狙っている。最終的には「一度も声をもったことがないから、どんな感じか知りたい」とウッディを説得し、彼に装置をもらって「声」が出せるようになる（装置とは関係なく、おもちゃ同士ではふつうにしゃべることができる）。しかし、「声」を出せるようになっても、彼女の思うようにはならなかった。長く夢見た持ち主は、声をもとうとも彼女を選ぶことはなかったのだ。ギャビーの装置が元から壊れていたように、女性が発言する権利や機会はこの社会で制限されてきた。男性の「声」を奪っても成功しない。借り物の言葉は弱く、「男性」が成功したやり方では、うまくいかないのである。

彼女は腹話術人形のベンソンを引き連れている。元ネタは一九四〇─五〇年代に腹話術師エドガー・バーゲンがテレビ番組『チャーリー・マッカシー・ショー（The Charlie McCarthy Show）』で使っていたもので、ドラマ『トワイライト・ゾーン』にも登場する。彼らはしゃべらず、「声」をもたない。同じ顔をした匿名・複数のベンソンたちを、彼女はミッションのために、ほとんど奴隷のように使っているが、それはホラー映画のパロディとして表現される。人形は『チャイルド・プレイ』（一九八八年）、『アナベル 死霊館の人形』（二〇一四年）、『M3GAN／ミーガン』（二〇二二年）などホラーアイコンの定番だ。手足に力が入らないパペットが、ゾンビのような動きで追いかけてくる。蓄音機から流れるBGMは〈Midnight, the Stars and You〉――キューブリックの『シャイニング』（一九八〇年）のラストシーンでかかる曲だ。

ベンソンたちはおもちゃ同士でも言葉を発せない存在として表現されているが、なぜか彼女だけがその言葉を理解している。彼女は「声」のない非人称的な「男」を飼い慣らす。そして、アンティークショップ「セカンド・チャンス」で、虎視眈々と「二度目の人生への挑戦」をしている。不要とされ、ゾンビとなった声なき男たちを踏み台に、声なき女性の自己実現を図ろうとしているのである。

しかし、この方法はうまくいかない。

ギャビー・ギャビーは、家父長制的な制度の中で、もがき、やり方を間違って失敗する女性であり、ある種の〈被害者〉を示している女性像だ。「トイ・ストーリー」初の女性ヴィランには、家父長制の中で生き方を模索し、翻弄される役割が与えられている。

『トイ・ストーリー４』は、アイデンティティの物語であり、同時に家父長制という構造に疑問を投げかける。男性中心に組み立てられた社会の規範からの「解放」（ボー・ピープ）や「脱出」（ウッディ）を男女のキャラクターとして対比的に描きつつ、その非対称な社会構造の「被害者」（ギャビー・ギャビー）の悲劇を示してもいる。本作が「トリックスター」（フォーキー）的にアイデンティティ自体を相対化する視座をもっと広げることができていたなら、性差別的な構造批判というだけでなく、多様性それ自体の賛歌としてもありえたかもしれない。

「神話」の功罪

ボーというキャラクターは、確かに「トイ・ストーリー」史上では画期的だったかもしれない。しかし、それは限定付きのものであり、問題をはらんでもいる。フェミニスト像があまりにもステレオタイプに寄りすぎていて時代錯誤なのだ。

ファッションを見ると、ハイウェストのパンツスーツで髪をくくり、腕には何かを巻いて活動的に動いているが、これは二〇世紀初頭の女性参政権運動の活動家、いわゆる「サフラジェット」を想起させる。[11] ボーの服の上半身のデザインなどは、その代表である女性社会政治連合（Women's Social

図5-4　サフラジェットを代表するアニー・ケニー（左）とクリスタベル・パンクハースト（右）

and Political Union＝WSPU）メンバーのアニー・ケニーとクリスタベル・パンクハーストの装いにそっくりだ（図5-4）。陶器製のボーの手が折れてウッディをギョッとさせるが、彼女はいつものことだと気にせず、包帯のようにテープを巻いて闘いを続ける。彼女の「部隊」には軍隊や警官がいて、戦車のようなスカンクを乗りまわしている。

当時のサフラジェットは、文字どおりの戦闘集団で、いつまで経っても変わらない社会制度に武力闘争も辞さずに抵抗した団体である。二一世紀に、これはあまりにも時代錯誤なフェミニスト像だろう。暴力的な手段は現代の価値観にはそぐわないものだし、ただでさえ「抗議行動」は暴力と結びつけられ、否定的に見られやすい状況で、フェミニストを「悪魔化」する恐れがあるだけに、安直すぎたと言えよう（ただし、「市民的不服従」論などを踏まえながら抵抗における暴力の意味を真摯に問うものなどであれば話は別だが、そのような気配はない）[12]。

彼女の性格描写もまたステレオタイプを再生産しかねないものだ。性格がきつく、ズケズケとものを言い、戦闘的だったりサバサバしていたりと「男性的」な面を強調している。知性もあるが、「腕力」での活躍も強調されている。声優は過去作と同じくアニー・ポッツによるものだが、明らかに声色も変えていて、強い口調を演出している。「１」で感じる南部訛りを消しているように聞こえるが、『風と共に去りぬ（*Gone with the Wind*）』（監督：ヴィクター・フレミング、一九三九年）のような南部の淑女的イメージを拭い去ろうとしたのかもしれない。リーダー然としていても別によいのだが、逆張りをして強調する必要はないだろう。その上、ボーはウッディの失敗をけっこう嫌味たっぷりに愚痴っぽく晒し者にする。これは典型的な「人を咎《とが》める男嫌いのフェミニスト」のステレオタイプである。

つまりは、更新されたボー・ピープ像もまた、ある種の家父長制的社会規範からのまなざしによる、否定的なステレオタイプに合致するのである。

興味深いのは、ピクサー以前のリトル・ボー・ピープにも同様にネガティブかつ男性的なまなざしで「変身」した事例が見られたことである。図５－５は、一九一六年に政治雑誌『パック』で描かれたリトル・ボー・ピープである。この諷刺画では、ピープが身なりのいいスーツを着た男性を「羊」として鞭で手なずけている。当時は**進歩主義**の時代と呼ばれ、まさに女性が初めてアメリカで参政権を獲得し、社会進出を遂げた最初期であり、一方でジャズ・エイジ前夜に「ニューウーマン」と呼ばれた新たな女性のファッション・スタイルが生まれた時期でもある。ここにあっては「男まさり」な女性を揶揄する諷刺のようであるが、その衣装はその後のフラッパーなどに至る女性をジェンダー規範から解放するような「男性的」シルエットは避けられている。大きなスカートと化粧で「女性らしく」性的に装った存在として描かれているのだ。[13]一九世紀後半は性的フェティッシュが登場した時期

図 5-5　政治雑誌『パック』に描かれたボー・ピープ。『ハーパー・マガジン』や『ヴァニティ・フェア』、『ニューヨーカー』でも活躍したこの挿絵画家ラルフ・バートンが参加したのは、硬派な誌面が大衆化路線へと舵を切った時期だった

にあたり、[14]女性のサディズムやコルセットへの性的な憧れが、鞭で叱るコルセット女性に端的に示されていよう。これを踏まえて言えば、「4」のボーの描写は一〇〇年ほど前の「男性からのまなざし」を表象したものから「数年ぶんほど」進歩したものだと皮肉ってみることもできる。

「4」の物語の顛末からアイデンティティについて考えても、ブレや釈然としない点が目立つ。はっきり恋愛関係だとは示されないが、ボーたちが彼女たちのつくった「持ち主なき世界」にウッディを受け入れるラスト近くのシーンでは、なぜか不自然にボーがスカート姿に戻り、他のおもちゃの姿も見えなくなって、二人きりで抱き合う。これでは彼女の「変身」の意義が台なしではないか。

持ち主への依存に代わるアイデンティティのあり方には、おもちゃ同士で愛と性と生殖に紐づけられた「家族」をつくるしかないのだろうか。近代の家族観を支えるこの「**ロマンティック・ラブ・イデオロギー**」は、まさしく「トイ・ストーリー」の発想源である一九五〇年代の「アメリカン・ドリーム」の神話である。恋愛におけるパートナーシップをハッピーエンディングのオチとして描いたとも、型どおりなものに収まっていると言わなければならない。

『トイ・ストーリー４』は、アイデンティティの問いを過去のシリーズから引き継ぎつつ、女性表象を更新して新たな創造を目指した作品である。その一方で、古めかしくステレオタイプ的なフェミニスト神話を再生産したことや、落とし所となるアイデンティティの選択肢の狭さが気になる作品でもあった。ディズニーの描くこの世界観は「進化」なのか。あるいは、妥協の産物だろうか。

冒頭で述べたように、この映画はフェミニズムや女性のエンパワーメント、**ソーシャル・インクルージョン**（**社会包摂**）やハリウッド業界の性差別からの脱却など、ジェンダーの観点からさまざまに評された。その多くはきわめて辛口で、中途半端な姿勢が批判されていたが、以上のように読み解いてみても、それらには納得できるものがある。

#MeToo後に問う『トイ・ストーリー２』の罪

「４」の「変身」は、時代を経て社会の人権感覚が変化したことに応答したものである。保留付きではあるものの、それは進歩的なものだった。エンターテインメントは「常識」を刷り込むことで人々に大きな影響を及ぼす。子ども向けなら、なおさらだ。人々への影響が大きな超大作文化産業であるからこそ、その表象は自覚的かつ意識的に、繊細な感覚でつくられる必要がある。一方、過去につくられたものについては、表現者はそれをどのように扱うべきなのだろうか？

そのことを考えるために、『トイ・ストーリー2』にまつわる一件を取り上げて考えてみよう。「4」は一〇年ぶりの新作だったが、この機会に関連するシリーズ過去作が再びDVDなどのパッケージで再発売された。ここで問題にしたいのは、その内容の一部が何の説明もなく削除されていた件である。それはエンドロール時に流れているアウトテイク・シーンのカット、いわゆるNG集である。キャラクターたちが俳優であるという体裁で、本編を撮影している裏側のシーンが描かれているもので、本当にありそうなお茶目なシーンばかりでとても楽しい。

カットされていたのは、初老の金鉱掘りプロスペクターのネタである。博物館にコレクターズアイテムとして売られる彼は箱に入っているのだが、撮影が始まったことに気がつかず、箱の中で二人のバービー人形と話をしている、という失敗だ。ここで彼は、会話の中で「『トイ・ストーリー3』に出してあげるからね……」と彼女の手を握ったところでカメラに気がつき、「本番か！」と言うと、真面目な口調になり、「演技のことで何か相談があったら、いつでもおじさんのところにおいで。それじゃまたね」とバービーを送り出す。

これはキャスティング・カウチと呼ばれるハラスメントである。カウチとはソファーのこと。映画・演劇の世界では、プロデューサーや監督やベテラン俳優などが、新人や若手俳優たちのキャスティングに強い権限を有している。この非対称な力関係を利用して、悪くすれば性暴力が行われることがある。

同じアウトテイク集の最後には、バービーが人前でつくり笑顔をしすぎてつらいというネタがあるが、こちらは削除されていない。もちろん、女性の置かれたつらい立場を肯定しているのではなく、日常の場面で感じる性差別を「マイクロアグレッション」として、軽い気持ちでネタにしたのだということはよくわかる。

しかし、こうした描写は軽々しく扱われるべきではないだろう。キャスティング・カウチは「**マイクロアグレッション**」とみなしてしまってよいものだろうか？（当然、マイクロアグレッションも見過ごしてはならないものである）これを子ども向けの笑いにできるという感覚は時代錯誤なもので、だからこそディズニー／ピクサーはこれを削除したはずだ。「2」の公開から約二〇年を経て、ハリウッド業界では力関係に基づいた性暴力事件が次々と告発されてきた。幸いにも、昨今では少しずつこうした行為は問題意識をもって受けとめられるべきものになってきてはいる。

二〇一七年以降ようやくこうした問題が公に批判されるようになったが、きっかけはハリウッドの大物プロデューサーであるハーヴェイ・ワインスタインの事件の発覚だった。『ニューヨーク・タイムズ』紙記者の調査報道をきっかけにして、仕事上の優遇やその世界からの排除を盾にしてワインスタインから脅され、性暴力被害に遭っていた俳優たちが声をあげることになったのである。〝私も〟被害を受けた、と声をあげるハッシュタグ「**#MeToo**」ムーブメントを生んだ事件である。この事件の調査報道は『SHE SAID』（二〇一九年）として書籍化され、被害者たちに寄り添うていねいな演出方法で映画化もされた（『SHE SAID／シー・セッド　その名を暴け』二〇二二年）。

キャスティング・カウチは、日本語では「枕営業」にあたり、これまでは日本語と同じように、弱い立場にある者、とりわけ女性が性的な行為でキャスティングを求める、という意味で使われてきた。古くは一九二〇年代に女優のオーディションを描いた映画『キャスティング・カウチ』が撮られ、多くの映画やテレビでもよくあるジョークとして描かれたし、一九九〇年代以降はポルノグラフィの類型として一般に知られるようになったという。[15] こうした「男に媚びる女性」、「魔性の女」というイメージがつくられることで行為の加害性が見過ごされてきた側面もあるだろう。ワインスタイン事件以降は、キャスティング・カウチを「性的搾取」とみなすことが一般化し、その言葉の意味が変わってきたようにも感じる。問題は権力の非対称な構造にある。パワーハラスメントに基づいた性暴力・セクシャルハラスメントである。「枕営業」は権力構造が生む問題なのだと理解したい。

これらハリウッドの「不都合な真実」の発覚と同じ時期に、日本でも非対称な構造による性暴力事件が社会問題となった。当時の政権に近い人物でＴＢＳワシントン支局長の山口敬之氏が若手ジャーナリスト伊藤詩織氏に対して強姦事件を起こしたが、その提訴がきわめて困難であり、権力構造に基づいた高いハードルが法的解決の道を拒んだ。二〇二二年には著名な男性映画監督が過去に起用してきた女優らから性的関係強要を告発され、その非対称な構造を問題視せず、自分は「恋愛関係」だと誤解していたという旨の発言をしている。こうした課題に対しては、ハラスメント実態調査とジェンダーバランスの実態調査を行う「表現の現場調査団」の活動に見られるように、対策が講じられ始めてもいる。このように、まったく同じ構造の問題は日本の表現の現場にもあふれている。

実は「トイ・ストーリー」の制作背景にも、こうした事件があった。本作の監督・製作総指揮であり、中心人物としてピクサーを牽引してきたジョン・ラセターが社内の女性たちに軽々しくキスやハグを強要するなど、性暴力の加害をしていたことが判明したのである。これもまた、二〇一七年に

#MeToo運動が広がる中で声があがったものだ。彼は六ヵ月の「サバティカル」期間をとって休みを与えられ（報酬については不明だが、ふつうは研究などに専念する有給休暇を指す言葉）、「4」は共同監督だったジョシュ・クーリーに引き継がれた。同作が公開された二〇一九年には、ラセターはディズニー／ピクサーからパラマウント系のスカイダンスのアニメ部門に移籍している。

「注釈付き」で残す

ここで考えたいのは、過去につくられた表現に対する向き合い方である。「2」がつくられた一九九九年に、ディズニー社や制作者たちはキャスティング・カウチをジョークにしても問題ないと考えていた。それを大きな問題にしてこなかったのは社会の側でもある（ここでは主語を作品管理の権限をもつ「ディズニー社」とする）。ディズニー社は特にグローバル展開に強いコンテンツ企業であり、日本を含む世界の多くの地域でもまた、この問題は黙認されていた。それが今、問題になったのはなぜなのか？　ディズニー社はどのように問題を扱うべきだったのか？

一つには、社会から声があがったからである。ワインスタイン問題に端を発し、多くの領域で#MeToo運動なども生まれ、「これは一線を越えている」という社会の倫理規範が更新された。それによって、ディズニー社には、過去には軽々しく描いていたキャスティング・カウチの表現は適切ではない、というメッセージが伝わったはずだ。少なくとも、ディズニー社が先立って社会の「空気」を読んだことは間違いない。こうした理由で、ディズニー社は該当シーンを取り下げた（キャンセルした）と思われる。

しかし、ここでとった態度は適切だっただろうか。パッケージ版の再販およびディズニー・プラスでの配信から今に至るまで、ディズニー社はその静かな対応の意図を説明していない。ここですべきは、都合の悪い歴史を隠して歪曲する「否定論」ではなく、向き合い、反省しながら感性を現代的にアップデートすることだったのではないか。「4」の作品内で見せた「アメリカ」の「アイデンティティ」のありようを進化させようという志は、どこへ行ってしまったのか。

過去の作品がはらむ倫理的な問題に対する対応としては、『風と共に去りぬ』が参考になる。本作は一九四〇年のアカデミー賞で高い評価を得た古典中の古典であるが、南北戦争時代の黒人奴隷を美化するものとしての悪名も高い。公開時には人種隔離政策も生きており、助演の黒人俳優ハティ・マクダニエルが人種を理由にオスカー授賞式会場のアンバサダー・ホテルに入場できず、「特別許可」を得て裏口から入らされた上に、授賞式のメインテーブルには座れなかった、という陰惨なエピソードもある。

二〇二〇年のブラック・ライブズ・マター運動の高まりを受け、本作の描写にも批判が集まった。配信権をもっていたHBOは、最終的には「冒頭に注釈をつけて配信する」という方法をとった。このケースでは公開から八〇年もの時間が流れているが、「トイ・ストーリー」のように時代が近くても、常にこうした倫理感覚のずれは生じる。「注釈付き」という過去の作品への向き合い方は、作品をキャンセルすることで知る権利を社会から奪うのではなく、その受容の反省についても記憶できる方法だ。これは、もっと洗練させていくべき対応の仕方ではないだろうか。

好意的に見れば、ディズニー社はおそらく「2」の時代的な古さを隠蔽しようというよりは、この感性が年端もいかない子どもたちに無批判に受け取られることを避けるためにシーンを消去したはずだ。そうであれば、こっそり削除（キャンセル）して終わりにするのではなく、何が問題であり、どのような思いでその問題に向き合っているのかを明らかにする場をつくり、反省するさまを社会に示してほしかった。アメリカン・アイデンティティを、アメリカン・ドリームの神話を「進化」させた軌跡を示して社会に問うことこそが、時代にふさわしい方法ではなかっただろうか。

第6章　ともに夢見るユートピア
――反省と未完のプロジェクト「アメリカ」

『アメリカン・ユートピア（*David Byrne's American Utopia*）』アメリカ、二〇二〇年
監督：スパイク・リー
製作：デイヴィッド・バーン＋スパイク・リー

本作は、デイヴィッド・バーンによる二〇一九年初演の舞台の映像化である。やや複雑な制作の展開は次のとおり。元は同名で発表された二〇一八年の楽曲アルバムであり、続くコンサートツアーだった。そこからブロードウェイに移り、より物語性の高いミュージカル作品に。さらに、上演したものを撮影した素材を元にして、映画として再構築された。映画版の監督は、スパイク・リー。エンターテインメントの世界でアフリカ系にまつわる社会問題を挑発的に問うてきた先駆者だ。

この舞台＋映画は、コロナ禍における「観劇の形」を象徴する作品となった。映画公開が予定されていた二〇二〇年秋、アメリカでは行動制限によって映画館での上映が見送られた。一方、日本では

二〇二一年春に無事劇場公開され、中にはライブのような音響にこだわった上映館もあった。舞台芸術一般について言えば、コロナ禍は舞台の映像化と配信の普及を進め、地域にかかわらず観劇ができる環境が整備された。本作については、オリジナル上演の地アメリカよりも日本のほうが上質な観劇の条件が整っていたことになる。このことはパンデミックが観劇に与えた影響を強く実感させた。

舞台版は二〇二二年四月にフィナーレを迎えたが、海外渡航制限が続く中、ブロードウェイまで観に行くことができた観客は限られていたはずだ。演者のコロナ感染が特別演出を生むハプニングもあった。本作は、映画や演劇を「劇場で体験する」ことについて改めて考えさせるものとなったのである。

デイヴィッド・バーンは「ヨーロピアン」で「アート」的。学生時代に音楽仲間のあいだで、憧憬とちょっとの揶揄を込めて、そんなふうに形容していた記憶がある。

一九八〇年代ニューヨークのニュー・ウェイヴを代表するバンド「トーキング・ヘッズ」。フロントマンのバーンは、スコットランドで生まれ、アメリカの名門美大を経て、ニューヨークの音楽シーンへ。これがロック史の教科書的な語りである。アルバムでのリリースからミュージカル映画に至るシリーズ作『アメリカン・ユートピア』は、この語りがはらむ問題点をアーティストみずからが乗り越えようとしたような作品であり、数十年の時を経たアメリカ社会の変容を映す鏡にもなっている。本章では、舞台の場面を見ていきながら、これらについて考えよう。

「ヒート」と「クール」のバランス感覚

本作はミュージカル映画である。バーンのソロ作表題アルバムの曲に加えて、トーキング・ヘッズ時代の曲も含めて構成されている。象徴的でポエトリーのような歌詞が作品世界を紡いでいく。ダンスがある。シャープでコミカル。見ていると踊りたくなる。計一二名の演奏者は身につけた楽器を弾いている。高い音響技術でノイズもなく音が拾われる。衣装は薄いグレーのスーツに裸足で統一。照明によって消える色だという。引き算の美学。

曲と曲のあいだに時折はさまれるのが、デイヴィッド・バーンの独白劇だ。歌詞世界やダンスと同じく、洒落た笑いと軽快なタッチで、シリアスな社会問題を観客に問う。

例えば**投票率**のネタ。

「地方選挙も問題だよね。なんと投票率は約二〇％。目で見えるようにするなら、こう。はい」。

舞台が暗くなり、二割分の観客席にだけ照明があてられる。

「われわれの将来、彼らだけで決めてます。子どもたちの将来も」。

笑いが起こる。

「あと、ちなみになんですけど。投票者二〇％の平均年齢……五七歳！（観客の一人がイェイ！）　おめでとう！」

会場は爆笑だ。ほとんどスタンドアップコメディ。

インディーロック発のアート映画が投票を促す、それもコミカルに。驚かれる読者もいるかもしれない。特に盛期のトーキング・ヘッズのファンは、シニカルな彼らの印象もあってビックリするかも。

選挙や政治や社会課題という熱っぽくなりがちなものがクールに表現され、きゃっきゃと面白がっているうちに、何だかグッときて最後は朗らかな気分になる。こういう経験ができる作品はけっこうめずらしいのではないか。「ヒート」と「クール」の好バランス。

歴史を今につなぐ「プロテスト・ミュージカル」

他にはどんな主題が扱われているのか。挙げてみよう。

・選挙の意義、投票率の向上、民主主義について。

・国籍、人種やジェンダーの多様性が社会に与える影響。
・警察機構の腐敗と歴史に遡る人種差別、特に黒人差別。反人種差別運動。

まさに現在アメリカを含め世界中で突きつけられている問題だ。これらが先の要領で、とても軽やかで知的に言葉にされていく。爽快感がある。

「過去と現在のファシズム批判」に触れたところを取り上げよう。クルト・シュヴィッタースやフーゴ・バルら**ダダイスト**のエピソードが織りなす寸劇である。彼らはナンセンス詩で知られるアーティストたちだ。

「彼らは理解不能な世の中を理解するために、理解不能を使ったんだ。ちょっと説明が必要だよね」。

（バーン、意味不明な言葉をしゃべる）

「これが四〇分間続くんだ」。

（会場笑い）

これはシュヴィッタースが書いた音響詩《ウルソナタ》。不条理な現実を描く芝居は、このように「理解不能」なさまになってしまう、というわけだ。

バーンが説明を続ける。「これが上演された頃、一九三〇年代のドイツでは、経済不況に陥る中でナチスが台頭し、ファシズムが人々のあいだで影響力を蓄えていきました」。排外的な白人至上主義が力を増し、それを煽ったポピュリズム的指導者を民衆が大統領に選んだ、現在のアメリカの影が重なる。

「フーゴ・バルは言いました。『戦争』とか『ナショナリズム』のようなリアリティとは別の次元で生きる、独自の価値観をもつ人々も世の中にはいる――アーティストです。彼はそう訴えました」。観客が喝采する。〈I Zimbra〉の演奏が始まる。ブライアン・イーノの勧めで、バーンがバルのナンセンス詩を引用した曲だ。

全体主義の空気に抗するのは芸術なのだ。

トランプ大統領の台頭は、主題で挙げたさまざまな問題を象徴する。言い換えれば、こうしたアメリカ社会がかかってしまった病気の「症状」として現れたのがトランプだ。製造業衰退と交代するように跋扈する金融資本主義。エリートたちは負け犬の自分たちを見捨てて食いものにしている。こんな状況に嫌気がさしているとき、自分たちのほうを向いて元セレブの大統領が粗野でわかりやすい語り口で「隣にいる移民があんたらの仕事を奪ってるんだ」と声をかけてくれる。人々の関心は排外主義やポピュリズムに向かってしまった。当時のドイツでダダイストが憂えたように。

一九三七年、ナチス・ドイツは宣伝相ゲッベルスのもと、シュヴィッタースを含めた近代美術の作品に〝税金の無駄遣い〟とキャプションをつけて「退廃芸術」として展示することで、社会に対する批評的な視座を含む芸術を大衆が憎悪するように煽った。それに対比させて開催された「大ドイツ芸術展」は、「アーリア人的」で「正しい」ドイツ芸術を教育するものだった。表現で全体主義に対抗する力をもつ「芸術」を骨抜きにしようとしたのだ。

本作が制作されたのは、まさにトランプ政権下。映画の公開は、トランプ政権が続くか否かが問われた二〇二〇年の大統領選の真っ最中である。だから、バーンは観客に選挙への参加を促す。

「二〇一六年のツアーではね、まだの人は選挙人登録をしてね、って声をかけたんだ。登録済みの人は投票してね、って」。

アメリカでは、日本のように投票券が自動で送られてこない。投票するにはまず登録が必要だ。

「ここでも同じことをしよう。HeadCount の協力で、ロビーで簡単に選挙人登録ができるようにしました。どこの州でもね」。

HeadCount は、ミュージシャンらの芸術活動と連携して選挙への参加を促し、民主主義が機能するよう活動しているＮＰＯだ。[1]

「あと、選挙人登録をしますという宣誓書を書くためのブースも設置しました。誓いに法的な拘束力はないけどね。自分への約束ってとこ」。

コンサート版のとき、初めてバーンはこの団体にブース出展を依頼した。それをきっかけに投票率の割合を観客席の照明で見せるという演出のアイデアも生まれた。[2]

プロテスト・ソングならぬこの〝プロテスト・ミュージカル〟は、普遍的な価値を志向する、いわば〝芸術のための芸術〟にとどまらない。芸術の今と昔をつなぎ、具体的に政権交代につなげるための、民主主義を立て直すための社会運動の芸術である。

社会を語る、ともに語る

映画を監督したスパイク・リーは、まさしく芸術と社会運動の交差点で活躍する急先鋒である。映画化のときに強調された大きなポイントは、人種差別是正を訴えるメッセージだ。バーンたちは、ジャネール・モネイによるプロテスト・ソング〈Hell You Talmbout〉をカバーする。

タイトルの「何言ってんの？」（"What the hell are you talking about?" の略）に続いて、「エリック・ガーナー！　名前を呼ぼう！（Say her / his name!）」と順に名前を呼ぶコール＆レスポンスが続く。警察によって命を奪われた犠牲者の黒人一人一人の名前を記憶しよう、というメッセージだ。この曲は二〇一七年に世界に広がった運動「女性の行進（Women's March）」のスピーチでモネイが歌って以降、人種差別に抗議する代表的なものになった。「女性の行進」とは、数々の差別発言にもかかわらずトランプが大統領に選ばれた直後、それに対して全米各都市から日本を含む世界各地でも行われた抗議運動で、「女性」を社会的弱者の象徴にして、性差別や人種差別など多くの抵抗の結束点となった。

映画版では、警官による暴力の犠牲となった数十名の被害者の肖像、名前、生没年月日が次々に画面上に浮かび上がる演出が施された。図6－1のように、被害者遺族が故人の写真を掲げ、カメラにまなざしを向ける演出はパワフルだ。

被害者の中には、**公民権運動**前夜の一九五五年夏、白人によるリンチで惨殺された一四歳の少年エメット・ティルのような人物もおり、悲劇の歴史が現在に続くものであることも伝えている。

バーンにとって、この楽曲をカバーすることは難しい選択でもあっただろう。アフリカ系ではなく、アフリカ系の権利を求める社会運動の専門家でもなく、それも「白人」という構造的強者の立場とみなされるバーンであれば、ともすると誤解や反感を招き、文化を「**盗用**」したのだと批判される可能性もある。自身の非当事者性が暴力として受け取られないか、モネイに直接「自分はこの曲を歌うことができるだろうか？」と相談したという。上演内には、「女性の行進」のときにその場にいてモネイが歌うのを聴いたと触れている箇所もある。この点では、映画化にあたって黒人人権活動家として制作を続けてきたリー監督の当事者性によって、より広い観客層の共感を誘うものともなったのではないだろうか。演目の主題が反差別を眼目とするものであったり、演者たちの人種や国籍がきわめて多様なものであったりするところとも、うまく共鳴している。

図 6-1　亡くなった息子の写真を掲げるガーナー氏の母

二〇二〇年五月、ミネアポリスで黒人男性ジョージ・フロイドが警官によって九分間ものあいだ首を地面に押しつけられて殺された。目撃者が撮影した映像は、SNSを通じて世界中に拡散した。この事件以降、**ブラック・ライブズ・マター運動**は世界規模へと拡大し、より普遍的な人種差別・格差の構造を批判する社会運動へと昇華された。映画版では、二〇一九年に初演を撮影したときには存命だった三名の被害者の名前がリーの手によって加えられ、ラストシーンでは画面を被害者名が埋め尽くし、「And Too Many More」の文字が示される。二〇二〇年の演劇版はコロナ禍で延期していたが、二〇二一年九月から翌年四月までブロードウェイで上演された。そこでは三名の名前も歌われた。

リー監督とバーンが協働した映画版は、さらなる当事者性と同時代性を加えられ、歴史が今に続く連続性を体現したものとなった。二〇二〇年のブラック・ライブズ・マター運動の拡大は、人種を超えて広がったことによるところが大きいが、バーンとリーが「ともに語る」本作は、反人種主義運動が人種で分断されることなく、過去から現在、未来へとつながるという「ユートピア」を示したものになっている。

自分の「今」を見せ、歴史を語り直す

さらにデイヴィッド・バーンの履歴から彼のアイデンティティについて考えてみよう。すでに述べたように、人種差別など被害者と加害者がいる場合に社会的な声をあげる際には、語りの中身とは別に、「誰がどのように伝えるのか」ということもまた、人々に声が受け入れられるかどうかに関わることが多い。そこでは、声が当事者によるものかどうかが強い意味をもつ。スコットランド系アメリカ人で、有色系ではなく、そして貧しくもないであろうバーンが発するメッセージは、不可避的にその属性を背負うことになる。

当事者性という点では、バーンが二〇一二年にイギリスとの二重国籍を捨て、アメリカで国政への投票権を獲得したことは大きい。バラク・オバマが当選した大統領選のときには「グリーンカードありの移民の自分は、税金も払うし、徴兵もできるけど、大統領には投票できないんだ」とファンに投票を呼びかけるメッセージを綴ったこともあった。[3] その後「アメリカ市民」となり、政治参加が

「自分事」になったとインタビューで答えている。

「確かに世の中のシステムは全然完璧じゃない。政治不正も、ゲリマンダリング〔不平等な選挙区割り〕も、投票妨害もある。でも、同時に、これらの課題解決に取り組んでくれる私たちの代表に投票することでしか、変化は起こらないんだ。私たちは〝声〟をもってる。路上でデモをすることもできるけど、すべての市民は投票する権利という声をもっているんだ。これは長い時間をかけて勝ち取ってきたものだ。そこには失われた命があった。投票権を軽く扱っちゃダメだ。投票ができない国も山ほどある。私たちは投票しなくちゃいけない[4]」。

「アメリカのユートピア」という主題は、彼にとって民主主義の上でも「私たちの世界の話」となった。

本作で使われた楽曲も含めて、バーンはこれまでアイロニカルで諷刺的な作品世界を生み出してきた。彼が過去の楽曲も使って、アメリカ合衆国を題材に、ユートピア＝この世のどこにもない桃源郷について物語るなら、そこに否定的なシニシズムを読まれるのは避け難いことかもしれない。しかし、バーンが本作で実現したいことは、そうではなさそうだ。実直に人々が協働して、この地がユートピアになっていく姿を、まだ見ぬアメリカの可能性を見たい、そんなポジティブな「アメリカ」のようである。

そのためにはバーン自身の表現を、また同時にアートヒストリーへの反省を必要とした。彼の過去の作風に付随するイメージを連続させつつ、現代社会において差別的であったり浅はかになったりしないよう工夫したようで、先に指摘したバランスのよさも、その結果ではないだろうか。現代の人々に誤解をもたれず、かつ自身のスタイルにも落とし込まなくてはならない。例えば、コンサートツアー版で歌ったトーキング・ヘッズの代表曲〈Psycho Killer〉は猟奇殺人鬼の心象を扱ったものだが、ミュージカル版では安易な社会悪批判または礼賛などと矮小化されたり誤解されたりする恐れがあるとして演奏するのをやめた。こうした微調整もしているのだ。先に紹介したとおり、反黒人差別を象徴するプロテスト・ソングを非当事者がカバーするアイデアを慎重に進めた点もそうである。

当事者性と対象との距離の取り方が非常に繊細な問題として受け取られる現在、「他者」が外側から安直な表現を行うことは「**文化の盗用**」と見られかねず、共感が得られにくい。さらに、トーキング・ヘッズ時代には、プロモーションビデオの中で彼が**ブラックフェイス**（＝黒塗り。白人が黒人を演じた差別の歴史がある。第3章も参照）をして批判される失敗を犯したことも背景にあったと思われる。インタビューでは、無知だった当時の自分を反省している、と述べている。[5] トーキング・ヘッズは、ミニマルなパンクサウンドに「民族音楽／ワールドミュージック」を取り入れたスタイルで知られた。一九七〇年代後半からブライアン・イーノとのコラボレーションをきっかけにその傾向が高まり、アフロビートの名を世に広めたナイジェリアのフェラ・クティなどの影響下、ウェスタン・アフロ・ポリリズムなどの「民族音楽」的表現を多用した。この文脈では、アフリカ的なものがハイブリッドに表現されるという意味で、アイコンにブラックフェイスが提案されたのも自然なことと思える。

批判には、どのような背景があったのだろうか。当時のニューヨークのアートシーンにおける「アフリカ」由来の芸術の扱いについて見てみよう。音楽と同様に美術界においても、その多くはアフリカ由来である「部族美術」をアバンギャルドとして扱う風潮が存在した。例えば、一九八四年から**ニューヨーク近代美術館**で催された「二〇世紀におけるプリミティヴィズム展——部族的なるものとモダンなるものとの親縁性」では、キュレーターのウィリアム・ルービンが、ピカソなどの西洋美術史に対する非西洋芸術の影響や両者の類似性を強調する展示を企画した。これは「自文化」である近代西洋のアートの中に「異文化」を「発見」したり、並列に見せようとしたりする態度である。後者は文化相対主義と呼ばれる。これは「部族美術」や「民族芸術」を西洋の「モダン・アート」と同列に扱っているので一見倫理的なようにも見えるが、「アート」という西洋発の特定の美的価値を普遍的な基準・モノサシとして他の地域の造形物にあてはめている。それも、当地の歴史や宗教など文化的な基準を無視して単純に造形の「親縁性」のみで取り上げており、この態度はモダン・アートの引き立て役や読み解きの材料に「使っている」のに近い。その上、西洋側のキュレーターが作品を選択するときには、非

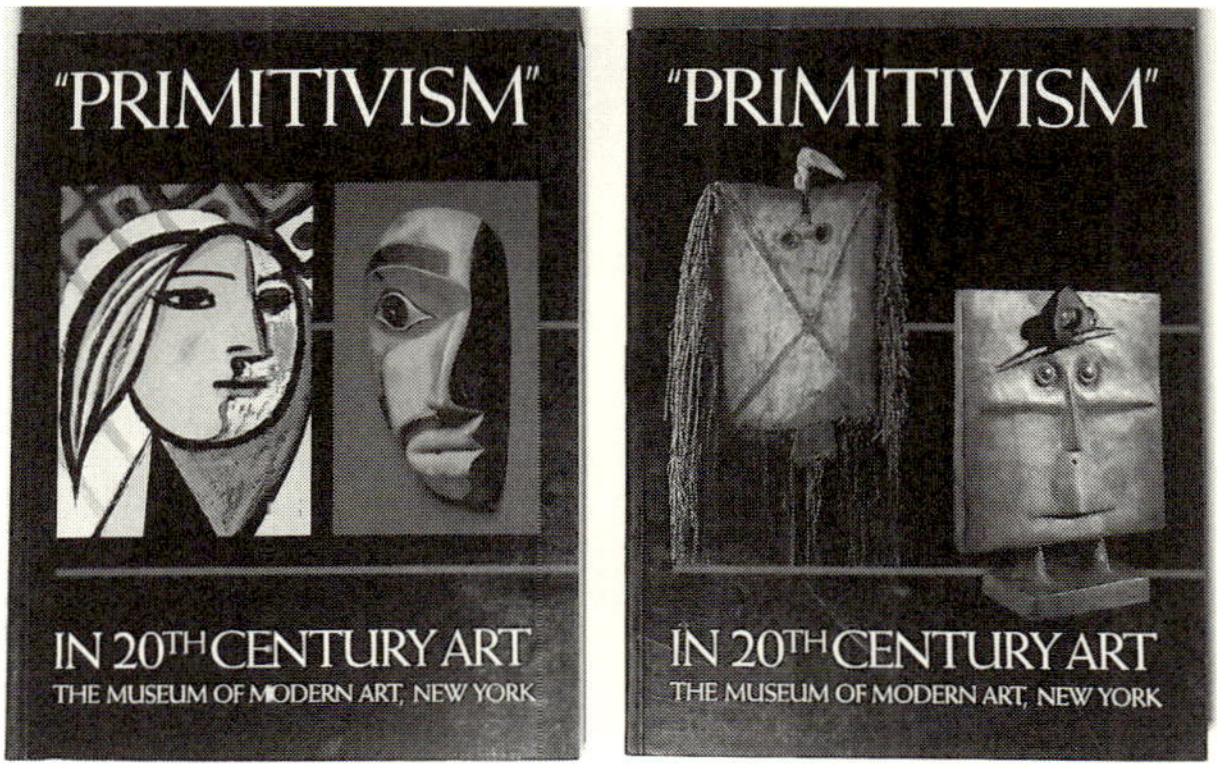

図6-2　「20世紀におけるプリミティヴィズム展」カタログ表紙。ピカソやブランクーシら「西洋近代美術」を匿名の「部族美術」と並列し、類似性を問うた

西洋地域に西洋のモダン・アートの影響下で生まれていたハイブリッドな西洋式の造形物（日本の「洋画」を想起されたい）は周到に排除されており、それ以外を「部族的な美術」とわざわざ形容詞をつけて序列の中の下側に置いている。このように「部族美術」の特徴を恣意的な形で本質化して定義し、ステレオタイプを強化したという点で、問題含みの文化表象だった。[6]

こうした温情主義的（＝上から目線で過保護な、パターナリズム的な）で西洋中心主義的な態度は、文化人類学界隈などを中心に批評家たちから批判された。[7] 植民地主義と帝国主義で非西洋を蹂躙してきた上に成り立つ西洋文化の実践において、「非西洋」を安易に〝素材〟に使うこと、「文化の盗用」それ自体の暴力性・構造的非対称性に自省的であれ――これがルービンの展覧会に対して文化批評家たちが投げかけた問いかけであるが、ポップ・ミュージックシーンにおいては、この批判はまさしくトーキング・ヘッズに対して問われるべきものだった（なお、クティは黒人解放運動にも参加して政治的な表現でも知られる）。

こうした歴史を踏まえつつ、四〇年ほどが経過してつくられた『アメリカン・ユートピア』について考えてみると、アメリカ社会の多様性の高まりや、アメリカ社会が「多様性」についていかに理解するようになったのかといった変化がよく見える。

当時からこうした批判はトーキング・ヘッズにも投げかけられていたが、美術界と比較すれば、ポピュラー音楽界では、こうした「ポスト植民地主義論」的な問いはそれほど大きくならず、また継続するものでもなかったように思える。今回の『アメリカン・ユートピア』は、バーンにとって、自身の表現やアートシーンにおける白人性への向き合い方を再提示する好機になったようだ。

演目の途中で一二名の演者が出身地を紹介するところがある。アメリカ国内からは東部、南部、中西部出身と、さまざま。国籍もアメリカだけでなく、フランス、カナダにブラジルと多様である。男女、女性、クィアを自認する演者もいる（特に「多様性」を高めようという意図で演者を集めたわけではないというが、とかくタテマエ的になりがちなこの点が目的化していないところもよい）。〈Hell You Talmbout〉のパフォーマンス前のトークで、バーンはこう言う。

「この曲は可能性の歌です。変化する可能性。不完全なこの世界で。そして、不完全な自分自身も。私もまた変わらなくてはならない」。

図6-3　バーンがブラックフェイスをした『ストップ・メイキング・センス』のPV

バーンがブラックフェイスを行って批判されたのは、トーキング・ヘッズのコンサート映画『ストップ・メイキング・センス』（監督：ジョナサン・デミ、一九八四年）のプロモーションビデオだった。興味深いことに、その設定は、多様な人物に扮したバーンが劇の主人公であるバーン自身にインタビューをする、というものである。今回『アメリカン・ユートピア』で行った反省は、過去の自己を振り返ることでもあり、過去の自分が自分自身を見つめる仕方への反省なのである。この奇妙な符合は、「同時代の歴史」は主観から逃れえないということへの彼自身の省察をも示している。「自分同士の対話」から「他者とともに語るアメリカ」への変化は、アーティスト「デイヴィッド・バーン」についての語り直しでもある。

評価、再演とコロナ禍の変奏

冒頭で述べたとおり、本作は封切り予定だった二〇二〇年にはコロナ禍のためアメリカでは劇場公開されなかった。日本ではタイミングよく映画館での公開となったことは、楽曲が肝となるミュージカル映画である本作にとって運がよかった。

映画化したあと、本作は徐々にその名声を高めていった。二〇二〇年から批評家連盟系の映画賞を次々と受賞し、映画公開後にブロードウェイで再演されたことで二〇二一年のトニー賞の対象となり、そこでも見事受賞を果たした。楽曲でも、グラミー賞候補にもノミネートされた。

舞台版再演時の二〇二一年一二月年の瀬には、演者数名にコロナ陽性が判明した。幸いにも陰性だったバーンがとった選択は、休演ではなくバージョンアップだった。トーキング・ヘッズ時代の曲も加えた新たなセットで、アコースティック変奏版『アメリカン・ユートピア：アンチェインド』を演じている。[8] ビデオでバーンは「コロナのレモンがそこにあるなら、レモネードをつくろう」とポジティブなメッセージを伝え、ニューバージョンを「アンチェインド＝縛られていない」と名づけたが、これはアコースティック版を意味すると同時に、コロナ禍の不自由からの解放のようでもあり、またコロナへの対応や演出方法についても当たり前にとらわれない姿勢を示しているようで、レモネードよろしく気分爽快なものだった。結果的に、このスタイルでの公演は翌年一月三日まで続いた。[9]

ちなみに、二〇二一年末には『ストップ・メイキング・センス』が、歴史・文化・芸術の観点から半永久的に保存すべき映画を選出する「**アメリカ国立フィルム登録簿**（National Film Registry）」に登録された。[10] 選んだアメリカ議会図書館とは日本では国立国会図書館にあたるもので、いわば公式に国家遺産として認定されたことになるが、このタイミングはやはり『アメリカン・ユートピア』の功績によるものだろう。上演は期間延長を重ね、ブロードウェイのセント・ジェームズ劇場（St. James Theatre）にて、二〇二一年四月三日にフィナーレを迎えた。

他／人を観る

「ケーブルもワイヤーもない。ステージのどこにでも行ける。とても解放的だ。この演出について考えていて、気がついた。私たち「人間」が見るのがいちばん好きなのは、人々だってこと」。

劇中で劇の演出自体に触れ、**メタフィクション**的にバーンは言う。われわれが本質的に大切にするのは「人」だ、という素朴でストレートなメッセージ。メタなアイロニーも諷刺も利いてはいるが、それらは究極的には人のためにある。メタを利かせた上で実直に宣言している。

劇中で〈Everybody's Coming to My House〉について、自分と高校生たちで解釈がこんなに違うと説明するシーンがある。

「自分にとっては、家に来た人々にうんざりして早く帰ってくれないかな、っていう曲だったんだよね。同じメロディ、同じ歌詞。なのに高校生たちの解釈は全然違ったんだ。たくさん人が来てくれてうれしい、つまり**ソーシャル・インクルージョン（社会包摂）**だったんだよ。ある意味、こっちのほうがいいよな」。

楽曲、言葉は同じものであっても、今の彼に見える景色は未来であり「人」である。高校生を通して彼が見たのは、〝まだ見ぬ〟「自由」の可能性なのではないだろうか。

しかし、なおもバーンらしいのは、その包摂を理解し合えない「他者」同士の共存や認め合いだとしていること。そして、それをコミカルなオチにしていることだ。「彼らがどうやってそう解釈したのかはわからない。でも、悲しいかな、自分は自分だからね」。単に同じ意見の持ち主で塊になるというだけでは、それは「よきこと」だとしても、また別の形の全体主義が生まれるだけだ。「他者」との共存について、「うんざり」なのか、「人が多くて楽しい」なのか、異なる解釈がぶつかり合う。「人」を見て、異なる解釈同士を認め合うことが、「リベラル／保守」などとグループで対立し合う分断の政治に効くいちばんの処方箋ということなのかもしれない。

『アメリカン・ユートピア』という寓話は、まだ見ぬ、しかし見えつつある理念だ、という宣言から始まる。これは、思想は違えども、リチャード・ローティが「アメリカ」は「道半ば（achieving）」で「未完のプロジェクト（unfinished project）」なのだと激励のように評したことを思わせる。冒頭の曲〈Here〉がユーモラスに歌うのは、人間の脳がサウンドを「言葉」に変換して意味にすること、つまり「メイクセンス」することの傲慢さである。それはとても爽快だ。この感覚は、本作のルーツとも言えるトーキング・ヘッズ時代の演劇的コンサート映画『ストップ・メイキング・センス』が描いた「〝意味が通ら〟なくてもよい」のシニシズムから、『アメリカン・ユートピア』という「まだ見ぬアメリカの夢」の可能性の希求へとデイヴィッド・バーンが歩みを進めたことから来ているのだろう。「アメリカ」という社会が「人」にまなざしを向け、再構築を始めたことを感じさせてくれる

——それが、どこにも存在しない桃源郷なのだとしても。

選挙の前に観るアートミュージカル

劇場で本作を二度観た。一度目は東京都議会議員選挙を週末に控えた日、二度目は衆議院議員選挙の公示日のすぐあとで、偶然にも二度とも選挙の前だった。渋谷の劇場では、上映前に投票を促すCMが流れた。「毎日は未払いの請求書だ、そして毎日は奇跡だ」——劇中でこの〈Every Day Is A Miracle〉のサビが流れたとき、都議選のことが頭に浮かんだ。**「個人的なことは政治的なこと」**で、「海の向こうの話」ではない。これらがつながる小さな奇跡。

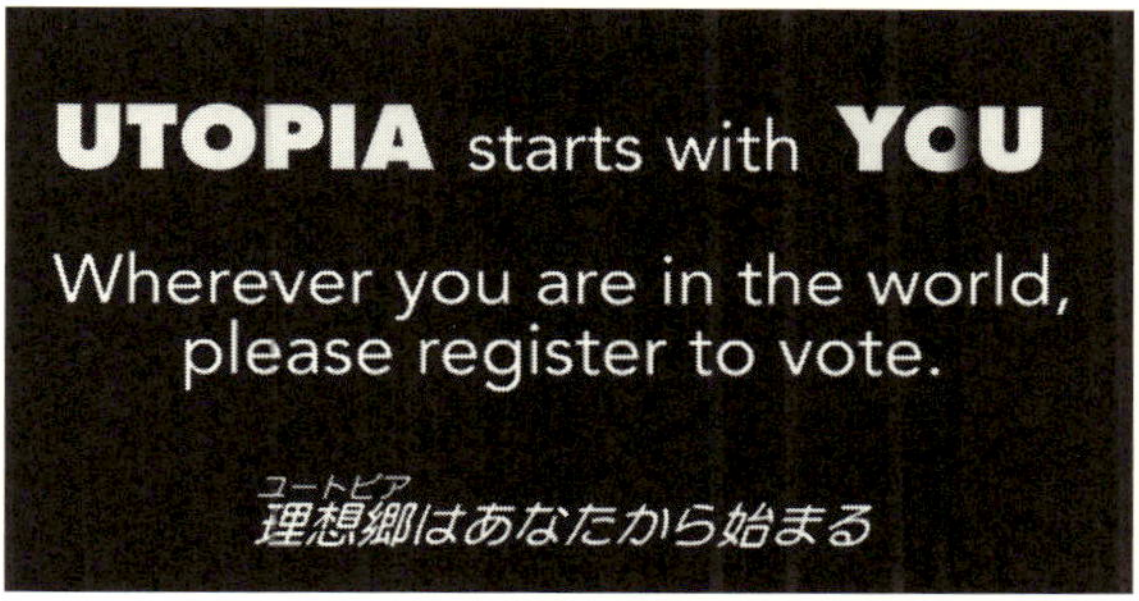

図6-4　「UTOPIAはU＝Youから始まる」のメッセージで映画は幕を閉じる

次のテロップで映画は終わる（図6－4）。「ユートピアは「U」の文字、つまり「あなた」から始まる。世界中どこにいても、選挙人登録をしよう（Utopia starts with U（You）: Wherever you are in the world, please register to vote）」。「アイロニー」から「ストレート」へ。過去の自分を省みて〝転向〟を果たしたデイヴィッド・バーンが、ともに夢見るユートピア。未完の「アメリカ」の更新である。選挙の時期になると、「友だちを呼んで『アメリカン・ユートピア』でも観るか」なんて言いたい気分。「正しい」と「楽しい」を結びつけてくれて爽快だ。選挙や政治参加に感じがちな義務感を忘れて、政治を「お祭り」にしてくれる一作である。

第7章 「アウトサイド」の国
——周縁から裏返す『ノマドランド』のアメリカ

『ノマドランド (*Nomadland*)』アメリカ、二〇二〇年
監督：クロエ・ジャオ
製作：フランシス・マクドーマンド＋ピーター・スピアーズ＋モリー・アッシャー＋ダン・ジャンビー＋クロエ・ジャオ
原作：ジェシカ・ブルーダー『ノマド——漂流する高齢労働者たち』(二〇一七年)

車上生活をする現代アメリカのノマド＝遊牧民の物語は「帝国 (Empire)」という地名の企業城下町の崩壊に始まる。二〇〇八年のリーマンショックによって電気も水道も、郵便番号さえなくなった実在の郊外都市である。クロエ・ジャオ監督によるこの映画の原作は、ジャーナリストのジェシカ・ブルーダーによる『ノマド——漂流する高齢労働者たち』。ワーキャンパーと呼ばれる車上生活をする人々を取材したルポルタージュだ。

『兄が教えてくれた歌』（二〇一五年）、『ザ・ライダー』（二〇一七年）、そして本作『ノマドランド』において、ジャオ監督のスタイルは貫かれている。耽美な画面で、アメリカ西部の大自然プレーリーを舞台に、アメリカン・ドリームから周縁化された人々を撮る。こうしたスタイルだ。貧困にあえぐ先住民スー族、脳髄損傷で夢破れたロデオ・ボーイ、そして企業の撤退で暮らしの基盤を失ったワーキャンパー。ジャオは、アメリカ国内の「周縁」たる彼らの生きざまを、自身が幼年期を過ごし、「西洋に出会った」頃の中国に重ねている。

そして、当事者をキャスティングする手法も彼女のスタイルだ。サウスダコタ州パインリッジの先住民居留地での一七ヵ月に及ぶ取材生活で、スー族の深刻な現実を見た。このリアルをいかに映画へと写し取ることができるのかと腐心する中で、彼らが本人役を演じるという脚本のアイデアが生まれた。ロデオの少年が病気で挫折したことなど、実話も混じる。広大な大地を広角で捉える耽美な画づくりで、当事者キャスティングによって「周縁のアメリカ」を写し取る。ジャオのこのスタイルは、手話話者や黒人同性愛者などのキャラクターを登場させたスーパーヒーロー映画『エターナルズ』（二〇二一年）にも引き継がれている。

#OscarsStillSoWhite

第I部では、ポップカルチャーがさまざまに描く「アメリカ」の姿を見てきたが、それらは「アフリカ系」や「女性」などの複数の立場が交差しながらアメリカ像を問い直すものだった。第I部の終わりとなる本章では「アジア系」、「女性」、「資本主義」などの論点から引き続き「アメリカ」という国がいかに表象されているのかを考えていきたい。

アカデミー賞の話から始めよう。この賞は通称「オスカー」と呼ばれ、授賞式の前年にアメリカで公開された作品を対象に、**映画芸術科学アカデミー**（Academy of Motion Picture Arts and Sciences ＝AMPAS）（以下「アカデミー」と表記）が年に一度選出するものである。アメリカ映画における最も栄誉ある賞とみなされ、他の賞以上に非映画界のメディアも注目する。こうした特徴から、アメリカ社会を映す鏡とも言われる。

しかし、だからこそ、逆に「現在のアメリカを正しく映している（表象している）のか？」と問われるものなのである。時代に応じてその論点は変わり、近年ではとりわけ、人種とジェンダー、国籍という三点で多様化が問われる。

こうした有名な賞の受賞とは、文字どおり「歴史に名を残す」行為であるわけだが、アカデミー賞で評価される作品とは、どのように変化していくのか？　社会の趨勢や世論は変化にいかに反映されるのだろうか？　これには、投票者たち、すなわちアカデミー会員の変化が大きく関わっている。

アカデミーは、アメリカ、特にロサンゼルス・ハリウッド周辺の映画関係者を中心とした業界団体である。一つの業界が「アメリカ映画」をレンズとして「アメリカ社会」を写し取っている。まずはそのことに目を向けたい。作品に描かれる「アメリカ像」を考える前に、まずはアカデミー賞の多様性が変化した背景について見ておこう。

二〇一六年には、会員数六二六一人のうち、九二％が白人で、七五％が男性という、属性の点であまりに大きな偏りがあった。[1] 一九九〇年代から二〇一〇年代初頭まで、会員数は約六〇〇〇人で横ばいである。これはアメリカの実社会の人口バランスをおよそ反映していないと言える。投票権をもつ会員が実際のアメリカ社会にどれくらい近いのか、そして彼らが選ぶノミネート作品が誰にとってのリアリティを反映しているのかという**「代表＝表象**（representation）」の不均衡の問題に対してアカデミーが改革に着手したのは、二〇一三年のことだった。しかし、二〇一五年には、演技に関わる賞のオスカー候補二〇名すべてに白人が選ばれ、その多様性の低さを批判する**ハッシュタグ運動**「#OscarsSoWhite」が巻き起こった。会員の属性について一般紙でもたびたび報じられるようになり、その価値を決めている構造面に焦点があたるようになったのだ。

その後、二〇二〇年には大きな変化が起こる。アカデミーは各国の映画機関から八一九名を会員に招いたのである。その内訳は、四五％が女性、三六％が人種・民族的マイノリティ、四九％が日本を含む六八のアメリカ以外の国という構成である。同時にアカデミーは「社会の反映および包摂の基準（representation and inclusion standards）」を設定した。具体的には、女性、人種・民族的マイノリティ、ＬＧＢＴＱ＋、ハンディキャップ（障害）という四区分のいずれかの属性をもつ人材を起用すること、またそれらの多様性を作品内容にも反映させること、の二点である。[2] 公開された指針では、細かく何パーセント、何点以上クリアといった基準を定めた次の四項目を示し、そのうち二つ以上の項目で基準を満たすことが受賞の条件とされた。

［基準を満たすべき項目］

(1)テーマや物語およびキャスティング
(2)監督やプロデューサーなど主導的地位にある役職
(3)インターンや経験の浅い者など人材育成段階を含む任用
(4)マーケティングや広告・配給などの部門

テーマやプロットなど作品の内容面で多様性を示す以外にも、俳優、監督・プロデューサーなどの中心的な役割や、さらには照明やメイク、広報から雑務に携わるスタッフに至るまで、人種、ジェンダー、障害の有無などの面で属性が多様であるよう配慮することを賞の対象作に義務づけている。四項目のうち二つを満たせばよいと区分することで、雇用や制作現場を多様性へと開くと同時に、表現の自由や多様性を担保するようなルール設定になっているのだ。

基準は二〇二四年受賞作から本格的に適用されることになり、改革プロジェクトには「二〇二五年までのアカデミー賞の〈絞り〉」とカメラ用語で気がきいた名前がついている。

こうした改革の結果、二〇二一年までに会員数は約九〇〇〇名へと急増した。これは非常に急進的な変革だ。いまだ会員のうち女性は三三%、非白人は一九%にとどまっているものの、アカデミーの歴史において、きわめて大きな変化である。[3]

統計的な構造改革は、近年の受賞作品の傾向に反映されてきたように見える。つまり、「アジア系」や「女性」など評価される舞台や主題の多様性が高まったのは、こうした構造改革を背景に投票傾向に変化が起こった結果なのである。ノミネート作品の「国際化」も然り。韓国に関わるものなら『パラサイト　半地下の家族』（二〇一九年）や『ミナリ』（二〇二〇年）、『パスト ライブス／再会』（二〇二三年）、日本では村上春樹の原作を映像化した濱口竜介監督による『ドライブ・マイ・カー』（二〇二一年）が日本映画として史上初の作品賞にノミネートされたことや、ヒット作としても記録的なものとなった宮﨑駿監督の『君たちはどう生きるか』（二〇二三年）や山崎貴監督による『ゴジラ-1.0』（同年）、ドイツのヴィム・ヴェンダース監督が東京の公衆トイレ宣伝企画で撮った独日映画『PERFECT DAYS』（同年）などが思い浮かぶだろう。映画の市場が大きい東アジアを中心にして会員を各国に拡大した結果、アカデミー内の国籍も多様化した。アカデミーは組織「構造」の面から多様化し、国際化しているのである。

『ノマドランド』にみるアメリカン・アイデンティティ

こうした会員構造の変化も受けて、二〇二一年のオスカーもまた、アメリカ社会の多様性が、いかに表象されているのか（いないのか）を考える手がかりとなる作品が揃った。

前年はポン・ジュノ監督の『パラサイト　半地下の家族』が外国語映画初の作品賞を獲ったが、二〇二一年はアジア系に関連する作品が史上最多の受賞となった。一九八〇年代のアメリカに移り住んだ韓国人一家を自伝的に描いたリー・アイザック・チョン監督による『ミナリ』では、ユン・ヨジョンが助演女優賞を獲得。第4章で取り上げた『ユダ&ブラック・メシア　裏切りの代償』で歌曲賞を受賞したH.E.R.は、フィリピン系のルーツをもつ。韓国出身のヤングラン・ノーがアニメ監督を務めた『愛してるって言っておくね（*If Anything Happens I Love You*）』（監督：ウィル・マコーマック＋マイケル・ゴヴィア）は、学校での銃乱射事件で娘を失ったアジア系夫妻の物語で、短編アニメ賞を受賞した。この年はアジア系の受賞者がすべて女性であり、「アジア系」と「女性」の存在感が増した。中でも『ノマドランド』は花形カテゴリーでトリプル受賞し、二〇二一年の賞レースで最大のインパクトを放った。

中国系女性のクロエ・ジャオは、本作で監督賞を受賞。作品賞と監督賞を同時に受賞するのは、「女性」としては史上二人目、「非白人」の「女性」では初となる。

一九八二年北京に生まれた彼女は、一四歳でロンドンに拠点を移し、その後アメリカ西海岸で育った。主人公を演じたフランシス・マクドーマンドは、『ファーゴ（*Fargo*）』（監督：ジョエル・コーエン、一九九六年）、『スリー・ビルボード（*Three Billboards Outside Ebbing, Missouri*）』（監督：マーティン・マクドナー、二〇一七年）に続き、三度目の主演女優賞という快挙を遂げた。プロデューサーも務め、主演女優賞を同時に獲ったのもまた史上初のことだという。

『ノマドランド』は、「女性」、「アジア系」という二点から製作陣や受賞歴だけ見ても、アメリカ社会でその存在感を「アンダーリプレゼント（under-represent）」、すなわち過小に描かれてきた属性の復権を象徴する。

同時に本作は、その主題や物語において、従来のナショナルな「アメリカ」を引き継ぎつつ更新するような作品である。以下では、こうした見立てで本作を「アメリカ」の新たな自己認識を描くものと位置づけて掘り下げてみたい。

前半では、作品が描くノマド現象について社会背景や歴史を補足しつつ解説する。資本主義の現在形を「イエ」、「シゴト」、「タビ」の交差する地点から描くという点で、本作は伝統的な「アメリカらしさ」にあふれている。その意味でも、アメリカ映画の「中心」たるアカデミー賞らしい作品である。

後半では、そのアメリカ的主題がジャオ監督のスタイルといかに共鳴しているのかを論じる。本作は〝アメリカ的なるものの正統な担い手にもかかわらず、アメリカの中心とみなされない〟というジレンマを描いた、アメリカが「周縁」化したアメリカ人の寓話である。ジャオは、いかなる手法によってこの物語を描いたのだろうか。

イエ（house / home）——型からはみだす「住まいと暮らし」

車上生活をしながら流浪するノマドの暮らしを選んだ現代アメリカ人の姿を描く『ノマドランド』は、「イエ」と「シゴト」、そして「タビ」の物語だ。三つのキーワードを順に見ていこう。

ネバダ州エンパイア。「帝国」を意味する石膏ボード製造業の関係者だけが住むこの企業城下町が、会社の倒産によって、まるまる姿を消した。サブプライム住宅ローンの崩壊で建材需要が失われたのだ。

最後の出社日、熟練工カルビン・ライルは「単なる石膏ボードではなく、アメリカそのものをつくっていたんだ」と涙した。数日働けば一ヵ月の住居費になるほど住宅手当もよく、車の鍵をかける必要もないほど街の治安はよかった。驚くべき実在の〝帝国〟という街では、〝君主〟なき今、〝従者〟に与えられていた給与、インフラ、福祉が存在しなくなったのだ。

主人公ファーンは、その上、最愛の夫を亡くしたばかりである。「家族」と「会社」という属する二つのコミュニティを失ったそのとき、ノマド生活を選択する。車上生活を始め、知り合いにホームレスになったのかと聞かれて答える。「ハウスがないだけでホームはあるのよ。全然違うでしょ？」彼女はみずからの意思で〝移動する居場所〟を選んだのである。

ジャーナリストのジェシカ・ブルーダーによる原作本『ノマド』には、より現実的な側面も含めて、彼らの暮らしぶりが紹介されている。[4]本書に出会ったジャオは、一世代目の移民としてアメリカで生きてきた自分の経験も交えて、舞台を「アメリカ西部」に絞って脚本化した。

ノマドたちは「ワーキャンパー」（ワーク＋キャンプ）とも呼ばれる。定住せず、短期労働などに従事して、キャンプ場などを転々として暮らす。法的にはどこかに仮の住所を登録するため、統計的には把握が難しい。登録州で免許を更新し、税金や健康保険料を払い、投票し、陪審員などを務めることもある。トレーラーハウスに暮らす人については統計があるが、現アメリカ人口の六%にも及ぶ二〇〇〇万人以上と言われる（これにはトレーラー部だけの固定車両も含まれる）。

アメリカには、一種の伝統のように、住まいをさまざまに工夫する人々がいる。ヘンリー・デイヴィッド・ソローのように「シンプル・リビング」を唱えて実践する人々は、大量消費の物質主義傾向が高まる時代には、たびたび目立って現れる。『ノマド』や『ノマドランド』に登場する「アースシ

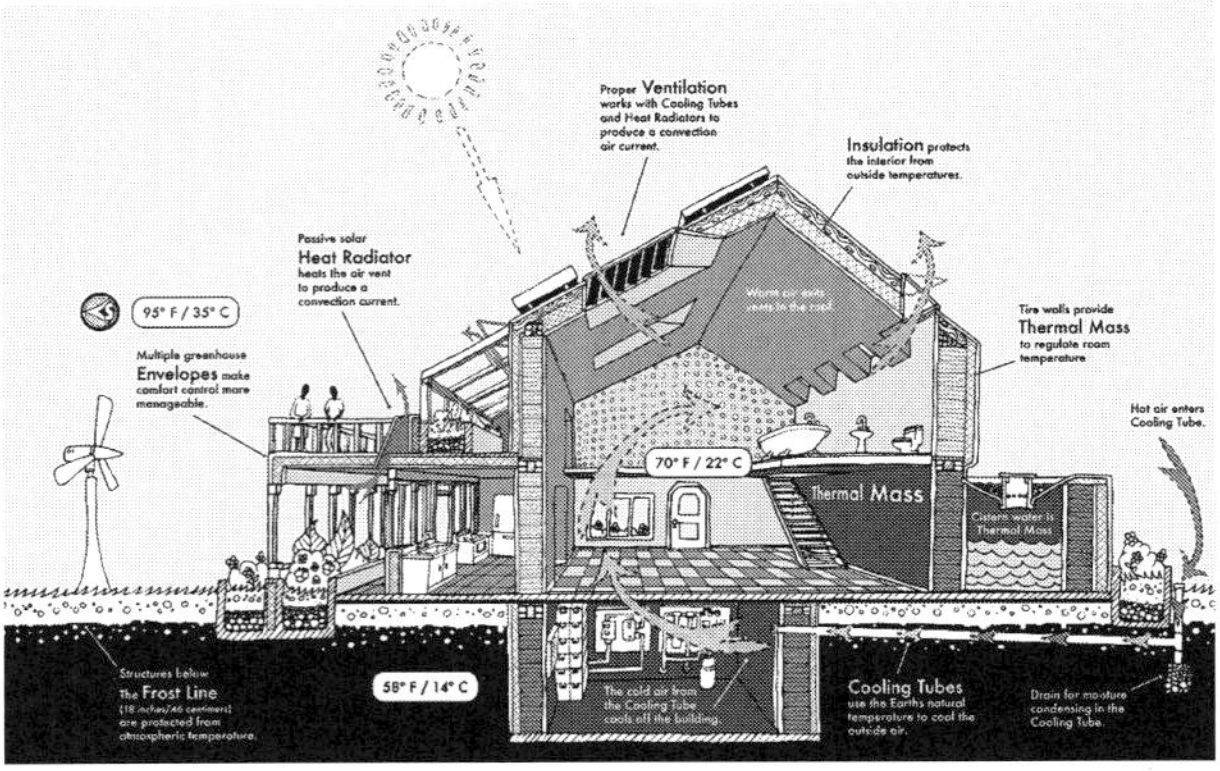

図7-1　1970年代に建築家マイケル・レイノルズによって考案された「アースシップ」

ップ」は、水、電気、ガスなどをすべて自給自足でまかなえるように設計された家屋で、そこでの生活を実践する人々もいる。[5] Netflix制作のドキュメンタリー『タイニーハウス〜大きなアメリカの極端に小さな家〜』（二〇一九年）では、二〇一〇年代に次々と登場した、小さな家で暮らすミニマリストたちが紹介されている。

アメリカン・ドリームは一九五〇年代に輝き始め、幸せな「家／庭（house / home）」をもつことはそれを「達成」する手段だった。この強すぎる「住まいと暮らし」への理念型からこぼれ落ち、矛盾を感じた人々は、さまざまに住まいの実験を行ってきた。これらは「はみだした」者たちによる、カウンター的なDIYの実践だ。ワーキャンパーの歴史は一九三〇年代のトレーラーハウスブームにまで遡ることができるが、彼らは「住まい」と「移動」を一つにすることで、大恐慌が生んだ経済荒廃から逃れようとした人々だった。

シゴト（job / work / labor）――ワーキャンパーは、なぜ二〇〇〇年代後半に増えたのか？

　暮らしには生業も必要だ。シゴトである。ファーンが〝割のよい〟季節労働だと言って選ぶのはAmazon社の倉庫での単純作業だ。ネットショッピングの巨大な収益を支えるのは「個人事業主」という名目だが、その実、福利厚生もなく不安定雇用で搾取される労働者ギグ・ワーカーである。**ギグ・エコノミー**を支える彼らの苦境を痛ましくルポした『アマゾンの倉庫で絶望し、ウーバーの車で発狂した』[6]（二〇一八年）や、ケン・ローチ監督の『家族を想うとき』（二〇一九年）が描いた、ネット社会の「不都合な真実」である。

　しかし、それらは〝単なる〟搾取といったシンプルな構造ではない。〝自己責任〟をともなう搾取だ。Amazonで働くワーキャンパーについてのドキュメンタリー映画『CamperForce』（監督：ブレット・ストーリー、二〇一七年）は、この世界企業がどのようにキャンパーを雇っているのか、この新たな労働市場がいかにシステムとして社会に組み込まれているのかを見せている。Amazonはキャンピングカーの展示会場に出展して、勤務地や雇用条件などを宣伝する。時給は同じ短期雇用の仕事よりもはるかに高い。雇用期間には駐車場が無償で使えるし、そこに来るまでの燃料費さえ支給される。

　一見とてもよい雇用に思える。だが、ファーンと同じAmazonでの倉庫作業をしていたある老人は、悲惨な体験談を語る。荷台に頭を打ちつける大事故に遭ったとき、マネージャーが顔の前で指を振って意識を確認し、大丈夫だね、と言ってそれきりだったというのだ。労災がないどころか、命の危険を冒す作業をノルマに追われながら休みなくこなし、しかしすべては「自己責任」に帰される。『家族を想うとき』さながらの苦役である。

Amazonの倉庫作業が「苦役」かどうかを短く示すには、従業員調査のデータを見てもらうとよい。「九一％がAmazonの仕事を友人に勧めない。七〇％が不当に懲罰ポイントを与えられたと感じている。八九％が自分が利用されていると感じている。七八％が休憩が短すぎると感じている。七一％が一日に一六キロ以上歩いたと証言している」などなど。

タイトルの「CamperForce」とは、二〇〇八年に同社が始めたキャンパー向けの季節労働プログラムの名称だ。奇しくもサブプライム住宅ローンが崩壊した年である。信用が低い層への過剰な貸し付けは、住居を差し押さえられて車に住む中間層を大量に生み出した。

生業（job）とは生きがい（work）でもあるべきではないだろうか？　苦役（labor）であってはならない。これはアメリカの労働倫理でもあるが、普遍的な理想でもあろう。企業が荒野に建てた街にも人は生きる。つながりや共同体が生まれる。しかし、それらは一企業の都合で一夜にして消え去る。巧みに社会に滑り込んだシステムは、そこで生きる人々を置き去りにして瓦解するのだ。「家」と企業共同体が支える暮らしから、流動し「旅」する個人が下支えするデジタル経済へ。ノマドの暮らしは、アメリカ市場経済の生々しいありようと、よきシゴトを希求する「アメリカ」をともに象徴している。

タビ（travel / trip / tourism）――「主体的に」旅して集う

ノマドたちは資本主義経済に翻弄され、それでもなお、みずからの手で共同体をつくる。季節行事のお祭りのようにときどき集い、ワーキャンプのノウハウを共有し、助け合う。現代の「アメリカ的個人主義」の風景画だ。

本作、とりわけ映画版では、ノマド生活の否定的な部分を強調せず、美化したようなつくりになっていることは確かである。しかし、本作はノマドの姿をいたずらに理想化するのではなく、彼らがみずからの意思で生き方を選んだことに焦点をあてている。生まれる家庭や地域、国家、性別など、条件を選べない部分があること、そしてそれらを社会や政治が決めてしまうという点では、われわれ一人一人もノマドと同じだ。彼らは苦境下においても主体性をもった存在であり、だから笑いが絶えない。鑑賞後に感じる爽快さはここから来ているのだと思う。

イエを工夫し、シゴトを満たす。その方法がタビである。

「旅（travel）」は、過去から今に至るまで、アメリカン・アイデンティティを体現してきた。先住民を除いて「アメリカ人」はすべて移民の子孫であり、どこから来たのか、というルーツの記憶が埋め込まれている。西部開拓時代には、個人の旅が国境を広げた。都市化の失敗と大恐慌から逃れたホーボーは、「旅」をみずからの根拠地とした。**カウンターカルチャー**に傾倒する若者は、ロードトリップで「家／庭」の規範から逃れ、瞑想とドラッグで精神世界へとトリップした（trip）。

旅はアメリカ的な伝統であり、旅する人々が「アメリカ」をなしてきたが、一方で奴隷として連行されたアフリカ系や、居留地に強制移住させられた先住民にとって、旅は「させられた」ものでもある。「みずからの意思で」旅ができることは特権でもあるのだ。「旅」とは、商品化された移動、すなわち「観光（tourism）」とも対立させるべき主体的な行為なのである。

〝見えざる「アメリカ」のつくり手〟を「映す」

『ノマドランド』は、「イエ」、「シゴト」、「タビ」という王道の「アメリカらしさ」に満ちていて、表向きは美しく、しかしその厳しさも透けて見える、そんな作品である。だが、それだけに終わらない。「アメリカ」を担っているのは誰なのか、という問いが込められているからだ。

アメリカにおいて、アジア系の人々は、白人、黒人や先住民とも異なり、いわゆる「永遠の外国人」として差別される存在である。例えば、移民四世としてアメリカに生まれ、英語が母語で、高等教育を受けて折り目正しいアメリカ英語を話すエリートでも、初めて会った人から毎回「どこ出身？」と問われる**マイクロアグレッション**（日常の中で行われる何気ない差別や偏見）にうんざりしながら生きている。

中でも中国系は全米人口比率が最も高く、アメリカに来てから最も長い歴史をもつアジア系だ。すなわち、アジア系アメリカ人として最も長い歴史をもつにもかかわらず、最も長く「はみだしもの＝アウトサイダー」扱いをされてきた記憶をもつのが、中国系アメリカ人なのである。

中国系アメリカ人であるクロエ・ジャオがノマドに見出すのは、こうしたアメリカ社会が「アウトサイダー」と決めつけた人々がもつ誇りなのだ。それはファーンが台詞でわざわざ強調するように、「汗を流し、働くこと」で示される、日々を生きることへの誇りだ。それは、アメリカ社会で市井の人々が常套句のように口にする、月給をもらい、公共料金を払うことへの矜持である。主体的に旅をし、働く彼らこそが、アメリカというノマドランドを構成している。本作は〝アメリカ的なるものを支え、つくり、体現している、にもかかわらずアメリカの中心とはみなされない人々〟、周縁化されたアメリカ人の寓話である。これが〝見えざる「アメリカ」のつくり手〟というジレンマに対するジャオの回答なのだ。

キャストの多くが本人役で出演していることは、ドキュメンタリー的なリアリティを演出するだけでなく、誰がこの国を担っているのか、というテーマに通じている。

ジャオは、撮影に際して本人役として登場する彼らが主体的に関わることができる環境をつくるよう心がけた、とインタビューで述べている。本人役を務めたリンダは言う。「私たちが撮影の材料だったとは感じていないわ。一人一人がストーリーを語っていた。映画は監督にとってだけでなく、私たちノマドにとっても素晴らしいものだったわ。私たちの心情、それにライフスタイルの現実を映してくれたから」。

作中、ワーキャンパーの〝グル〟と言われるボブ・ウェルズが車上ノマド生活について講演をするシーンがある。これは台本なしにすべて本人が語っているものである。書籍版『ノマド』によれば、彼はスーパーの店員をやっていたが失職し、はじめは貧困ゆえにやむなくスーパーの駐車場を借りて車上生活を始めたが、次第にクルマを住まいとして整える術を獲得していった。同じような

図7-2 RVノマドの〝グル〟ボブ・ウェルズの公式サイト

境遇の人々に自身の工夫を共有したいと考え、情報発信を始める。グルの布教は、厳しい市場経済でアウトサイダーが生きる知恵をコモンとしようとする活動である。現在はウェブサイト「Cheap RV Living（RVでの安暮らし）」（図7-2）をベースに、YouTube動画やブログのエッセイで車上生活のノウハウについて発信している。Amazonアカウントに（！）販売チャンネルを開設し、彼がお勧めする機材などを閲覧者が購入できるようにしているが、もちろん販売者の売り上げには同社への高額のマージンが発生する。資本主義の論理からはじき出された彼が、Amazonを通じてその世界で生き残るための方法を広げるさまには、今ある制度の内側から世界をつくり変えようという、小さき者の「戦術」的実践が見て取れる。

「演技・代弁」＝表象——なぜ当事者キャスティングか？

当事者をキャスティングすることには、いかなる意義があるのだろうか？　ここで少し寄り道をして、別の作品も挙げつつ、この問いを深めてみよう。

当事者キャスティングの手法を近年の作品に見つけるのは、そう難しくはない。例えば、クリント・イーストウッド監督の『15時17分、パリ行き（*The 15:17 to Paris*）』（二〇一八年）では、無差別テロに立ち向かった青年たちを本人役に、それも主演として起用した。マイク・ミルズ監督の『カモンカモン（*C'mon C'mon*）』（二〇二一年）では、ラジオジャーナリストを演じるホアキン・フェニックスが実際に子どもたちに行ったインタビューが挿入され、メインのフィクション部分がドキュメンタリーの声と共鳴する。日本でも、テレビドキュメンタリー出身の是枝裕和は『誰も知らない』（二〇〇四年）以来、子どもの自然なやり取りをカメラに収める手法で知られているし、『サウダーヂ』（二〇一一年）など富田克也監督率いる映画チーム「空族」による作品群も思い出される。

これらは、『ノマドランド』と同様に、ある種の社会的課題を単なる背景というよりは主題の核となる要素にし、本人たちの言葉をドキュメンタリー的に映像に記録した作品である。こうした演出がエンターテインメントの領域で使われる。これはすなわち、誰かに代弁されていない「当事者の声」が、よりダイレクトに、より多くの人々に届く、ということを意味している。

この手法をきわめて効果的に用いた作品を取り上げよう。ドキュメンタリー『フタバから遠く離れて』（二〇一二年）でも知られる映画監督・舩橋淳は、劇映画『ある職場』（二〇二〇年）で興味深いアプローチをとっている。実際に起こった性暴力事件の被害者や関係者への取材に基づき、問題について討論する形式の劇映画の脚本をつくる。演出の際には、役者にはシノプシス――役柄がその人物像、あるテーマに対して抱く考えや意見、議論や会話のおおまかな流れ――だけを示して、他の役者たちの台詞までは伝えず、現場の流れに応じて各自が反応しながら台詞に生命を吹き込む。それをドキュメンタリー的に撮影する。こうした手法である。例えば一場面はこうだ。社内で起こったセクハラについて議論をしているとき、ある中間管理職の男性は、表向きは防止策の徹底を訴えているが、実際には人権意識が低い。役職上の義務として人権問題に対応する人物に垣間見える差別の感覚が、ああ、こういう人いるよなあ、と感じさせる、妙にリアルな台詞で伝わってくる。

これは監督自身も属する「男性」という優位な立場への批評である、と舩橋は述べている。家父長制の強いこの社会において、男性として生きる立場から女性の性被害について語ることそれ自体が暴力性を帯びる可能性がある。また、代弁では「性被害者」を十分に描くことはできないのではないか。こうした考慮から、台詞を書くよりは、属性が近い演者に語らせるという手法をとったのである。技術的に言えば、俳優ステラ・アドラーらが用いた役者の内在的な声を台詞化する演技メソッドを応用したものだという。また、監督でさえ細かなやり取りの流れを知らないまま撮影するので、誰にカメラを向けたらよいのか迷い、ブレが生じているが、それはドキュメンタリー映像の印象をもたせる効果にもなっている。

監督や脚本家は、映像表現の世界では権力をもつ支配的な立場にある。出演者がすべて「共同脚本」としてクレジットされているのも、配慮が行き届いている。『ある職場』は、セミ・ドキュメンタリー的、セミ当事者キャスティング的な演出によって、「演技・代弁＝表象（representation）」する主体と客体のあいだにある非対称性を乗り越えようと試みたものである。同じ手法で「当事者の声」を取り入れた続く監督作『過去負う者』（二〇二三年）でも舩橋は、前科をもった人々の社会復帰が困難な現代日本の不寛容さを描き、個人が、そして社会が罪といかに向き合うことができるのかを問いかけている。

植民地主義の歴史にあって、人種的マイノリティもまた、弱い立場に置かれ、主体よりは客体として扱われてきた。日本では、朝鮮人、琉球人、アイヌなどがそれにあたる。こうした人種間の被害・加害の歴史の上で、誰が何をどのように語ることができるのか。この点で興味深い当事者キャスティング作品が、福永壮志監督の『アイヌモシㇼ』（二〇二〇年）である。北海道阿寒湖を舞台に現代に生きるアイヌを描いた本作は、登場人物の多くが同地に住むアイヌとして本人役を演じた。

民族集団に関しては、古来の習俗を維持し、近代文明をあまり受け入れず、「昔ながら」の暮らしを守っているのだというステレオタイプはいまだに根深い。民族社会について語る際には、「過去」や「伝統」を強調する力が働き、現実の姿が一面的に捉えられる傾向がある。さまざまな民族の文化様式に関する研究を牽引してきた文化人類学では、民族文化が民族誌に書かれる際、多様な側面や矛盾が整理され、ある一時点の伝統文化に固定化されるきらいがあった。この「民族誌的現在」と現実とのあいだにあるギャップに注意すべきである、と反省がなされてもきた。[7] 民族誌映画やドキュメンタリーなどの映像表現は、その表象の一翼を担い、特に一般社会でのイメージ形成に果たした役割はきわめて大きい。

こうした歴史の上にあって、『アイヌモシㇼ』は、現在のアイヌ社会を映像で描写した点でも、またそれが現実の体験に基づいて当事者によって表象されるという点でも意義深いものである。

福永はアイヌのルーツをもたず、その意味においては当事者ではない。数年間をかけて阿寒のアイヌのところに通い、関係性をつくりつつ、作品が描く表象のあり方や、当事者たちにとって違和感や摩擦を感じる形で「代弁」してしまわないか注意深く考えながら脚本を書いたという。[8]

舩橋と福永は、日本で生まれ育ち、その後ニューヨークに渡って映画制作を学んだ。クロエ・ジャオもまた、上海というアジアの都市で生まれ、アメリカに渡ってマイノリティとして暮らしてきた。彼らの表現・表象は、誰が何を語るべきなのかという点に意識的であり、同時に、誰が何を語ることができないのかについてもきわめて自覚的である。これは、彼らが人生を通じて属性に基づく社会的な経験の違いを感じてきた経験に富み、ゆえに社会が多様性を認め、多様な存在を包摂することの価値について実感してきたためではないだろうか。

「代表」＝表象――雇用機会としてのキャスティング

当事者キャスティングは、演じ代弁する、すなわち表象する（represent）という行為において「正しさ」をつくる手法となる。それは「**ポリティカル・コレクトネス**」という規範のコードを守り、マイノリティの声をすくい上げる方法論として展開しているのだ。一方、この手法はハリウッド映画という巨大な文化産業のビジネスにおける機会均等にも寄与しているものでもある。

異なる人種、他言語の話者、性的少数派など、マイノリティの役を別の属性をもつ役者が演じることは、先に見たように当事者の「声」を奪うことや、強者が弱者の文化を利用する「**文化のアプロプリエーション**」にもつながりかねない。さらに、役者にとっては仕事の機会を奪うことになる点でも問題である。

典型的にこれらの問題が見られるのは、キャスティングにおけるホワイトウォッシングの問題である。ストーリーに登場する有色系を白人という設定に変えたり、役者を白人に置き換えたりするのはハリウッド映画制作ではまったくめずらしいことではなく、この慣例を批判的に「**ホワイトウォッシング**」と呼ぶ（第1、2章も参照）。

例えば、二〇一八年の『クレイジー・リッチ！（*Crazy Rich Asians*）』（監督：ジョン・M・チュウ）は、ハリウッド大作で初めてオール・アジア系キャスティングでヒットしたことが歴史的な快挙と評された作品である。そのキャラクター造型も、従来アジア系が担ってきた「性的要素を脱色された男性」や「過剰に性的に誇張された女性」というステレオタイプを脱していてカウンター的である。

中国系アメリカ人の主人公が結婚しようとする相手の家庭や友人がすべてアジア系の富豪だった、というあらすじのコメディで、グローバルビジネスのコミュニティにおける人種関係を主題にしている。なんと、この作品でさえ、ハリウッドでの映画化では当初主人公を白人に置き換えた設定にしようと企画が進んでいたと言われており、作品の根幹を骨抜きにするこの提案を原作者のケヴィン・クワンが拒否して今の形に落ち着いたという。

ストーリー上も、配役上も、キャラクター造型上も過去の「アジア系表象」に対抗する作品がヒット作となることによって、アジア系のキャストや舞台設定では「売れない」という映画ビジネスの前提を覆すことになった。その結果、「アジア系」属性の役者や芸能活動の機会が文化産業の市場に広がることになる。ヒット作に出演することでスターダム入りした俳優は、次の大きなビジネスの機会を得る可能性が高まる。観客はその種のスター像がありえるのだと認知し、憧れを抱き、新たに参加しようとする者が現れる。オスカーのように、業界に注目される賞の受賞もまた同様の効果をもつ。

キャスティングは、その作品だけでなく業界への影響という意味で、雇用機会均等の問題に貢献するのだ。とりわけ比較的多様性が進みにくいポピュラーなビジネスの領域では、この意義は高い。本章冒頭で取り上げたアカデミーの多様性改革も同様の効果を発揮している。

『クレイジー・リッチ！』は道を切り拓いた。まさにそのことが、その後のアカデミー賞で証明されることになる。二〇二三年のオスカーで各賞を軒並み受賞した『エブリシング・エブリウェア・オール・アット・ワンス（*Everything Everywhere All at Once*）』（監督：ダニエル・クワン＋ダニエル・シャイナート、二〇二二年）である。準主役を務めたキー・ホイ・クァンは、過去には『インディ・ジョーンズ／魔宮の伝説』（一九八四年）というヒット作で知られた子役だったが、成人したあと、ハリウッドには大人のアジア系の役が少なく、活躍機会を逃して半ば引退していた。『クレイジー・リッチ！』の成功は再度ハリウッド俳優の道に戻ろうと考えさせるあと押しになった、と彼は語る。[9] 彼がアカデミー賞で助演男優賞を受賞したことは、文化「表象」の多様化というだけでなく、ハリウッドというエンターテインメント業界を「**代表**」する者の属性が多様化されたということでもある。『エブリシング・エブリウェア・オール・アット・ワンス』の主要登場人物の属性を挙げても、「アジア系」、「中年」、「女性」、「非英語話者」、「ハンディキャップ」、「高齢者」、「同性愛者」と、これまで光をあてられてこなかったものばかりだ。監督のダニエル・クワンにはＡＤＨＤの症状があり、それがストーリーや描写に反映されたとも述べている。

　ネガティブなものとされてきた特定の属性をもつ俳優や製作者が評価されることで、後人にとっては憧れの対象となる。拓かれた道に続く者が出てくる。「道」が多様化したとき、また道は拓かれていくことになるだろう。誰がどう「演じ」、「代弁」するのかという問題と、誰が世界を「代表」するのかという問題――二つの「表象」にキャスティングという行為は貢献するのである。

クロエ・ジャオのスタイル

　クロエ・ジャオもまた、映像制作における表象に向き合ってきた作家である。フィールドワークの手法で当事者への聞き取りを重ねて物語をつくってきた。

『ノマドランド』以前のジャオの作品群もまた、当事者を起用して撮られている。例えば二〇一七年公開の『ザ・ライダー（*The Rider*）』は、落馬事故で馬に乗れなくなったロデオスターが主人公だ。ジャオは撮影地となったコミュニティに通う中で知り合った、よく似た境遇にあった人物を元に脚本を描き、彼自身を役者として出演させた。

ジャオの視線は、他者化された人々に向けられる。しかし、それは当事者目線ではなく、アウトサイダーとしてアウトサイダーを見る、そんな視線だ。本人を起用する手法は、彼女がアメリカ社会やハリウッド業界の「主流」と絶妙な距離感を保っているがゆえに成立したのかもしれない。

彼女は特権をもつ「はみだしもの」だ。きわめて裕福な北京の一家に生まれ（彼女の父は年商三兆ドルの中国国営企業の社長である）、一〇代も後半になってイギリスやアメリカへ移り住んだ。マサチューセッツでは政治学と同時に映画制作に取り組み、このときパインリッジのインディアン居留地に通い始めて、その後ニューヨーク大学で黒人社会を扱う映画の巨匠スパイク・リーに学んだ。前章の『アメリカン・ユートピア』の監督である。

彼女の映画のフォーカスは、社会ではなく人々にある。彼ら自身の手で「一つのアメリカ的な暮らしぶり」が浮かび上がる。「人々」へのミクロなクローズから「社会」を映す、という順序である。

二〇一五年の『兄が教えてくれた歌（*Songs My Brothers Taught Me*）』や二〇一七年の『ザ・ライダー』など、彼女の作品はどれもドキュメンタリー性が高い劇映画であるが、同時にきちんと娯楽作品してもいる。

『ノマドランド』の次に公開されたのは、マーベルのスーパーヒーロー映画『エターナルズ

(*Eternals*)』(二〇二一年)。「手話を使う聾者」、「黒人同性愛者」、「マスキュリンなアジア系男性」……とキャラクター設定は、またステレオタイプに対抗し、多様性にあふれている。スーパーヒーローもの映画初と謳われた設定も多い。こちらもまた、周縁とされてきた人々の存在感を重視する作法で、メインストリームを捉え返そうとするジャオのスパイスが利いている。

主体的な存在として当事者を映し、「アメリカの物語」に仕立てる。それをオスカーを獲る娯楽作としても成立させた点には優れたバランス感覚を感じ、アメリカのメインストリームとして周縁化された存在を「救済」したのだとも感じられる。

「はみだしもの」から「アメリカなるもの」を裏返す

ジャオが描くアメリカン・アイデンティティは、確かに美化されてはいる。エンターテインメントとしての強度はそこにも由来していよう。しかし、それ以上に、映画が描く「アメリカ」が「美しい」からこそ、その担い手が忘れ去られていないか、という問いが鋭さを増す。このジレンマの転覆に力があるのだ。

本作がアカデミー賞というアメリカ映画の「ど真ん中」で高い評価を受けたのは、移動すること／移住すること／移民となること(タビ)、資本主義と労働倫理(シゴト)、「家と家庭」への理想(イエ)といったアメリカにおける伝統的な主流の価値観にしっかりと触れつつも、そこに批判的視座を向けるのではなく、判断を曖昧にしたからだろう。しかし、本作が単なる消費のためのコンテンツを超えて普遍的な価値を有しているのは、アメリカ社会の現実や多様性を正確に映しているからというだけではなく、問題を声高に叫ぶよりはていねいに活写することで、そしてまた、この国＝ランドは誰の手によるものなのか、という主体性への問いを込めることで「アメリカなるもの」を静かに脱臼させる視座が織り込まれているからである。

「はみだしもの」性を内側に滑り込ませ、「アメリカ」を裏返す。このバランス感覚をガス抜きやおためごかしと批判することもできようが、過剰さに均衡のエッセンスを加え、「周縁」から中心性を変容させることを繰り返してきたのが「アメリカ」ではなかっただろうか。

『ノマドランド』は、アカデミーという業界団体の投票制度の改革という構造変化がなければ、言語や国境を越えて多くの人々に届くことはなかった作品かもしれない。多様化するアカデミーが描く「アメリカ」は、周縁からのまなざしが描く「アメリカ」の物語と重なりつつある。

第II部

つくる現場から〈コミュニケーション〉を知る

第８章　アメリカのカーデモ
——コロナ禍のフィールドで声をあげる

コロナ禍と社会運動

コロナ禍には社会運動が増えたと言われる。物質的にも精神的にも強いプレッシャーが人々にかかったことで、訴える問題が山積すると同時に、怒りの声をあげるなど、感情に訴えやすい状況でもあったと目される。

それは直接コロナに関わる課題だけではない。例えばアメリカでは、陰謀論を含むマスクやワクチンをめぐる運動から、**ブラック・ライブズ・マター運動**や公空間の**記念碑**をめぐる闘争、大統領選に関わるものまで、多くの運動が展開した。大統領選をめぐって連邦議会襲撃という一つの歴史的事件が起こったことも記憶に新しい。一方、社会運動は、**#MeToo**などに見られるように以前から続く**ハッシュタグ運動**などの形で、ソーシャルメディア上でも大々的に展開されるようになった。ネットにアクセスする時間が増え、外に出る機会が減ったコロナ禍の中で、オンラインでの抗議行動はますます多様化したようにも見える。後半となる第Ⅱ部では、こうした社会運動について、その「現場《フィールド》」

の変容にも着目しながら見ていこう。

反ロックダウンと反マスク

その初期には、政府による「ロックダウン」に対して反発する抗議の声があがった。例えばミシガン州では、二〇二〇年四月半ば頃から解除を主張する人々による大きなデモが次々と起こった。自宅隔離を強化する民主党のグレッチェン・ウィットマー州知事と州政府を相手どって抗議行動が起き、われわれは経済的な危機にあり、自宅にとどまってはいられない、という訴えがなされた。[1]

その月の半ばには、同様の運動は州の各地へと次第に拡大することになった。参加者は、経済的苦境から脱するためには、感染リスクを冒してでも反ロックダウンを主張するのだと訴え、経済活動と移動を制限したことを根拠に各地の連邦地検で州知事を提訴した。[2] 一方、デモの参加者には保守派や**白人至上主義**者が多いという傾向が見られ、他方でトランプ大統領がツイッター（現X。以下「ツイッター」で統一）で民主党の各州知事を威圧したことが火に油を注いだとも指摘された。参加団体には、共和党各種団体や活動家、銃規制反対派、民兵支持者、ティーパーティ運動家、アンチワクチン派など、保守的な偏向が見られる。当時コロナ罹患による国内死者数が四〇〇〇〇人に達したことで緊張感が増す中、ほとんどマスクをせず、中には武装した群衆が州議会内部で集会を行う様子が驚きをもって報じられた。運動の参加者の中にはマスクをしないことを「自由」の主張とした者がいること、彼らの多くがトランプ支持者だということも知られるようになった。反ロックダウン＝反マスクの抗議行動に対して四月後半の時点で共和党を含むアメリカ人の多数派が支持していない、という調査結果が出された。[3]「コロナ」に関わる社会運動には政治運動の側面があり、党派的で、政局によって動かされている。

　こうした気配が伝わってきた時勢であった。それから数年が過ぎた今振り返ると、最終章で詳述する二〇二一年年明けの連邦議会襲撃事件に至る「分断の政治」の緊張感は、コロナ禍の当初にすでに予見されていた。

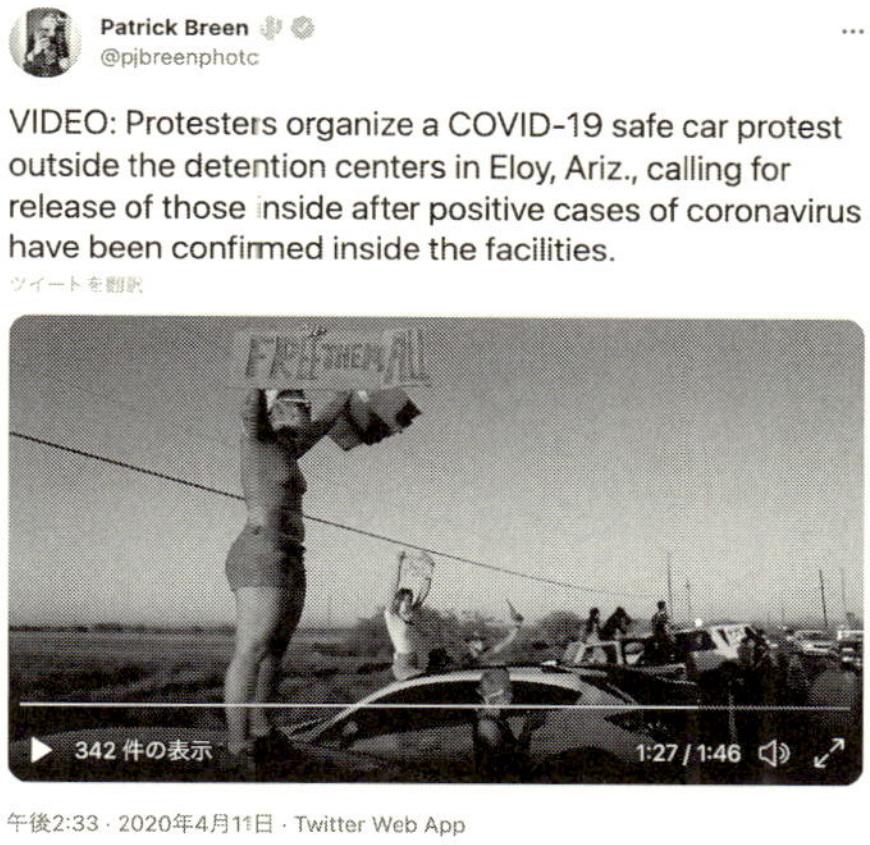

図8-1　イーロイのカーデモ。距離をとって声をあげる

フィールドに出る工夫

人々が集まることというデモにとって最も大切なことが、コロナ禍では最も避けられるべきことになってしまった。人との距離――ソーシャルディスタンスを保ちながらデモができないか？　コロナ禍の初期に現れた工夫は、自動車によるカーデモである。[4]

　アリゾナ州イーロイでのデモの相手は、移民局。日本の出入国管理局と同様、アメリカでも当局は非人道的なことで知られる。移民勾留所、それにホームレス施設や留置所では、脆弱な医療体制下での拘束が感染を拡大させ、死者を出した。

命の危機だ。抗議しなくてはならない。だが、街は当時、日本以上に厳粛なムードで外出の自粛を守っていた。

そこで人々は車に乗って隊列をなした。四月一一日のことだ。ガソリンスタンドで集合し、旗やプラカードを車にデコレーションし、拡声器をもって砂漠のど真ん中、勾留所前の道をゆっくりと進む。マスク代わりのバンダナを口元に巻き、コスプレのマスクをしている人もいる。窓から身を乗り出して声をあげ、路肩に降りて太鼓を打ち鳴らす。[5]

「彼らを解放せよ！」

「勾留者たちは死ぬ寸前」

「彼女は勾留所で感染して死んだ」

「死の収容所」

「今こそ民主主義を！」

プラカードの言葉が力強い。

車に乗ってデモをしてもおかしくはないのだ。距離を保ち、やかましい音も立てられる。「正義のクラクション」とは、なかなかうまいことを言う。フィールドに出にくいなら、こんな工夫もできる。

アメリカ合衆国とカーデモ

アメリカにおけるカーデモの歴史は古い。一九六四年のニューヨーク万博（New York World's

Fair）のときには、すでに反対派が市内の五つの高速を車で封鎖した事件が記録に残っている。

この万国博覧会は、表向きは冷戦世界の新たな中心地ニューヨーク市の繁栄を華々しく彩ったものと言われる。しかし、この政治経済的祝祭の背後では、ゲットーが放置され、路上から貧者が排除されていた。デモは万博が可視化することになった経済格差と人種差別の欺瞞を訴えたものだ。一九七〇年の大阪万博のように、一九六〇年代のアメリカでも「ハンパク」が起こっていたのである。[6] 皮肉にも、公式のテーマは「相互理解を通じた平和（Peace through Understanding）」だった。

もう一つの皮肉は、相場より高額すぎる出展料や二年にわたった開催期間が問題視され、博覧会国際事務局からの認可が下りなかったことだ。出展者の顔ぶれも企業中心で、ユニセフ館では、その資金をペプシコーラが全面的にバックアップし、ディズニー社が現在もディズニーランドの目玉として知られる「イッツ・ア・スモールワールド」をお披露目公開している。のちにディズニーランドに移築された点に端的に表れているように、パビリオンはそのまま私企業の商品でもあった。

図8-2　日本館への新幹線の出展を宣伝する日立の広告（出典：transpress nz）

また、同年に東京オリンピックを開催した日本は、「戦後復興」を遂げたことを顕示すべき外交策として、多額の費用をかけて参加している。日本館の目玉として、技術力の象徴たる新幹線の実物大模型が展示された。新幹線の製造を手がけた日立製作所の広告（図8－2）には「驚異的な時速一五五マイル」の「新時代の鉄道」は「製品一万点を超える日立の多才多芸の一例にすぎない」――「ぜひ日本館に日立を見にきてください」とある。これらの例は、この博覧会が企業主体の商業イベントという趣きの非公式「万博」であったことを象徴していよう。名前に「World's Fair（万博）」とわざわざ冠していることも、何か寂しく響く。他の万博以上に人々の反感を呼んだことも想像に難くない。

カーデモの背景には、中産階級以上の若者が車を個人所有する時代になっていたことがある。ここで公民権運動やカウンターカルチャーの時代の集団抗議にクルマというツールが合流し、カーデモの文化が生まれたのである。

カーデモは、アメリカらしい自動車文化の伝統だ。国土の大部分を占める郊外や平野・山間部での移動は自動車が基本。一人一台の所有が一般的で、いわゆるクルマ社会だ。前章の『ノマドランド』で見たように自動車に居住するというだけでなく、トラックの荷台部分を居住用に改装したトレーラーハウスに住む人々も少なくない。[7] ヘンリー・フォードは、自動車の生産販売数と同時に労働者の購買能力を高めることで「消費社会」をしつらえ、「アメリカン・ドリーム」という夢物語の一翼をなした。一九五〇年代には、ホットロッドと呼ばれる車体改造文化やドライブインシアターなど、自動車にまつわる娯楽文化が花開き、一人一台所有するクルマは個人のアイデンティティとも結びついていく。そうして「自動車」は、個人と国家の物語を同時に運ぶ、アメリカン・アイデンティティの乗り物となったのである。

カーデモの中でも、建設や農耕用の特殊車両で行うものを「トラクターケード（tractorcade）」と呼ぶ。生産物買取価格を下げることを決めた一九七七年の連邦農業法に対しては大きな反発が起こり、最初で最大のトラクターケードが起こったことが知られている。業界団体「アメリカ農業運動」の呼びかけを受けて、全国各地から訴えのために農家がトラクターで首都ワシントンに大集結し、議事堂やホワイトハウスが立ち並ぶ大通りを封鎖した。[8] こちらもふだんは仕事の道具として使う工事・農業車両を抗議行動に使ったのだが、車両の大きさや特徴などから、誰が何を訴えているのかが一目瞭然で非常に効果的だった。図8－3に見られるように、国会議事堂前にトラクターが迫るイメージを公の空間に示すことで、「農家対政府」という問題の構図を視覚的にアピールしたのだ。

図8-3　1978年、1979年と2年連続で行われたワシントンDCでのトラクターケード。看板にはオハイオ州（500キロ）やアーカンソー州（1400キロ！）とあり、遠方から農家が集結した

ちなみに、この言葉、この年起こった一件だけを指す固有名詞ではない。意味も比較的緩やかで、近年の例を見るなら、マディソンにあるウィスコンシン州議会議事堂前で二〇一一年に起こったトラクタ

図 8-4　団体交渉を制限しようとしたウォーカー州知事の弾劾を求める看板と林業のデコレーションをとりつけた 2011 年ウィスコンシン州での抗議のトラクター（© emily mills）

ーケードのように抗議行動のものもあれば（図8-4）、アイオワ州で二五年間続く「Great Eastern Iowa Tractorcade」のように記念イベント化したものもある。工事車両、トラックやボートで出動して、建設労働者の「声」をパブリックへと視覚的に印象づけている。

クルマで声を届ける「自由」

カーデモをやや広く「車を使った社会運動」と見れば、別の側面も見られる。例えば、教会の伝道に自動車を使う方法だ。「エホバの証人（Jehovah's Witnesses）」は、一八七〇年代にピッツバーグでチャールズ・テイズ・ラッセルが興した新宗教で、日本でも戸別訪問による宣教で知られる。この会の歴史は、社会運動における表現の自由を考える上で興味深い。第一次世界大戦期の一九一八年にアメリカ政府は国民を統制する治安法を制定したが、平和主義を誓った廉でエホバの信者が大量投獄された。その後、一九三〇年代にも、公立学校での国旗敬礼を「偶像崇拝の強制」に等しいとして拒否したことや、戸別訪問や聖書の路上販売という方法などが、たびたび規制されるなどした。こうした争点に対して、エホバの証人は、合衆国憲法修正第一条、つまり「表現の自由」の点で争い、その権利を獲得してきた。組織はラッセルの死後も続き、世界的に広がったが、特に二〇世紀に入りブルックリンに本拠地を移して法務部門を設置してから、会の権利運動は本格化した。

自動車の普及以後、非信者の聴衆に広く声を届ける手段として拡声器をつけた街宣車を利用したときも摩擦が起こった。近隣住民からの「騒音」に対する不満を聞く形で、警官がエホバの証人の自動車での説法許可の更新を取り消したのである。これに対してエホバの証人は法廷に訴え、一九四八年には、警官の更新取り消しは憲法が認める「言論の自由」に反する、という連邦最高裁判決が出た。公共空間での説法は、時と場所を設定すれば適法だ。説法の時間と場所は登録されていた。証言によれば、苦情は「説話の中身」ではなく「音」に対するものだった。判決は「形式」への不満によって「内容」が制限されてはならないとしており、言論の自由が守られたものだと言える。[9]

技術の発展がコミュニケーションの効率を高め、声の届く範囲が広がる。その結果、意見が衝突し、人々の反発が生じる。今日インターネットやSNSで起こっている事態を思わせる。対立が激化すれば、形式上の批判を装って反対派を意図的に攻撃する悪辣な戦術も生まれる。公正な司法判断が必要になる。

雑誌や新聞、ラジオやテレビ、インターネットなど、その時々の技術や環境に応じてコミュニケーションの方法が生まれ、対話の現場も変化する。コロナ禍のカーデモもまた、フィールドで「非接触」であるべきというウイルスが課した習慣が生んだ人々の対話である。

第９章　代々木のデモのエスノグラフィー
——「フィールド」をつなぎ、「見えない」ものに目を凝らす

緊急事態宣言、「自粛」要請と補償、ワクチン接種の遅れ……パンデミック初期には日本国内でもさまざまな混乱が生じた。本章では日本に目を移し、この時期国内で起こった社会運動について考えてみよう。二〇二〇年五月二五日に起こったジョージ・フロイド殺害事件を受けて、**ブラック・ライブズ・マター運動**に関するデモは世界へと拡大した。これを受けて、六月一四日には、東京・代々木で日本における最大規模の「ブラック・ライブズ・マター・トーキョー」が行われた。筆者がこのデモに参加したときのエスノグラフィーから、アメリカと日本のつながり、オンラインとオンサイトのつながりなど、社会運動における「現場《フィールド》」の変化について考えてみたい。

若者、インターネット、バイリンガル

デモのことを知ったのは、ＳＮＳ経由だった。イベントの三日ほど前に、世田谷区に住むアメリカ人の友人が英語のみの長文をフェイスブックに投稿していた。リンク先もまた、日英バイリンガル。

デモを主催する団体の公式ウェブサイトが流暢な英語で書かれ、配布しているハッシュタグなどの日本語も「#BLMTokyoMarch ＝ #blm 東京行進」などとやや翻訳調だったので、文化的にも英語圏ベースの活動だろうかと想像した。[1]

フロイド氏の事件以降、アメリカでは多くのブラック・ライブズ・マターのデモがＳＮＳを使って組織化・連帯していた。[2] 今回のデモも同様の特徴があるように思う。公式サイトの情報はＳＮＳ経由で発信され、そこから多く拡散されている。[3] MeetUp は主催したイベントをユーザーが投稿できるアメリカ発のサイトで、都市部には英語話者のコミュニティも多く、そこでもこのデモの情報が発信されていた。[4] ＳＮＳ別に見れば、主催者は主にインスタグラムを使って情報発信していたが、このことも世代的な若さを示唆していた。ＳＮＳ利用に関するピューリサーチセンターの統計（二〇一九年二月）では、「一八〜二九歳」、「三〇〜三九歳」と年齢別に分けて使われているサービスを見ると、フェイスブックでは両者は差がないが、ツイッターで一二％、インスタグラムで二〇％もの差で若年世代に利用者が多い。[5]

主催者がオンラインでポスター用の画像を配布していた。ダウンロードできるのはもちろんのこと、プリンタをもっていなくてもコンビニのコピー機の印刷機能を使って簡単にポスターを刷ることができるよう工夫されている（図９－１）。ハッシュタグやスローガンも公式で準備して統一し、ＳＮＳで周知されていた（図９－２、９－３）。スローガンは、多様なコミュニティへと理解を広げるために日本語を使うことを勧める旨が添えられ、日本語にも訳されている。また、主催者が投稿したコメントは自動翻訳機能を使っているような文章もあり、ＩＴツールで言語の壁をうまく取り払っている。コロナ感染、暴力行為、反対勢力・破壊行為、ゴミなどマナーへの注意書きもひととおり押さえられていた。

情報はすべてバイリンガルで発信されている。「日本語での情報ソース」の一覧が資料としてまとめられ、ブラック・ライブズ・マターの問題に関するわかりやすい紹介記事が列挙されている。チェックすべき「インスタグラム上の投稿」カテゴリーが並んでいることに、彼らのあいだではSNSが情報源としてふつうのものになっているのだな、とも感じた。

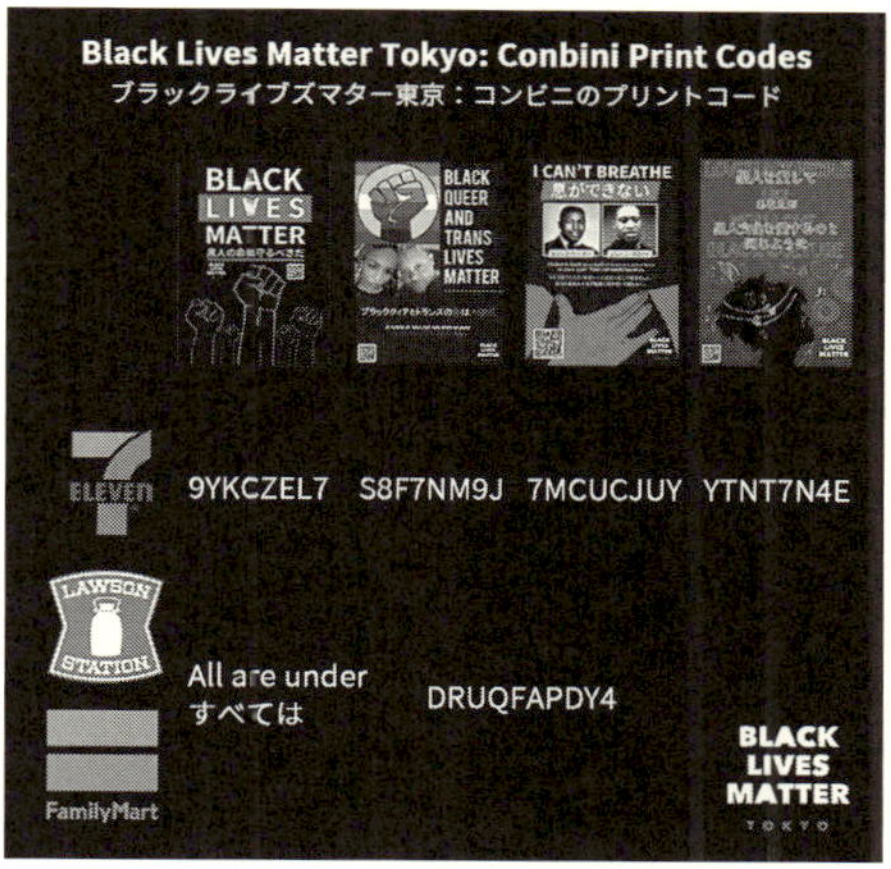

図9-1　コンビニでポスターがプリントできる、訴えに合わせた4種のデザイン

図9-2　ハッシュタグをアナウンス。主催者・参加者間で情報を共有するキーワードになる

図 9-3　主催者が勧めるスローガンの一覧

資料一覧「#Black Lives Matter（黒人の命も大切だ）に関する日本語資料」は、ブラック・ライブズ・マター運動などの情報をどこで得たらよいか迷ったときの参考になる。[6]

その内容は例えば次のようなものだ。「#Black Lives Matter について」、「アフリカ系アメリカ人に対する差別の歴史」、「報道機関・SNSでフォローすべきアカウント」では情報収集の手段について、「映画／ドキュメンタリー／テレビドラマ」ではこの問題を題材にした作品について知ることができる。「日本の人種差別問題について」では**文化の盗用**や**黒塗り**などの黒人表象の問題について学術論文を含む豊富なソースが挙げられており、また「盟友（Ally）になるための第一歩」、「署名活動」、「募金活動」、「日本での Black Lives Matter 行進」などでは具体的にはどう行動すればよいのかわかるようなアドバイスがある。

一方で、こうした情報共有の方法自体も、このデモを特徴づけている。情報の一覧はオンラインで文書を共同編集できるウェブサービスGoogle Documentのファイルとしてウェブ上に置かれており、随時更新されている。そこには「この文書は未完成です。読んでいる方々の中で、編集・更新・追加すべき情報があると思われた方は、是非作成者にご連絡ください。これは作成者の私たちだけではなく、皆さまの資料・書類です。一緒に引き続き取り組んでいきたいと思っております。資料を編集・更新・追加したい場合はこちらのグーグルフォームに記入して下さい」と書かれており、情報提供・共有の方法であると同時に、オンラインで運動に参加するチャンネルにもなっているのである。また、情報一覧の分類で「マスコミ報道／ウェブ記事／ＳＮＳ」が並列になっていることも、発起人らの意識がメディアの規模や種類から自由であることを象徴している。

確かにウェブ上での社会運動に関しては批判的な声も多い。「**ハッシュタグ運動**」は、机上ならぬモニター上の空論だとか、「怠け者のアクティヴィズム（slacktivism）」、ファッション的な「パフォーマティヴ・アクティヴィズム」と揶揄するような声だ。[7] 一面としては正しかったり、「ファッション」にすぎなかったりする点はあるだろう。しかし、このデモには「ファッション」でしかできないこともあるように思わされる点が多かった。ウェブツールを軽やかに活用するこの運動では、むしろネットでの連帯こそが現場を盛り上げる燃料になっている。ツイッターで批判が盛り上がることで企業やスポンサーが態度や意見を変更することはしばしば起こるが、それが「取り下げ」まで進むとキャンセル・カルチャーと問題視されることも思い起こされる。その評価は個別のケースに拠るべきだが、このときは関わりの「大・小」や態度の「軽・重」、ネットの「オン・オフ」が入り混じって、社会運動の実行力が高まっているように見えた。

第13章で取り上げる、Kポップファンがトランプ集会のチケットを空予約したTikTok上の運動も、その例である。軽やかなウェブの利用によって、ネットとリアルサイトが「現場《フィールド》」として地続きになっている。こうした社会運動の「現場」がウェブと地続きになっているという点は、次章以降でも深めていこう。

ピースフルで祝祭的

予想したとおり、現場では九割くらいの参加者が英語を話している、という印象をもった。井の頭通りをはさんで代々木公園が見える景色によくなじむ。主催者が英語をベースにしているからだろう。スピーチも日英バイリンガルのものもあるが英語のほうが多かった。

多くの参加者に聞き取りをできたわけではないので、あくまで見た目からの印象にすぎないが、日本社会で暮らしているとき、一般には「黒人」とは見られないであろう人が参加者には多い。また女性も多い。黒人男性はそれほど多くないと感じた。一方、あまり多くない日本語話者には一人で参加するアジア系の年配の男性が目についた。彼らの多くは「反差別」のような、より広い人権擁護のメッセージを掲げていた。

当月がLGBT月間だったこともあるのだろう、LGBTQ＋に関するメッセージを掲げている人が多い。また、四種の公式ポスターのうちの一つは、それをテーマにしたものだった。

雰囲気はピースフル、ポップで明るい。大きな笑い声をあげておしゃべりをしている人たちが多く、見知った人のグループで参加しているようだ。電話やメッセージをしながら待ち合わせ、ハグをして挨拶しているのを多く見かけた。

行進を開始したあとは、シュプレヒコールはリズムに乗せた楽しいチャント（かけ声）になっていて、サウンドデモ的。〈No Justice! No Peace!〉など、曲はアメリカのデモで耳なじみのあるものが多かった。[8] ケンドリック・ラマーの〈Alright〉を流す人もいた。すでにブラック・ライブズ・マターのアンセムとなった一曲だ。[9] コンサートや演説のライブと同じく、音や声が大きく聞こえてくると気分が高まる。

デモも最近は楽しげだ。サウンドデモや野外上映があったりと音楽フェスのような明るいムードのものが日本国内でも増えてきた。今回のブラック・ライブズ・マターのデモは、文字どおり「命」の訴えであるにもかかわらず「怒り」や「暗さ」はあまり感じられず、ピースフルで祝祭的な印象だった。[10]

日本のブラック・ライブズ・マター最大規模のデモ

参加規模は主催者発表で三五〇〇名だったという。[11] これには主催関係者らしき人たちも「こんなに来るとは思わなかった、うれしい悲鳴」などと口にしていたのを耳にしたが、予想よりも相当多くなったようだ。当初集合したNHK前に一列になってそのまま南に歩き始める予定が、蛇行して三、四列に伸ばさないと先頭が行進開始できないほどで、私は中頃に並んだが、開始まで一時間あまり待つほどの混雑だった（図9－4）。先発隊は帰ってきていたので、私は二周目に参加できたらしい。警察も急いで増員していた。国内のブラック・ライブズ・マターのデモとしては、前の週の六月七日に

図9-4　公式ポスター持参で雨避け＋マスク代わりのストールをかぶって参加する筆者

大阪中之島で行われたデモが初めて大きく報じられたように思うが、雨天にもかかわらず、それ以上の規模になったようだ。[12]

以降も名古屋や福岡など大都市を中心に組織が立ち上がり、ブラック・ライブズ・マターのデモは拡大した。[13] ベルリン、トロント、ロンドン、マンチェスター、カーディフ、ダブリン、コペンハーゲン、メルボルン、ソウル、バンコク……と、大小さまざまに、またウェブ／ストリートが交差して、世界各地で抗議行動は広がっている。

代々木のデモは、テンプル大学ジャパンキャンパスで学ぶシエラ・トッドらが六月一日に組織したものだ。ツイッターなどでのやり取りを見ると、日本各都市でのブラック・ライブズ・マターの活動とも緩やかにつながっているようだが、公式サイトにはアメリカのBlack Lives Matter Global Networkとはまだ連携していないとの掲載がある。アメリカで生まれ育ち、現在は日本に住む彼女がこの企画に込めたのは、「アメリカで正義のために戦っている人たちを私たちが支持しているということや、日本にいる人たちも彼らを気にかけ、関心を寄せている」のを示すこと、そして「日本にいる、特にマイノリティの人たちに対して、彼らがより快適に過ごせる」環境をつくりたいという思いだ。[14] 私が筆をとったように、こうしたデモの一つ一つが歴史の一つの糸として紡がれている。

誰が参加「できなかった」のか？

その一方で、デモに参加しながら思いを馳せたのは、ここに参加「できなかった」人たちのことだった。このデモのことを教えてくれたのは、ユダヤ系のアメリカ白人男性の友人である。ＳＮＳでシエアしていた彼にも一緒に行かないかと誘ってみたところ、遠慮しておくと言う。写真を撮られるとビザの更新が危ないかもしれない、との懸念からだった。また、こちらもいわゆる白人である別の友人二名にも声をかけたが、まったく同じ理由を述べていたことが印象深い。こちらの二人は大学に終身雇用のポストがある有職者である。

移民である人々は、当然、強制送還や滞在許可の更新拒否を心配する。[15] 支持を示して声をあげたいとは思うが、氏名住所など個人情報がどこかに残るのは怖い。参加時に撮影された写真一つであっても、とりわけＳＮＳの時代には万が一にも不利益をこうむるのではないか。そうした心配から、ストリートで自由に声もあげられない。こうした内なるリスク回避によって、デモの参加者は減る。ネットと現場がつながって拡張した「現場《フィールド》」には、このようなリスクも生まれている。

これは表現の自由を奪われた状態である。国籍・ビザステータスで区別された人権侵害でもある。主催団体による事前のアナウンスでも、当日は取材も入るのでマスクやサングラスなどで顔を撮られることを各自予防する旨が伝えられていた（図9－5）。スマートフォンで撮影をしていると、明らかに映り込みを避ける人々もいた（本書でも、筆者の写真を含めて、すべて顔が特定できないものを掲載するようにした）。

逆に、渋谷駅方面、南へと目をやるならば、ジョージ・フロイド殺害の三日前の渋谷の路上では、あるクルド人のかたが警官から悪質な職質と暴行を受けるという事件があった。五月三〇日には、入国管理局の国籍・人種差別の問題と併せて、本人が路上に立ってこの件を訴えた。彼らのような人々

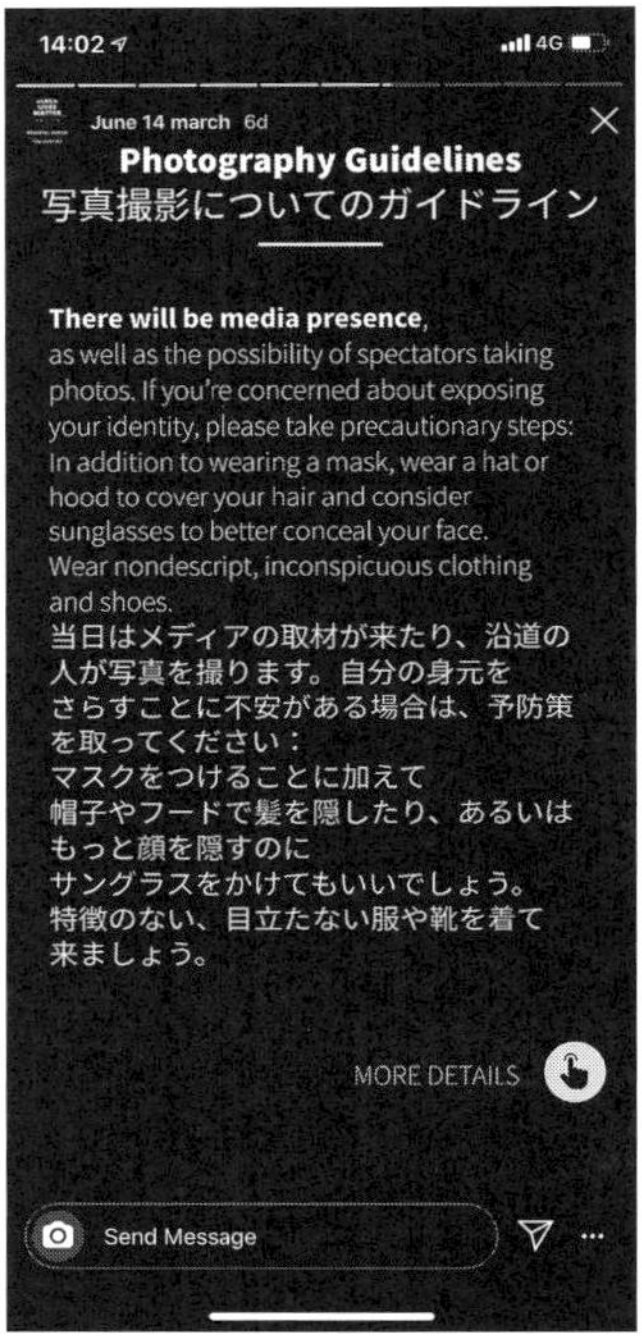

図9-5　写真を撮ったり撮られたりする際に顔が映らないよう注意するアナウンス

も、この日のブラック・ライブズ・マターのデモでは目立たないように見えた。[16]

翌年三月には、名古屋出入国在留管理局に収容中だったスリランカ人女性ウィシュマ・サンダマリさん（当時三三歳）が死亡する事件が起こり、日本社会の人権意識の低さ、外国にルーツのある人々に対する差別意識、保護制度の杜撰さと対策の不備が知られることになった。日本の入管の辛辣な状況は、難民申請者の姿を捉えたドキュメンタリー映画『牛久 USHIKU』（監督：トーマス・アッシュ、二〇二一年）でも明らかになっている。[17] 在留資格を失った在日クルド人らを主人公にした映画『マイスモールランド』（監督：川和田恵真、二〇二二年）は、フィクションの方法で日常風景から日本社会が抱える難民移民問題を描いている。ロシアによるウクライナ侵攻後の「避難民」受け入れもまた日本社会・政府の移民に対する態度を浮き彫りにした。より弱い立場にある人々ほど声をあげにくい。こうした非対称な構造に想像力を働かせたい。

「見えない」ものに目を凝らすこと

「暴動とは声を聞いてもらえない者たちの言語」というのは、マーティン・ルーサー・キング・Jr.牧師の言葉である。彼自身は平和主義者の立場をとり、暴動を全面的に肯定したわけではない。しかし、「場」を握られ、コミュニケーションする手段を暴力に限られた人々が置かれている状況や、構造的に奪われてきた「声」にこそ耳を澄ますべきだ、と主張したのである。[18]

「声を聞いてもらえない者」とは、教育機会、通用言語の非対称性、モラルの強制などの形をとって、自身の苦境についてその意見を社会に伝えられない立場に追いやられている人々のことである。

図 9-6　デモ後にビールを飲みに裏原宿へ行く途中、BLM への共感を掲げているブティックを見かけた（筆者撮影）

ないだろうか。

植民地主義論で知られる文芸批評家ガヤトリ・スピヴァクは、こうした歴史・社会構造の中で従属状況にある人々である「サバルタン」の本質は「語ることができない」点にあると述べた。[19]

言葉を奪い、「見えなくさせる」力学に着目すべきであることを歴史に学ぼう。デモに行けない「語ることができない」人々にも着目し、彼らの思いが伝えられる回路をつくることで、この運動はいっそう豊かなものになるのだろう。二〇二〇年のブラック・ライブズ・マター運動の特徴は、ネットと現場のコミュニケーションが軽やかに地続きであることだ。これが「見えない」ものとの連帯への道を開か

第10章　モニュメント・ウォーズ

——記念碑をめぐる闘争と記憶する社会運動

命の人種間格差

新型コロナウイルスの拡大は、社会には経済的な打撃と閉塞感を、個人には心身の抑圧をもたらした。そこで可視化されたのは「格差」だった。社会に余裕がなくなると、弱いところにプレッシャーが集中する。福祉や**ソーシャル・インクルージョン（社会包摂）**が追いつかず、政治や制度がバランスを取り損ねれば、格差は拡大する。感染を避け、医療にかかり、心身の健康を維持するための生活が、立場の弱い人々から奪われてしまった。すなわち、「命の格差」が起こったのである。

未曽有のパンデミックは、経済格差だけでなく、人種間格差も広げた。「人種」の区分が命の格差のボーダーラインになっている。声をあげなくては命に関わる。反人種差別を訴える運動の広がりには、こうした背景があったのである。

アメリカ合衆国の「人種・民族」ごとのデータを見ると、各種の健康リスクに大きな差が見られる。全国版の報道でこの問題が報じられ始めたのは二〇二〇年四月頃だった。その後も格差は拡大を続け、アメリカ疾病予防管理センター（Centers for Disease Control and Prevention＝CDC）による二〇二一年九月の統計では、アメリカ国内の「白人」を一としたとき、「アフリカ系アメリカ人（黒人）」は二・〇倍の死者数を出している。アメリカ社会は黒人の命を白人より二倍軽んじるのか――政府のコロナ対応への苛立ちもあり、このような批判も聞こえてきた。さらに「アメリカン・インディアン」で二・四倍、「ヒスパニック」（メキシコ系などスペイン語圏にルーツをもつ者）では二・三倍だ。さらに入院率では、「黒人」で二・八倍、「ヒスパニック」も二・八倍、「アメリカン・インディアン」で三・五倍という、さらに高い格差がある。罹患率は、「黒人」で一・一倍、「アメリカン・インディアン」で一・七倍、「ヒスパニック」で一・九倍だ。こうした事実が明らかになるにつれて、人種差別を解消しなくてはならないという意識が高まっていった。

声をあげなくては命に関わる。新型コロナが拡大させた「命の人種間格差」もまた、再燃する**ブラック・ライブズ・マター運動**（以下、ＢＬＭ運動）に薪をくべた。

モニュメントを撤去して歴史を「書く」

ＢＬＭ運動に端を発して大きなうねりとなったものに「彫像撤去」の運動がある。人種差別の歴史を象徴する彫像を公共空間から撤去するよう求めるものだ。公園や庁舎などの公的な場所に彫像が置かれることは、描かれた彫像の人物や歴史をその社会が認めた、という象徴的な意味をもつ。建立は政治的なプロセスを経るので、事実上「認可」されたものでもある。彫像は〝公に認められた歴史〟を示すものなのである。

それゆえに、これらを撤去することは、「現在」の視点から公に歴史を書き換えるという意味をもつ。彫像撤去運動は、BLM運動と連動しつつ、規模や方法を拡大し続けた。二〇二〇年五月のフロイド殺害事件を経て、声をあげたりメッセージを書き込んだりするだけでなく、実際に像を引き下ろすパフォーマンスも行われ、運動は展開していった。

人種差別への反対を訴える運動にとって、ロバート・E・リー将軍像は最大の標的だ。リーは南北戦争のときに奴隷制を支持する南軍を率いた人物である。その意味で、南部連合のジェファーソン・デイヴィス大統領やP・G・T・ボーレガード将軍と並んで、アメリカ合衆国の人種差別、とりわけ白人至上主義を象徴する存在である。

南北戦争とは、一八六〇年代に起こったアメリカ史上最大の内戦で、奴隷制存続を争点に「北部」と「南部」に分かれて戦ったものだ。英語では Civil War と「内戦」を大文字で記して固有名詞で表すように、アメリカ合衆国（United States of America）からアメリカ連合国（Confederate States of America）が分離独立して「南部」をなした。

この戦争は、奴隷制にとって大きな分かれ道となった。皮肉を込めて言い換えれば、白人の富裕層が黒人を所有し、売買し、性的・身体的な虐待をする権利を合法的に保持しようと政治キャンペーンを展開した結果、起こったものなのである。

確かに北軍が勝利したことで、制度上は奴隷制が廃止されることになった。しかし同時に、ヴァージニア州、ジョージア州、ルイジアナ州などの南部諸州各地にはその頃からリー将軍を顕彰する彫像が建てられ始めたように、一種のカウンター的運動が起こったのである。

これらに対して、近年撤去運動が展開してきた。州法でその処遇を決めるなどしてきたが一挙には進まず、二〇二〇年のＢＬＭ運動は、これを前進させる契機となったのである。

「失われた大義」のカルト――現在に続く奴隷制と白人至上主義

しかし、なぜ二〇〇年近くも前の歴史上の人物が、これほどまでに問題視されるのだろうか？　確かに奴隷制は罪深いものだが、すでに制度は廃止されたし、はるか昔の話ではないか。一部の狂信的な運動だろう。そう感じるかもしれないが、実はそうではない。

南北戦争が終わり、奴隷制は制度としては廃止された。だが、それ以降も、黒人がアメリカ社会で人権を得る道は妨害され続けてきた。当時の南部の経済は奴隷制に依存し、その社会秩序は白人上位の序列によって支えられていた。いわば経済制度の奴隷制と対になり、思想教育面で南部社会を維持したのが「**白人至上主義**（white supremacy）」であり、それは奴隷制廃止後も続いているのだ。

まずは歴史をたどって問題の所在を確認しておきたい。南北戦争後の状況から見ていこう。ホワイトリーグや**クー・クラックス・クラン**（ＫＫＫ）などの白人至上主義団体は、多勢で少数の黒人をリンチして暴行・殺害するだけでなく、首をくくった遺体を他の黒人に見える場所に吊るしたりもした。これは威圧や脅しのためだけではない。公共空間での展示によって、白人に対する黒人の「劣位」を象徴的に示したのである。さらには、遺体から性器などを切り取って見せびらかしたり、遺体と写真撮影をしたりと、「見せる」暴力は聞くに堪えない行為へとエスカレートした。[1]　黒人の身体を「土産」にしたのは、黒人男性の性器に性的な力があると信じていた白人男性が「幸運のお守り」としてコレクションすることで象徴的な力を得られるとする信仰から来ている。[2]

人種差別は法的にも展開し、元アメリカ連合国であった南部各州ではジム・クロウ法と呼ばれる投票を妨害する法が制定された。例えば、まともな教育を受けられないために識字率が低い黒人を見越して読み書きの能力を投票の条件にしたり、経済格差を背景に表向きは「州の歳入を増やすため」とした投票税を課したり、黒人地区には投票所を設けず、白人至上主義団体は投票所に攻撃を仕掛けたりした。一八九八年にルイジアナ州が黒人の投票権剝奪のために憲法改正をした「成果」は次のようなものだ。黒人有権者を一八九七年の一三万三四四人から一九〇〇年には五三二〇人に減少させ、一九一〇年までに黒人の有権者登録はさらに減少し、七三〇人、つまり一八九七年の〇・五％以下になった。

公民権運動は、こうした背景から平等な政治参加の権利を求めたものだ。その成果として、一九六四年には公民権法が制定され、各州のジム・クロウ法は撤廃されたが、その後も黒人への投票制限は手段を変えて続いてきた。一九八〇年代には「対麻薬戦争」を謳うニクソン政権が、黒人をターゲットにして麻薬・窃盗などの軽犯罪者を大量に収監し、多くの黒人層の選挙権を剝奪した。二〇二〇年の大統領選の際にも、投票所・投票箱が大量に削減される事態が起こった。テキサス州ヒューストンのように元の一二分の一以下に黒人の投票者数が減少したところもある。投票に行くのに数時間もかかる状況下では、休暇をとれない困窮層の投票は制限され、結果的にヒスパニックや黒人など有色系の居住区の投票率が下がった。また、銃器を見える状態にして公共空間で運ぶことを許す「オープン・キャリー」ルールがある州の投票所には、武装した白人至上主義団体が現れて投票者たちを威圧した。公共空間の「見せる」暴力は現在も続いているのだ。

　このように、奴隷制まで遡る人種差別の歴史の中で、さまざまな局面で白人至上主義の組織は活動を続けてきた。リー将軍は、一般には「白人による黒人への人種差別」の最大の象徴だが、白人至上主義者にとっては心の拠り所であり、「英雄」である。これを公園や学校など「公の場」で展示すること、つまり人種差別の歴史を等閑視し、あまつさえ称える行為を社会が認めていることが問題なのである。奴隷制という仕組みは廃止されても、たびたび手を替え品を替えて人種差別が現れる。その一因には、白人至上主義が維持される土壌がある。

　「リー将軍モニュメント同盟（The Lee Monumental Association）」は、奴隷解放からまもない一八七〇年に結成され、一八八四年にニューオーリンズのリー将軍像を建立した団体である。解散していた団体は、二〇一七年になって同地のリー像が撤去されたことに反対するために再結成された。彼らは「501(c)3」、つまり「宗教や教育、慈善事業の非営利団体」として登録された認可団体であり、ニューオーリンズ地域でロバート・E・リーとリー・サークルの歴史的重要性を教育し、宣伝すること、そして「最も敬意を払われ、名誉ある場所」にリー像を再建設または新設することを旨として現在も活動を続けている。[3] また、KKKとも関係した白人至上主義団体ホワイトリーグは、南北戦争後、白人優位の社会を実現するために残虐な殺害を繰り広げたが、一八七四年にルイジアナ州議事堂を占拠し、警官ら一〇〇人以上の犠牲者を出すクーデター「リバティ・プレイスの戦い」を起こした。連邦最高裁判事にもメンバーをもつほどのこの有力団体は、その政治力を使って、このテロリズムの記念碑を一八九一年に建立したが、建設はリンチによって資金繰りされた。二〇一七年にリー像とともに撤去されるまで、記念碑は歴史観光の目玉だった。

撤去の訴えは、しばしば「現在の基準から過去を評価するのは妥当ではない」、「歴史を修正したり消去したりして検証不可能にするのか」と反論される。これらの主張は、公共彫刻の撤去などの反省を「過剰な処置」、「逆差別」、「正しさの押しつけ」、「特定の人種へのおもねり」などとして反感を覚える一般層にも訴求しやすい。しかし、これは奴隷制時代から続く白人至上主義がイデオロギー性を隠したものなのである。文化の保護や歴史教育という形をとることで、その思想的危険性を見えにくくする手法なのだ。そもそも彫像の撤去で歴史は消されるわけではなく、「公的な場所に置くことでお墨つきを与える」ことを見直そうというだけである。

リー像や南軍旗の存続支持派は、「歴史修正主義」という言葉を悪口のように使って撤去派を攻撃する。実はこれは皮肉な事態である。なぜなら、南北戦争直後から続く歴史の歪曲こそが白人至上主義の理論的支柱になってきたからである。歴史家のエリック・フォーナーは、この現象を次のように総括している。敗れた南部では、南北戦争の原因を、奴隷制による黒人という「富」を失いたくないからという姑息で差別的なセコイ理由ではなく、「何か別の大義」があったという説をつくり出そうと努めてきた。南部は慈悲深い秩序ある地域であり、南部連合は私利私欲から富と権力を奪いにきた北部に対して「男の誠実さと名誉、女の貞節と忠誠心」に基づく気高く運命的な戦争を繰り広げた、とキリスト教と騎士道精神に基づく叙事詩のようにこの戦争を描いた。南北戦争のイメージを美化したのである。その結果、戦争後も排外的な努力によって維持してきた事実上の奴隷制と、人種とジェンダー間の序列構造を白人男性たちが心地よく受けとめられる歴史観を、民衆の記憶として語り継ぐことに成功したのだ。つまり、「失われた大義のカルト」と歴史学者が呼ぶリー将軍モニュメント同盟のような活動こそが、南北戦争後に続く壮大な歴史修正主義だったのである。[4] 歴史を学ぶことは大切である、と身につまされる。

リー像は、今日に至るまで、人種によって人間に序列をつけ、白人の人種的優越性を信じる「白人至上主義」の精神的支柱となってきた。人種差別を信念とする人々がリーを公に顕彰することができる構造が今後も維持されれば、「ポリコレ批判」の主張という形をとる「反＝反差別」の動員は続いていくだろう。

モニュメントの歴史をリクレイムする

以上、その歴史を概観して彫像問題の論点について確認した。次に、二〇二〇年以降、ＢＬＭ運動を通じてモニュメントの議論に何が起こったのかを見ていこう。

「南軍なるもの」を支持する歴史観にとって最も重要な彫像は、何より南部連合の首都だったヴァージニア州リッチモンドにあるリー将軍像だ。一八九〇年に建立・公開された六メートルを超えるこの巨大な像はリー像の中でも最大級のものである。二〇二〇年のフロイド事件の直後には、おびただしい数の抗議のメッセージがこの像や台座に書き込まれた。[5]

野外展示されたパブリック・アートの彫像が公の歴史を象徴的に語るものなら、それに落書きを加えることは、展示の意味を変容させる行為である。つまり、抗議の声を可視化するコミュニケーションの手段というだけでなく、歴史の上書きであり、語り直しなのである。

ゲリラ的介入の方法は、さらに進化した。「BLM　BLACK LIVES MATTER」などの文字やイメージを彫像に大映しにする、プロジェクション・マッピングの手法が導入されたのだ。[6] ダスティン・クレインによる作品《モニュメントをリクレイムする（Reclaiming the Monument）》である。「リクレイ

図10-1　メッセージがペイントされたリッチモンドのリー将軍像

図10-2　ダスティン・クレインによる被害者フロイドやBLMのシンボルのプロジェクション・マッピング

ム」とは「本来はこうあるべきだったと主張する」という意味だ。つまり、《モニュメントをリクレイムする》には、「記念碑の正しい歴史認識を取り戻そうとする」という意味が込められている。また、「リクレイム」には犯罪者などを「矯正する」という意味もあり、この場合、「リー将軍や彼が象徴する歴史を矯正する」という意味にもとれる。

この像はこれまでにも撤去の訴えがなされてきたが、実現には至っていなかった。破壊や引き下ろしとはヴァンダリズム（公共器物破損）であり、すなわち軽犯罪である。落書き（グラフィティ）は、その中でも軽微なもので、破壊行動よりは比較的規制されたり罰せられたりしにくい。ここにあって、プロジェクション・マッピングは法令遵守的なアプローチをとりつつ歴史を上書きできる発明である。

スクラップ&ビルドするのではなく、残したままデジタルでリクレイムする。この新たな「上書き」の展示手法は、「建立」というただ一つの「正しい歴史」を主張すること、それ自体を拒否することで、多様な声が共生する途を模索しているようにも見える。

こうした運動に押された世論の高まりを受けて、二〇二〇年六月四日にヴァージニア州知事ラルフ・ノーサムは彫像の撤去を宣言した。州裁判所による保留を経て一〇月にはその認可が下りることとなり、一年後の二〇二一年六月の撤去宣言を経て、九月には過去の不平等条約「一八八七年から一八九〇年の調停」は無効だったと公式に認める形で、彫像撤去の歴史的瞬間が実現した。

その後、同じ場所には「奴隷解放と自由のモニュメント」が建立された。これは一八六三年一月一日にリンカーン大統領が出した奴隷解放の発布を受け取る女性の像である。一方、撤去されたリー将軍像は、ヴァージニア黒人史博物館（Black History Museum and Cultural Center of Virginia）に収蔵されることになった。[7] 歴史は消去されたわけではなく、未来の研究者が検証可能な状態にして公に保存されたのである。

「奴隷制」を引き下ろす

ＢＬＭ運動を経て撤去されたリッチモンドのリー将軍像の一件は、奴隷制と黒人差別という負の歴史遺産の「修正」を進める一歩となった。このとき「奴隷制」や「植民地主義」というより広い主題が可視化されたことは、並行して別の展開を生み出した。「先住民」の権利回復や、アメリカ国外での奴隷制反対運動である。

アメリカ大陸の先住民ネイティヴ・アメリカンは、黒人と並んで、アメリカ大陸における奴隷制と植民による最大の被害者である。先述したように、彼らはコロナ禍で命の格差が最も広がったグループでもある。加害の歴史を象徴するのは、クリストファー・コロンブスだ。アメリカ史における「偉人」とされるが、見方を変えれば植民地主義と奴隷制をもたらした人物とも言えるためである。旧来の歴史観では、彼は「新世界」たるアメリカ大陸の「発見者」であり、アメリカという国が建てられる大陸の整備に貢献したものと語られる。しかし、当然ながら、そこには「先住」する「インディアン」たちがいた。「発見」というのはヨーロッパ人の視点にすぎない。「インディアン＝インド人」という名もそうだ。そして、コロンブスら植民者は先住民を支配し、のちに起こる大量虐殺のきっかけをつくったのである。支配は武力と思想の両面から行われ、現在の倫理基準からすれば、きわめて問題のあるものだ。銃などの技術的優位を用いた制圧と奴隷化、相手の文化習俗を無視した不平等法の締約、キリスト教精神に基づくパターナリズム的な信仰や言語の強制などである。

なお、欧州による「発見」もコロンブスが「初」ではなく、北欧系ヴァイキングらがさらに先着だったという説が近年有力になっているものの[8]、こうした学説の更新にも注意すべきである[9]。それは、こういった「発見者」の語りが、史実の検証や見直しとは異なる次元で、歴史の主役を主張するために政治利用されてきたためである。「コロンブスはアメリカの発見者」という語りは、日本という関係周辺国でもいまだに根強い。誰を「主語」とし、何を「主流」とするのか。私たちはそうした歴史を語る力学の中にいる。

コロンブス像は、このような歴史の修正を背景に、各地で撤去の対象とされるようになった。二〇二〇年六月九日までにヴァージニア州リッチモンドではコロンブス像が引き下ろされて湖に投下され、ボストンでは像の頭部が切断された。六月一〇日には、フロイド事件が起こったミネソタ州で先住民人権連盟のメンバーが州庁舎前の彫像を撤去したことが大きく報じられた[10]。全米にあるコロンブス像の中でも最も有名なものは、ニューヨーク州セントラル・パークのコロンブス・サークルのものだろう。これにも撤去の声があがったが、イタリア系のアンドリュー・クオモ知事は、像は「イタリア系アメリカ人のレガシー」を象徴するとして、維持を公表した。イタリア系グループの政治的支持と世論のあいだに立ったと見られている[11]。この背景には、一九世紀後半に遅れてやって来た「新移民」としてイタリア系が迫害されてきた歴史がある。「白人対黒人」のように単純な対立構造ではないことにも注意すべきだ。コロンブスを称える「コロンブスの日」とともに、彫像顕彰とは、差別された白人が「アメリカ人」としてアイデンティティを培《つちか》ってきた歴史に深く関わっている。

奴隷制は植民地主義と並行して広く行われてきたため、過去に帝国主義・植民統治を行ってきた国には、あまねくこの種の負の歴史遺産が存在する。撤去運動はアメリカを越えて欧州各地にも広がっていった。二〇二〇年六月七日、イギリスのブリストル市では、一七世紀の奴隷商人であるエドワード・コルストンの銅像の引き倒しが起こった。彼の会社は計八万名の奴隷を「商品」として取引し、「運搬」中になんと二万人もの命が失われたとも言われている。像は群衆にスプレーでペイントされた上、最終的にはブリストル湾に投げ込まれた。

図10-3　バンクシーが投稿したドローイング。「撤去運動そのものを彫像にせよ」とユーモラスに提案した

アート、ミュージアムで「われわれブリストル」の歴史を書く

こうした「歴史修正」の行為については、数百年前の過去の罪を現在の基準で診断すべきではない、ゲリラ的な手段をとるべきではない……などを筆頭に、さまざまな批判が起こる。しかし、コルストン像の一件が興味深いのは、この反対運動を含めた歴史をいかに残せるのか、という議論へと発展したことである。つまり、ただ単にその像が撤去されることで「公的な」負の歴史が「公的

空間」から消去されるだけでは、むしろその行為を「キャンセル」するだけではないか。こうした声にもかなう形で、むしろ過去に対する反省の上で社会の歩みを未来へと進める方向に展開したのである。

議論においては、アートとミュージアムが役割を果たし、ブリストル市民は自分たちの歴史を伝える方法を民主的に決めていった。

ブリストル市出身のアーティストであるバンクシーは、事件後すぐに自身のインスタグラムにウィットに富んだ投稿を残した。像が倒されたドローイングを描き、コメントで、川に投げ込まれた像を戻して、引き下ろしている人たちの彫像もつくって引き下ろしの場面自体を再現しよう、と呼びかけた。「「賛成派も反対派も」これなら誰もが満足。有名なこの日を記憶することができる」。バンクシーはグラフィティによって公共空間に介入する手法で知られているが、クリエイティヴな提案は、デモなどの撤去運動を含めてこの問題の歴史を伝えていくべきであるという議論に一役買った。

歴史を残す実際の舞台となったのは、ミュージアムである。近隣の大学の文化遺産、歴史学、文化行政、哲学などの研究者や、映像や文芸の作家、労働組合のメンバーによって設置された「「われわれがブリストル」歴史委員会（"We Are Bristol" History Commission)」は、この歴史をいかに残すべきなのかを議論する土台となった。引き上げられた像は、まずはペンキが塗られたそのまま、かつ横に倒された状態で、ブリストル市立の歴史博物館「M車庫（M Shed)」で公開されることになった。[12] 委員は数ヵ月おきに会議で議論を重ねて方法を煮つめていき、二〇二二年二月に出された報告書で次の三点を提案する。(1)ブリストル市管轄のミュージアム群が収蔵すること、(2)落書きなども含めて現状

図 10-4　M車庫博物館に展示されたコルストン像（筆者撮影）

維持し、キャプションなどの展示解説に反映させることをイングランド歴史建造物・記念碑委員会（Historic England）と協力して進めること、そして、⑶M車庫と同様の方法で展示すること。そうすることで「アフリカ系住民の奴隷化という遠大な歴史に関わる情報を含めながら、繊細さを込め、文脈を大切に、人々に参与してもらう方法で歴史を伝えることを推奨する」と宣言している。[13]

彼らが出した結論は、専門家が独断で決めたものではない。いかにブリストルの人々と協働し、民主的な方法で歴史の伝え方を決定したのか、報告書に窺うことができる。今後の像の扱いや、コルストンや引き下ろし事件の評価についてアンケート形式でパブリックコメントを募集し、「コルストン像をミュージアムに置くべきか」、「台座は今後どのようにすべきか」、「引き下ろしが起こったことをどう感じたか」といった質問には一万四〇〇〇近い回答が集まった。報告書には、主な意見の一覧と、最も多くの人々が支持し採用

図 10-5　像の撤去された土台がデザインされたＴシャツ。M車庫博物館に展示されている（2024 年 7 月現在）

された意見が示されている。三四あるブリストル内の地区ごとに、回答の人口比や、年齢・性別・民族的背景・居住区（貧富の差を反映）ごとの傾向も示されている。これは、この決断はいかなる人々の声が反映された結果なのかを可視化しているのである。すなわち、ここで示された「われわれブリストル市民」の代表として、委員はいかに歴史を伝えていくのかを決定したのである。

M車庫博物館では、現在第二期の展示を公開中だ。二〇二一年から翌年まで続いた第一期「コルストン像　次はどうする？」展では、エドワード・コルストンという人物の歴史と引き倒しの経緯が説明され、横倒しに置かれた像の後ろの壁には「コルストン像が倒れたときはどう思いましたか？」という問いが掲げられた。二〇二四年三月には、第一期の展示と委員会の調査を受けて内容が決められた第二期展示が、館内「ブリストルの人々のギャラリー」の中の抗議活動セクションに設置された。顔は血塗られたように赤色で汚され、足元に「嫌なやつ」と青色で書かれたまま横たえられた像は、その日の時間を凍結するように頑丈なガラスケースに入れられている。その後ろには「黒人の命は大切だ」、「ブリストルは奴隷制の上に建てられている」といった無数のプラカードが立てられ、ブリストル出身の監督が撮った引き倒しの日のドキュメンタリー映像が流されている。これが「われわれブリストル市民」が出した現在の答えだ。

来館者はメッセージを付箋に書いて、展示された年表に自由に掲示することができる。筆者が話を聞くと、スタッフが「毎日このメッセージを読みながら整理するのが楽しみなんだよね！　どれもパワフルで、展示の仕方に反対意見もあるけど、それを教えてもらえるのもとっても興味深いんだ」と興奮しながら教えてくれたのが印象的だった。

その進め方は、民主的であるのみならず、きわめて透明性が高い。第一期の展示内容はウェブ版として記録・公開されている。また、報告書はすべてオンラインで公開されており、データが綿密な完全版と、図表などで多くの人が読みやすいように構成されたショート版の二種類がブリストル市民および世界へと発信されている。会議のつど短い議事録も公開されており、二〇二三年一一月現在も更新を続けている。

人種差別と強制をもってなされた過去の「パブリック＝われわれ」の過ちを反省するために、現在の「われわれ」の意志を確認し、それを未来へいかに伝えていくことができるのか。「パブリック＝公的」な性格をもつミュージアムはそのためのフォーラムとなった。「パブリック・ヒストリー」を描こうという意図は、「われわれがブリストル」という委員会名に表れている。

こうした世論に呼応して、バンクシーが再び運動に貢献する。二〇二一年の一二月、像を倒した四名のデモ参加者が起訴されたことに対して、インスタグラムで彼らを支援する資金をTシャツの販売で集めようと呼びかけたのだ。投稿は三五〇万回以上再生された。像が引き倒されたあとの土台だけが描かれたデザインのTシャツは、オンライン販売なし。地元の商店数軒のみで販売することがローカルラジオ局で発表され、発売日には長蛇の列ができたことが国際メディアでも報じられた。[14]　ローカルとネットをつなげたアーティストの活動によって、「われわれが、われわれの歴史を語った」一件は世界に拡散し、記録されることになった。

バンクシーのアカウントから公開された動画は、「これは歴史の消去ではありません。それに立ち向かうことなのです」と否定論に陥ることを戒《いまし》めるメッセージでしめくくられている[15]（翌年、サイン入りTシャツがネットオークションで超高額の一万二〇〇〇ポンドで転売されてしまうというオマケもつく）。

「国を越える／超える」デジタル・パブリック・ヒストリー

バンクシーの例や、ジョージ・フロイド殺害がＳＮＳで世界中に拡散したことに見られるように、二〇二〇年のＢＬＭ運動や彫像撤去運動では、ＩＴ技術の発展と普及が情報の拡散と人々の声の可視化に大きな役割を果たした。

Googleが二〇一一年に公開したデジタルミュージアム教育・娯楽のポータルサイトGoogle Arts & Cultureでは、世界各地のミュージアムが公式に参加して、ストリートビューでヴァーチャル展示室を訪れることができたり、サイト上のウェブ展覧会を観たり、アート系エンターテインメント・コンテンツを楽しんだりすることができる[16]。

こうしたプラットフォームの普及も、社会運動に貢献する。ブリストルの彫像撤去運動について、ブリストル市立博物館は引き下ろし事件が起きた同年、すぐに「コルストン像」というコンテンツを公開した。縦スクロールして見進める形式で、エドワード・コルストンという人物に関する概要から、一八九五年の像建立時の社会事情や、これまでに起こった反対運動と今回の一件、さらに事件以後の新たな展示への歩みに至るまで幅広い内容が、時系列に沿ってわかりやすく「展示」されている。こうした総合的な展示が同年すぐに公開されたように、デジタル展示は実展示以上にフットワークが軽く、社会運動において実効性をもちやすいという利点がある。

さらに、多言語対応しているGoogleのプラットフォームである点も、多様な教育背景の人々に届けられる点で大きい。地理的にもインターネットがあれば世界中どこからでもアクセスできる。公開当時でも一〇〇を超える言語に自動翻訳でき、二〇二二年にはさらに二四の言語が追加された。歴史を残し伝えるという観点で重要な出来事だと思えるのは、イギリスが奴隷貿易を行った現ガーナ共和国地域で現在およそ一一〇〇万人が話すと見られるツウィ語が含まれたことだ。ツウィ語話者の中には、加害者を生んだ地域ブリストルの人々が現在、自分の祖先に対して犯した大罪をいかに評価しているのかについて、このサイトを見て考える人も出てくるかもしれない。

ＩＴ技術が言語的・地理的なアクセシビリティを高めることで、当該地域の人々と「歴史の語り」を共有する回路が生まれている。今後はそれぞれの「語り」を対話させる交流の機会も生まれるかもしれない。デジタルなコミュニケーションを通じて、「パブリック＝われわれ」の枠組みを広げて歴史を対話的に語っていく。グローバルに各地の人々が連携し、こうした歴史を語るコミュニティを形成して協働する。国境を越えるだけでなく、国境という歴史的な規定の枠組みや力学から自由になることで、すなわち国を「越える」と同時に「超える」ことで、一国主義的な歴史観に挑戦する歴史の語り方を模索する。**デジタル・パブリック・ヒストリー**には、このように「パブリック」の枠組みを再構築する可能性が秘められている。

日本のモニュメント・ウォーズ「表現の不自由展」

ＢＬＭ運動と連動した「彫像撤去」の運動は、公共空間が語る物語の是非を問うものだった。公園、美術館、庁舎といった公の場に、白人至上主義を支える軍人や奴隷商人の像がそびえ立っているのをよしとするかどうか。モニュメントの歴史戦争は、語るべき「われわれの歴史」とは何かを問うている。

これらの事例と比較すべき日本のモニュメント・ウォーズの一件で本章を締めくくりたい。前章でも見たとおり、ＢＬＭ運動のデモは日本国内でも起こったが、残念ながら、英米ほどには内なる人種差別を問い直す運動としての広がりを見せなかった。植民地政策が現在に与える禍根を見直し、元宗主国としての負の歴史を省みる好機であったはずだが、歴史の反省へと世論が深まるには至らなかった。デモなど公共空間で声はあがったものの、歴史観をめぐる対話へと発展はせず、すぐに沈静化した。

ＢＬＭ運動に先立つこと一年ほど前、この状況を象徴する出来事が起こっていた。「表現の不自由展」と《平和の少女像》をめぐる騒動である。第二次世界大戦中の性奴隷制やそこに至る天皇制、帝国主義や植民地主義について芸術表現によって問いかけたところ、アレルギー反応のように歴史否定論が起こり、冷静に対話することができないような騒ぎへと発展したのである。このとき露呈したのは、現代の日本社会はこれらの主題に関して公共的にうまく対話できない、という事実である。負の歴史に向き合って反省するより、関心をもたず、タブーとみなして向き合うことを避けてきた。その結果、特に強い主張をもつ否定論者の声が大きくなったのである。

以下、この像をめぐって日本社会に起きた反応をひもときながら、日本のモニュメント・ウォーズが可視化した日本の公的空間における言論のありようについて考えていこう。

キム・ソギョンとキム・ウンソン夫妻による《平和の少女像》は、第二次世界大戦中の従軍慰安婦の問題をテーマとするプロテスト・アートである。韓国国内の軍事独裁政権と闘う民主化運動の際に生まれた「民衆美術（ミンジュン・アート）」という芸術運動の文脈に位置づけて語られることもある。[17]

この像は、公的な空間を「占拠する」ことによって、かき消されてきた存在を公に示す。つまり、消去された「声」を可視化する。リー像やコルストン像などのように記名の人物を顕彰する方法ではなく、匿名の声なき声を発信することで社会に議論を呼ぶことを意図したものである。とりわけ大学や公立図書館などの「公空間」に設置される際には、行政や学校など管轄する組織と運動団体のあいだの交渉過程を示すことが世論を喚起する手段となる。大使館などの場合には、外交上の問題としてメディアなどが取り上げることによって、国際的な注目を集める力をもつ。二〇一一年にソウルの日本大使館前に設置されて以来、鋳型を使った複製版を含めて、中国や台湾、フィリピンやドイツ、アメリカなど各国に設置されて展開してきた。

特に本作が日本国内で広く知られるようになったきっかけは、二〇一九年夏に展覧会「表現の不自由展・その後」の出品作品として展示され、大きな騒動になったことである。作品の展示中止を求めて抗議が相次ぎ、脅迫さえ起こり、さらには政府高官からの介入が起きた。これは「展覧会」や「美術館」という公的空間を通じて、そのメッセージが可視化され、議論が喚起されたと見ることもできる。

だが、その一方で、この問題は日本におけるコミュニケーション不全の状態をも可視化することになった。反対運動は脅しへとエスカレートし、これ以後、《平和の少女像》の展示や後続する「表現の不自由展」は強制的にキャンセルされ続けた。さらには、戦時性暴力など特定のテーマを批判的に考えるような展覧会や映画などの企画が、腫れものに触るような扱いで避けられるようになり、実質上の中止状態、自主規制に陥っていった。つまり、この騒動は健全な言論を生むよりも、作品や展覧会について意見を交わす社会的なタブーを再強化したように見える。こうしたテーマについて反対意見を微塵も認めない一部の歴史否定論者が妨害運動を展開した結果、公共空間で行われる表現でこうしたテーマがタブーとして認知されることになった。日本の社会全体では、これらのテーマに代表される論争的・対立的なテーマに関して正常な状態で意見を交わすことが難しくなっている。

さらに詳しく見ていこう。「表現の不自由展・その後」は「国際芸術祭あいちトリエンナーレ2019」の企画の一つであり、そのコンセプトは、過去に日本国内の「公的」な場で展示することが制限された作品を再度集める、というものだった。再び表現の場をつくると同時に、現代日本の「表現が不自由な」状況そのものを提示するところに狙いがある。

「その後」とは、二〇一五年に東京都練馬区のギャラリー古藤でジャーナリストや評論家ら五名の共同キュレーションの形で開催された第一回展「表現の不自由展　消されたものたち」の後続企画であることを示している。練馬の展示をあいちトリエンナーレの芸術監督・津田大介が訪れ、この展覧会自体をあいちトリエンナーレの一つの「出展作家」グループと位置づけ、展覧会内展覧会という形で実施したものである。

二〇一五年の際にも極右団体からの威圧行動があったように、少女像や不自由展はすでに保守派の社会運動家のあいだでは攻撃すべき対象として知られていたようである。二〇一九年のあいちトリエンナーレでも、会期が始まった直後からネット上で抗議の声があがった。その後は主催に関わる河村たかし名古屋市長を含む保守系政治家らが表明する本展への遺憾の意が全国紙・全国ニュースで報道されるようになると、それを受けてSNSを中心にネット上でさらなる批判の声が巻き起こった。そして、それらをテレビや報道が取り上げることで情報はさらに拡散していく。

煽動を狙う攻撃的で極端な声が小規模な市民運動から全国規模の大きな展覧会に舞台を移し、またSNSからマスメディアを経由していきながら雪だるま式に大きくなっていく構造が見られる（第14章でのインターネットミームを使った極右の運動の議論も参照）。

この間、右派活動家による街宣活動や脅迫だけでなく、一般からのものも含めた抗議の電話やネット運動が過熱した。匿名のテロ予告などの威圧行動も生じている。通常業務を滞らせるほどの数で脅迫する「電凸」と呼ばれる抗議電話や、起こりうるテロに対応する業務負担が、主催・会場である国際芸術祭の公務員スタッフ（芸術祭期間のみの雇用やボランティアも含む）に集中した。より危険な事態も起こる可能性が高まった末、あいちトリエンナーレ主催側は「表現の不自由展・その後」のセクションのみを公開中止とすることを決定した（のち、短期間のみ再開）。一方で、すでに決まっていた補助金の不公布を文化庁が一方的に発表するなど、政治的な威圧も起こった。

タブーをつくる戦術

ＳＮＳとマスメディアが呼応し合い、抗議の声を拡張して、テーマはタブー化していった。当初、積極的に批判の声をあげたのは、歴史否定論を訴える極右団体とネット右翼など、ごく一部の者である。抗議者たちは、わかりやすくアピールできるシンボリックな対象に的を絞るという戦術を採っていた。これについて考えてみよう。

「表現の不自由展・その後」には、《平和の少女像》の他にも一六の作家による作品が出展されていた。しかし、批判の的となった作品は限られていたと言える。主に「戦時性暴力・慰安婦問題」と「天皇制」という二つの主題を扱うものに批判が集中したのである。《平和の少女像》は前者を主題にした作品の一つだ。天皇制に関しては、次の作品に抗議が集中した。まず、大浦信行が自身の内なる天皇制について省察した《遠近を抱えて》と《遠近を抱えて Part II》。これらは、一九八六年に右派からの攻撃を受けて富山県立近代美術館が展示を中止し、展覧会図録を焼却さえした事件でも知られる。また、小泉明郎が風景写真から天皇・皇族のみを消し去る手法で日本社会の無意識を表現した《空気 #1》。「法律ではなく空気がつくる非政治的な王様」を「天皇制の肖像」ないし「日本人の肖像」として描いたものだ。[18] このとき強い反発が起こったのは、ほぼこれらのテーマに限られている。[19] 具体的には「天皇の肖像を焼いたけしからん作品がある」、「慰安婦のレプリカなど芸術ではない」といった声である。

すでに民衆芸術運動で使われ、外交上の摩擦で広く知られていた《平和の少女像》は、そのテーマを社会に広く訴えるにはうってつけだった。「表現の不自由展」という企画は、すでに極右活動家らの監視対象だった。

左派的な芸術運動の手段であったこの作品を右派が奪ったような構図も窺える。否定論的に日本の戦争加害責任を軽んじようとする立場からは作品名で呼ばれることはほとんどなく、単に「慰安婦像」と呼ばれる。二〇一七年、日本政府も像の呼称と表記を「慰安婦像」とすると発表した。被害当事者の声をすくい、可視化することで、現在から未来への融和を図る「平和」を目指す作品の意図は、名前の言い換えによって論点がすり替えられている。日本という国家を主語に、外交の争点である「慰安婦問題」について韓国政府を論難する道具として「盗用」されているのだ。

攻撃対象が意図的に選別されていたことは、次のような事情にも窺うことができる。この年のあいちトリエンナーレには、これらの他にも、天皇制や現日本政府の歴史修正主義を擁護しようとする立場から見れば、きわめて「遺憾」なものが数多く出品されていた。しかし、それらはまったく攻撃の対象になっていない。このことは示唆的である。

藤井光は、歴史の陰で抑圧され隠されてきた主体を、作品内で演劇的に再構成し、現在の時空間へと接続する「再演」の作風で知られるアーティストである。[20] 藤井があいちトリエンナーレに出展した映像作品《無情》は、日本統治下の台湾の人々を「日本人」化するために信仰や習慣の型を「演じ」させていた同化教育の映像（『国民道場』国立台湾歴史博物館所蔵）と、愛知県内の技能実習生である移民たちがそれを「振り付け」として演じた映像を併映するものだ。つまり、「統治者の都合によっ

図 10-6　「あいちトリエンナーレ 2019」に出品された藤井光の映像作品《無情》

て同化を求められる外国人」という点で、二枚のスクリーンに映し出される言葉とイメージが共鳴する仕掛けになっている。国民国家同士の力関係が何よりも優先され、個人のアイデンティティを抑圧した暴力装置たる戦時中の天皇制とその社会構造が続いてきたことに対する鋭い批判である。

　しかし、このとき藤井作品への声はあがらなかった。「表現の不自由展」の一件がSNS上で大きな声となり、藤井が自作の展示をボイコットすることでこの問題に積極的に関わってもなお、抗議の対象として特に関心を払われている気配はなかった。[21]

　さらに別の例として、二〇二二年の後続企画「表現の不自由展　東京2022」に出品された、白川昌生によるインスタレーション作品《群馬県朝鮮人強制連行追悼碑》も挙げられる。本作は、《平和の少女像》と同じく、日本の植民地統治における朝鮮人への加害を主題にするものである。図10－7のように両作品は隣同士に展示してあり、テーマが共鳴し合うようにキュレーションがなされていた。後述するように、同展は極右活動家や政治家が街宣車で殺到し、恫喝するような大きな騒ぎとなった。しかし、会期の半分を現場に滞在して観察したかぎりでは、抗議者は白川作品に対する批判を一言も述べていないのである。予約制チケットは早くに完売したため入場できたのは関心を強く向けていた者に限られていたと思うが、鑑賞していた**保守派**を自認する者への複数件のインタビューにおいても、白川作品に触れた者は誰もいなかった。その一人は、少女像に関して「芸術作品として大したものではない」と感想を口にした。

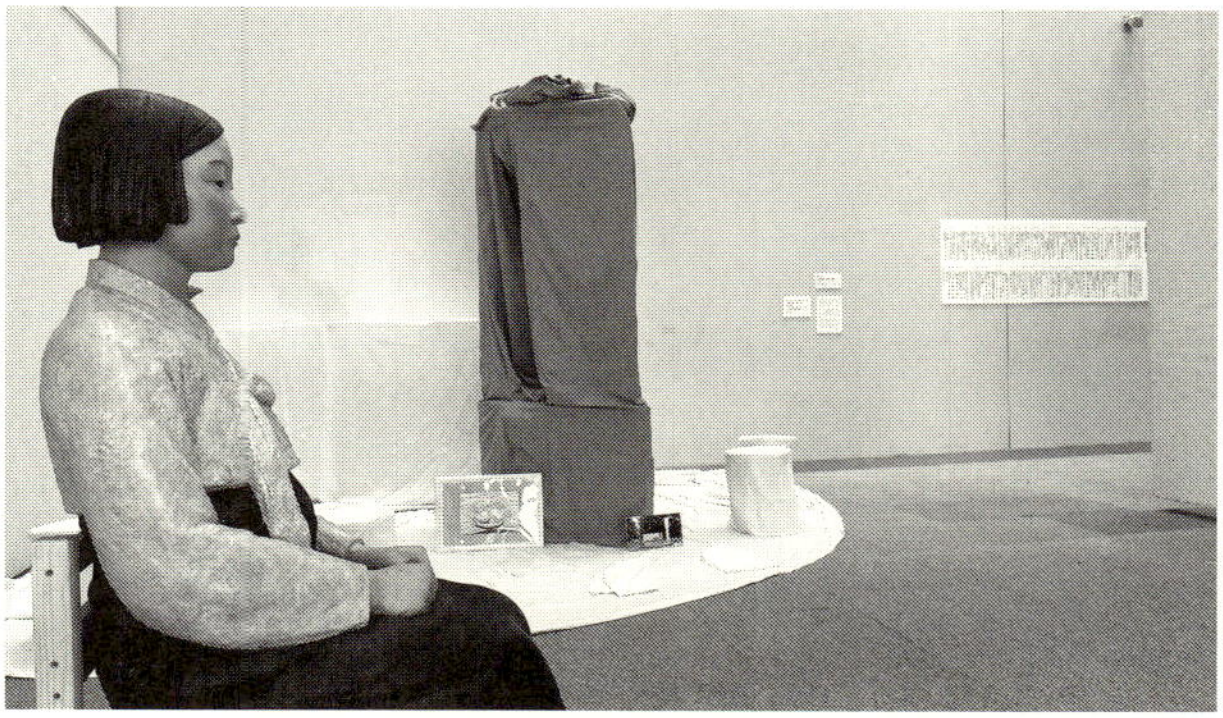

図 10-7　「表現の不自由展　東京 2022」におけるキム夫妻《平和の少女像》（手前）と白川昌生《群馬県朝鮮人強制連行追悼碑》（奥）（筆者撮影）

抗議の煽動者たちは、作品を通して伝えられるメッセージ自体には関心を払わず、意図的に「表現の不自由展」、《平和の少女像》というよく知られた対象に的を絞って、自分たちの主張の拡散に注力しているのである。それらは主題について問いを投げかけ、議論を深める芸術作品ではなく、いわば言論「**戦術**」の兵器として「盗まれた」ものである。言論兵器では利用のしやすさや効率性が重視される。テーマが複雑ではなく明示的であること、視覚的にアピールし、拡散させやすいこと、その存在、特に名称が社会に通用していること、そして煽動者たちのコミュニティで攻撃対象として知られていることなどの条件が揃ったとき、それは兵器として採用されると考えられる。

この一件において、活動家やネット右翼は、その声を大きくして運動を展開することに成功したように見える。威圧や嫌がらせなどの暴力的な方法だけでなく、SNSなどの装置をうまく使ってイデオロギーを越えた一般世論に一定の影響力をもち、彼らの持ち込みたい争点に絞って、社会的な「タブー」として、それを再強化した。彼らは声を拡散してくれるシンボリックな標的を探しているのであり、健全な議論をしようとしているわけではない。「表現の不自由展」、《平和の少女像》は、ターゲットにわかりやすくアピールできるアイコンなのである。

無関心が支えるタブーと不自由

タブーはつくられるものである。美術館やSNSという公共空間で特定のテーマを表現したり議論したりすることが困難だと示されたことでタブーは可視化され、あまつさえ強化されさえしただろう。対抗する声が十分にあがらなければ、少数の極端な意見をもつ者たちによる戦術は成功するのである。

タブーという公共空間のコミュニケーション不全を支えたのは、「公的な場で論争的なテーマを扱うのは不適切」という主張である。こちらは特に天皇制や従軍慰安婦の問題に関心をもたない人々にも広く受け入れられた。過去の「表現の不自由展」と異なり、母体のあいちトリエンナーレが公的助成を受けた企画であること、また愛知県立の美術館を会場にして実施されたことは、その主張の根拠として一定の説得力があると受けとめられていたように思う。

その後も状況は悪化し、こうした企画の実現が目に見えて難しくなっていった。二〇二〇年以降、東京、大阪、愛知など、各地の協力団体によって後続する「表現の不自由展」展覧会が企画されてきたが、そのたびに極右団体からの妨害や政治家からの介入が起こった。この名を冠して行われる後続企画にはおびただしい数の警察や公安が動員される大仰な事態となり、忌避されて会場確保が困難になったり、高い警備コストを負担しなくてはいけなくなったり、内容変更や中止をやむなくされたりする例が相次ぎ、実施そのものがきわめて困難な状況にある。また、慰安婦問題を取り上げたドキュメンタリー映画『主戦場』（監督：ミキ・デザキ、二〇一八年）の上映会が、共催した川崎市の判断で上映中止になるなど、同様のテーマについては美術展に限らずタブー視される状況が続いている。ここにおいては「表現の不自由展」という名称そのものが言論戦術に使われる象徴的なアイコンとして機能するようになったと言えるだろう。

「公的な場で論争的なテーマを扱うのは不適切」と多くの人が考えるのは、社会に「迷惑がかかる」のはよくないと感じているからであろう。しかし、論争的で反発を受けるというだけでそのテーマを公共の場で扱えないのであれば、論理的にはすべての企画は成立しない可能性がある。やめさせたければ「反発」を起こせばよいからである。こうした社会では「迷惑」をかけてタブーをつくることは簡単である。少数の過剰な声が表現をキャンセルさせる例は今後も増えていくことだろう。ソーシャルメディアは攻撃に便利なツールである。コミュニケーションが健全に成立しなければ、表現や言論の「不自由」が起こり、結果的に不寛容、排外主義や歴史否定論を支えることになる。

戦時性暴力も天皇制もシリアスなテーマではあるが、本来それ自体が特別タブー視されるものではないはずだ。社会内で議論しえないトピックなどあるべきではない。公に言葉にしないほうがよいという意見のほとんどは、実際には「摩擦が起こると心地よくない」とか「自分の意見とは違うから許せない」というものではないか。

例えば、こう言い換えてみる。「正しい情報に基づいて、合理的な配慮と理知的な手続きのとられた公正な条件であっても、天皇制・戦時性暴力について公にはいっさい意見を交わすべきではない」――こう表現されたとき、その主張に賛成する人はそれほど多くないのではないだろうか。

必要なのは、できるかぎり多様な考えを、できるかぎり正しく交わすことができる仕組みである。もちろん、災害や事件におけるトラウマや二次被害などから人々は守られるべきであり、積極的に意見を交わさないという個人の自由・権利は尊重されるべきだ。一方で、ヘイトスピーチなど人の尊厳を傷つける表現は妥当な手段で制御されるべきである。求められるべきは「適切な条件で」コミュニケーションする場《フィールド》をつくることなのだ。

公共の言論空間におけるタブーは、特定のイデオロギー以外の見方を許さない者による作為でつくられている。市民の運動の形をとった執拗な脅迫や、情報の拡散を意図する言論戦術は、政治権力による**歴史修正主義**的傾向とも合流し、さらには公空間の「言論の自由」への無理解や無関心に支えられて成功した。こうした構造の力学がタブーと不自由を支えている。公的な場における健全なコミュニケーションを守ることができるのか。《平和の少女像》や「表現の不自由展」は、「ミュージアム」や「展覧会」という空間が「われわれのもの」なのかどうかを問うている。

アメリカとイギリスに見たモニュメント・ウォーズは、空間によって語ることの力強さを見せてくれる。日本のモニュメント・ウォーズは、公共空間における健全なコミュニケーションを整備する必要を教えている。われわれが社会で健全に意見を交わせないうちは、あるべき「公共」を取り戻せないうちは、状況は悪化する一方であろう。人々はいろいろな意見をもっている。それぞれ多様な立場を守るためには健全なコミュニケーションが必要だが、そのためにはどうしたらよいのだろうか？公共空間の展示は歴史を語ることだと理解し、公の場とは誰のためにどのように使うべきものかを考えること、そして立場を越えて対話をする仕組みを整えることが必要だろう。公的な空間をめぐるモニュメントの運動は、ときに衝突が起こる「パブリック」における視覚的な「声」である。このモニュメントをめぐる闘いは、「われわれ」がどのような記憶を選んで生きるのか、という歴史の語りをめぐる社会運動である。それは、異なる意見をもつ人々とコミュニケーションをとる手段なのである。

第11章　言葉のモニュメント

――形のない「記念碑」で記憶する

厄災から「二〇年目」と「一〇年目」――二〇二一年はそう思って過ごしていた。「厄災」とは、二〇〇一年に起こったアメリカ同時多発テロと、二〇一一年の東日本大震災および東京電力福島第一原子力発電所事故のことである。こうした大きな事件の「当日」になると、社会は追悼や祈念の催しを行う。「午前八時四六分」や「午後二時四六分」に黙禱を捧げ、厄災の年月日や時刻からあの瞬間を振り返る。つまり、「数字」によって「あのとき」と「今」の距離を測り、思いを馳せて記憶をしている。

前章では彫像という**記念碑**を通して歴史の記憶について考えたが、何かを記念し、記憶する力をもつのは形あるものに限らない。本章では、引き続きアメリカの反人種差別運動を例に、「形のない記念碑」について見ていこう。

数字が記憶にイメージを与える

「数字」とは、時間を記憶する「形のない記念碑」である。はじめにこの視点から考えていこう。ある日付に催事を行うこと、ある時間に黙禱すること、あるイベントから何年が経ったと周年を記すこと――これらは時間をモニュメント化する方法としてなじみ深いものだ。

一方、「事件の長さ」を数字で示すという方法もある。**ブラック・ライブズ・マター運動**でスローガンとなった「8分46秒」である。これは、二〇二〇年五月二五日にミネソタ州ミネアポリスで起こった黒人男性ジョージ・フロイドが警官のデレク・ショービンに殺された事件にまつわる時間である。偽造通貨使用などの廉でフロイドを尋問したショービンは、その後、諍いとなり、フロイドの首を膝で路上に押さえつけて拘束した。このとき、フロイド本人が「息ができない（I can't breathe）」などと嘆願したのはもとより、周囲には彼の命の危険を訴えやめるように言葉をかける者もいたが、幾度となく説得も虚しく、最終的にショービンはフロイドを絞殺した。このとき首を絞めていた時間が8分46秒だったのである。その後、ＢＬＭ運動は大きく広がったが、そこでは「息ができない」という彼の最期の言葉とともに「8分46秒」もまた事件を象徴する言葉となった。

フロイドが拘束されているとき、一〇代の少女ダルネラ・フレージャーは、フェイスブックでその動画を中継した。これはアフリカ系アメリカ人コミュニティで〝日常的に起こっている〟現実を、コミュニティの外へ、アメリカ全土、そして世界へと知らしめることになり、大きな議論を巻き起こした。その推進力の基盤は粘り強く続けられてきた人権運動だが、他方でこの事件が歴史的なものになったのは、事件がソーシャルメディアの動画として拡散したことも大きい。苦境で不満を抱えた人が増加したコロナ禍にSNS上の運動として展開したことで、ある特定の事件を超えた、より大きなテーマの人権運動へと派生していき、規模や地域も拡大した。ピューリッツアー賞は社会に大きな影響を与えた報道に対して毎年贈られる賞であるが、事件の翌年にはフレージャーに特別賞が贈られるこ

図 11-1　英語で「8 分 46 秒　息ができない」とグーグルで検索した結果。T シャツやステッカーなどのグッズが上位に来ている。「息ができない」は同じく警官に殺された黒人エリック・ガーナーの言葉で、2014 年の事件以来スローガン化した

とになった。このことは、社会運動においてソーシャルメディアが果たす役割の大きさが、マスメディアやジャーナリズムという伝統的なメディアの世界で認められたものと見ることもできる。

その一助となったのが、数字がもつイメージを喚起する力である。「８分46秒」という言葉は、膝による絞殺事件であることなど、事の顚末をわずかに知っている者にとっても、きわめて具体的な感覚をともなうイメージを提供する。「息ができない」という言葉と併せて、死に至るまでの苦しい感覚を記憶に残すものである。そこには〝息苦しさ〟という人々が知っている感覚で、被害の記憶を追体験させる力がある。

数字が時間をイメージさせるこの力によって、「８分46秒」は初期の運動で一種のモニュメントとなった。各都市で行われる抗議行動のスローガンだけでなく、ツイッターやインスタグラムなど、SNSでのハッシュタグを通して、このモニュメント的な数字は知られることになった。例えば、カルチャー・マガジン『ヴァイス』が事件後に始めた「構造による人種差別」について考える特集タイトルは「The 8:46 Project」である。[1]

数字は「時間」を語り、人々の記憶に刻む力をもつ。モニュメント的な数字とは、客観的に測られる時間というよりも、言葉によって人々が意味を与えるものである。およそ一年後には加害者ショービンの裁判が行われ、その結果、警官による被疑者殺害としては異例の有罪判決が下されたが、その際の弁護人の主張では、実際の拘束時間は「９分29秒」だったと報じられた。これは当初運動の中で知られた数値とは異なる。[2] 他方で、この事件の記念碑として歴史的な意味をもっているのは「８分46秒」であり、運動の熱とともに広く知られたこちらの数字のほうが記憶に残すための力も高いだろう。今後語り継ぐ「言葉」として使われるかどうかは、人々が、そして歴史が決めていくことになる。

名前を変えるという「政治」

数字の他にも、多くの人になじみのある言葉のモニュメントがある。それは「名称」である。名は体を表すという格言のとおり、人々はそう考える。ゆえに、名前を変えることで公に変化を示すのだ。

フロイド事件をきっかけにして、アフリカ系アメリカ人の歴史に関わるさまざまな名称がつけられたり、言い換えられたりすることが社会現象となった。例えば、病院、公園・通りや湖などの地名、駅や研究所、教育機関、企業、スポーツチーム、テーマパーク、ホテル、食品などの商品名、音楽のバンド名……公的機関から私企業まで、その領域は多岐に及ぶ。第1章で紹介した奴隷解放を記念する**ジューンティーンス**（六月一九日）が連邦が定める最新の祝日になったことも、この流れにある。アフリカ系の歴史を称えたり、その悲劇を記憶したりするものもあれば、逆に蔑称やそう誤解されかねない表現を省みて、これまで以上に繊細に「**政治的に正しい**」表現を再検討するものもある。以下では、こうした「名づけの政治学」の具体例を見ていこう。

黒人の悲劇を記憶し、歴史を称える

その代表的なものは、事件現場となったジョージ・フロイド広場だろう。三八丁目とシカゴ通りが

図 11-2　フロイドの顔や被害者名、象徴する言葉などを配した壁画。地域のアーティスト複数名によって描かれた

図 11-3　ジョーダン・パウエル＝カリスによる「突き上げた拳」を象ったモニュメント

交差する地点だったここは事件直後から運動の中心地となり、おびただしい数のメモリアル写真や献花が寄せられ、フロイドの顔や「息ができない」などのメッセージを配した壁画[3]（図11－2）、公民権運動時代から黒人人権運動のシンボルとして知られる突き上げた拳を象《かたど》った彫像（図11－3）がつくられ、オキュパイ（占拠）運動の現場となった。[4]

二〇二〇年八月にはミネアポリス市がシカゴ通りの一部を「ジョージ・ペリー・フロイド・Jr.広場（George Perry Floyd Jr. Place）」と正式に名称変更する法律を通し、[5]その年の終わりまでにはこのフロイド広場をモニュメントなどを含めて永年保存すると発表した。その一方で、続く抗議活動の中、道路をいつ交通へと開くべきかについて、市側と運動家との交渉もあった。翌二〇二一年四月のデレク・ショービンの有罪判決裁判を経て、六月にはメモリアルの整理や撤去が始まり、二〇二一年末に一九ヵ月間続いた広場の占拠はいったん区切りとなる。その後、二〇二二年三月現在も、モニュメント部分の占拠活動は続いているようだ。名称変更とは、彫像や広場の占拠といった公的空間を使った記憶と並ぶ、公的言語の〝占有〟による記憶の活動なのである。

このように、歴史上の黒人の追悼や貢献を称える記名・変名はさまざまに行われてきた。面白いものには、アメリカ航空宇宙局（National Aeronautics and Space Administration ＝ＮＡＳＡ）による本部の名称変更がある。二〇二〇年六月に「メアリー・W・ジャクソンＮＡＳＡ本部」と名づけられたのは、ＮＡＳＡ初の黒人女性技師であるジャクソンを称えてのものだ。[6]先立つ二〇一六年、人種隔離時代のＮＡＳＡにおいて黒人女性計算技師が人種や性差別的な職場環境を打開した史実を描く映画『ドリーム』（監督：セオドア・メルフィ）が公開されていた。ジャクソンは、その三名のうちの一人である。原題の*Hidden Figures*は「隠された・人物／数字」という言葉遊びになっているが、まさに黒人史・女性史的な観点から歴史を見直す意図が込められたものであり、NASA自身がこれに応えたことになる。この件もまた、第1章で論じたタルサの事件の記憶と『ウォッチメン』の関係のように、フィクションと現実が連動したことを思わせる。

ところで、本作でジャクソン役を演じたジャネール・モネイは、ミュージシャンとしても知られている。ワシントンの女性の行進のときに「名前を呼ぼう！（Say her / his name!）」に続くコール＆レスポンスで被害者の名前を歌って記憶するプロテスト・ソング〈Hell You Talmbout〉を歌って話題になった。第6章で紹介した『アメリカン・ユートピア』でカバーされた曲だ。こうした歌やデモのチャント（かけ声）もまた「言葉のモニュメント」である。

暴力を省みる名称変更と消費者運動

記名することで歴史を顕彰するのとは別の方法に、名称変更によって歴史の暴力性への反省を示すやり方もある。

前章で紹介した南北戦争時の南軍の将軍ロバート・リーの名前が筆頭に挙げられるが、この人物に関しては、フロリダ州ペンサコラ、テキサス州ヒューストンでは公園や通りなどの地名が、アラバマ州モントゴメリーやヴァージニア州メカニックスヴィルでは高校名が変更されている。同じように奴隷制や南軍の暴力に関わる人物では、クリストファー・コロンブスや、南軍の将軍ストーンウォール・ジャクソンの名前がついたものに関しても、全米で相当な数が変更された。また、南北戦争時代の差別的な語彙を含む名称を変更することも多く、例えばバンド名ではテキサス州ナッシュビルのLady Antebellumが、しばしば美化されて描かれてきた南北戦争前の時代を指す「アンテベラム」を伏せてLady Aに、同州ダラスの人気グループDixie Chicksが当時の南部のことを指す「ディクシー」を取ってThe Chicksに変更したことも話題になった。

一方、名称変更運動に対しては、反対する立場からも運動が展開されている。前章で詳述したリー将軍モニュメント同盟は、フェイスブックを通じて「リー」の名が消える予定のニューオーリンズの地名の一覧を掲げ、この決断をした市長と市議会に対して反対の声をあげようと次のように呼びかけた――市長と議会は、アメリカ文化への戦争を仕掛け、少数の暴力的な煽動者をなだめるために税金を投じて、地図や郵便の変更で生じうるコストや混乱を生む実利的で財政的な悪夢をつくり、貴重な歴史と文化を検閲して、イコノクラスムという破壊を行う「歴史修正主義」を行っている。そして、「毅然と、しかし敬意をもって反対の声をあげることを強くお勧めします」と、各市議会議員と市長の名前と連絡先やパブリックコメントの投稿先を挙げて、個人の行動を訴えている。[7]「表現の不自由展」などへの攻撃に動員する際に採られていた方法そっくりだ。

しかし、こうした運動の参加者を「反対派／推進派」に明確に分けられるわけではないことには注意が必要だ。差別的な意図はなくとも誤解を生むことを避けるために変えた、という例も多い。アイオワの州都デモインでは、音楽をテーマにしたパブ「Crazy Horse Beer and Burgers」がオープン直前だったにもかかわらず、急遽「Lucky Horse Beer and Burgers」に変えたという。実際のところ店主には差別的背景はまったくなく、「クレイジーホース」とはロックシンガーであるニール・ヤングのバックバンド名から採ったものだった。しかし、南北戦争後の時代に白人兵に殺された有名なラコタ族の戦士の名が同じだと気がついた店主は、差別的な意図がないこととＢＬＭ運動への賛意を公に示すために変更を決めた、と述べている。

オーストラリアのチーズブランドであるクーン（Coon）の例もある。これはCheerに名称変更されたが、こちらもやはり実際のところ差別的な語彙ではなく、南北戦争後にチーズ加工の技術を革新したフィラデルフィアのチーズ職人エドワード・ウィリアム・クーンの名にちなんだものだった。しかし、同じ綴りのcoonは黒人への蔑称で、オーストラリアでは先住民をも含めた蔑称である。本件についてメディアが報じることで人々に疑義が噂されるようになったため、誤解を避けるため社は変更に踏みきったという。

ここに挙げた例は、変更を求める声に応答したり、あるいはそうしたムードを汲みとって行われたものである。名称変更運動が普及するにつれ、こうした傾向は高まるだろう。世間の声、言い換えれば消費者の声が社会規範を形づくり、企業側は伝えられた規範に対して倫理的な姿勢を示す。名称の変更は、こうした消費者運動に応答する形でなされることもある。

ディズニーが盗んだ黒人史――スプラッシュ・マウンテン

企業と消費者の関係について考えるとき、興味深いのはディズニーの事例である。人々の批判が高まったことを受けて、フロリダのウォルト・ディズニー・ワールド・リゾートのマジックキングダム・パークのアトラクション「スプラッシュ・マウンテン」は名前やテーマを変えるだけでなく、アトラクション自体を変更するに至り、「ティアナのバイユー・アドベンチャー（Tiana's Bayou Adventure）」へと変えられた（二〇二四年夏オープン）。

どこが問題だったのだろうか。アトラクションの元になった作品は、同社による映画『南部の唄（*Song of the South*）』（監督：ハーブ・フォスター＋ウィルフレッド・ジャクソン、一九四六年）だ。本作は南北戦争後の一八七〇年代頃の南部を舞台にするとされているが、この時代は奴隷解放から日も浅く、人種差別や人種隔離が法で認められていた上に、社会には露骨な差別意識も色濃く残っていた。一方、主人公で語り部の黒人リーマスおじさんをはじめ、子どもたちの言動は人種差別を微塵も感じさせず、動物さえ一緒になって、ありえないほど幸せそうな牧歌的世界を描いている。一九四六年の公開時、白人メディア、つまり主流系のコミュニティでは穏当な評価を受けたが、黒人系メディアからは強い批判を受けていた。全米有色人種地位向上協会（NAACP）は、奴隷制の時代と白人・黒人の主従関係を美化し、否定論的に歴史の闇を隠した時代表象だと抗議したのである。しかし、ディズニーは公開前、これは南北戦争後の時代の話なので黒人はすべて奴隷ではない、と釈明しており、ハリウッド映画の自主規制のガイドライン「ヘイズ・コード」から一八七〇年代の話だとわかるようにはっきり描くよう指示されたことさえ無視している。こうした経緯から、二〇二二年現在に至るまでパッケージ化も配信もされていない。

それにもかかわらず、一九八九年ディズニー社はディズニーランドで本作をモチーフにアトラクションをつくった。このとき〝イマジニアリング〟を務めたのは、東京ディズニーランドや東京ディズニーシーでも見られる「ビッグサンダー・マウンテン」や「インディ・ジョーンズ・アドベンチャー」を手がけたトニー・バクスターである。アトラクションは一九九一年にはマジックキングダム・パークに移送され、翌年には東京ディズニーランドにもつくられた。なお、「イマジニアリング」とは、ディズニーがコンテンツ制作のキータームとして掲げる「想像（imagine）」＋「設計（engineer）」のかばん語で、一九九〇年にには商標登録されている。

二〇二〇年六月にはフロイド事件を受けて批判の声が再び高まり、多くの署名運動が行われた。こうして名前を「プリンセス・ティアナのニューアドベンチャー」に変更すること（前述のとおり、最終的には「ティアナのバイユー・アドベンチャー」となった）、さらにそのテーマを刷新して『プリンセスと魔法のキス（*Princess and the Frog*）』（二〇〇九年）を題材にすることが発表された。

こちらの映画は、二〇〇二年にアメリカの児童文学作家エリザベス・D・ベーカーが書いた『カエルのプリンセス』を、舞台を南部ルイジアナ州ニューオーリンズに、主人公をアフリカ系少女に変更したもので、ディズニー映画における初の「黒人プリンセス」を主人公とする作品である。二〇〇九年の公開時は、二〇〇五年に起こったハリケーン・カトリーナによる未曽有の被災からの復興をニューオーリンズ市が遂げつつあり、また二〇〇八年には史上初の黒人大統領バラク・オバマが就任した時代である。数少ない黒人をテーマにしたアトラクションを、自社ですら封印した問題描写を含むものから、現代的で社会包摂的で多様性のある歴史観のものにアップデートしたことになる。これを動かしたのが、消費者による変更を求める運動であった。

『南部の唄』は、作家のジョエル・チャンドラー・ハリスが南北戦争からの再建期にジョージア州アトランタなど深南部において方言・民話を採集して出版した、一八八一年の『リーマスおじさん

図11-4 『南部の唄』VHS版表紙。白人の子どもたちと黒人の中年男性が仲良く手を取り合う

(*Uncle Remus*)』を主に下敷きにしている。ディズニー社による物語創作を特徴づけるのは、『白雪姫』や『美女と野獣』などをはじめとして、伝承・民話や神話を翻案し、表面上の暴力や性描写を取り去って「無菌化」しつつ、特定の時代やアメリカ主流社会のある種のイデオロギーの型にはめつつ自社作品とする方法である。『南部の唄』は、そのアメリカ南部民話版だと理解すると、わかりやすい。

先の「イマジニアリング」という言葉の例にも見たが、ウォルト・ディズニー社はライセンスを厳しく管理することでも知られている。自社の著作物への厚い保護姿勢とは裏腹に、民話や民間伝承、伝説などの説話——誰のものでもなかった、あるいは匿名的な人々のものであった文化であり歴史である——を借用して、その骨格をなしてきた企業である。黒人の民俗が白人のハリスによって収集され、さらに大資本ディズニー社によって企業論理のもとで大衆向けの商品として用いられてきたという歴史をたどるなら、「文化のアプロプリエーション」という点から黒人コミュニティから反発を受けたことも理解できる。物語＝歴史（history / story）とは誰に属するものなのか。「文化の帰属」という点において、ディズニー社はたびたびその矛盾した態度を疑問視されてきた。だからこそ、常に時代に合わせる表現の更新を続け、その巨大なファンダムを納得させ続ける要請にさらされることになる。スプラッシュ・マウンテンの名称変更は、その一断面だ。

先住民のスポーツチームとマスコット

長年アメリカ社会の耳目を引いてきた名づけの政治に、先住民マスコット問題がある。スポーツチームや学校の名前には数多くの先住民の名前やシンボルのモチーフが使用されてきた。民族集団をマスコットキャラクターや団体名に使用することに対しては以前から批判が続いてきたが、二〇二〇年五月のフロイド事件以降、この問題も前進を見せ、先住民に関する名称の多くが変更された。

何が問題とされてきたのだろうか。まず、非当事者がインディアンをブランドの記号として用いることは、先住民を動物などと同じようにモノ扱い＝客体化する行為である。前章でも見たとおり、入植した白人による収奪や虐殺、**カルチュラル・ジェノサイド**（文化消去）の歴史に鑑みれば、この非対称性はなおさら暴力性を帯びる。また、名称やイメージの使用には文化のアプロプリエーションという側面もある。同時に、その表象はしばしば侮蔑的でステレオタイプ的なものであり、これを助長し、再生産することは有害でもある。こうした点が以前から批判され続けてきたのだが、この問題は他の人種差別以上にアメリカ社会で解決が進まなかったものだ。例えば「分厚い唇の黒人」、「かぎ鼻のユダヤ人」、「つり目のアジア人」などの人種的ステレオタイプと比べれば、現在まできわめて広く用いられており、これまでアメリカ社会が見過ごし、温存してきたものだと言える。

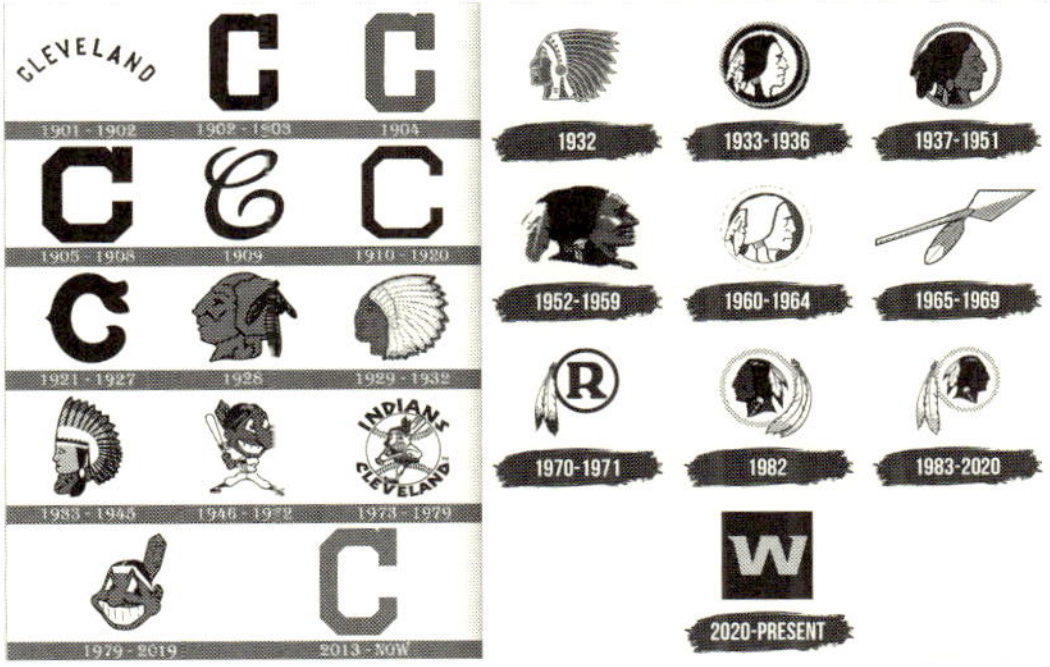

図11-5　クリーブランド・インディアンス（左）とワシントン・レッドスキンズ（右）のマスコット変遷

　インディアン・マスコットに対する批判運動の歴史は、先住民人権運動団体である全米アメリカインディアン会議（National Congress of American Indians＝ＮＣＡＩ）（一九四四年〜）による一九六八年の決議声明に遡ることができる。公民権運動が高まり、一九七〇年代の先住民人権運動、いわゆるレッド・パワー運動へと展開していく時代のことである。この頃、ＮＣＡＩが議会でのロビー活動など穏健な手段をとっていたのに対して、若い層を中心に公的な空間で抗議するグループも現れる。一九九〇年代以降は訴訟による法的な解決も試みられたが、版権やブランディングなど、ビジネスの路線変更を避けようとする企業側と長らく対立が続いてきた。その批判にもかかわらず変化が起こらなかった一因には、スポーツという巨大な文化産業の中心に位置していたことがある。大衆的な人気がファンたちの変更反対も呼び、解決が進まなかったのである。二〇二〇年のBLM運動に始まる植民地主義の歴史批判は、この問題の解決への歩みを強くあと押しすることになった。

中でも耳目を引いてきたのは、首都ワシントンDCのアメリカン・フットボールチーム「ワシントン・レッドスキンズ」の名称変更である[8]（図11－5）。一九三三年の命名以来の長い歴史があるチームのブランドを手放したくないという経営側の思惑やファンの要望なども妨げとなり、差別的なアイコンは変更しつつも名称は維持するなどの段階的な対応がとられてきた。一九九二年には反対派が商標登録取り消しを求めて訴訟を起こしたが、「差別・侮蔑」認定がなされるも、企業は上訴を繰り返した。この点では、立場の非対称性を念頭に置いて大資本や政治家が個人を相手に起こすスラップ訴訟という側面もあって悪質だ。二〇一五年には連邦地裁が商標取り消しを決定したが、これはマスコットの使用禁止ではなく、公式グッズとして企業が権利を主張できない（つまり海賊版を取り締まれない）ということにすぎない。インディアン文化は知的公共財ですらなく、まさしく私企業に盗用されてきたわけである。また、一九三三年にブレイブスからインディアンに関わる名称へと変名した理由は、先住民を自認する選手ウィリアム・ヘンリー・〝ローンスター〟・ディーツの活躍をブランディングに用いたためだったが、彼はスタジアムではスー族の髪飾りや化粧をまとうよう演出されていただけで先住民の血縁ではなかったと目されている。

二〇二〇年の反人種差別運動の拡大後、レッドスキンズは――「ワシントン・フットボール・チーム」という曖昧な名前の期間を経て――二〇二二年に「ワシントン・コマンダース」（海軍中佐）へと公式に名称変更をした。ちなみに、他の候補は「アドミラルズ」（提督）、「アルマダ」（艦隊）、「ブリゲイド」（旅団）、「センチネルズ」（歩哨）、「ディフェンダーズ」（防衛隊）、「レッドホッグス」（アカイノシシ。一部選手のニックネームだった）、「プレジデンツ」（大統領）だ。軍事関係の用語が目立つのは、スポーツと共通する過度な競争原理とマスキュリニティを象徴している。

変更のきっかけになったのは、人々の抗議の声とそれに応じたスポンサー企業や投資家、スポーツ協会の対応である。フロイド事件以降、試合会場では三〇〇〇名を超える人々が名称変更を訴えて抗議行動を起こし、オンラインや現場で集められた署名が理事会に届けられた。こうした請願活動はアメリカの大学スポーツを統括する全米学生スポーツ協会（National Collegiate Athletic Association＝NCAA）を動かし、「差別的な名称のチームの出場資格停止」などの規制が設けられた。一方、ビジネスの現場では、投資家たちがレッドスキンズの主なスポンサーであるナイキ、フェデックス、ペプシコーラなどを通じて名称変更を要請した。それにかかるコストはおよそ六二〇億ドル（約七〇兆円以上）規模と言われ、人種差別問題に対応しないことで少なく見積もってもこの額以上の収入減や企業ブランドへの打撃が見込まれたということになろう。こうした経緯で、レッドスキンズのオーナーであるダニエル・スナイダーは二〇二〇年七月に変更を発表した。

蔑称化する「R-word」

「レッドスキン」は現在、先住民を指す侮蔑語として用いられている。黒人差別語のいわゆる「N-word」のように「R-word」と呼ばれることもある。辞書でもそう定義され、メディア業界の執筆ガイドなどにも、差別用語であり歴史上の用語としてのみ使うべき、と記載されている[9]（N-wordと伏せて表される「ニガー」は社会的タブーとして使用が強く避けられる言葉であり、そうであるがゆえに黒人コミュニティが逆に誇りをもって自称や同じ黒人を指して使う用法も普及している)[10]。

どのような過程で「レッドスキン」は侮蔑語となったのだろうか？　概して言えば、一八世紀後半から一九世紀前半に自称としての使用が見られ、二〇世紀をまたぐ時期にかけて蔑称となっていった。そこでは文学や映画が「善と悪」、「美と醜」両面でのステレオタイプ化に貢献したという[11]。スポーツチームでの使用も、その一つのチャンネルである。

この言葉の歴史に横たわる最大の惨劇は、ヨーロッパ入植者たちが組織的に先住民の頭皮を剝がして集めたことである。宗主国政府、州政府や会社などは、先住民の民族浄化、つまりジェノサイドを企図し、その証拠となる頭皮に懸賞金を払った[12]。この制度は、一七世紀以降、少なくとも一八八〇年代まで存在した。マサチューセッツ州では、英国王ジョージ二世の名により、成人男性の「血みどろの皮＝レッドスキン」に五〇ポンド、成人女性で二五ポンド、一二歳以下の少年少女に二〇ポンドが支払われた。レッドスキンは、同様に懸賞付きだった動物の皮と区別するための言葉だったのである。

この事実は、一九九〇年代になってから、マスコット批判運動を展開する中で先住民活動家によって新たに発見されたものだ。忘却されていた悲劇の記憶である。彼らが同じ時期にワシントン・レッドスキンズの係争当事者であったことや、組織的ジェノサイド制度とは関わらないという説をとるスミソニアンの人類学者アイヴズ・ゴダードが二〇〇五年に行った反論もあってか[13]、すぐには広がらなかったが、二〇一〇年代になってこの説を検証する者が次々と登場した[14]。

こうしたジェノサイドを支持する選民思想は当時の白人社会には一定程度普及し、例えば『オズの魔法使い』の作者フランク・バウムは、一八九〇年代のインディアン戦争に際して、白人入植者の安全のために「彼らは惨めに生きていくよりも死んだほうがよいだろう」と新聞に寄稿している。[15] 同時期には、医学や人類学などの科学が人間を研究する歩みの中で「人種」という概念が発明され、普及した。その結果、統治に便利な「人種の序列」が正当化されていくことになる。この話は後段で詳しく取り上げよう。

言葉のニュアンスや含み、歴史的背景の記憶は、時勢や使われる立場や場面に応じて変化するものである。その根拠となる研究の進展によって用語の理解が補正されることもあり、レッドスキンズの例は、変名運動を通じてそれまで社会が無邪気に許容していた言葉の裏にある重大な歴史を開いていくことになったものである。

民族呼称とアプロプリエーション

先住民の呼称に関連して、「インディアン」という言葉にも触れておきたい。長らく人種ステレオタイプと紐づけられてきたこの言葉に代わり、公民権運動以降、一九六〇年代を通じて「ネイティヴ・アメリカン＝先住のアメリカ人」がポリティカル・コレクトネス的表現として使われるようになった。一方、近年では「インディアン」という言葉もふつうに使われるようになっている。再び使用が始まったのはレッドパワー運動に端を発しており、「ネイティヴ」の用語が普及すると否定的な意味合いが与えられるようになったのに対して、用語を削除するのではなく、むしろ当事者が誇りをもって使い、その歴史を記憶することを意図した呼び換えである。人々のアイデンティティを最も示す呼称という行為を通して、尊厳と誇りを「取り戻した」のである。一九九五年には「アメリカン・インディアン」は「ネイティヴ・アメリカン」よりも好まれる表現となった[16]。「インディアン」の呼称が白人到来以前の先住民同士の連帯を示す文脈で使われることもある（スペイン語では「インディオ」、英語では「インディアン」）。つながりを重視して互換的に使われる）。植民地支配者側の言葉を逆手にとって先住民間のつながりを見出すのだ。これも、ある種の言葉の奪用＝アプロプリエーションと言えるだろう。スミソニアン博物館の先住民部門は、正式名称をNational Museum of the American Indianと言う。「全米アメリカ合衆国系インディアン博物館」とでも訳せようか。ここの常設展では、植民地化以前の南北アメリカ大陸に広がっていた先住民族の分布が示された地図が展示され、ミュージアムショップでも販売されている。「国境」や「州境」などの線引きはなく、宗主国の領土や国民国家とは異なる風景の地政図が広がっている。

ここで試訳した「アメリカ合衆国系」という言葉は、通例使わない奇妙な言い方である。「アジア系アメリカ人」や「アフリカ系アメリカ人」など、形容詞を使って下位区分のグループを示す言い方を、あくまで「インディアン」という大きなグループを上位概念とした上で「American」、「Canadian」などと細分化するものと見たとき、その意図からすれば「アメリカ合衆国系」という表現が政治的に適切な訳語であるように思う。こうした訳語による意味の伝達も「名称の政治学」の一部をなすだろう。

ジェノサイドの記憶に声をあげる

学校にまつわる事例も見ていこう。小中高大の各種学校では建物やホールなどに人物を記念する名称がつけられており、特に歴史的に古い学校になると、奴隷制や植民地主義、非白人への圧制に関わった人物の名を冠していることも一般的である。

カリフォルニア州最南端の都市サンディエゴのシエラ高校の名は、ローマ＝カトリック・フランシスコ教会の宣教師フニペロ・セラにちなんだものである。彼は一八世紀に本土スペインからコンキスタドール（騎士道精神と福音活動を行う探検家）として植民活動を行った。植民地時代のキリスト教の布教は、「未開で野蛮な人々を文明化する」という**パターナル**で啓蒙主義的な使命の名のもと、被植民者を信仰・文化面で「改良」し、植民地主義の制度のもとで「利用」できる従順な存在へと馴致してきたという歴史がある。奴隷貿易でアフリカから連れてこられた黒人たちや先住民たちは、信仰や言語に制限を課され、「正しい」教えを押しつけられてきたのである。

そうした歴史を公的な名づけで称えるのをやめようと、二人の生徒が立ち上がった。フロイド事件からちょうど一ヵ月が経った二〇二〇年六月二五日、オンラインの署名サイトChange.orgで「殺人、拷問、レイプ、先住民の建造物や文化の破壊、物理的かつ精神的なジェノサイド（民族浄化）、先住民の奴隷化といった植民地主義に関わった人物が、わたしたちの高校を代表してほしくない」と訴えたのである。スペインが南北アメリカ大陸に植民したことは「近代における初めての大規模ジェノサイドだ」という言葉を引いて、学校のマスコットにもなっていたシエラ（セラ）を変更しようと求めた署名は二〇〇〇を超え、メディアでも取り上げられることになった。[17] その結果、教育委員会は翌二〇二一年に変更を決め、シンプルに校区の名を採ってキャニオン・ヒルズ高校へ、マスコットは宣教師シエラからガラガラヘビへと刷新した。[18]

アメリカでは、高校や大学のレベルでもスポーツはその経営体制に大きく関与し、経済規模も非常に大きい。レッドスキンズの例に見たのと同様に、広告、グッズ類やスポーツ場にもあしらわれたマスコットを含めて変更するのは大ごとではある。それでもシエラ高校では、他にも新たなマスコット候補を提案して学生や卒業生らに投票を呼びかける、などといった民主的な手続きを経て、最終的に変更するという決断をとったところに、学校運営サイドだけでなく当事者らが全体で「パブリック」となり新しい時代に合わせた歴史をつくっていった過程を見ることができ、とても興味深い。[19]

名称問題について、二〇二〇年は確かに歩みが進んだ。同年八月から一二月までのあいだに全米で二九校もの名称が変わったという。しかし、全米アメリカ・インディアン会議によると、全一〇二五校区における一九〇〇校がいまだに先住民部族のステレオタイプ的なマスコットを維持しているのが現状で、道半ばではある。[20]

文化人類学の遺産の「負」の側面

大学で起こった名称変更の中でも特筆しておきたいのは、カリフォルニア大学バークレー校における「クローバー・ホール」がその名前を削除した件である。本章の終わりにこの事例を見ておこう。

歴史ある名門大学カリフォルニア大学のバークレー校の前身になったのは、人類学部・人類学博物館である。同学に着任して以来アメリカ初期の文化人類学を牽引してきたのが、アルフレッド・ルイス・クローバーである。「アメリカ西部人類学の創始者」というニックネームで呼ばれ、アメリカ最初期の人類学部をコロンビア大学で整備したフランツ・ボアズの最初の弟子で、文化人類学の授業でも古典として必ず名前が出てくる人物だ。アメリカ文化人類学会、アメリカ言語学会の創設者でもあり、アメリカ民俗学会の中心人物としても活躍した。先住民の言語や習俗について網羅的なデータを集め、生涯で五〇〇本を超える出版物によって、「消えゆく」、「純潔な」先住民文化を記録することで「救済（サルヴェージ）」するという初期アメリカ文化人類学の一つの型をカリフォルニア大学を拠点に基礎づけた。

有名なのは、ジェノサイドによって殲滅させられたヤヒ族の生き残りイシ氏に関する仕事である。

図11-6　（左より）中北部ヤヒ族のサム・バトウィ、ドイツ系ユダヤ＝プロテスタント・アメリカ人のアルフレッド・クローバー、南部ヤヒ族のイシ

図 11-7 「イシが建てたヤナ族の家」などのキャプションとともに展示される様子（1912 年頃、サンフランシスコ）。のちには「人間動物園」と呼ばれる展示方法だ

アルフレッド・クローバーは彼に関する多くの研究を残し、妻シオドーラ・クローバーは『最後の野生インディアン』などといったセンセーショナルなタイトルでノンフィクションの著作を残した。邦訳もされ、イシに関する映画も何本も撮られたので、記憶にある読者も多いかもしれない。

二〇二〇年代の今、クローバーのどこが問題とされたのだろうか。七月にホールの名称検討委員会は、学長宛に送った調査報告請願書の中で、主に二つの問題点を指摘している。[21]

一つ目は、イシの「人間展示」をバークレーの大学博物館で行ったことである。来館者向けに、彼が石器などを制作している様子を演じさせた。こうした実際の人を用いた展示行為は「人間動物園」として知られる。植民地政策と結びついて万国博覧会において各国で普及した様式で、初の万博である一八五一年のロンドン万博のときにはすでに登場し、第二次世界大戦前まで続いた。[22] 列強各国が自国の植民統治の広がりを誇示する目的で、支配下にある人々、それも主には「未開人」たる異民族が展示された。[23] この行為を正当化する根拠となったのが、文化人類学という学問上・教育上の意義だった。イシは当時、人類学博物館内に住まわされており、生きた検体という収集された研究対象にして、教育の道具でもあったわけである。

もう一つの大きな問題点は、さまざまな先住民の物品、特に**遺体の収集**をしていたことである。博物館は、先住民に関わるさまざまな遺体を公式に収集していた。一九一六年に結核で亡くなったイシの遺体もまた人類学博物館で解剖され、収蔵されたが、クローバーは生前に解剖や収蔵をしないという同意をとっていたにもかかわらず反故にしてしまったという説が有力である。この点について、さらに驚くべきことが起こっている。彼の体は灰となり、サンフランシスコ南部に埋葬されていたが、実は彼の脳だけがバークレーで瓶詰めにされて保管され、さらには一九一七年にワシントンDCのスミソニアン博物館へと移送されていたのである。判明したのは、なんと八〇年を経た一九九七年のことである。[24]八〇年を経て近親者に返還されるまで、初期インディアンの脳九体のうちの一つとして貴重な資料とされてきた。[25]これは、研究倫理が整わない状況下で、学術や博物館という制度が生み出した罪である。

博物館における人体遺骨の収集・展示に関しては、次のような背景がある。特に南北アメリカ大陸の先住民——英語「インディアン」、西語「インディオ」や、カナダでは「ファースト・ネーションズ（First Nations）」（「最初の人々」の意味）など——を対象にして、一九八〇年代には遺骨返還の声が高まった。アメリカでは、一九八九年に全米アメリカ・インディアン博物館法（National Museum of the American Indian Act＝NMAIA）が制定されたことで、返還に関わる一定の規程が定まった。スミソニアン博物館も、これによって先住民部門を開館することになる。二〇〇〇年代以降は、生前同意などに基づかないものは収集品として無効とするなどのルールが各地の州法で定められた。一方、文化人類学研究、とりわけ博物館人類学の分野では、各先住民族のグループと共同・協働で研究を行う方法や、展示を当事者コミュニティのメンバーに見てもらい、フィードバックを受ける方法などが試行されており、研究教育の視座も更新されてきている。他方で、収集された遺骨の数は先住民がダントツで多いものの、伝統的に文化人類学の対象とされてきた他の「非西洋・非西欧」の地域のものも多く、アジア系や東欧系などの遺骨コレクションも全米各地の博物館に多いと見られているが、こちらは法整備が遅れている現状にあると言える（遺体の収集や博物館の倫理については、次章も参照）。

　これらの文脈を踏まえつつクローバー・ホールの一件を考えると、学問上きわめて高い貢献をなしており、一見すると差別主義者のようには見えない人物を顕彰する場合でも、現時点の基準から歴史的な功罪について慎重に再検討したと言える。

　学問上の貢献について見れば、民族誌、フィールドワークによってジェノサイドによる忘却の危機から先住民文化を救済しようとした人物としてクローバーは評価されている。モノの収集よりも習俗の記録を重視し、シリンダー式の蓄音機を初めて導入するなど、人々の声や言語の記録に徹した。ボアズとともにクローバーは、それ以前の主流だった、より露骨に人種差別主義的な文化人類学理論を更新しようともした。普遍的なものとされた人種別の序列・階層構造や、それらを発展史観の枠にあてはめた「社会進化論」を否定し、各地の文化はそれぞれ個別に環境に適応して展開したものであり、価値観の上下関係はない、という「文化相対主義」を基礎づけた。しかし、消えゆく文化を救済すべきという動機から来る**パターナリズム**的な態度は問題で、敬意をもってしても個人個別の意思をよそに属性として「白人」という別のグループと異なる扱いをすること、その文化・社会への介入を「よきこと」として看過してきた欺瞞は問われるべきだろう。

現在の当事者からの指摘はパワフルだ。バークレー校の先住民学生委員としても活動するフォニーシャ・バウアール（Phenocia Bauerle）氏は、クロウ族として知られるアプサロケ族に出自をもつ。彼女はこう指摘している。[26]「クローバーだけがカリフォルニアのジェノサイドを担ったわけではないけれど、確実にカリフォルニアの先住民を疎外することには役割を果たしてきたよ。彼は「本物」のインディアンとそうじゃないインディアンのあいだに序列をつけてるしね。それは故意のものではなかったかもしれないけれど、間違いだったよ。ホールから彼の名を取るのは、害があったことを世の中に知らせることになるはず」。「バークレー」の当事者であり、「先住民」の当事者が「今」描くべき歴史を語る。「単なるポリティカル・コレクトネス、単なるジェスチャーに思えるかもしれないけれど、大きなジェスチャーなんだよ。クローバーのような人たちを批判することは長年タブー視されてきたからね。クローバーは「ある一つの歴史」を表象しているけれど、バークレーが「その他のさまざまな歴史」にも余地を残す意思があるのなら、これは社会を変える大きな一歩になる」。

なお、キャンパスにはイシ・コートという庭があり、彼の名もここで顕彰されている。バークレー校で長年教鞭を執ったチペワ族（オジブワ族とも）の作家・文学者ジェラルド・ヴィゼナーが設置に尽力したものだ。

実は、クローバー・ホールはバークレー校にとって前の年から続く三件目の名称削除だった。文化人類学者で植民者のデヴィッド・バロウズ、軍人ジョセフ・ルコントという二人のバークレー校名誉教授は、もっと露骨な白人至上主義者で、すでにホールからその名が外されていた。バークレーのホールに関わる議論の歴史を見ると、問題認識や倫理観が次のステージに進んだようにも見える。

名称変更には賛成から反対まで多くの意見があがったが、その手続きはいかになされたのだろうか。今のところ報告書や報道では詳細まではわからない。しかし、間接的にではあるが、そのプロセスをイメージできるドキュメンタリー映画がある。フレデリック・ワイズマンによる二〇一三年の作品『大学（*At Berkeley*）』は、バークレー校の大学運営の内部にカメラを向けたもので、学内で起こる問題について一つ一つ熟議しながら、変化に対応し、解決していこうとする大学運営の様子が活写されている。クローバー・ホールもまた、反対・賛成さまざまな意見を調停する、そうした民主的な手続きを経て新しい結論に導かれたのだろうと想像された。

本章では「数字」と「名称」の両面から「言葉のモニュメント」について見てきた。人々が意見を交わしながら歴史を記憶していく媒介となるのは、公の空間に置かれたモノだけでなく、名前が与える概念でもありうる。それは言語と聴覚に訴える「モニュメント」である。

クローバー・ホールの例では、大学において、文化人類学が植民地主義時代から今に至る人々の「人種・民族」の認識を形づくってきた責任について当事者たちとともに反省し、向き合うプロセスを見た。人類学研究の現場には一方に大学があり、もう一方の極には博物館がある。そこでは今、何が起こっているのだろうか。次章では、ミュージアムに焦点をあててみよう。

第12章　かえりみるミュージアム
——博物館で／を植民地主義の歴史から脱する

「われわれの記憶」をつくるまた別の強力なツールとして、**ミュージアム**がある。本章では、これに焦点をあてよう。ミュージアムとは何か。それは、モノを集めて保存し、調査研究をして、展示などの方法で教育を行う機関であり、社会制度でもある。自然史博物館、歴史博物館、科学博物館、美術館……というふうに学問分野ごとに分かれていて、各種の学知を公衆に伝え、共有しながら知の歴史を社会の中で語り継いでいる存在だ。

前章では先住民の歴史を残してきた文化人類学の功罪について見たが、このように歴史とは、決して普遍的で固定されたものではなく、時代に即して何とか合意をつくり、最適解を提案していく動的なものにすぎない。時代や社会の感覚に合わせて、人々があげる批判や賛意の声を受けながら、現在地から省察を繰り返し、残すべき適切な形について調整をし続けるものである。今般のように歴史観が大きく揺れ動く時代には、反省と変革、衝突と交渉、融和と対話といった、つまりは人々の「コミュニケーション」がさまざまに行われる。ミュージアムは、その「現場《フィールド》」となるのだ。本章でもアメリカの反人種差別運動を事例としながら、ミュージアムからの応答やそこで起こった記憶の合意形成のプロセスを見ていきたい。

「男＝人間」から「われわれ」へ

ここでも名称の問題から始めよう。二〇二〇年になって名称変更を発表したミュージアムに、サンディエゴにある「ミュージアム・オブ・マン（Museum of Man）」がある。同館は、その名を「ミュージアム・オブ・アス（Museum of Us）」と変更することで新たなアイデンティティを社会に示した。そこにはどのような意図が込められているのだろうか。経緯をひもといてみよう。

「マン（man）」は「人類」を意味する。そして、人間を研究対象とする「人類学」の歴史を色濃く反映した語でもある。同館は、一九一五年に開かれたパナマ＝カリフォルニア万博でアメリカ先住民の民族展示を行った人類学パビリオンに由来している。ニューメキシコを拠点にアメリカ初期の考古学を牽引したエドガー・リー・ヒューイットが指揮し――アメリカの分類では考古学は「人類学」の一部門である――、彼のコレクションを中心に「人類の科学（The Science of Man）」と題されたパビリオンの展示が構成された。万博終了後、常設展示として「時代別に語る人類の物語（The Story of Man through the Ages）」ホールが設置される。コロンブス到来以前のグアテマラなどの陶器コレクションやマヤ文明の物品などが含まれたこの展示の呼び物は、ミイラや人骨など人体の展示であった。これらは当時きわめて画期的なもので、パビリオンは公の場で催されたヒトに関する自然史展示の中で最も包括的なものだった。[1]それを元にした博物館もまた「人種」と「人類進化」という二つの最新の科学概念を反映したもので、こちらも当時最先端で先駆的なものだった。展示のはじめに進化の理論を提示し、地域や時代など人間を種別に分けて見せながら、多くの検体を使って説明を例証する、という展示の仕方である。この手法は、全米・世界の先史時代の人類展示に影響を与え、現在でも見られる。[2]

図12-1　「ミュージアム・オブ・アス」公式ロゴ。「すべての私たち」というメッセージとともに車椅子や有色系を思わせる人物が描かれて社会包摂を示す

その一方で、そこで依拠していた人種理論の科学的知見はすぐに更新されていった。例えば観相学や骨相学と呼ばれる人体測定学はのちに擬似科学とされた。[3] 有史時代から現在にかけて存在する「人種」間に本質的な違いがあるという見方は、DNA研究などの進展によって否定されている。人種によって人間を科学的に序列化するこうした理論は、ナチス・ドイツが優生学的にジェノサイド（民族殲滅）の根拠としたことを最悪のケースにして、社会科学における濫用や政治的な悪用という危険な歴史も生み出してきたものだ。

博物館はさらに、未来主義ムードで催された一九三五—三六年のカリフォルニア＝太平洋国際万博に合わせて「科学の宮殿（Palace of Science）」と名乗り変えた時期を経て、一九四二年には再び「人類学」の博物館であることを強調して「ミュージアム・オブ・マン」と名乗った。ここからおよそ七〇年もの間続いてきた名称をわざわざ変更した背景には、どのような事情があるのだろうか。

「マン」の名称が問題となったのは、特に博物館の収集活動にともなう先住民などへの暴力を反省する改革の口でのことだ。まさに「人間－マン」を扱う倫理が問題となったのである。前章で見たように、アメリカ先住民に関連する研究や博物館コレクション形成の歴史に関する省察がなされた。その背景には、一九九〇年に制定されたアメリカ先住民墓地保護返還法（Native American Graves Protection and Repatriation Act ＝ＮＡＧＰＲＡ）があり、同法では先住民の器物、特に**遺体コレクション**の整理や返還の実施、当該部族が利用可能な状態にして保存することなどが定められた。ミュージアム・オブ・マンの改革プログラムでは、すでに二〇一二年に展示を刷新し、二〇一七年にはナヴァホ族であるジャクリン・ラッセル（Jaclyn Roessel）を主任に起用して「脱植民地化イニシアティブ戦略計画」に取り組んできた。例えば、最大八〇〇〇名程度とも見られる――部分に分けられ、「人」としての単位で保存されていないため、正確な人数は特定できない――人体の収集品を展示する際には逐一同意書を必要とすることを決定した。キュレーションも変更し、美的な観点から「先住民の美術品、工芸品、装飾品」として見せられていたモノを、それらがコミュニティ内にあるときにもっていた文化的な意味という観点から説明し直して、いわば「外から」ではなく「内から」のまなざしで展示を再構築した。多くのコレクションが由来するキメヤイ族の協力も得て実現したこの計画について、「先住民については非先住民に依存せずとも語ることができるのを示したかった」とラッセルは述べている。[4]

博物館の植民地主義的な歴史について反省する、こうした改革運動のことを「**ミュージアムの脱植民地化**（decolonizing museums）」と呼ぶ。人類学系博物館では民族に関わる文化財が、美術館では地域・国家間の非対称な力学の中で収奪してきた美術品などが主な対象となる。これらのコレクションを植民地主義の歴史に由来するものとして、収集や管理、利用の倫理的妥当性を過去に遡って点検する。ミュージアム・オブ・マンの例に見たように、収集品である遺骨や聖遺物などを共同体に返還したり、植民された側の視座から展示内容を語り直したり、先住民など植民地主義の対象となった当事者を組織運営で決定権をもつ役職に登用したりするといった方法によって、「植民地の歴史を脱する」ための改革を行う。例えば、二〇一五年のアメリカの美術館のデータを見ても、企画、修復、教育、館長や理事職などの専門職にヒスパニック系を含めた非白人が占める割合は、それぞれ一割にも満たない。つまり、「先住民美術を先住民が扱う」という状況は、ほとんど存在していないのである。

ミュージアム・オブ・アス、すなわち「われわれ」を含意する語への名称変更は、その一環であり、ミュージアムの変化を象徴的に示す方法だった。ラッセルに代わって二〇一九年に主任に着任したチョクトー族の先祖をもつチカソー族のブランディ・マクドナルド（Brandie Macdonald）がリードしたようだ。[5] その手続きもまた議論を経て決定する開かれたものであった。例えば、理事会で承認を得たあとも実際の変更まで二年ものあいだ、「Museum of Humankind」、「The Human Experience」、「Museum of Us」の三つの最終候補に関して議論が交わされてきた。このプロセスも巧みだ。公の議論に人々を巻き込むことで、地域社会にとってこのミュージアムは「自分事」となっていく。最終的に選ばれた案が「われわれ＝Us」を含むものになったことも、人々の心情を示唆している。

図12-2　ミュージアム・オブ・マン「人種」展キーヴィジュアル

同館が博物館にまつわる植民地主義や人種問題について省みるきっかけは、二〇一一年の特別展「人種――われわれはそれほど違うのだろうか？（Race: Are We So Different?）」を開催したことだった。アメリカ人類学会が企画し全国を巡回した展覧会で、自然科学から人文学までをカバーしつつ、人種概念について多角的に省察したものだ。本展の新しさは、科学的な「人種」概念に拠りつつも、人種を対立的なものではなく一つに融和すべきであることを前面に打ち出した点である。図12－2のキーヴィジュアルに、そのことが明示されている。「人種」概念がはらむ人種差別、植民地主義の歴史に由来する恣意性や、その概念的有用性への疑念に関しては、近年では自然科学者からも多くの指摘がなされており、例えばハーヴァード大学（当時）の内科医学者カトリーナ・アームストロングは、アメリカ科学振興協会年次大会で「人種は欧州の科学者が植民地支配や奴隷制を支えるために政治的意図をもって発明した概念」だと述べている。[6] 多くの人種論は肌の色によって人間を三〜六種に分けるという前提に立っており、DNAとゲノムによってそれ以上の複雑な基準を用いると、現在の生物学の見地からは「人種」という概念は意味をなさない、という指摘が大勢を占める。その一方で、人々は「人種」という概念を内在化し、フォーマルかインフォーマルかと問うことなく多くの場面でそれを利用しており、そこから区別や差別が起こる。だからこそ、科学知を対象にした人文社会科学的見地からの批判的視座が肝要なのである。[7]

「人種」展は、こうした射程を有し、人種概念への批判的見解を踏まえつつ、社会的に差別を受ける立場にあるマイノリティを包摂する視座を提供する先進的な取り組みだった。ミュージアム・オブ・アスでは、現在でも一部の展示を常設展示にしている。

変名の議論について補足すれば、「マン（man）」という語の男性性を問題とする声は内外からあがっていたという。この語彙は、広く「人間、人類」を意味すると同時に、「男性」のみを指す言葉だ。言語の構造がはらんでいるこの**家父長制**的な排他性・序列がしばしば批判されてもきた。こうした意見が実にミュージアム・オブ・マンの名づけ直後の一九四〇年代にさえすでに聞かれていたというが、現在に至るまで名称変更の決定的な推進力とはならなかった。このことは、性差別解消という論点が一種の副次的地位に置かれたままであることを示唆してもいる。「ミュージアムの脱植民地化」だけでなく、博物館という歴史を語る装置をジェンダーの観点から見直して省みること、いわば「ミュージアムの脱家父長制」もまた求められていよう。[8]

日本における博物館の脱植民地化

ミュージアムの脱植民地化は、日本社会にとっても目下考えるべき課題である。北海道の先住民アイヌの歴史について語り継ぐ国立アイヌ民族博物館を含めた複合施設「ウポポイ（民族共生象徴空間）」が、二〇二〇年、北海道白老町に開館した。基本構想によれば、アイヌ文化の復興と発展を通じて「先住民族の尊厳を尊重し、差別のない多様で豊かな文化を持つ活力ある社会」を築くことを旨

図 12-3　ウポポイの「慰霊施設」。博物館や伝統的コタンから離れており、通常の観覧ルートからは外れている（筆者撮影）

に、世界各地の先住民や研究者と連携して民族に関わる課題の解決を目指すものである。[9] ここでは「アイヌ語」を第一言語と象徴的に定め、またアイヌ語内部の多様性も尊重することを打ち出すなど、民族博物館が多くない日本においては、民族の語りに関する画期的な展示を有した民族博物館である。数少ない国立のミュージアムとして八番目のものとなるが、第10章で説明したように、政治の領域でも民族差別や排外主義が目立つ中では、官制事業がこのような融和的な姿勢を示すのは意義深いことである。

一方、注視すべきは、そこでの遺骨の扱いである。明治以降、人類学者や医学研究者たちはアイヌ遺骨を研究のために収集してきたが、東京大学、京都大学や東北大学などを含む全国の大学には現在もそのコレクションが残存している。最大規模のコレクションは、北海道大学にある。二〇一八年の文部科学省の調査によれば、全国の大学には個体ごとに特定できたもので一五七四名分のアイヌ遺骨が保管され、その大半の九四二名分が北海道大学にあるという。また、二〇二二年実施の文化庁調査では、全国のミュージアムに一三六名分の遺骨が保存されていることが明らかになっている。『北海道新聞』の二〇一六年の調査によれば、中函館市立函館博物館など、北海道の三五施設に一六名の遺骨が収集されている。[10] こうした状況下、新設されたウポポイにもまた遺骨を収集する機能がもたされている。

遺骨収集の過程では、学者たちが墓を暴いて盗掘したことが明らかになっている。学者自身の手記にさえアイヌの目を盗んで掘り起こし、住人たちに気がつかれたため言い訳をしたと記された記録からは、当時の研究倫理が窺い知れよう。[11] しかし、先に触れた二〇一八年の文科省調査は、翌年四月の最終報告では「発掘・発見された時期・経緯等」の項目で、全体の一四%にあたる「墓地改葬」の項目を除いて墓に関する説明は何も記されておらず、割合が最も多い約五七%が「発掘された遺骨」、一九%の「発掘・発見された経緯が不明の遺骨」など、表現がぼかされていて判然としない。このいずれかに盗掘を含めて墓から取り出したものが入っていると思われる。発掘された人骨の扱いにおいては人種によって差がつけられ、発掘や工事などで墓地が発見されると、和人の体は改葬するが、アイヌの体は収集するのが慣例であった。「遺体」なのか「検体」なのか、植民地支配に基づいて人種に露骨な序列がつけられていた。これはアメリカにおける白人と先住民の扱いと同様のものである。[12]

大学における遺骨の扱いにも倫理的な問題があった。一九九五年、北海道大学文学部において「旧標本庫」と呼ばれた講堂の一角から段ボールに入って放置されていた人骨が発見される事件があった。すでに定年退職した文学部教授が管理していたもので、古人骨ではなく、同時代の朝鮮系、北方先住民ウィルタ系、和人ないしアイヌだったと見られている。この「北海道大学文学部人骨事件」に対するアイヌらによる抗議や周知は、遺骨問題の取り組みが進むきっかけとなった。[13]

また、同大学医学部では、北海道ウタリ協会の働きかけで「尊厳のある慰霊」を行うためアイヌ納骨堂が建てられたが、そこで「安置」されるべき遺骨が部位ごとに分けられていたこと、つまり人間をモノ扱いしてきたことが発覚し、批判を受けた。[14] 二〇一九年、北大は「本学で保管」していた方法については謝罪した一方で、盗掘も含めて当時の法律に照らせば違反はなかったという見解を公にし、骨を収集したことや盗んだことへの謝罪は拒否している。[15] これに対して各種アイヌ団体は返還を求めて裁判をしてきた。その結果、二〇一六年三月に初めて法的な和解が決まり、杵臼コミュニティへ一二名の遺骨が初めて返還され、その後も少しずつ返還事例は増えている。

しかし、研究対象としての扱いは、その間も続いている。二〇一八年にも札幌医科大学などに保管されている遺骨一一五体を使った研究論文がアメリカ自然人類学会で発表されたが、実は同学会やユネスコや各種政府が定める研究倫理規定では、検体使用の同意はそのつど何度でもとる必要がある、と定められているため、これらに違反した行為だったのだ。前年にも一部のアイヌが公に懸念を伝えていたにもかかわらず、研究チームはそれを無視する形で、一〇年以上前に北海道アイヌ協会から一度だけとった同意を主張の根拠に学会に申告して論文を発表したのである。同大学は遺骨の利用に反対する意見を聞かなかったことで問題が大きくなったことを認めているが、ここには対話型の解決案は見られない。[16]

先に述べたとおり、ウポポイには遺骨を集める機能が与えられている。展示施設地区とは少し離れた山の上に「慰霊施設」がつくられ、二〇二一年末までに一二八七体もの遺骨が移管された。しかし、この施策を疑問視する声も大きい。コタンの会の副代表・葛野次雄氏は、アイヌ民族にとっての

「慰霊」とは土葬して草木をそのままに、墓石も建てず、静かに休ませるものだと主張し、ウポポイにおける遺体安置の方法の非アイヌ性を批判した。ウポポイの遺体保管場所はアスファルトでできたもので、法的に見れば国土交通省が管轄する「観光施設」の一部であり、会からも許し難いことだと声があがった。その上、ここに収集された遺骨は、今後も研究に利用することが手続き上、可能となっている。その点では「尊厳ある慰霊」の名で起こった「コレクションの集約」と見ることもできよう。先の研究者たちの態度からすれば、当事者がこのような疑念を抱くのも当然である。

第一義的にはアイヌ集落に返還されること／帰郷する（repatriation）のが筋である。ここに再埋葬するのなら、盗掘や大学などでの研究者の不誠実な対応といった過去の過ちについて当事者に納得してもらった上で、アイヌの習俗に沿って現共同体や権利団体に敬意を払いつつ、彼らとともに進めるのが最低限守るべきことであろう。研究や教育上の意義は、このことを前提にして議論すべき事項である。モノではなく人として扱うというきわめてふつうのことが守られるべきであり、遺骨は「再人間化」されなくてはならない[17]。

他方で、政府の進め方にも不備が目立つ。ガイドラインでも「個人が特定される遺骨」のみを返還の対象としているが、これはわずか数十名にすぎない。さらに残りの遺骨はウポポイに集約した上で、返還の申請を受け付け、慰霊を「適切に」行える団体かどうかを決めるというが、その手続きのすべてを行うのは政府である。当事者はおろか外部からの意見も取り込めない不透明な構造になっている。二〇一八年五月に出された報告書では、次のようなことが説明されている。返還する側が情報を提出しなければ申請できず、それにもかかわらず六ヵ月以内というきわめてタイトな日程が設定され、間に合って申請できたものだけが返還され、それ以降はすべて慰霊施設に送られる、というのだ。一つの要因は、報告書でかねてより強調され続けていたように、二〇二〇年の東京オリンピック開催に間に合わせるためだと見られている。この事業に二〇〇八年から「アイヌ政策推進会議」などの会議体を中心に進められてきたが、メンバー構成もアイヌ当事者が圧倒的少数（一四名中二名）だった。外部の多数派を中心として、過去の負の歴史の反省や当事者への敬意を見せないような態度で提案し、進める「民族共生」とは、いったいどのような結果を生むのだろうか。テッサ・モーリス＝スズキは、この一件についてていねいに評しつつ、「民族共生という演出」や「うわべだけの多文化主義（cosmetic multiculturalism）」に終わらないでほしい、と論じた。[18]

人間を展示する行為の倫理やその歴史がもつ繊細さも、考えておきたい論点だ。同園には「伝統的コタン」という伝統家屋を再現した野外博物館のセクションがあり、そこではアイヌのかたがたが工芸制作や芸能などを実演している。この民族文化の実演は、機能的な言い方をすれば、一種の生態展示である。二〇二二年八月に訪れた際には実演を見せていただいたが、イベント時を除けば、基本的には無言で演じているものを来館者が流れるように見ていくものとなっていた。スタッフが促して人の流れをさばいていたことからも、その鑑賞の仕方は公式に認められたものであることがわかる。

前章で触れたように、民族文化の展示には、人間の序列の根拠とされた植民地主義的暴力の歴史があること、またそれが「人を展示する」という形式自体に紐づいていたため、こうした行為についでは注意深くあらねばならないだろう。

日本においても、「人間動物園」と批判されてきた「人間の展示」はたびたびなされていた。一九〇三年に大阪・天王洲では、内国勧業博覧会の正面外に「(学術)人類館」と呼ばれる施設が登場し、「アイヌ七名(内女二名)琉球人二名(女)生蕃タイヤル種族一名(女)熟蕃二名(男)台湾土人二名(男女)マレー人二名(男)ジャヴァ人一名(男)印度人七名(内女二名)トルコ人一名(男)ザンジバル島人一名(男)」の二六名が有償で雇われて衣装などの風俗を見せた。[19] 勧業博の公式企画ではなく、実業家・西田正俊によるもので、帝国大学理科大学に人類学教室を立ち上げた坪井正五郎が、両者の利害が一致する形で合流した。それによって見世物ではなく学問的意義があり教育目的であるという名目がついたが、名称に「学術」があとからつけられた経緯に、建て前であることが垣間見える。

公開後には「人類館事件」と呼ばれ、議論を呼んだ。自国民の見世物化に抗議した清国や大韓帝国の声を受けて、朝鮮人女性が「解雇」された。また、『琉球新報』は琉球人の展示を激烈に批判したが、その理由には、自分たちが「アイヌ視」されたことや、遊郭のジュリ(娼妓)が「琉球の貴婦人」と謳われて展示されたことが「劣等の婦人を以て貴婦人を代表させる」行為であることを挙げている。ここには他民族嫌悪、女性蔑視、職業差別が認められるが、貶《おとし》められた者がさらに劣位の者を定義し、差別が連鎖するという構図があり、人をカテゴリー分けして序列をつけること、それを展示で示し、大衆に向けて教育して認知させることの危険性が顕著に表れている。[20]

「場外余興」の学術人類館は植民地主義的なイデオロギー装置というよりも見世物的性格が強いものだったが、坪井はこれを発展させ、上野公園で開催された一九一二年の拓殖博覧会で主体的に企画を

図 12-4　拓殖博覧会における「人間の展示」

立て、民族を総覧する植民地主義的な「人間の展示」を万博公式のものとして開催する。「土人部落」という名の区画に「〔台湾の〕生蕃、ギリヤーク、オロチヨン、樺太アイヌ、北海道アイヌ各種族」一八名を住まわせて日常生活を見せた。「ネイティヴ・ヴィレッジ」として各国の博覧会で知られた様式が日本で本格的に実現したものである[21]。「人間動物園」を再び繰り返さないためには、どうしたらよいのか。国内の歴史においても民族間の序列を示すために「人間の展示」がなされた歴史を踏まえれば、ウポポイで実現していた、「展示」されたアイヌの人々を観光客が見て楽しむという行為の非対称性や暴力性には敏感であるべきだろう。「伝統的コタン」の企画の制作過程や実施意図、実演に関わっているかたがたそれぞれの思いや背景など、現場で何が起こっていたのかについて私が知ることは少ない。ただし、言えるのは、現時点までに、その形式自体に関する大きな批判や懸念、忌避感の声があがっていないことだ。ウポポイが目標に掲げる「アイヌ文化の復興と発展」を支える「研究と教育」への尽力が、遺骨問題や「人間の展示」などに見られる民族差別の解決を阻害してはならないだろう。

ウポポイは、非アイヌとアイヌ、また多様な立場のアイヌ当事者のあいだで意見を交わす健全なコミュニケーションのための「空間」になることができるのだろうか。日本社会は「民族共生」を謳う国立博物館の開館を、日本の歴史が有する負の遺産と向き合い、植民地主義から脱する好機にできるのだろうか。日本社会においてもまた、まさに博物館の脱植民地化が問われている。

ミュージアムで進む文化財の返還

先住民の遺骨や聖遺物に関わる倫理問題と並んで、ミュージアムと植民地主義の共犯関係を端的に示すのが、文化財の所有権と返還の問題である。

一九九〇年代には、アメリカやカナダ、オーストラリアなど、先住民族が住む多くの国々で遺骨返還の議論が高まった。それらを受けて、二〇〇〇年代以降、アフリカやインド、インドネシアなど旧植民地諸国では、旧宗主国に対して**文化財返還**を求める声が大きくなる。その多くは西側諸国の先進国に向けられたものだ。近代化して国民国家を樹立する際、多くの地域では政府機関として国立のミュージアムが創設された。文化財の収集およびミュージアムとは、内政的には国民の文化的なアイデンティティを基礎づける手段であり、外政的には諸外国に文明化の度合いと威信を示すための道具であった。一方で、コレクションを形成する過程には、戦争による略奪や、法や管理体制や倫理規範が脆弱な中での盗掘、合法であれども対植民地などの非対称な力関係での不平等取引（条約、売買）などもあった。このように、歴史的な観点から遡って、現在と未来の所有のあり方、研究や教育での使い方など、ミュージアムやコレクションについて省みる議論が進んできたのである。

これらは国家間の外交的課題として取り組まれる性格も強い。そのため、ミュージアムや政府機関を調停する場は、国連機関のユネスコなどが中心となって進んできた。一九七二年に出され、盗まれた文化財の取引を禁じた文化財不法輸出入等禁止条約に始まり、[22]議論は現在まで続いている。ミュージアム部門の国際博物館会議ＩＣＯＭの二〇一九年京都大会でも「ミュージアムの脱植民地化」が活発に議論された。そこへ来て、二〇二〇年以降の反人種主義運動の高まりは、より具体的な変化をあと押ししたのである。

アメリカ合衆国では、メトロポリタン美術館とスミソニアン協会という大きなミュージアム機関での美術品返還が大々的に報じられた。

メトロポリタン美術館は、二〇二一年一一月、返還の気運の中、世界に先駆けてベニン王国から流出したコレクションを返還することになった。[23]返されたベニン・ブロンズは、イギリス進駐軍に略奪されたのち、大英博物館、ラゴス美術館や商人の手を経て、一九九〇年代にアメリカのメトロポリタンへと収集されたものだ。[24]

「ベニン・ブロンズ」と呼ばれる細工板は、現在の文化財返還運動を象徴する存在となっている（図12－5）。由来となるベニン王国とは現在のナイジェリア南部にあった国で、今日の「ベナン共和国」とは別である。一八九七年、イギリス陸軍がベニンシティーを討伐した際に奪ったものであり、すなわち帝国主義・植民地主義に基づく「略奪」の記憶を象徴するものである。[25]英国人殺害に対する報復として始まったこの討伐は、現地での女性への性暴力や子どもらを含む民衆への虐殺、さらなる報復を恐れたために焼き討ちによって殲滅を図った悲惨な事件として記憶されている。その中で、宮殿を破壊した上で一万点超ともされる数々の宝物が奪われた。その約四割が大英博物館へと収集され、残りは討伐にかかった費用の穴埋めのためにミュージアムに売却されて、多くはベルリン民族博物館などドイツ国内に残されている。[26] 一度大英博物館に収集されたものが、散逸や闇市場などでの取引を経て各国のミュージアムのコレクションになったものも多い。[27] 大英博物館（The British Museum）の返還拒否について鋭い批判の目を向けた『野蛮な博物館たち（*The Brutish Museums*）』（二〇二〇年）の著者である考古学者ダン・ヒックスによれば、地域の博物館や大学博物館にも把握されず、散逸しているものも多いという。[28] 皮肉なことに、ベニン王国からの略奪品が欧米の美術館に収集されたことは、ヨーロッパにおける初期のモダニズム芸術運動に影響を与え、その結果、過去には単に好奇の対象とみなされてきた西アフリカ美術の再評価に結びつき、「西洋」における市場や美術館所蔵品としての価値高騰に貢献することになった。

また、ベニン・ブロンズは王宮の壁を飾るものであ

図12-5　メトロポリタン美術館が返還を決めたベニン・ブロンズ。「ブロンズ（青銅）」と呼ばれるが、真鍮との合金

るが、神王オバの活躍など、王国史において重要なイベントを伝える絵解きにもなっており、つまりは正史を語る歴史画でもある。その意味で、ベニンにルーツのある人々にとって、返還は「奪われた歴史を取り戻す」という単にモノが返却される以上の象徴的な意味を含んでいる。

メトロポリタンとほぼ同時期にスミソニアン協会では、次のように返還が進んだ。スミソニアン協会は、倫理的返還の作業部会（Smithsonian's Ethical Returns Working Group）を組織して、半年間の点検計画を立てた。協会に所属するミュージアムがもっているコレクションの由来を調査し、情報を整理したあとに返還を実施する、という段取りだ。[29] 二〇二一年一一月にはスミソニアンのアフリカ美術館で展示中のベニン・ブロンズを引き下げ、翌年三月九日にはナイジェリア政府に二九点のブロンズを返還することが発表された。これがスミソニアン博物館における初の文化財返還となる。[30]

スミソニアンの返還に関する協議は、ナイジェリア政府機関および国立ナイジェリア博物館・記念碑会議（Nigeria's National Commission for Museums and Monuments＝NCMM）との共同で進められ、現実的な路線がとられた。コレクションは所属、すなわち所有権の上では「返還」されるが、まず所有者であるナイジェリアの美術館で展示したあと、スミソニアンに「長期貸し出し」するという形をとる。その際の展示はナイジェリア側による企画とすることで、使う「主体」をはっきりと公に示す。この方法は、元宗主国側の博物館収蔵庫や展示室が空白になるという現所有者やコレクション利用に関わる人々の懸念を払拭しつつ、同時に原産国の展示教育・文化教育の機会を維持し尊厳を守るものである。

二〇二〇年以降の返還運動と脱植民地化は、フロイド事件以降の黒人や先住民への人種差別に対抗するブラック・ライブズ・マター運動の高まりと連動して進んだ。それはマイノリティグループの観点からスミソニアンの歴史を振り返ると、より立体的に見える。初期には、ウクライナ系ユダヤ人移民のウォレン・マレー・ロビンス（Warren Murray Robbins）が一九六四年に創設したアフリカ美術館が一九七九年にスミソニアン博物館に登録された。[31] 一九九〇年制定のアメリカ先住民墓地保護返還法（NAGPRA）がミュージアムに結実したのが、二〇〇四年のスミソニアンのアメリカン・インディアン博物館の創設である。二〇一六年には、同じくスミソニアンにアフリカ系アメリカ人の歴史部門のミュージアムが設立された。そして、二〇二〇年、フロイド事件以降、BLM運動で揺れ、パンデミック下で扉を閉ざす中、スミソニアンは返還計画を発表。二〇二一年一一月には、メトロポリタン美術館が実際にコレクションをベニンに返還する。[32] スミソニアンは、その後、六ヵ月の点検を経て、二九件のコレクションの返還を発表した。

さらに同年一二月には、二つのグループを主題としたスミソニアン博物館の建設を決める法案が議会を通過した。女性史博物館とラテン系博物館である。前者は一九九六年から、後者は二〇〇四年から開館に向けた活動が続けられてきたが、ここへ来て結実した。[33] 二〇一五年に議会に提出されていた「アジア系・太平洋系」のミュージアムにまつわる法案は二〇二二年四月に可決し、五月のアジア系太平洋諸島系月間に計画が進められ、アジア系初の副大統領カマラ・ハリスが式辞を行った（彼女はアフリカ系、女性としても初の副大統領。本書の刊行時（二〇二四年一〇月）には民主党の大統領候補となった）。ここからLGBTQ＋や障害者の歴史・文化に関する取り組みがスミソニアンで形になるのは、いつのことだろうか。[34]

ユニバーサリズムの暴力

ヨーロッパでの返還の取り組みも見ていこう。フランス政府は、二〇一七年にマクロン大統領が宣言してから、セネガルやナイジェリア（ベニン）に数十点を返還してきた。[35] 二〇二一年二月、オランダ政府も、自国植民地下で盗まれた略奪品を返還することを決定した。[36] 六月にはドイツでも、返還を進める法案が連邦下院議会を通過している。

その一方で、大英博物館およびコレクションを共有するヴィクトリア&アルバートミュージアム（V&A）は、返還やその議論に対して消極的な構えを崩していない。いったいなぜだろうか。博物館が公式に主張する根拠として、適切な方法による文化財の保護と保存および公開をするための「唯一の機関」であるから、という説明がある。しかし、これは実はコレクションを「保持」するための法的根拠に手をつけたくないための戦略的な言い訳である、という批判がある。[37] 英国では修正条項によって法律を更新していくが、特殊な例を除いてコレクションは永続的に移動させないことを定めた大英博物館法は、いまだに一九六三年のものが維持されている。ひとたび開くと目玉となるコレクションが次々と返還される、と恐れているわけである。

こうした「われわれのように力のあるミュージアムに置くほうが文化にとって意義がある」という主張の最たる例は、二〇〇二年の「普遍的博物館の価値と重要性に関する宣言（Declaration on the Importance and Value of Universal Museums)」である。文面を読んでみよう。

世界中の公共美術館に収蔵されることで、ギリシャ彫刻が人類全体にとって重要な存在であることが示されました。同時に、現代社会にとって永遠の価値をもつことも示されたのです。さらに、それらの作品が、他の偉大な文明の産物と直に並べられて鑑賞されたり研究されたりするようになることで、〔孤立している状態よりも〕ギリシャの美学をよりいっそう強く感じさせるものになるのです。[38]

この宣言は、ルーヴル美術館、メトロポリタン美術館やボストン美術館、ニューヨーク近代美術館やグッゲンハイム美術館など、世界を「代表」する名だたるミュージアムが二〇〇二年に連名で出したものだ。宣言の中では、文化財をミュージアムで研究し、複数の文明を総合的に関係づけながらその価値を証明することや、ミュージアムに保存して文化遺産を後世へと永続的に伝えることが社会の公益、ひいては人類全体の普遍的な価値になることが主張されている。「ミュージアムで文化を守るべき」というのは一見順当にも思えるが、当時から「植民地主義的」と批判の声が起こった。

背景には、高まりつつあった返還要請に対する牽制があった。文化「遺産」は人類普遍の価値であり、公益性は大英博物館のような大型ミュージアムでこそ担うことができるのだというユニバーサリズム（普遍主義）の主張は、実際には民族＝国民国家（nation state）という枠組みに基づいて文化「財」を占有・私有する隠れ蓑になっているのではないか、という疑いがある。すなわち、「ユニバーサリズムの暴力」が宣言には見え隠れするのである。これはコスモポリタンな主体が「統一すべき道理がある」と前提することで、地域や共同体に固有のローカルな価値観を搾取しようとする構造の問題点である。これは、しばしば「コスモポリタニズム対ローカリズム」の図式で理解されるが、問題は価値観の質ではなく、ある立場から見た「善」を構造的強者が暴力的に押しつけるコミュニケーション構造のほうにある。

同館を含めて、目杯「世界の偉大な一八のミュージアム」で構成される定期会合ビゾット・グループでは、ディレクターなど運営レベルの関係者たちが時世の関心事について意見を交わしてきたが、宣言はこの会合で起草されたものだ。大英博物館のサイトに掲載された文言をそのまま引用すれば、「コレクションの原産国からの返還要求が引き起こす普遍的なコレクションの統合に対する脅威の問題」を話し合った二〇〇一年一〇月のミュンヘン会議が、宣言の始まりだった。[39] 当時の大英博物館館長ニール・マクレガーは、「この宣言は、世界有数の博物館や美術館の館長が共通の価値と目的について発表した前例のない声明である。〔返還によって〕このようなコレクションが減少することは、世界の文化遺産にとって大きな損失となるだろう」とも述べている。[40] 返還されて原産国のミュージアムのコレクションになることは「減少」であり、「世界の文化遺産にとって大きな損失」だとでも言うのだろうか？　当時ユネスコのミュージアム部門ＩＣＯＭ倫理委員会のジェフリー・ルイス委員長は、宣言を擁護して、「この宣言の真の目的は、これらの博物館の収蔵品の返還要求を元に、より高度な免責を確立することだった」と述べた。しかし、万物を一つのところに集めんとする普遍的な目的があれば返還要求や過去の責任から免除されると考えるのは論理のすり替えである。また、そもそもこれは世界で最も裕福な博物館グループの宣言であって、国際博物館コミュニティでさえ代弁できていいるわけでもないはずだ。[41]

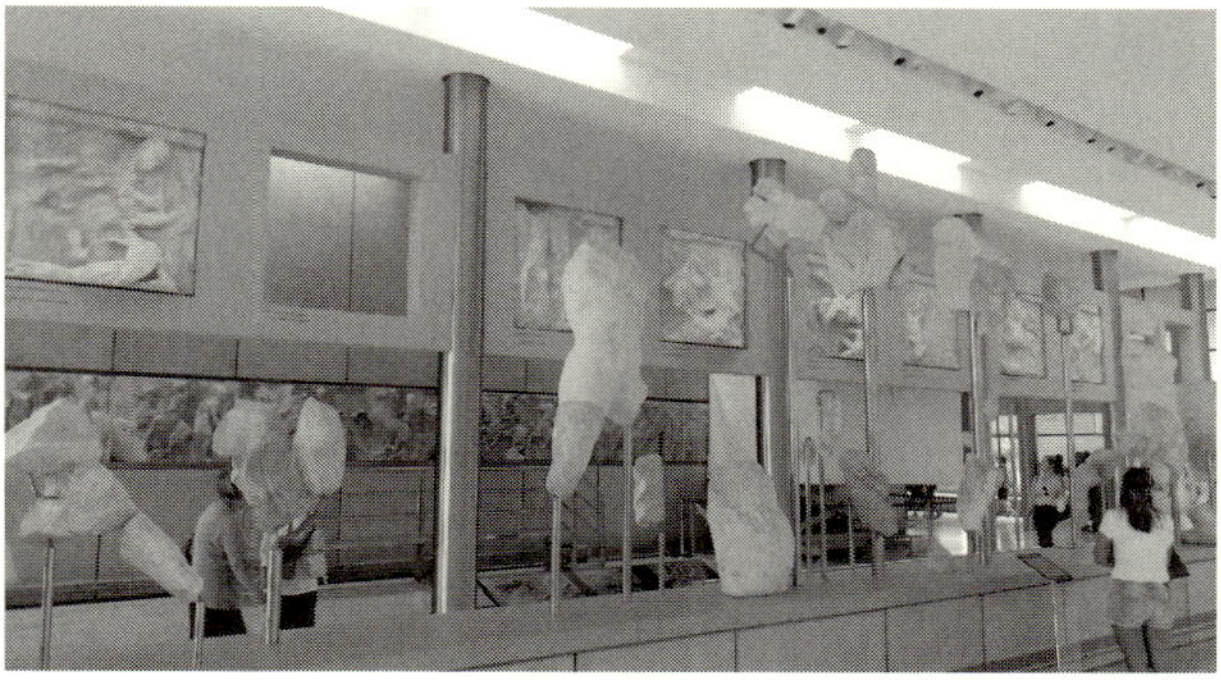

図12-6　大英博物館からの彫刻帰還を待つパルテノン・ギャラリー（© Azriv Stepanian）

世界をリードするミュージアムが、より高次の価値と決めて「普遍性」を押しつける傲慢さについて最も知られている例は、パルテノン神殿彫刻の返還拒否の一件である。当時駐トルコ英国大使であったエルギン卿は、一八〇二年から約一〇年もの期間をかけてパルテノン神殿から大理石彫刻群を削り出し、英国に移送した。[42] 大英博物館へと移築されたこれらの彫刻群について、ギリシャ政府は再三返還を求めてきた。とりわけ一九八一年のEU加盟以降はユネスコもそれを支持して決議を繰り返して勧告し、国際世論が返還要求をあと押しするようになった。それでもなお英国政府と大英博物館は返還を拒否し続けているのが現状である。ここでもやはりコレクションを適切に扱えるのは当地よりも大英博物館なのだ、という主張がなされる。

　これに対して、二〇〇九年ギリシャはニュー・アクロポリス・ミュージアムを開館した。発掘現場の真上に建設されたこのミュージアムは、考古学と美術史を結びつけて研究・展示教育・保護や保存を行うための申し分のない施設となっている。つまり、「ギリシャには返還すべき適切なミュージアムがない」という大英博物館の主張をはね除けるに十分なものだ。その一角にあるパルテノン・ギャラリーでは、実際のパルテノン神殿での方位にぴったり合わせて展示が設計されており、削り出された彫刻が返還されればただちに展示室内の枠にはめ込むことができるようになっている。オリジナルの大理石像と「大英博物館やその他の外国の博物館に保管される」石膏レプリカ像が展示されている、と公式サイトでも明示している[43]。レプリカの部分は、他とは異なる純白を放つ。意図的に光り輝く白色で制作されたと解釈するのは、あまりに穿った見方だろうか。強い白色は古代に造られたオリジナルのくすんだ白とはまったく異なり、そのコントラストがコレクションの来歴を雄弁に伝えている。

大英博物館側の懸念には、コレクションに占める略奪品の割合の高さがあろう。例えば、欧米のミュージアムにあるオーストラリア先住民アボリジニーに関わるモノ約一〇万点のうち、およそ三万二〇〇〇点を同館とV＆Aで所有しているという[44]。ベニン王国からの収集品も九〇〇点にのぼる。しかし、オランダ国立の世界文化圏博物館のコレクションでは、全四三万六〇〇〇点のうち約四割が植民地――主にインドネシア――に由来するものであり、オランダ政府が返還を決めたことは大英博物館にも影響するだろうか。

大英博物館のこの態度は、実は民意とは大幅にずれたものである。一九九八年のＭＯＲＩ統計調査では、四割近くのイギリス国民が返還を望んでいることが判明した。それ以降テレビや新聞などで行われた各種調査でも、問題が知られるにつれ、支持する意見が徐々に高まっているようだ。リベラル系の『ザ・ガーディアン』紙による二〇〇九年の調査では、実に九五％が賛意を表したほどである[45]。コレ

大英博物館は、近代の黎明期に先駆けてミュージアム空間をパブリックへと開いた存在である。コレ

クションのあり方の決定をパブリックに委ねるのかどうか、この意味では近代とともに歩んできたミュージアムのあり方が問われているのである。

確かに、大英博物館が主張するように、文化財保護の制度・機構が整っていない政府や機関があることは事実であるし、文化財の棄損や紛失などのリスクを避けるための処置は重要である。ブラジル国立博物館、パリのノートルダム寺院や沖縄の首里城で起こった火災、川崎市市民ミュージアムや東日本大震災での水害や地震被害などが思い出されるが、災害時における文化財保護もまた、気候危機のリスクも高まる現在喫緊の課題である。[46] しかし、植民地由来のコレクションを宗主国で保持したり、学術や芸術文化などの公益事業に用いることとは、元の持ち主の利益と尊厳を優先した上で、当事者の理解と協力を得てなされるべきことであるのを忘れてはならない。ウポポイで見た遺骨の扱いと同様である。

「国家」を主語にして国際関係・文化外交の問題としてみなされがちな略奪品返還の議論だが、そこで置き去りにされるべきでないのは当該文化に関わる当事者・人々の声である。当然、ベニン側でもナイジェリア政府がその窓口として動いて改革は進むのであるが、現ナイジェリア国内でベニン系として暮らす人だけでなく、ベニン系にルーツをもって各国に住む人々や、ベニン系以外の「ナイジェリア人」など、立場やアイデンティティのありようは多様なはずである。国民国家や民族を主語にすることの限界も見据えつつ、歴史に学び、当事者と向き合いながら妥当な最適解を見出し続けるほかないだろう。

「みんな」で決める公共空間の使い道

博物館の植民地主義的な過去に対する反省・改革は、二〇二〇年以降、その歩みが一気に進んだ感がある。ここまで見てきたのは、民族博物館や美術館の歴史が有する植民地主義について反省し、現在と未来を見据えた改革を行う活動である。つまり、ミュージアムの植民地主義「を」解体してきた取り組みだ。本章の最後に紹介したいのは、ミュージアム「で」脱植民地化を進めてきた事例である。つまり、ミュージアムという制度を使って歴史の負の遺産に向き合う活動である。

一つ目の事例は、ニューヨークのアメリカ自然史博物館である。アメリカ最初期の博物館の一つで、年間来場者数五〇〇万超を誇るニューヨーク観光の目玉であり、『ナイトミュージアム（*Night at the Museum*）』（監督：ショーン・レヴィ、二〇〇六年）をはじめ映画やドラマに頻繁に登場するアメリカのミュージアムの「顔」として、地域住民だけでなくアメリカ国民に愛されてきた。その一方で、同館はアメリカ人類学の父フランツ・ボアズのシベリア探検調査をバックアップした、ミュージアムの植民地主義的歴史の正統でもある。

この博物館で興味深いのは、敷地内の正面玄関にそびえ立つセオドア・ルーズベルト大統領像をめぐって脱植民地化の議論を人々が進めたプロセスである。それは「展覧会を使って議論をする」という方法だ。

この像は、セオドアの父が博物館の創設者の一人であるなど、ルーズベルト家と博物館の強固なつながりを顕彰するために一九三九年につくられたものである。これに対して、歴史学者ジェームズ・ローウェンは全米各地のモニュメントを調査した一九九九年の著書の中で強く批判した。[47]セオドアは有色人種に対する白色人種の優越を主張するのを憚《はばか》らなかった人物であり、乗馬した大統領が左右に裸体の黒人と先住民を「動物のように」連れたこの像が（図12－7）象徴する彼の思想を自然史博物館が認めたことになる、と指摘したのだ。ハンター仲間でもあり、セオドアとともに博物館をバックアップした優生学者マディソン・グラントは、一九一六年の『偉大なる人種の消滅、あるいは欧州史における人種的基礎（*The Passing of the Great Race; Or, the Racial Basis of European History*)』で擬似科学的に人種の序列を論じ、セオドアの思想に影響を与えている。

図12-7　「高低が社会階層を示している」と報告書で指摘されたセオドア・ルーズベルト大統領像。作者のジェームス・フレーザーはアメリカ各地にパブリックモニュメントをつくった

優生学や人種主義という差別的で時代錯誤な思想を象徴するこの像への批判は、ブラック・ライブズ・マター運動やトランプ大統領就任を背景に二〇一七年頃から再び大きくなり、撤去の声があがっていた。

この像の立地が帯びる意味もまた、批判の的となった要因だろう。セントラルパークにも程近いミュージアムにあり、像は室内ではなく大通りに面した場所に立っている。この三重にも公共的な空間に鎮座しているという意味で、そのメッ

図 12-8 「彫像問題に取り組む／彫像を言葉にする（Addressing the Statue）」展パネル

セージの是非が問われた。

声の高まりを受け、ニューヨーク市公共景観局は、まず公聴会を開催した。初期の議論では、およそ半数の「即時撤去派」、次いで「検討存続派」、少数派である「現状維持派」に分かれた。[48] その結果、二〇一八年一月の公聴会が出したレポートでは、「高さはパブリック（公共の）アートがもつ暴力です。アフリカ人と先住民への支配と優勢を示しているでしょう。〔…〕当時の制作意図がいかなるものであっても、この彫像は現在のニューヨーク市で見る人にとって序列の構造を示すものです」と、その暴力性を批判する見解が明確に述べられるものとなった。

ここからがミュージアムならではの展開である。展覧会を使ったのだ。二〇一九年七月には、博物館の展示室で「彫像問題に取り組む／彫像を言葉にする（Addressing the Statue）」展を公開した。[49] それに先立つレポートでは合意を得たパブリック＝市民の見解がほぼ結論づけられていたが、そこからさらに、美術史やアメリカ史の学術的な見地から綿密な解説を付し、デザインや美的価値、そしてルーズベルト自身や当時の彫像にまつわる人種差別的な背景にも向き合うことで、現在の時点から再度その是非を問うたのである。アンケートなどの形で、展覧会に対する人々のさまざまな意見が集められた。また、その過程や展示内で解説された内容は「公」聴会でもプレゼンテーションされ、YouTubeを通じてウェブ上に「公」開されると同時にアーカイブ化されている。[50]

これは情報公開と意見集約の手段であり、無知に基づく印象論的な議論を避け、熟議を設計する方法でもあった。特にソーシャルメディアが普及した近年のアメリカでは、人種や歴史観などの話題については性急な暴論も起こりがちである。その状況において、アメリカ自然史博物館は透明性が高い健全なコミュニケーションを生み出すことに成功したように見える。ミュージアム流の人の巻き込み方であり、高い公共性を実現する設計であり、展示や動画などを利用してアーカイブ化することで、ミュージアム「で」パブリックをつくる巧みな方法であった。

展示は二〇二二年一月まで続いたが、二〇二〇年にブラック・ライブズ・マター運動が会期途中に拡大したことで、この件にもさらに光があてられることになった。二〇二一年六月二一日に、景観局は彫像の配置変更を決定した。翌年の二〇二二年一月二〇日に、八〇年間鎮座した歴史的な**モニュメント**は撤去された。展覧会は二三日まで続いたが、彫像撤去後のこの「空白の三日間」は、議論が未来へと続くことを象徴する〝モニュメント〟のようにも思われた。文字どおり〝記念碑的な〟日となったのだ。

話をする、言葉を貯める

脱植民地化をミュージアム「で」リードした、もう一つの事例として紹介したいのは、スミソニアンのアフリカ系アメリカ人博物館である。

スミソニアンは、アメリカ合衆国最大の博物館協会だ。連邦政府と強い協力関係にあり、連邦議会の発議で計画され、運営費のおよそ三分の二は連邦予算によってまかなわれている。このように、制度上も、また象徴的に社会へメッセージを発するという水準でも、スミソニアンのミュージアムや展示にはアメリカ社会が公に認めた「記録」や「記憶」であるという意味が与えられていよう。同協会には歴史、科学、美術などの各種部門があり、博物館で研究および教育を行っている。新たな部門の創設は、象徴的な意味だけでなく、その種の研究・教育が進み、アメリカ社会における正当性を担保して、後世に歴史を残すチャンネルを拡大する、という意味をもつ。

こうした意味で、初の「アフリカ系アメリカ人の歴史」をテーマにした部門のオープンは、大きな意味をもっていた。「スミソニアン・アフリカ系アメリカ人文化・歴史博物館（Smithsonian's National Museum of African American History and Culture）」は、二〇一六年に首都ワシントンDCの「モール」と呼ばれるワシントン大通り地区の中心、スミソニアン・アメリカ史博物館に隣接してオープンした。オバマ政権の最終年度中に間に合わせた公開となり、開館式ではブッシュ前大統領夫妻とオバマ現大統領夫妻が手を取り合う姿が象徴的に演出された。同時に、このタイミングは、人種差別や女性蔑視発言で知られたドナルド・トランプが共和党代表候補となった大統領選の真っ最中であり、「分断」時代到来の影を感じる最中にあって一筋の感動を呼んだ。

開館時から「対話」や「包摂」を象徴するメッセージを伝えていたこのミュージアムは、二〇二〇年にフロイド殺害事件が起こった直後にも、さまざまなアクションを起こした。その一つが、ウェブコンテンツ「人種について話す（Talking About Race）」である。これは、人々が「人種」という考えを顧み、見つめ直すために活用できる素材を提供するものだ。例えば「なぜ人種について話すことが重要なの？」という項目には、次のようなテーマで教材が提供された。

(1)誰もが人種に基づく自意識をもっています。
(2)人種的な自意識は人々の暮らしに強い影響を与えています。
(3)アメリカで暮らすとき、（良かれ悪しかれ）みんなが人種によって判断されます。[51]

「話し合うこと」で理解を深め、交流して、摩擦や差別の解消を図ろうという呼びかけであり、非常に実直なアプローチである。年齢や教育水準によらず幅広い層に届くような表現で書かれているのも印象的だ。五月二五日に起こったフロイド事件の同月中に公開され、その早さには驚かされたが、この迅速なアクションには、平和な抗議行動と同時に起こった暴動・略奪への強い反発、理解不足から来る混乱、政治的立場や思想の違いや人種のあいだでの対立などに対してミュージアムができる具体的な打開策を提供しようとする姿勢が表れていた。

このミュージアムが翌月に公開したウェブ展示「抵抗と希望の声（Voices of Resistance and Hope）」は、また別のアプローチをとった。これはパンデミックでミュージアムが閉館する中、「ヴァーチャル（仮想空間）ミュージアム」として公開されたもので、人々の「物語を集めるコミュニティ・プラットフォーム」としてウェブ上に公開された。

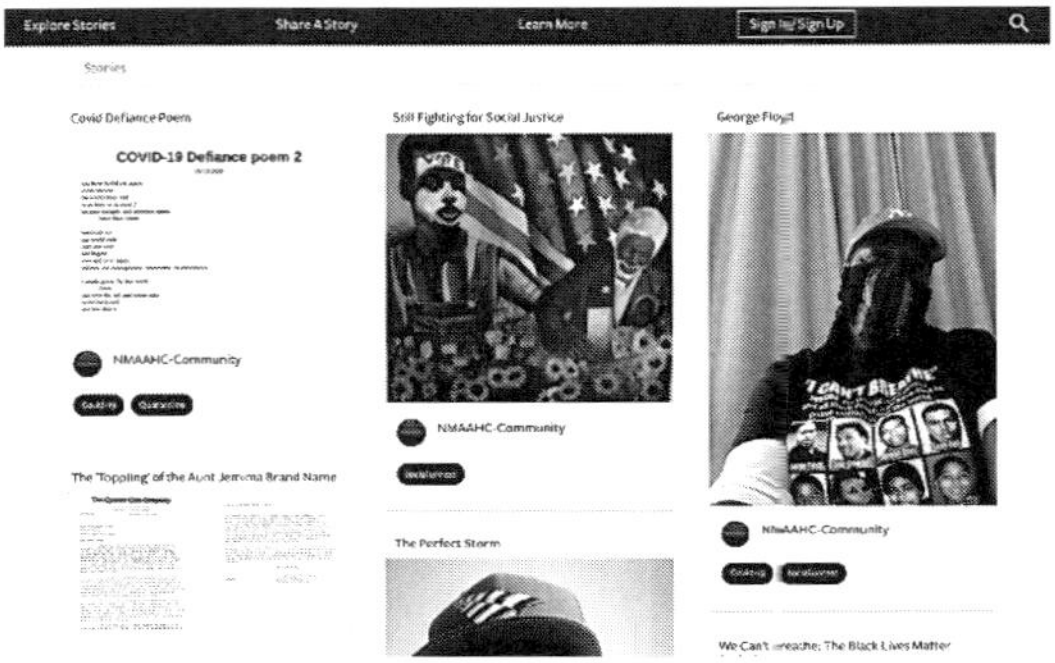

図 12-9　スミソニアン・アフリカ系アメリカ人文化・歴史博物館のヴァーチャル展示「抵抗と希望の声」。フロイド事件の翌月に公開された

日記や詩などのテキストから写真・ビデオなどの映像まで、メディアを問わず、一般の人々が当時抱えていた「物語」を収集したのである。ここには、憤りや怒りから、悲しみや後悔、励ましや喜びといったさまざまな感情が自由な方法で投稿されている。個人史を収集した一種の「歴史展示」でもあり、人々が疎外されたパンデミック下にオンライン・コミュニティをつくるものでもあった。その意味ではセラピー的な効果もあっただろう。ミュージアムは「人々をつなぎ、声を記憶する場」としての役割を果たしたのである。

アフリカ系アメリカ人文化・歴史博物館は、言葉による対話の場や、物語を共有するオンライン・コミュニティをつくり出すことで、パンデミック下の黒人人権問題に対応した。奴隷制という帝国主義・植民地主義の歴史に由来する構造的な格差と、それが生む摩擦に対して、可視化した声をミュージアムという空間で発信することによって「パブリック＝われわれ」の問題へと昇華する試みだったと言える。

植民地主義の歴史からミュージアム「を」解放すること。同時に、ミュージアム「で」社会に埋め込まれた植民地主義を解決すること。本章で見たミュージアムで行われていたのは、「かえりみる」

ところから始めるというアプローチだ。過去について反省し、語りを続ける。人々が集い、学び、言葉を交わし、声をあげる。ミュージアムは、歴史と現在をめぐって人々がコミュニケーションし、未来をつくる可能性を秘めた場なのである。

第13章　ＫポップファンのコンヴァージェンスなＢＬＭ
——ハッシュタグ・ハッキングと正義の荒らし

フロイド事件以後のハッシュタグ運動

ジョージ・フロイドが警官に殺された事件がブラック・ライブズ・マター運動を急速に拡大させたとき、ソーシャルメディア（ＳＮＳ）などインターネット上の空間もまた「現場《フィールド》」となった。興味深いことに、その一端を担ったのは、韓国発のアイドル、いわゆるＫポップのポップスターとそのファンたちだった。本章では、韓国アイドルのオンライン社会運動を見ていこう。

各ＳＮＳでは、ハッシュタグと呼ばれる「＃」をつけたキーワード機能を使って人々の声をつなげる運動が目立った。この機能を使えば、同じキーワードのついた投稿がまとめて表示されることになる。すでに紹介したアカデミー賞批判の「#OscarsSoWhite」や「#MeToo」、「#TimesUp」[1]なども記憶に新しい。これらを使った社会運動は「**ハッシュタグ運動**（hashtag activism）」と呼ばれる。

フロイド殺害事件の直後には「#BlackLivesMatter」（黒人の命も大切だ）のハッシュタグがＳＮＳ上を飛び交い、二〇二〇年五月二八日、ツイッターでは全世界で八八〇〇万という記録的なつぶやきが投稿された。[2] 翌週の六月二日、「#BlackoutTuesday」というタグとともに黒く塗りつぶされた画像を投稿することで、その日はイベントや仕事など、さまざまな活動を休止してBLM運動に注力しよう、というメッセージを示す運動も話題になった。[3]

ハッシュタグをハックする——Kポップスターとファンの抗議法

ところが、ただちに対抗する運動が起こる。「#WhiteLivesMatter」(白人の命も大切だ)や「#BlueLivesMatter」(青＝警官の命も大切だ)というタグでの大量の投稿も現れたのだ。「#WhiteoutWednesday」として白い画像を投稿してBLMのデモを嘲笑するような投稿もなされた。

しかし、これらのバックラッシュ(反動)的な差別的言動に対して、興味深い反応が起こった。Kポップのファンたちが、差別主義者たちが用いる「#WhiteLivesMatter」のタグで、各自お気に入りのスターの写真や動画を投稿したのである。インスタグラムでこれらのタグを検索すると、Kポップスターの画像が投稿を埋め尽くしている。タグ機能を使って表示される画像を奪ったのだ。こうしたタグの「ハッキング」によって、目を覆いたくなるようなヘイトスピーチの投稿はおびただしい数の美男美女の画像の中に埋もれることになった。

今「興味深い反応」と書いたが、Kポップファンにとっては何も驚くべきことではなかったのかもしれない。Kポップ界隈では、しばしばポップスターにも社会問題や政治的立場に関して積極的に発言することが期待され、高い人権意識をリードする役割が期待されている。[4] 例えば、アメリカでもチャートにたびたび登場するKポップ発のトップミュージシャンBTS(韓国語名：방탄소년단

(Bangtan Sonyeondan)／日本語名：防弾少年団）は、二〇一七年以来、ユニセフとのオフィシャルパートナーシップを結んで慈善活動に取り組んできた。二〇二一年五月の「アジア・太平洋諸島系アメリカ人文化遺産月間」のイベントではホワイトハウスに招待され、コロナ禍のアメリカで多発するアジア系へのヘイトクライムに対して反人種差別を訴えるスピーチを行っている。

ＢＴＳのオフィシャル・ファンコミュニティOne In An ARMYもまた、メンバーの声かけに応じてさまざまなキャンペーンを組んで社会活動を行う。ユニセフとＢＴＳが連携したことを受け、翌二

図13-1　#WhiteLivesMatterのタグで検索した結果（2020年7月24日）。アイドル画像に加えて、保守派・ヘイトを諫める箴言も混じる

〇一八年にＡＲＭＹ（ＢＴＳファンの公式ニックネーム）の一人がシリア難民支援のために立ち上げた有志の団体である。このときも、「#ENDviolence」、「#BTSLoveMyself」などのハッシュタグ運動がきっかけとなった。二〇二〇年五月のフロイド事件以後のＢＬＭ運動のため募った募金活動では、数週間で一〇〇万ドルもの寄付が集まり、ビジネスとファンダムが一体となって慈善活動が広がるという展開を見せた。近年では二〇二三年一〇月のイスラエルによるガザ侵攻後、ツイッター上でパレスチナ支援の声明を出している。ポップスターがファンを動員しながら社会運動が活発化しているのを見ると、ハッシュタグ運動でＫポップファンたちが声をあげたのは、むしろ自然なことにも思える。

社会運動に限らず、ソーシャルネットワークを通じてファンたちがつながり、参加しながら楽しむこと自体は、すでに一般的な光景である。ポップスターが社会正義などのメッセージで示したベクトルがファンダムの中で反響し、個々の活動が生まれる。消費活動が公共への市民参加となり、政治的な機能を果たす。こうした参加型文化のもつ力のことを、コミュニケーション学者ヘンリー・ジェンキンズは**コンヴァージェンス・カルチャー**（集合・収斂する文化）と呼ぶ。[5] ロックダウンされたコロナ禍で起こったＢＬＭ運動は、こうしたコンヴァージェンスな文化として活発に展開されたと言うことができる。

同じ時期には、日本でもオンラインで声があがった。二〇二〇年五月九日には、ツイッター上で「#検察庁法改正案に抗議します」と人々が声をあげるハッシュタグ運動が起こり、この頃から日本語では「ツイッターデモ」の名で知られるようになった。このとき多くの歌手や俳優が実名で声をあげて情報を拡散したことは、これまでにない現象だとも感じた。[6] 日本では、著名人が具体的な政権や政策について意見したり、とりわけ批判を公に発言するのは「当たり前」のことではなかったからである。ミュージシャンやタレントなどが公に意見を発すると、「芸能人は政治に口を出さないほうがよい」、「音楽や芸術に政治を持ち込むな」といった批判が起こり、そのためファンの支持を基礎とするタレントビジネスとしては、発言や態度が「政治的である」ことはリスクと見られてきた。しかし、ソーシャルメディアで抗議の声をあげる習慣が世間に広がったコロナ禍には、日本国内でもタレントが発言することも増え、彼らへの支持が可視化されて、人々のロールモデルとして積極的に受けとめられるようになってきたのではないだろうか。こうしたＳＮＳ上でコミュニケーションが「収斂」していくプロセス、つまりコンヴァージェンスな文化のプロセスを通して、ソーシャルメディアで有名人が「政治的な発言をする」ことも少しずつ普及してきたように見える。

ダラス市警vs.Ｋポップファン

ウェブ上で見られたＢＬＭ運動の現場を、さらに見てみよう。

運動の焦点の一つは、警察の暴力が黒人に偏って向けられる、という人種差別の構造だ。二〇二〇年六月初頭には、運動の具体的なゴールとして「警察機構を解体・再編しろ（defund the police）」という訴えが盛んになった。[7] 抗議活動の現場では、「警官隊対デモ隊」という構図で、警官や州兵が催涙ガスなどの兵器を使ってデモ隊を鎮圧し続けた。[8]

警察側もＩＴメディアのツールを使う。例えば市民の監視。テキサス州ダラスでは、市民同士の監視を促すスマートフォンのアプリを市警が導入した。アップル社に倣ってか、「iWatch」（watch は

図13-2　ダラス市警がiWatchへの投稿を呼びかけた2020年5月31日のツイート。投稿でデモ参加者を見つけにくくしよう、と呼びかけている

「監視する」という意味）と名づけたネーミングセンスはディストピア感が満載で苦笑いしてしまったが、抗議の声が高まる五月三一日、ダラス市警はツイッターの公式アカウントで、このアプリを経由してデモ隊の違法行為をレポートするよう呼びかけた。匿名が守られる、つまり「密告」できることも強調した。

警察機構が、逮捕前の被疑者の匿名性を守ることすらせず、「晒し」をも誘発するような呼びかけをソーシャルメディアで行ったことは、人々の怒りを買った。ツイッター上では辛辣な言葉で批判する声があがった。

ここでもKポップファンたちが行動を起こす。そう、先に紹介したファン画像・動画「攻撃」である。iWatchには、ハートマークや「見つけたよ」など、皮肉たっぷりなコメントを添えたアイドルたちのパフォーマンス動画や画像が投稿され、ついにはアプリがダウンするに至った。

まさしく「平和的」な抗議行動ではないか。それも、「攻撃力」のある平和的な抗議。この二つが両立できるのは、なかなか稀有なことだ。「警官隊対デモ隊」の構図で、ネットで両方の立場が威力を競ったとき、デモ支持者には地域を越えた援軍が現れた。その結果、ネットデモが路上のデモの行方を変えたのである。

「アメリカをもう一度偉大に」集会へのチケット空予約攻撃

もう一つ世間を賑わせた事例に、TikTokで繰り広げられたトランプ集会にまつわる一件がある。一一月の大統領選を控えたトランプ大統領は、コロナ禍で集会をしばらく休止したあと、奴隷解放記念日の二〇二〇年六月一九日、オクラホマ州タルサ市で支持者集会を企画していた。第1章で紹介した一件である。中西部でも感染が懸念され始める中で事前の参加登録者数が八〇万人を超え、トランプは意気揚々と、一〇〇万人の支持者が集まるぞ、とツイートした。しかし、当日の会場の風景は驚くべきものだった。キャパシティ一万九〇〇〇名の会場に、わずか六〇〇〇名ほどが集まっただけだったのだ。キャパオーバーを見越して会場外に設置された特設ステージも、人気が低迷したように見えるのはマズいと、すぐに撤去された。

この運動の発端は、アイオワ州の中年女性による一本のネット動画だった。メアリー・ジョー・ラウプは、スマートフォン向けショート動画ＳＮＳのTikTokを使って「トランプ集会をあなたがガラ空きにできるって知ってた？」と一〇〇〇名以上いるフォロワーに空予約を促した。[9] 彼女は民主党のウェブ戦略チーム「バイデン・デジタル連合」に参加する地元の高校音楽科教員で、大統領候補ピート・ブティジェッジ議員の選対で尽力していた人物だ。信心深い保守派の家庭に育ったが、次第にリベラル派となり、現在に四人の子どもと六人の孫をもつ彼女は、この一件で〝TikTok おばあちゃん〟として知られるようになった。

Kポップのアイドルやファンたちは、この「現場《フィールド》」にも駆けつけた。[10] ある投稿は三〇万回の視聴数をはじき出し、ファンのあいだで広く拡散された。[11] 政治家や有名人もこれに参加し、プエルトリコ系の民主党議員アレクサンドリア・オカシオ＝コルテスは「Kポップ・アライによる正義への戦い」への感謝をツイッターで表明した。[12] 史上最年少で女性下院議員となった彼女は、「ジェネレーション・レフト（左翼の世代）」とも呼ばれる社会正義への関心が高い若年世代の声を代弁する存在だ。[13] この活動に参加したKポップファンの内実はあまり明らかになっていないが、アメリカ国内を越えて韓国に居住する多くのファンも参加していたと目されている。

TikTok は数十秒ほどの短い動画用に設計されたSNSで、若年層を中心にダンス動画などに利用されていたが、次第にこうしたウェブ上の社会運動にも利用されるようになった。運動に関心が高いジェネレーション・レフトに普及していたためである。さらに、アメリカでは、特に二〇二一年以降アプリのダウンロード数が激増し、インフラとして広がったことも背景にあった。

ソーシャルメディアという流動する「現場」

集会の一件のあと、トランプは TikTok を所有するバイトダンス（ByteDance）社が中国資本であることを強調し、アプリにはセキュリティ上の問題がある、と国内での利用禁止措置をちらつかせた。大統領令まで発して圧力をかけ、個人情報が中国政府に漏洩する危険性を煽って、アプリの禁止も視野に入れる、と発表した。[14] アメリカ自由人権協会は、これに対してプラットフォームへの圧力による言論弾圧だ、という声明を出し、言論・表現の自由の議論にまで展開していった。[15]

しかし、この対中 TikTok 脅威論とでも言うべき傾向は、現在までにアメリカ世論で説得力を増しており、多くの州で行政機関・大学の端末から禁止・削除する動きが加速している。その背景には、中国共産党政府の情報活動にすべての個人と組織が協力するよう定めた中国の国内法「国家情報法」の存在がある。バイトダンス社が共産党に情報提供を強制されるのではないかと考えられているのだ。二〇二三年三月二三日には、バイデン政権下でも民主・共和両党連携で同社のCEO周受資（シュウ・ジ・チュウ）が米下院議会の公聴会で証言を求められたが、周とバイトダンス社を通じて中国政府を攻撃するようなやり取りも相次いだ。このように、表現の自由を支えるプラットフォームの中立性には、市場の活動や外交関係が深く関わっている。ツイッターのほうに目をやれば、二〇二二年に企業家イーロン・マスクに買収されたことで、その運用ポリシーが次々に変更され、混乱を招いている。ソーシャルメディアという「現場《フィールド》」は、きわめて不安定で流動的なコミュニティ空間なのである。

つながるネットと現場――「フィールド」の変化と「声をあげられること」の是非

二〇一六年のアメリカ大統領選では、トランプ陣営とプーチン大統領の協力関係、いわゆるロシアゲートが明らかになり、近年のクリミアやウクライナ情勢でもサイバー戦に焦点があたっている。外交的なレベルで、ネットの情報戦に広く意識されるようになった。

一方、本章で見てきたのは、インターネットを通じた社会運動はもっと瑣末で日常的なレベルでも行われるということである。ネット上の政治とは、政権などのアクター同士が強力な目的意識や動機をもって戦略的に展開するタイプのものだけでなく、市井の人々のレベルで、いたずら的で長期的な関わりをもたず、日々動くSNS上のトレンドに反応するだけといった単純な動機で参加する者もプレイヤーとなっている。それら戦術的なウェブ政治の一部は、ポップスターのファンダムのように消費文化的で、コンヴァージェンス・カルチャーとしても理解することができる。

こうしたネット上のチャンネルを通じて、政治的影響力は世界規模でつながる。ネット政治の「日常化」と「グローバル化」――社会運動の「現場《フィールド》」は物理的にも地理的にも再編されつつあり、言論空間は言語や国境、公私の領域を越えて地続きになっている。

ネット上の攪乱行為のことを、英語では「ネット・トロール」と呼ぶ。日本語の「荒らし」にあたり、基本的には否定的なニュアンスの言葉だが、本章で見たヘイトへの抗議など、場合によっては「正義の荒らし」とでも呼びうるケースもある。

その一方で、ネット上での抗議や言論が暴走するケースが問題視される場面も多い。それらはキャンセル・カルチャーと呼ばれることがある。この言葉は、著名人の言動や企業の広告などがソーシャルメディアで多くの人々から批判を受け、商品や広告表現の変更や取り下げ、謝罪などにつながることを指す。ソーシャルメディアでの用法を見ると、言動や広告などの取り下げ（キャンセル）を求め、また支援や購買を取りやめる（キャンセル）、という二つの意味で「キャンセル」という語が使われているようである。

有害で不適切な言動を防止するという抑制効果がある一方で、批判対象となった人の職場での地位やポストが脅かされ、また作品・言論などの表現の機会が正当な手続きなしに不当に奪われる可能性もある。いきすぎた場合には「ネットリンチ」のような状態になり、声をあげた側が意図せずとも結果的に人命に関わるケースもあり、事態は深刻だ。「キャンセル・カルチャー」という言葉は、こうしたコミュニケーションの負の側面に光をあてて論難するものである。

その是非は個別事例に応じて慎重な判断をすべきだろう。しかし、その上で留意したいのは、「キャンセル・カルチャー」という言葉が論難、すなわち攻撃を目的として用いられていることである。アメリカでの用法をたどれば、元は軽い冗談混じりのニュアンスだったものが、二〇二〇年の大統領選挙の際にトランプが繰り返し使ったプロセスで含意が変化してきた。多様性を尊重する「**ポリティカル・コレクトネス**（ＰＣ）」を党派的に攻撃するために保守派によって用いられるキーワードになったのである。それは日本語の「意識高い系」にあたる「ウォーク」と並んで、左派を揶揄する言葉となっている。他方、日本では、この言葉が使われるものの、ＰＣについての理解がなされないまま表層的に冷笑することが多いようだ。[16] 一見中立的に見えたり、実際に中立の意味で使っている人もいて、ややこしいが、いずれにしても敵対する立場を攻撃することを目的とした党派的な用語になっている点は注意しておきたい。今後も語感や言葉の社会的意味は変わっていくだろう。「声をあげること」は暴力にもなりうる。それを意図的に「兵器」とする者もいる。過去の発言が残り、空間の公／私を区分しづらいという特性があるSNSは、その震源地になっている。あいちトリエンナーレの「表現の不自由展・その後」におけるキャンセル運動では、現場の機能をダウンさせるために一斉に苦情電話をかける「電凸」が、ウェブ上で情報を知った人々によっても行われたと見られている。また、ツイッターでフォロワー一七万人という強い影響力で政権を擁護したり対抗勢力へのデマを流したりしていた匿名「言論人」のアカウントが、実は政権与党と取引記録のある会社によって運営されていた、という事案もあった。「声をあげられる」ことは、声なき者を可視化し、世界規模での連帯の可能性を生むという積極的な側面がある一方で、民主主義を壊す危険視すべき面もある。

これらは「言論空間」としてのウェブ空間やソーシャルメディアの現況であり、こうした「現場《フィールド》」でわれわれは言葉を交わしている。私たちはそのことを強く意識すべきだろう。ポケットに入れたスマートフォンの画面を見ていると意識が鈍るが、考えてみれば、SNSとはかなり特殊なコミュニケーション空間ではないだろうか。自分が寝起きのぼうっとした頭でスマホを開いてキュートなネコ画像で和んでいるとき、言論人の誰かがデスクのパソコンで綴った長文のツイートで議論の応酬をしている。パジャマでくつろいでいる人のすぐ横を誰かが土足で走るような〝居間と公園が一緒くたな世界〟。そこでは、リアル空間では機微・ニュアンスとして存在する、微妙な摩擦ややんわりとした否定、表情やアイロニーといったコミュニケーションの緩衝材が機能しにくい。意図せず突然誰かを傷つけてしまったり、攻撃されたりすることもある。しかし、良かれ悪しかれ、すでにネットは現実世界と地続きの空間になっている。こうした「現場《フィールド》」の特性を理解しつつ、向き合い方を慎重に考えなくてはならないようだ。

次の最終章では、こうした複層化した現場でのコミュニケーションがもつ危険性について考えてみよう。

第14章　オルタナ右翼のカエル神
――「ぺぺ右翼化事件」に見るミームの兵器化とSNSの戦場化

二〇二一年一月六日、首都ワシントンDC。大統領選挙の不正を訴えて連邦議会を襲撃するトランプ支持者たちの中に、一匹のカエルを見た。

「アメリカを再び偉大に（Make America Great Again＝MAGA）」というトランプのスローガン、アメリカ建国期の民兵や南北戦争の南軍旗、トランプ救世主説の陰謀論Qアノン……さまざまなイメージを身にまとう群衆。そこに、キモカワなカエルのマスクをかぶる人物がいた。ナチスのハーケンクロイツ風に「K」の字をデザインした旗を体に巻きつけている。MAGA帽子にカエルロゴのTシャツを着た人もいる。

インターネットミームとして有名な「カエルのぺぺ（Pepe the Frog）」である。ミームとは、ネット上のジョーク画像・動画のこと。SNSで目にしたことがある人もいるだろう。しかし、このキャラクターは単なる有名ミームではない。作者の意に反して、そのイメージがネットで拡散され続け、ついには**白人至上主義**・排外主義など、極右思想のシンボルになってしまった悲劇のカエルなのであ

図 14-1　「トランプこそ私の大統領」、「票を盗むのをやめろ」などの旗が見える 1 月 6 日の議事堂襲撃の様子

る。

図14－1の中央にいる人物のTシャツに描かれているのは、グロイパー版と呼ばれるバージョンのペペなのだが、これは歴史修正主義者・白人至上主義者として知られる保守論客ニック・フエンテスを支持するアイコンである。彼はラッパーのイェ（旧カニエ・ウェスト）とともにトランプ大統領と面会した人物だ。

いったいなぜ、このような愛らしいキャラクターが危険思想の道具になってしまったのだろうか？二〇二〇年に公開されたドキュメンタリー映画『フィールズ・グッド・マン（*Feels Good Man*）』（監督：アーサー・ジョーンズ）は（図14－2）、ペペが差別的な言説やデマを吸収しながら、ネットで活性化した「**オルタナ右翼**」のシンボルになっていく顛末を丹念な取材で描き、ミームというネット文化の構造に肉薄している。[1] 本章では、この映画を取り上げ、インターネットミームという文化的側面から現代アメリカの右派による政治・社会運動について考えていきたい。ここまでの章では左派的な立場からの運動を取り上げてきたが、保守派による運動も併せて取り上げることで、イデオロギーと文化の関係について両面から理解を深めていけるだろう。

襲撃の原因には、フェイクニュース、いわゆるデマがあった。デマとは、当事者たちにとってのみ通用する「真実」である。「トランプの勝利を妨害する選挙不正があった」という「真実」はその極北で、彼らを諫《いさ》める説得も彼らにとっては「デマ」や「陰謀」として回収されてしまう。「何を真実とみなすか」というルールをともにできなくなれば、人々は正常に対話することができなくなるのだ。それは民主社会の根幹たるデモクラシーを揺るがせる。議事堂襲撃は、こうした事態を象徴する事件であった。

ここで問うのは、以下の命題である——対話はなぜ機能不全を起こし、どのようにコミュニケーションは健全さを失ったのか。人々が拠って立つコミュニケーションの土台とは、どのようなものなのか。以下、政治や宗教などといった「イデオロギー」を運ぶ容れ物として機能する文化現象に着目して、コミュニケーションの落とし穴について考えていきたい。

図14-2　本家ペペが掲載された映画『フィールズ・グッド・マン』日本劇場公開時のポスター（© 2020 Feels Good Man Film LLC）

前半では、映画が描く「カエルのペペ右翼化事件」を事例として取り上げる。

参加型の文化が政治力を増幅した「コンヴァージェンス・カルチャー（集合・収斂する文化）」の一例として、ぺぺがいかにして議事堂襲撃へと至るほどの力を発揮したのか、どのような条件でミームが動員のツールとして機能したのかを考える。

後半では、ネットミーム以外の現象について広く目配りしていく。右派の社会運動で用いられてきたさまざまな文化装置の事例から、近年のアメリカで見られる保守思想をひもといていきたい。取り上げるのは、ぺぺ現象に関わるものも多い。襲撃にも加わった極右集団やQアノンと呼ばれる陰謀論ネットワーク、また宗教保守派による科学博物館やテーマパークを使った公教育運動やキリスト教文化産業ビジネスなどだ。

文化を通じて人々が交流する現場がいつしか「戦場」のような趣きとなり、イメージや言論は「兵器」と化している。この「集合文化戦争＝コンヴァージェンス・カルチャー・ウォーズ」の「戦術」を理解して、不健全なコミュニケーションに陥る社会で生き抜く術を身につけよう。

映画『フィールズ・グッド・マン』

まずは映画に沿ってぺぺについて見ていこう。

制作関係者へのインタビューによれば、監督アーサー・ジョーンズは本作に二つの狙いを込めた。[2] 一つは、ぺぺが差別的な人々に奪われた経緯と、作者による本当のぺぺとはどのようなものだったのかを記録すること。もう一つは、ミームというネット文化が政治や現実を変える力をもっていることの「希望」と「危うさ」の両面を伝えることだ。

ペペが作者の手から奪われていった経緯は次のように語られている。
インディペンデントのコミック『ボーイズ・クラブ』でペペを生み出したマット・フューリーは、あくまで自分の作品を広めたいという意図でSNS「マイスペース」にコミックをアップロードしていた（図14－3）。

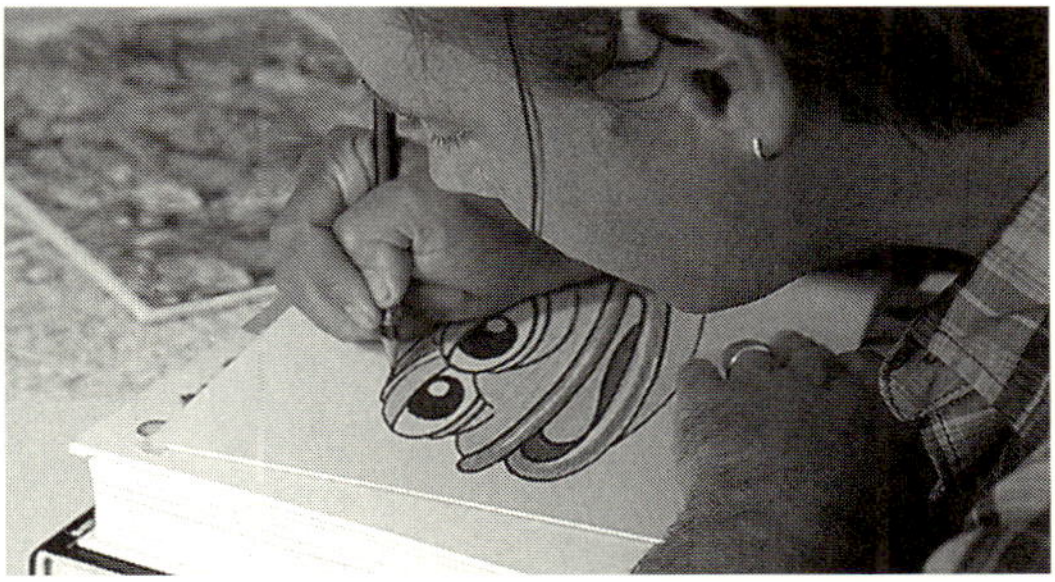
図14-3　オリジナル版の「カエルのペペ」を描く作者マット・フューリー

彼はまさかキャラクターだけが一人歩きするとは思ってもいなかった。ペペがネットでかなり有名になるまで、「ミーム」という言葉さえ知らなかったほどだ。

無数の人々の手で改作されたペペが掲示板サイト4chanやインスタグラムなどで流通し始めたとき、当初フューリーや友人たちはペペが有名になってうれしい、と素朴に受けとめていた。

しかし、気がつけば、あれよあれよという間にペペは変貌を遂げていた。4chan掲示板の常連たちは自分の孤独を代弁する「負け犬」キャラとして、セレブらインスタグラマーはいいねを獲得するためのカワイイキャラとして、ペペを投稿した。

特に、二〇一四年にサンタ・バーバラで起こり、六人の死者を出したエリオット・ロジャーによる銃乱射事件以後、ペペには反「ノーミー」（＝リア充）のイメージがつきまとうように

図 14-4　ヘイト版ペペの例。ナチスの鉤十字や KKK、日本軍の姿も。「鎖国の国」日本は、経済保護主義を主張する白人ナショナリストに人気がある

なった。インセル（＝非モテ）掲示板での犯人の書き込みに共感した人々が、銃で武装するペペの画像を投稿することで次々と支持を表明したのである。そして、ネット上でつながってトランプ支持を標榜する「オルタナ右翼」たちは、政治に関する投稿や集会の現場でペペを彼らのアイコンとして使用し始めた。政治的コミュニケーションの領域にペペは引き込まれたのである。彼らは女性や同性愛者への嫌悪、移民排斥、白人至上主義といった差別主義的な傾向があり、ペペにはそのイメージが加えられた。ついには拡散力がより強いデマニュースのコメンテーターたちに利用されるようになり、図14‐4のような姿でペペは明確にナチスや白人至上主義のヘイトシンボルへと進化していく。

今や、このカエルは、反ユダヤ差別団体の「名誉毀損防止同盟（Anti-Defamation League＝ＡＤＬ）」が差別アイコンとして認定し、リベラルな全国紙が名指しで批判する悪名高い存在となった。フューリーが意を決してペペの奪還に乗り出した頃には、ペペの名誉を取り戻すために法廷係争さえ必要な状況になっていたのである。

『フィールズ・グッド・マン』を観ていていちばん恐いと感じるのは、さまざまな歯車が嚙み合っていき、作者の手に負えないほどイメージが暴走するところだ。

出来のよいアニメも駆使して、当事者の証言や報道・サイトの投稿など豊富な素材をテンポよく見せられるとネット上のイメージに乗って人々の欲望が巨大化していくプロセスがまざまざと伝わってくる。かわいらしいぺぺに抱く「愛情」を凌駕するように、自分を卑下し、敵意剝き出しで攻撃するぺぺの「悪意」が爆速で広がっていくのだ。それがまた恐ろしい。

ミームというコンヴァージェンスなネット文化

さて、世界の人々が今どこかで目にしている「ぺぺ」の画像は誰の手によって描かれたものだろうか？

世界中に存在する「ぺぺ」のほぼすべては、オリジナルの作者による「正しい」ぺぺではない。ぺぺは元ネタがわからなくなるほど普及したN次創作物だ。作者が忘れられ、「オリジナルなきコピー」たるシミュラークルになってしまった。

ぺぺが現れたのは主にインターネットで、掲示板サイトやソーシャルメディアである。ぺぺは「インターネットミーム」というネット文化を代表する存在となった。同時に、画像を改変し、投稿し、交換し合う人々の「習慣」のことでもある。元はリチャード・ドーキンスが『利己的な遺伝子』(一九七六年)で使った造語で、彼は文化の伝播と生成において核となるのは「模倣＝ミーム」だと説明した。つまり、文化が生まれる過程を遺伝子の進化モデルになぞらえたのである。近年になって、さらにこの言葉はネットのコミュニケーションを指す比喩として使われて広がった。

ミームとは、ネット上で人々がイメージを模倣して創造を続けるコミュニケーションである。先の用語で言えば、人々の結束点となるコンヴァージェンスなネット文化である。オリジナルのペペは「ミーム」ではない。ミームに、人の手を介して初めて「ミーム」になるのだ。

コミュニケーションの媒介であるミームは人々の考えを反映して増殖する。ペペは雪だるま式に欲望を吸収し、増幅された悪意となって、虚偽の情報や陰謀論を運ぶメディアとなった。冒頭で挙げた連邦議会襲撃事件は、警官を含む五名の死者を出す悲劇的な結末を迎える。ミーム文化で右翼化したペペは、作者にはコントロールできない存在となり、悲惨な事件の原動力になってしまった。人種や信条、政治など、イデオロギーの対立と分断を煽り、現実を動かす力をもったのである。

ネット社会の〈アイコン＝イコン〉をめぐる物語

ネット上の文化にすぎなかったミームが、なぜこれほどの力をもったのだろうか？　ここでは「icon＝アイコン／イコン」という言葉を手がかりに、イメージという観点から考えを深めたい。

「形象」という意味のギリシャ語 eikōn に由来するこの言葉は、英語では icon という語に対応するが、日本語では主に二つの言葉があてられる。

「イコン（偶像）」と記したときには聖人などを描いた宗教的な画像を意味し、「アイコン」と言うときにはコンピュータ上で使われる小さな図像などを意味することが多い。

映画を観て、この言葉ほどペペに似合うものはないと思った。

『フィールズ・グッド・マン』は、ネット社会の〈アイコン＝イコン〉をめぐる物語ではないか。つまり、イメージ（アイコン）として潜在的な力をもっていたペペが、ネットのコミュニケーションで魔術的な力をもち、信仰的な力を集める存在（イコン）へと成長した。このように見立ててみたのだ。

ペペがミームとして拡散した理由

ペペがネットミームとしてこれほどまでに普及したのは、なぜだろうか？　まずは〈アイコン〉画像という側面から考えてみよう。

ペペが簡単に模倣（ミーム）できるイラストであるという点は、複製・改変・パロディの便利な素材として機能することに貢献しただろう。4chanという画像掲示板で爆発的に広がったように、そのシンプルなデザインはネット上のコミュニケーションと相性がよいものだった。

同時にレイドバックなペペのキャラは、反エリート的・大衆的な愛すべき存在として自己投影もしやすかった。曖昧な表情は、テキストと合わせれば発信者のメッセージを語らせやすかったのだ。曖昧さは改変しやすさにもつながり、感情を変えた別のバージョンも無数につくられた。[3]

つまり、ペペは「誰でも容易に参加できる」感情の容れ物として、多くの人々を巻き込むことができた。コンヴァージェンスな参加型文化に最適のアイコンだったのだ。

オリジナルペペが小便をしながら言い放った「フィールズ・グッド・マン（気持ちいいぜ〜）」という台詞は、人々を魅了した。しかし、「ミーム」としてのペペは、むしろこの言葉がもつある特定の感情から切り離され、〈アイコン〉として駆動したのである。だからこそ、フューリーとともに「ペペ」を取り戻すためにつくったこの映画にジョーンズ監督がつけたタイトルは、オリジナルペペによる決め台詞なのである。

「アイコン」を「イコン」に昇華するネットコミュニケーション

イメージの力で、ペペはネット空間で人々が集う「中心地」となった。一方で、政治や差別思想のイデオロギーとも結びつきつつ、現実へ飛び出していく。ここからは、〈アイコン〉が〈イコン〉へ、「技術」が「魔術」へと進化する過程を追ってみよう。

トランプの大統領選の際につくられたミームには、こんなものがある。イエスを抱える聖母マリアが聖人と天使に囲まれている宗教画が改変されたものだ。そこでは自由の女神の顔をしたマリアが、トランプのイエスを抱きかかえ、それらをペペ天使、ペペ聖人が見守っている。背後の聖人らの顔は彼らが敵視する保守系議員の顔に粗雑にすげ替えられていて、枠の部分には「BTFO」(Blown The Fuck Out（フルボッコ）)や「CUCKS」(cuckoo + conservatives（カッコーのように寝取られる保守）)と悪口がうっすら書かれていて芸が細かい。

改変元となったのは、一四世紀イタリアの画家ドゥッチョ・ディ・ブオニンセーニャがシエナ大聖堂に描いた絵画《マエスタ》である（図14－5）。ミームの画像自体は、ぜひお手元の端末で検索してみてほしい。

単なる偶然とも意図的ともとれるが、文字どおりの聖像、つまり〈イコン〉のペペがつくられたの

図14-5　ヘイト化された、かわいそうな《マエスタ》はシエナ大聖堂内の美術館に展示されている

だ。オルタナ右翼たちはネットスラングとミームで「ペペ・トランプ」を祀り上げ、白人至上主義や反ユダヤ主義の守護神「ケーク（kek）」と名づけた。冗談めいたSNSの「祭り」を通じて、「神」が創造されたのである。

kekとは、日本語の「(笑)」に対応するネットスラングだ。同じ意味のlol＝laughing out loudの同類で、韓国語のオノマトペに由来する。当初はゲーム界隈で使われていたスラングだったが、オルタナ右翼界隈の陰謀論的な想像力で進化を遂げる。彼らはネット検索を繰り返す中で、古代エジプトにはKekと英語表記される神がいることを発見した。しかも、グレコ＝ロマンの時代には、なんとその神はカエルの化身として描かれていた（！）のである。

一見結びつきのない情報を執拗に集め、論理を飛躍させることで「創造」を行う。オカルトや陰謀論的な思考には、そうした特徴がある。この他にも、ペペが登場する投稿が4chanでキリ番を踏むたびに奇跡だとお祭り騒ぎになったりした。

さらに「神話」さえ語られるようになる。それらは聖書の『創世記』のようなまとまった物語ではないが、ペペやケークにさまざまな設定が与えられ、wikiなどの共同編集できるフアンサイトにそれらがまとめられる。一種の「歴史書」である。[4] それらが反響し合い、ミームを通じて徐々に進化しながら流通していく。

こうしたイメージの運動の中心で、彼らをハブのように結びつけているのが、「ぺぺ」という〈アイコン-イコン〉なのである。

オルタナ右翼と大統領選が「盗んだ」ぺぺ

折しも、二〇一六年は大統領選。アメリカ社会は政治の季節に沸いていた。その中で、強い政治力学がぺぺを巻き込んでいく。ドナルド・トランプは当初、泡沫候補的な扱いをされながら共和党代表選に出馬した。4chanでは、さっそくジョークのネタにされ、トランプの髪型をしたぺぺが登場した。

しかし、これが選挙戦で巧みに利用されることになる。トランプ陣営のデジタル対策担当「ルック・アヘッド・アメリカ」のマット・ブレイナードは、「トランプは現実世界のぺぺ」と両者の関係を強調して喧伝した。トランプもまた〈アイコン〉化されたのである。

大統領就任以降、ツイッターはトランプの最強の言論兵器となったが、SNSなどのネット文化の活用は、このときすでに選挙の戦術として創案されていたのだ。政治家自身のアイコンがミーム化してプロパガンダ装置となることは、ロシアによるウクライナ侵攻後にはプーチンやゼレンスキーの例でも知られるようになる。

トランプ自身もぺぺ画像をリツイートし、演説で「ぺぺ・トランプ」の真似をすると、ネット空間

図14-6　ナチス期のドイツ軍旗（右）とケキスタン国旗（左）

ではオルタナ右翼らが沸く――ネット上で生まれたアイコンは、白人至上主義者たちの集会の現場で使われるようになった。

冒頭の連邦議会襲撃事件の場面で紹介した「K」があしらわれた緑の旗は、架空国家「ケキスタン」の国旗である。ナチスの旗を下敷きにしたデザインには、排外主義思想の系譜がうかがえる。ミームが現実を先導したハイパーリアルな状況である。

冗談のような話に聞こえるかもしれない。当初は本当にただの冗談だった。それが次第にシリアスな力をもち、ついには連邦議会を襲撃するに至らしめたのである。

逮捕者の中には、ネット空間の感覚を引きずって現実味がないのか、身元が特定できる社員証を首に下げて参加したり、その様子をSNSに投稿したりと、軽いノリで参加したような人々も目立った。ここに来てまでも冗談とシリアスが入り混じっているのか、その感覚に驚かされた。後述するように、一部の参加者は現実を舞台にしたゲームを楽しんでいたふしがある。「政治」という現実はゲームの舞台装置にすぎなくなっていた。

ペペの右翼化事件には、ミームがもつ二つの力が見て取れる。「イメージの力」と「人々に擬似共同体を与える力」だ。すなわち、ペペはネット〈アイコン〉の運動の中心であるとともに、トランピズムと白人至上主義

「信仰」のための〈イコン〉でもあった。

作者フューリーは、二〇一七年、作品内でペペを葬った。オルタナ右翼とトランプに「盗まれた」ミームのペペと訣別するためである。

盗まれたペペを「奪還する」

その後のペペは興味深い展開をたどっていく。極右の差別アイコンとして知られるようになったペペであるが、作者フューリーは有名コメンテーターのアレックス・ジョーンズに対して訴訟を起こした。排外主義や陰謀論の拡散で知られるメディアサイト「インフォウォーズ」のパーソナリティであるジョーンズは、ヘイト版ペペのアイコンを番組ポスターに使用していたのである。二〇一九年六月には一万五〇〇〇ドルの和解金を得た。これによってフューリーは、その正統性を世の中に証明することに成功したのだ。

だが、拡散してしまったイメージと意味は取り返せない。「わかってる、もう取り返しはつかないって」。フューリーは言う。「でも、最後にはね、ペペは誰が何と言おうと「愛」なんだ。クリエイターの僕は、そう宣言したい」[5]。彼の長い戦いは大統領選の二〇一六年に始まった。反ユダヤ差別団体の名誉毀損防止同盟と協力して「#SavePepe」を立ち上げ、「愛と平和のペペ・データベース」をつくって〝いいもの〟ペペを集めて公開した。しかし、結果的にはヘイト版ペペの〈イコン〉がネットカルチャーを席捲したのは、すでに見たとおりだ。

これに対して、フューリーはアーティストの力をもって立ち向かう。ペペがだんだんとトランプペぺに変身していき、突如爆発する、というのはペペの見た悪夢だった、という夢オチ作品を公開したのだ。[6] 夢から覚めて元どおり……ならよかったのだが、現実はそうはいかなかった。ペペ奪還合戦に敗北したフューリーは、すでに述べたように翌年、作中でペペの葬儀を執り行った。

その後、意外なところからペペは復権を果たす。二〇一九年に盛んになった香港民主化運動において、運動参加者の連帯や抵抗、反差別を示すアイコンとして普及したのである。[7] この現象は映画でも紹介されている。

救護隊の女性が警察の攻撃で片目を負傷する事件が起こった際、同じように片目が負傷したペペをアイコンにして「目には目を」キャンペーンを張るなど、次第に「香港プロテストペペ」は世界のプレスでも報じられるようになった。[8] 興味深いことに、香港の社会ではペペがアメリカでヘイト・アイコンになっていることを知らず、プロテストのアイコンだと思っている人も多いという。[9] この事実は、フューリー悲願の「ペペ奪還」と呼びうるものではないだろうか。彼も「最高！　人々のためのペペ！」と民主化運動参加者に喜びのメッセージを送った。

図14-7　香港民主化運動でアイコン化したペペ

イデオロギーでは対極にあるオルタナ右翼と民

主化運動、双方のアイコンとしてペペは機能した。オンラインとオンサイトのフィールドにまたがる参加型文化で、アイコンの意味を奪い合うハッキング合戦が起こったわけである。

ペペを無害なアートに「転用する」

香港プロテストペペに見られたのがペペの意味を意味づけし直すイデオロギー的で政治的な奪還プロセスだとすれば、他方でペペを脱政治化する意味づけのプロセスも見られた。インターネット上のアイコンをアートという商品に「転用」する中で、ペペはそのイデオロギー色を脱色されていった。きっかけは文化・芸術市場のデジタル化である。電子通貨市場の拡大以降、ペペの電子トレードカードの所有権は、ときに一億円を超える高額で取引されてきた。映画でも紹介されているエピソードだ。最も有名なミームであるペペの中でも、市場価値が高いものは「レアペペ」と呼ばれている。

ＮＦＴ（Non-Fungible Token（非代替性トークン））と呼ばれる技術が応用されると、ネット上の文化や芸術の取引市場が拡張した。これを使えば、複製可能な電子画像にも唯一のものであることを示す証明書を添付できる。さらには、抽象的な概念でさえ、所有対象として商品化できる。例えば、全米バスケットボール協会（ＮＢＡ）は、この技術を使って試合の歴史的な一シーンをユーザーが「所有」する権利を売買可能にする「トップショット」というサイトを開設した。人々に広く知られてさえいれば、「記憶」や「歴史」を商品化できるようになったのである。極端な例では、有名選手があるシュートを決めた瞬間は、最高額で二〇万ドルを超える価格がついている。

抽象的な現象・集合的記憶が電子技術によって物象化される中で、芸術市場でもＮＦＴ技術を使って新しい市場を開拓しようという流れが生まれた。二大大手オークション会社であるクリスティーズとサザビーズは、ともに二〇二一年にNFT部門を開いた。ペースギャラリーなど現代アート市場の中心にいる画廊も加わり、ダミアン・ハーストや村上隆ら著名な現代アーティストもNFT作品を制作し始めている。

ペペのアート化は、こうした文脈から理解できる。二〇一六―一八年につくられた「レアペペ」ミームの所有権が高額で取引され、[10]最高額ではサザビーズ・メタバース・オークションにおいて三六五万ドルもの金額で落札された。[11]ペペの展覧会は、過去にはヴァーチャルにのみ展開するギャラリー「Narcissus」などで行われていたが、[12]二〇二一年一一月にはマンハッタン・トライベッカのギャラリーでもペペを主題にした「Pepe is Art」展が行われた。これはウェブで画像を展示する、見せるだけでなく、明白にモノとして商品化されたということである。そして、伝統的な現代アートシーンのまさに中心地で、ペペがアートとして展示されたことも意味している。[13]

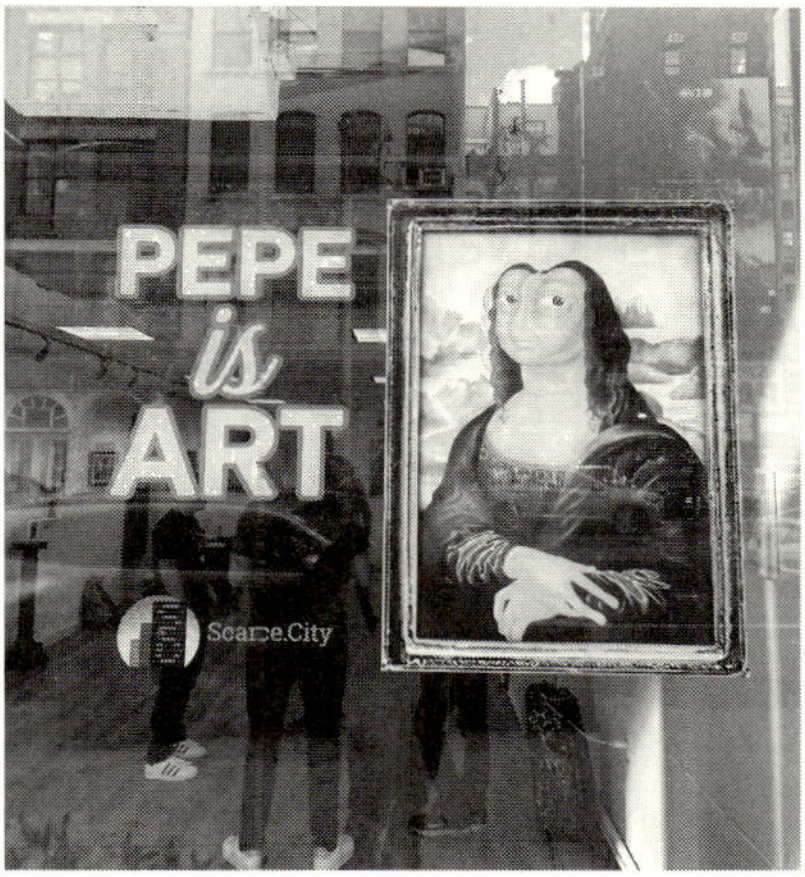

図14-8　「Pepe is Art」展外観

ウェブ上の集合的な文化を商用に「転用」することは、ネットミームのように一定程度「勝手に使うこと」を含む創作物や創作行為との相性がよくない。即座に次のような疑問が浮かぶ――フューリー版ではないペペのデザインを美術品に用いる権利（キャラクター権）は誰が所有しているのか？　ミーム・ペペの制作者は、正当に所有権を保持しているのだろうか？　そのミーム制作者は、フューリーのキャラクター権を侵害していないのだろうか？美術品の制作者は、ミーム制作者とフューリーに対して何を負っているのか？　当然、事例のすべてについては確認できないが、個別にいくつか検討してみても、非常に曖昧な点が多い。ミームを商用利用することは、ミームというネット文化のもつ海賊文化性を司法判断の場へとさらすことになる。

NFTやその後のアート市場で扱われるペペを見ると、図14－4に挙げた鉤十字やクー・クラックス・クラン（KKK）などの「ヘイト版ペペ」は周到に排除されている。他方でトランプ・ペペなどはレアペペとしても残っているが、これはむしろ「差別的人物」ではなく、「セレブ」という記号とみなしうるためであろう。市場で扱われる際にポリティカル・コレクトネスの観点から表現は制御されており、違法行為や不道徳なものなど、規範の外にあるものは〝除菌〟されて市場に並んでいる。

アート市場のデジタル化をきっかけに商品へと「転用」されたペペは、アートの「高・低」も攪乱しながら市場に参入していった。マンハッタンを中心とする現代アート、すなわち「高級文化」と、4chanのスレッドなどを中心とするインターネットミーム・カルチャーという「サブカルチャー＝下位文化」がないまぜになっていった。リアルとヴァーチャルの区分を超えて高級地区のアートギャラリーで展示されたという「空間」の観点からも、市場価値や文化の卓越化・差別化（distinction）という「階層」の点においても、芸術の場に一種の転倒を引き起こしている。この市場への適応プロセスを通じて、強いイデオロギー性をもつアイコンは脱政治化され、無害なものへと転用されていったのである。

場の権力関係を考える——文化のアプロプリエーション＝盗用／奪用／転用

ペペを「盗」んで差別的アイコンにしたり、その意味をオリジナル作者の意図に近いところに「奪用」したり、商材として「転用」したりする。これらの行為のあいだには、共通する点と、少しずつ異なる点がある。ここで一度キーワードを用いて総括しておこう。

所有者の許可なく何かを自分のために使うことを「アプロプリエーション（appropriation）」と言う。[14]「盗用／奪用／転用」はそれぞれ、少なくとも一定程度許可をとらずに勝手に自分のものにアプロプリエーションする行為の例だ。

こう三つに訳し分けて、ペペのそれぞれのエピソードに対応させて考えてみよう。参考にするのは「場と権力」に関するフランス現代思想の議論で使われる「戦略」と「戦術」という二つの概念である。[15]戦略とは、現場《フィールド》の力を握った者が総合的・俯瞰的・計画的にとりうる方策のことであり、戦術とは、場を握られたため計画的に目的に立ち向かうことができない者が場当たり的に何とかする対抗手段である。これら用語の使い分けを「アプロプリエーション」の訳語「盗用／奪用」に対応させると次のようになる。「戦略」的な「盗用」は、構造上強い立場にある者が無断で別の文脈のものを利用すること。より否定的なニュアンスが与えられやすい。一方、「戦術」としての「奪用」は、構造や場を掌握された者が対抗手段として別の使い道を与えて工夫することである。こちらは肯定的なニュアンスが生まれやすい。[16]

フューリーのペペは、ネットコミュニケーションの作法を握るオルタナ右翼たちに「盗用」された。マスメディアからソーシャルメディアまで発信網で力をもつ政治家たちもこの「盗用」に加担したが、オルタナ右翼らとは向かう方向が一致しており、両者のあいだにアプロプリエーションは生じない。一方、差別忌想のシンボルとなっていたペペを反差別の意味へと読み替えた香港民主化運動は、ペペの意味を決める場を握られ、どうあっても取り戻せなかった「愛のペペ」をフューリーの手に「奪用」して奪い返した。

訳語を使い分けることで、場における力関係に目配りする視座が生まれる。「勝手に」借りて使う点では同じでも、場を掌握する立場が都合よく利用する策なのか、場を握られた立場による苦肉の策なのか、というのは行為の倫理を判断する材料になる。

これらに加えて、三つ目のアプロプリエーションの訳語「転用」には次のような意味を与えたい。それは、誰かが場の権力を利用したり、掌握されたゲームボードで対抗したりしているというよりは、制度や共同体といった「場」自体が要請して、何かの意味を変化させていくプロセスのことである。

これは「中立」であることを意味しない。意識的な主体が対抗する関係の「強・弱」では捉えきれない、場の構造自体がそれぞれの意図を超えて主体を巻き込んでいくような「勝手に利用する＝アプロプリエーション」行為に焦点をあてるための訳語である。

芸術市場のデジタル化はミームをも飲み込み、ペペは高価な商品としてリアルのアート・シーンへの〝NFTインヴェイジョン〟を推進していた。これは芸術やネット集合文化といった、価値がきわめて流動的な存在が市場経済に組み込まれていく例である。ここでは主体的なイデオロギー上の対抗関係が見られるよりは、芸術価値の序列も政治的な意味も市場価値が飲み込んでいくような力学の中で、商品としてペペの意味は「転用」されていた。

ペペは、わずか数年という短い期間で、それぞれに〝特濃な〟顔をもつ多面的な存在となり、まったく指向の異なる、きわめて強力な「アイコン」として機能した。人々がペペの意味を盗用／奪用／転用する――三種のアプロプリエーションであるコミュニケーションが介在していたと言える。これらは静的で区別できる現象というよりは、現象のどの部分に焦点をあてるのかによって変化する動的な捉え方のモデルである。

「文化」をつけて「文化のアプロプリエーション（cultural appropriation）」とすると、社会集団に焦点をあてる概念となり、次のような意味になる。所属していない集団から「考え」や「習慣」や「様式」を許可なく借りること、である。その「許可」は、誰がどう決めるのか？　これが、ポリティカル・コレクトネスやキャンセル・カルチャーなどの言葉でも知られ、集団的なコミュニケーションの現場で起こる文化の盗用をめぐる議論である。本書では、白人アーティストがカバーしたBLM運動のプロテスト・ソング（第6章）や黒人民話を元にしたディズニーの『南部の唄』（第11章）などの例を挙げて解説したが、そこでは「盗用」の訳語をあてていた。

オルタナ右翼対香港民主化運動という直接対決の構図が生じなかったペペの例では帰属集団同士の対立という側面は弱かったが、これらの事例は民族共同体の伝統知を大企業が商品に利用したり、抑圧された人種の抵抗を象徴する楽曲を加害者属性をもつ者が使用したりしたものであり、集団と外部の対立の問題に焦点があたりやすい。これらは集団外の人々によって許可なく使用されたとき——すべての当事者に「許可」をとることは現実的には不可能なので、常に多かれ少なかれ「勝手に」使用することになる——、文化のアプロプリエーションの是非が問題になる。ここでもまた、行為が盗用なのか、奪用なのか、転用なのか、という腑分けを一つの指標にできるかもしれない。

魔術を生む技術——ユニフォーム、メディア、ネーム

人々が〈アイコン〉に欲望を乗せ、ネットのコミュニケーションがその力を肥大化して〈イコン〉へと昇華する。人々がその文脈的意味をさまざまに奪い合う。この世界一知られることになったインターネットミームは、ネット空間から飛び出して、人々が文化の意味を自在に乗せる器となった。いみじくも監督のアーサー・ジョーンズも、ぺぺのことを「文化的な複製装置」と呼んでいた。

以下、本章後半ではインターネットミーム以外の「文化装置」について見ていこう。政治や宗教分野にまたがる保守思想は、文化をいかに活用してきたのか。「魔術」を生む「技術」、イデオロギーを支える方法論（メソドロジー）の例を見てみたい。

「ユニフォーム」は、集団のメンバーを一つにするために用いられる伝統的な文化装置である。スポーツチームやサークル活動で同じユニフォームを着ることで結束力を感じたことがある人も多いだろう。選挙の現場では党のシンボルカラーで衣装を揃えたりするように、政治の現場でも当然ユニフォームは活用されている。近年、アメリカのある保守運動団体がユニフォームを使ったとき、思わぬ事態へと発展した。

図14-9　フレッドペリーを着用するプラウド・ボーイズ

オルタナ右翼団体プラウド・ボーイズは、連邦議会襲撃の中心となったオルタナ右翼を先導する組織である。ヘイトや暴力行為の廉でＦＢＩにも危険団体として認定されている。彼らは何の関係もなかったフレッドペリーのポロシャツの中から黒地に黄色ロゴのものを選んで団体の「ユニフォーム」にした。この配色に限って皆で購入し、着用した姿で公の場所に現れたのである。しかし、彼らの悪名が知られるようになると、今度はそのユニフォームに焦点があたるようになっていった。カエルのぺぺよろしく、「黒×黄のフレッドペリー＝ヘイト団体」というイメージが出まわったのだ。

困り果てた会社側は、アメリカ国内では同モデルの販売を停止し、多様性のシンボルである「レインボーカラー」の新作を発売することで反差別のメッセージを発信する、という措置で応じた。ここにもまた、文化装置にまつわるアプロプリエーション、意味の綱引きが見られる。

プラウド・ボーイズの議長を務めていたエンリケ・タリオは、マイアミ生まれのアフロ＝キューバ系アメリカ人。マイアミで右翼をテーマにしたＴシャツ店「１７７６ショップ」を経営する。店名は「愛国心」を示すアメリカ独立宣言の年だ。二〇二〇年九月の大統領選の討論会のテレビ中継ではトランプ本人が「下がって待機せよ（Stand back and stand by）」とプラウド・ボーイズに向けて犬笛を送った。これを観てタリオはすぐ会社に電話し、「PROUD BOYS STANDING BY」デザインのTシャツを発注したという。ファッションの求心力を熟知していることを窺わせるエピソードだ。[17]

人は服を着ることで多くのことを語り、他人の服装から多くのことを読み取っている。年齢、収入や教育、社会階層、性の指向や信仰、政治的信条……身体を保護する実用性だけでなく、象徴を介した言語的な機能を有している。着衣はコミュニケーションである。その意味で、集団で同一の装いをするユニフォームの機能とは、マーチングバンドやダンスチームなど、グループに統率力や集中力を与えるだけではなく、対外的にメッセージを発信し、内部のメンバーのあいだで「同志だ」というメッセージを伝え合うものでもある。つまり、「われわれではない者」とのあいだに線引きをし、「われわれ」を確認する視覚言語となるのである。その極北たる軍服は「われわれ」を「私」に優先させる。個性を消して順応を強制する手段として使われる。しかし、タリオのとった戦術は、強制するよりも自分事化のツールとしてユニフォームを使っているように見える。政府の中枢機関への破壊活動でさえ、「楽しく」参加できるようになるのだ。

二〇二三年二月現在、「一月六日調査委員会」の審議が続いており、彼らが連邦議会襲撃にどのように関わったのかの証拠が出ている。証拠として出たトランプ選対チームからタリオ宛の暗号化メッセージでは、集会には来い、だが黄色と黒のユニフォームは組織が認識されるからやめろ、といった注意を受けていたことが明らかになった。

次に文化の装置としての「メディア」の構造について見てみよう。オルタナ右翼界隈の事例では、大小のメディアがネットワーク状につながって、プロパガンダ装置がうまく機能した。近年メディアの構造は、テレビやラジオ、新聞などの伝統的なマスメディアに加えて、ネット上の中小規模のミドルメディア、多くの人々がプラットフォームで発信と受信をするソーシャルメディアなどと多層化している。

オルタナ右翼の拡大と過激化には、フェイクニュースが機能した。そこでは掲示板やソーシャルメディアが貢献したが、ミドルメディアもまた大きな役割を果たしていた。「ミドルメディア」とは、ソーシャルメディアをソースにしたネット上のまとめサイトや、比較的小さな組織によって運営されるニュースサイトのことである。ソーシャルメディアの話題をニュース化し、マスメディアの話題をソーシャルメディアに届けるという意味で、中間のメディアと定義されている。[18] この意味に沿えば、日本ではまとめサイトが大きな役割を果たしたのに対して、アメリカのミドルメディアではポッドキャストやYouTubeにおけるトーク・音声中心のコンテンツがミドルメディアとして大きな役割を果たしてきた。

ミドルメディアとしてはフューリーが起訴したアレックス・ジョーンズによる「インフォウォーズ」や、プロパガンダ映画制作の実績を買われ、一時はトランプ政権で首席戦略官も務めたスティーヴン・バノンによる「ブライトバート・ニュース」などがよく知られている。これらは、まったくのデマや陰謀論など、フェイクニュースの発信も辞さない。そして、これが再び「出典元」としての役割を果たし、ソーシャルメディアで引用される。発信力がそれほど大きくない個人も、ツイッターや

Facebook のアカウントや、YouTuber やポッドキャスターとして各種ソーシャルメディアでこれらの「根拠」を元に「真実」を拡散していく。ミドルメディアとソーシャルメディアが「真理」を生み出すメディア・ネットワークの一部をなしているのだ。ぺぺをハイジャックして文化を盗用し、オルタナ右翼を発展させたのは、メディア・ネットワークという基盤的文化装置である。

こうしたアンダーグラウンドで草の根的な力が肥大化すると、旧来のマスメディアとも邂逅していく。保守派論客として知られ、保守系最大手の報道局フォックスニュースのアンカーであるタッカー・カールソンは、近年最大の陰謀論の拡散源になっている。

「白人置き換え説（white replacement theory）」や「大置き換え説（Great Replacement theory）」と呼ばれる陰謀論がある。本来白人が座っていた場所を非白人が計画的に置き換えようとする陰謀が存在する、というのである。プラウド・ボーイズが破壊行動の根拠として主張するものでもある。一部の陰謀論コミュニティでのみ知られていたこの「理論」は、ある事件をきっかけにして大々的に知られるようになった。二〇二二年五月、ニューヨーク州バッファローの黒人地区で起こった銃乱射事件である。スーパーマーケットに買い物に来ていただけの無抵抗の黒人低所得層の人々をアサルト銃で襲ったのは、一八歳の白人男性である。一〇名もの死者を出す惨劇となった。彼は白人至上主義のヘイト思想を抱いていた。チャットアプリの Discord やオンライン掲示板の 4chan で「置き換え」陰謀論を展開し、犯行の二日前には一八〇頁にも及ぶマニフェストを Google Document に投稿していたのである。

この陰謀論は誰もが抱く可能性のある被害者意識を「白人」という自意識に重ね合わせたもので、

アメリカ社会の実態からすれば、その説明は妄想と言ってよい。しかし、具体的な攻撃を誘発しており、今回のように最悪のケースでは銃乱射などの大惨事を招いている。民族殲滅意識を抱いている場合もあり、「白人ジェノサイド」という名でも知られる。[19]

実はこの種の陰謀論には長い伝統があって、ユダヤ人差別のヘイト思想にルーツがある。ユダヤ人が社会を置き換えているという物語は、黒人やラテン系、ムスリムやアジア系、女性やＬＧＢＴＱ＋などと「敵」を自在に変えながら展開してきた。多様化する社会で多数派が抱く「奪われている」という被害意識につけ込んだ悪質な偏見である。これが、政敵が白人の議席を奪うために大統領選で不正を働いている、という説と容易に結びついたのである。

同質性の高いコミュニティの力は極端で、端から見ればおよそ合理的とは思えない思想も純化させる。たがが外れるのである。過去にはＫＫＫのような地下組織として、現在では4chanなどのネット掲示板やソーシャルメディアへとその現場《フィールド》は移行していった。この「分断」の状況下で、マスメディアでもこの悪質な「説」はすくい上げられてしまった。数百万の視聴者をもつ人気アンカーが、デマの陰謀論にお墨付きを与えながらメインストリームへと拡散する。マスメディアでこの説を幾度となく紹介してきたカールソンは、この銃乱射事件のあと強い批判を浴びた。だが、メディアネットワークで分断され、住む世界の違う「敵」からの批判は届かない。

フェイクニュース／陰謀論は、今やソーシャルメディアやプライベートな小規模メディアだけで展開しているものではない。ネットワーク状にそれらと呼応しながら、すでに大手マスメディアの領域にまで浸透している。

ちなみに、カールソンは、その後、二〇二三年四月に突如フォックスニュースを解雇された。彼は陰謀論とトランプ支持者で構成されるMAGA派の方を向きすぎた。票を盗んだのは投票会社ドミニオン社だ、というデマを放映した件でフォックス社が名誉毀損で訴えられたため、しっぽ切りされたのだ。共和党はMAGAトランプ派と伝統的な保守派に分離し、フォックスは伝統派に立ったことになる。カールソンの解雇は突然すぎたため、次回予告が通常どおり行われ、結局カールソンは番組内で降板の挨拶をできなかったほどだった。

次の装置を見ていこう。「名前＝ネーム」もまた文化装置となる。どういうことか。オルタナ右翼の場合は、「アイコン」という視覚記号の下で人々が収束（コンヴァージェンス）していた。一方、謎めいた「Q」という首謀者の「名前」の下で人々が集うネットワーク型の運動があった——「Qアノン」である。アノンはアノニマス（＝匿名）の略で、ネット上の匿名掲示板で書き込む「Q」という人物を中心に集う人々のことだ。また、その思想自体を指す。大統領選挙の際にトランプ救世主説として現れた陰謀論で、影の政府ディープ・ステートを運営する政敵ヒラリー・クリントンやジョー・バイデンは小児性愛者で隠れて人の生き血を飲んでいるなど、荒唐無稽と言うほかないものだ。しかし、このモチーフは、中世のキリスト教徒が異教徒、特にユダヤ教を悪魔化した言説——ユダヤ人がキリスト教徒の子どもの血液を儀礼で使っているという、いわゆる「血の中傷」——として知られる伝統的な陰謀論でもある。二〇一六年の大統領選でも酷似するヒラリー陰謀論がピザゲート事件として知られていたし、二〇二二年二月のロシアによるウクライナ侵攻以降にはゼレンスキーを悪魔化するバリエーションも現れた。このように、その時勢に合わせて、たやすくバージョンアップされるのだ。

しかし、陰謀論が実際の影響力をもつには、時代や場所の条件に合った「箱」が必要である。それが掲示板やソーシャルネットワークを介したQアノン現象だった。元は4chanに現れた匿名の「Qクリアランスの愛国者（Q Clearance Patriot）」と呼ばれるアカウントが投稿した格言めいた謎かけから始まった。Qクリアランスは米政府の機密情報へのアクセス権をもつ人物とされ、ディープ・ステートの活動を示唆するとされる暗示的な投稿が解読の対象となっていった。

Qによる謎かけのような投稿は「Qドロップ」と呼ばれて、神秘性を高めた。例えば、図14−10はQからの四三二番目の投稿だ。「ミサイル」とは北朝鮮が発射したものを指している。しかし、二行目のミサイルという単語の綴りからは「i」が落ちている。これにはQによる何らかの意図が隠されているに違いない。それは何か？「ミス・リー(Miss Le)」、すなわち北朝鮮政府に拘束されたあとクリントン元大統領の訪朝によって恩赦を受け、解放された韓国系アメリカ人ジャーナリストのユナ・リーを指すのだ……といった「深読み」がスレッドで繰り広げられる。

Dec 22 2017 17:12:55
!UW.yye1fxo Q 42a0eb

>>148634
MISSILE.
MISSLE.
FOX THREE.
SPLASH.
AS THE WORLD TURNS.
RED_OCTOBER>
Q

図14-10　432番目の「Qドロップ」のテキスト

人々はそれらに集まっていった。そこに大統領選で実際にトランプを応援する選挙活動が合流していく。二〇一八年頃からはトランプ集会で

「Q」のアイコンを身にまとった人々が目撃されるようになった。掲示板でのトランプ救世主説を社会や政界で活動するさまと合致させて楽しむQアノンは、まるでゲームのようである。看板や道端、新聞広告やネット記事などの形で現実に仕込まれた「ヒント」とストーリーを参加者が謎解きを楽しむ代替現実ゲーム（alternate reality game）のやり取りに見立てて説明されてもいる。[20] これは、まさしくぺぺを〈アイコン＝イコン〉の中心に据えて行われていた遊びの手つきである。カエル神に囲まれた救世主トランプは、ケキスタン共和国のアーミーをアメリカ合衆国の「民主主義政治」のシンボルへと突撃させた。同様に襲撃に加わったQアノンは、その〈名〉が一つの結節点となり、人々はクラウド的な集団となった。Qの書き込みを読み込む者だけがQアノン信者なのではない。公にその思想を広げる者も登場し、YouTuberとして活躍する者は「QTuber」などと呼ばれてメディア的影響力をもった。匿名、つまり名前がないことが参加型の文化を拡大させる力になる一方で、Qアノンという名前の下で思想が収束していく。これもまた、コンヴァージェンスな文化である（名づけの政治的機能については、第11章も参照）。

Qという言葉はどこから来たのか？　興味深いことに、発想源の一つをたどると、一九七〇年代イタリアの新左翼アウトノミアの運動に行き着く、という説がある。[21] アウトノミアは思想家アントニオ・ネグリなどを理論的支柱としたものであるが、一九九〇年代にそれに影響されて書かれ、イタリア国内で流行したものに『Q』というタイトルの小説がある。作者は、匿名集団ルーサー・ブリセット・プロジェクトだ。彼らは現在では「ウー・ミン」と呼ばれるグループ——中国語の「无名」（＝匿名の意）と「五名」（＝五人）とが発音違いで同音異義語になる——へと再編されており、そのメンバーが、Qアノンの元ネタが彼らの創作にあるという趣旨の発言をしている。つまり、この説を採るなら、イタリア左派グループ発のメディア攪乱のカウンター的手法が、ネット上のコミュニケーションを通じて大西洋を越えたアメリカに育っていく中で、右派思想のものに転じた、ということになる。左派的な立場からネットワーク化する権力を〈帝国〉として批判したことで知られるネグリの系譜が、陰謀論のイマジネーションのネットワークに組み込まれ、極右の運動に加担した、というのは皮肉でちょっと笑ってしまうエピソードでさえある。しかし、ここにこそ、思想ではなく技術的な側面から理解することの重要性が示されていよう。その合理性を脇に置いておくならば、権威的な存在に対抗する反逆者という点で、左派の運動と極右・陰謀論は共通している。つまり、Qアノンは「カウンターカルチャー」なのだ。そして、オルタナ右翼もまた、カウンターカルチャーなのである。[22]

Qアノンのトランプ主義・右翼思想との合流は、政治的な力が高まる時期に進んだ。特に二〇二〇年の大統領選のタイミングは、コロナ禍のロックダウンで対面コミュニケーションが制限されていたことも大きかった。医療デマの〝感染〟が拡大する「インフォデミック」とも合流しながら、[23]Qアノンは存在感を増していった。「Qアノン」が「血の中傷」陰謀論を具現化する文化の装置となったプロセスは、「ペペ」がオルタナ右翼のシンボルになっていった道筋と近似している。

旧右派の文化装置——進化論を否定するオルタナ科学の博物館

ところで、オルタナ右翼は英語では「オルト・ライト（alt-right）」だが、「オルト／オルタナ」とは「それとは別の＝オルタナティブ」の略である。つまり、旧右派とは異なる新しい右翼なのだ、というのが彼らの自認である。[24] その名前からして対抗性が表れていよう。

一方の旧右派はどのような文化装置を使ってきたのかも見ておこう。[25] 彼らを代表する大きなグループに、**キリスト教福音派**がいる。教派を超えたプロテスタントの運動で、「生まれ変わり（born-again）」を信じ、伝道を通じて社会を改革する意識が高く、聖書を字義どおり解釈することに重きを置く。そのため、聖書の記述に沿って現実社会を設計しようと考え、その結果、政治争点などでは特に女性が中絶をする権利や同性愛に強く反対する。

二〇二一年現在アメリカ成人人口の約三六％程度を占めている福音派は、特に一九八〇年代以降、保守派の票田として政治的に強い影響力をもつようになった。[26] こうした政治行動をするキリスト教保守のグループを、一般に「宗教右派」と呼ぶ。

その背景には、一九七三年に**連邦最高裁**が出したロー対ウェイド判決がある。従来違法とされていた人工妊娠中絶を女性の権利として認め、州法による制限を憲法で禁じたものだ。判決後、キリスト教福音派をはじめ宗教保守派が政治運動を加速させていった。なぜなら、聖書によれば中絶は胎児という「人」の生命を奪う殺人行為であり、社会の堕落に通じるものだと彼らは考えるからだ。これ以降、中絶を規制の対象とするか、個人の権利とするのかは、アメリカ政治の一大争点となる。前者は「プロ・ライフ（胎児の生命支持派）」、後者は「プロ・チョイス（妊婦の選択支持派）」と呼ばれ、鋭く対立してきた。

二〇二二年六月には、この判決がトランプの指名した保守派の判事らによって覆され、リベラル派からは女性が自身の身体を決定する権利が五〇年前に退行したと強く批判されることになった。アーサー・ジョーンズ監督が育ったのも敬虔な福音派の家庭で、大統領選の際に父親がトランプを支持し始めたことに強いショックを受けたという。

以下では、キリスト教福音派を例に、旧右派の活動を駆動する「装置」を見てみよう。

有名な活動団体に、ケン・ハム牧師率いるアンサーズ・イン・ジェネシスがある。「創世記に答えがある」という名を冠して、敬虔なキリスト教者が多い「聖書地帯」とも呼ばれる南部地域ケンタッキー州に本拠を構える組織だ。ここでは、筆者がフィールドワークを続けてきたこの組織を例に、文化装置が旧保守派の信仰や政治をどのように支えているのかを考えてみよう。[27]

彼らが用いた文化装置とは、「科学理論」のナラティブ、その教育機関である「ミュージアム」、また娯楽施設の「テーマパーク」である。

信仰機関なのに科学理論とは、いったいどういうことだろうか。ジェネシスは天地創造神話を教育する博物館「クリエーション・ミュージアム（Creation Museum）」を運営しているのだが、これは彼らにとって科学博物館である。驚くべきことに、そこでは聖書の教えは科学的事実や史実に基づいているものと説明されているのである。

一方、そこでは聖書の教えに反するという理由から「誤った科学」として進化論科学を紹介する展示も行われている。例えば、『創世記』の記述どおりであれば、神が一日で「地を這う生物」すべてを造ったのだから、恐竜や猿からヒトは「進化」しない、恐竜とヒトは一緒に暮らしていたはずで、その証拠を示す化石が発掘されている……こうした説明を科学的に有効な一つの学説として主張している。

図 14-11　クリエーション・ミュージアムの展示。天地創造科学の知見では「進化」せず7日間で「造られた」ので、恐竜とヒトが共存している（筆者撮影）

その根拠は「**天地創造科学**（creation science）」にあるとされる。これは「科学理論」をツールとして用いた社会運動である。進化論という彼らの信仰に反する内容が公教育で教えられていることに対抗したい、したがって「進化論と同じように正しい可能性がありうる学説」として天地創造科学を社会に普及しようと努めているのである。天地創造論者にとっては、進化論科学は自分たちの子どもたちにも、社会全体にとっても悪影響があるものなので、教えてもらいたくない。しかし、公教育で「信仰」の布教は困難だ。そう理解した上で、いかなる方法がとれるかと工夫を凝らしてきた歴史の上に、「天地創造科学」は成り立っている。

この聖書信仰に基づく科学理論は外形的には精密につくられており、二〇二三年一月現在、世界に四〇館、うち全米に三〇館ある天地創造博物館で教育されている。

サイエンスの分野では、「高圧生物圏（hyperbaric biosphere）」という巨大カプセル状の実験装置を設置し、ノアの洪水以前の状態を地質学的に解明しようと試みられている。装置内は当時の「高圧生物圏」と名づけられた状態――二倍の気圧、高濃度酸素、放射紫外線からのタンパク質――に保たれており、その中では生物の健康状態がよくなり、現在よりもかなり長期間生存可能で、すべての動物は植物性のタンパク質でも生きることが可能であったと主張される。聖書の解釈から、「原罪」を負う前の動物はすべて草食だったという前提に基づき、それを証明しようとしているのである。また、同様の「罪がなかったはず」という論理で、毒蛇の無毒化なども試みられている。このように、科学理論の装いが施され、聖書に書かれた「史実」がまことしやかに語られる。ノアの洪水によって地層が変わったという天地創造地質学の「理論／説（theory）」は、「カタストロフィズム」と呼ばれている。

天地創造科学は、ヒューマニティーズ（人文学）の分野にも展開している。そうした展示では、近代初期まで科学者はキリスト教的使命から研究をなしていたという史実を挙げて、天地創造論にはいかに科学的な伝統があるのかを賛辞したり、ナチスのホロコーストに結びついた社会進化論のようにいかに進化論が害のあるものなのかなどと思想史的に論じたりしている。

よく知られた「インテリジェント・デザイン（ＩＤ）説」は、天地創造科学の進化形であり、こう

図 14-12　「方舟との遭遇」テーマパーク。聖書に書かれた〝腕の長さ（cubit）〟という単位から推測された「原寸大」設計（筆者撮影）

した公教育における反進化論運動の歴史の上にある。これは「進化」に関する説明として自然淘汰ではないオルタナティブを挙げるもので、これほど高度な設計（デザイン）なのだから、外部からの何らかの知的な（インテリジェントな）力の働きなしには、このような高等な生物など発生しないはずだ、と主張するものだ。「神」という言葉を「知性ある設計者」に置き換えて、その「非宗教性」を公教育で実現しようとする戦術である。天地創造科学とは「科学」のナラティブを使った社会運動の手法であり、こうしたＩＤ説をはじめ「ネオ天地創造論」とも呼ばれる新しい戦術が生まれ続けている。[28]

クリエーション・ミュージアムの姉妹館に、ノアの方舟テーマパーク「方舟との遭遇（Ark Encounter）」がある。子どもたちを対象にした教育は博物館でも重視されており、公式見解でも副館長は、子どもたちが学校や地域コミュニティに出るようになって創造説以外の（進化論の）悪影響を受ける前に早くここで教化したほうがよいと主張している。社会に出て多様な考えに触れる口で穏健化やリベラル化するのを避けようとする意図で、幼年期という特定層をターゲットにしているのである。テーマパークは、より娯楽性が高く、幼年期教育とは親和性が高い。聖書の記述から「科学的」に設計された巨大な再現施設に乗船し、ノアの洪水のあいだ、いかに人々と動物のつがいが暮らしていたのかを「楽しく」学ぶことができる。

科学理論を装った信仰教育の領域拡大は、歴史的に培《つちか》われた組織的で政治的な「戦術」である。ミュージアムやテーマパークは、その「文化装置」だ。この歴史に関しては、学校のカリキュラムや教科書運動など、公教育の領域での運動のほうがよく知られている。ミュージアムでの教育は、そのゆきづまりに対する打開策として普及したものである。

ミュージアムには独自の力がある。アメリカ社会における情報の信頼性に関する調査では、「テレビ」や「インターネット」、さらには「高校教員」や「大学教授」よりも「博物館展示」を信頼する、というデータがある。[29] 博物館に展示されているのだから、公に認められたものであり、信じられる、というわけである。また、別の意識調査では、美術館、歴史博物館、科学博物館、さらには動物園、水族館まで、各種ミュージアムについては「信頼性の高い情報源と思うか」および「その内容を信じるか」という問いへの回答は、どれも八割前後という高い値を示す。それらの質問に対して「ニュース」、「NGO」、「州機関」、「連邦機関」の順に信頼性が三割ほど減じていく。また、逆に「ある機関には政治的意図があるかどうか」という質問では、他の四機関に対して、どの種別のミュージアムも最大で四割程度の低い値が出る。すなわち、一般にアメリカ社会では、他の情報源に比べてミュージアムは政治的意図が弱く、その情報は高く信頼できると考えられているのである。[30] これは教化というきわめて強い意図をもつ場合、隠れ蓑には最適の装置ではないか。こうしたミュージアムという文化装置の機能が、科学でさえ布教の手段にする運動を支えているのである。

興味深いことに、天地創造科学者には実際に進化論科学の博士号学位をもつ者も多い。もともとキリスト教に敬虔な進化論者が、研究がゆきづまった末に、これは神の力なしにはありえない、として〝転向〟したりするという。こうした天地創造科学者も「科学者」であり、当然さまざまな学術論文や学術書を生産しているし、天地創造科学版の学校や研究所もある。こうした「オルタナ科学」には、さまざまな文化装置があるのだ。

言論の〈戦術〉としての「両論併記」

言論のレトリックに着目して実際の展示を見てみよう。一口に言えば、その論法は「両論併記」の主張である。「あらゆるものは平等に扱うべき」と主張して、いかなる主張であっても、二つ（または複数）は平等に検討し、公教育でも同じ時間だけ扱うべきだ、税金は同じだけ使うべきだ……などといった形式上の「公正さ」を強調する形をとる。一見すると平等という主張や「公正」の主張は納得できる部分があるように見える。特に気にしない人々にとっては、それを一つの理論や可能性として誰かが主張するのはかまわないことだと思えるが、実は社会がそれらを「平等に扱う」ことは、社会全体にとっての公益というよりも、特定の人々の利益となる。公益性というのは全体を利するもので、まずはその議論から始めて妥協点を見出すのが筋であるが、特定の信仰である天地創造科学は無神論も含む創造論者以外の人々にとっての公益性を認められないことを彼らはすでにわかっているので、こうした言論の「戦術」をとっているのだ。先に創造科学を公教育における戦術の発展史に位置づけて紹介したが、反進化論法と呼ばれる州法を成立させる中で生まれたのが「授業時間の均等」をルールづけるという方法である。この論法の展示への応用にあたる。

この両論併記の戦術については既視感を覚えた読者もいるかもしれない。ここではキリスト教などの宗教保守派を例にとったが、実は社会運動ではよく見かける手法であり、意図的に極端な相対主義をとる言論の戦術である。一見、極端・荒唐無稽で多くの支持を得にくい意見——例えば排外主義や陰謀論など——への共感を広げる手段として、こうした手法は認知され、定式化して広く普及してい

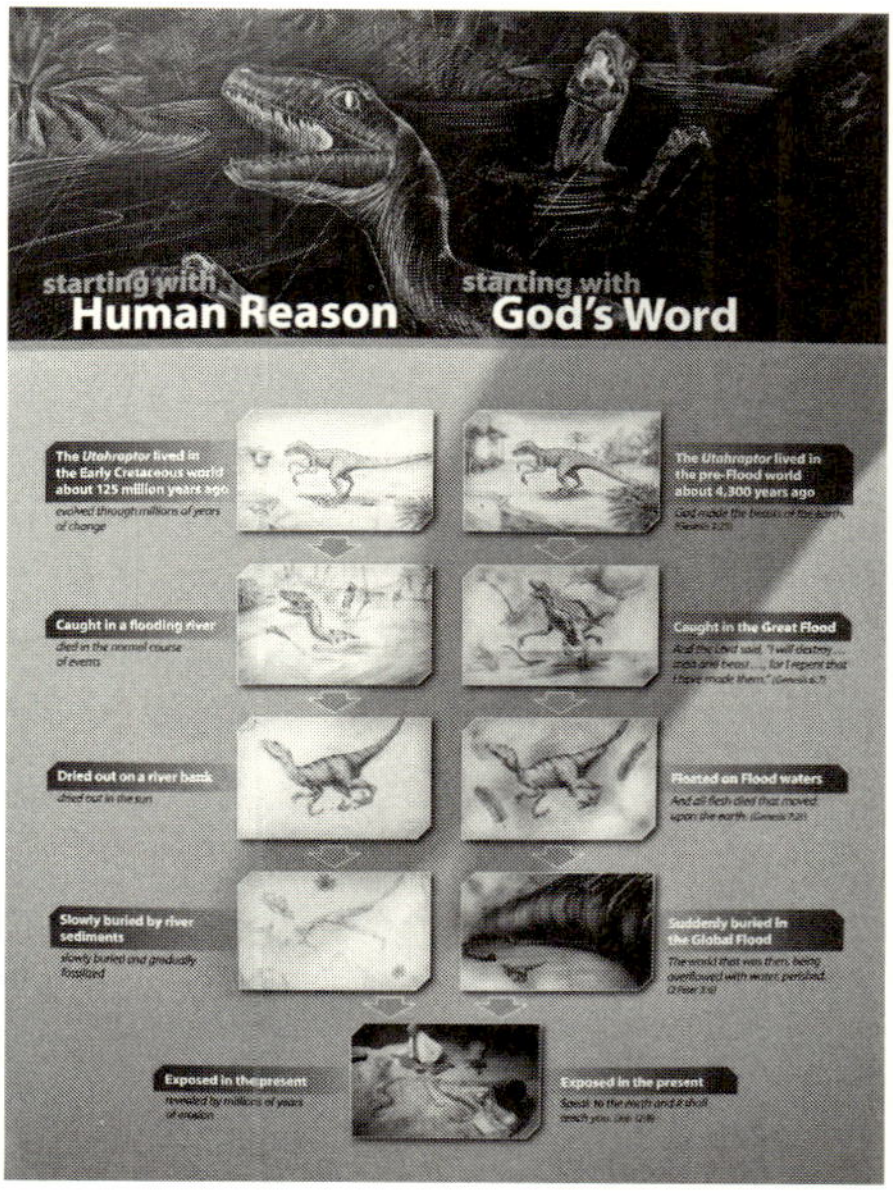

図14-13　創造説と進化説を両論併記したクリエーション・ミュージアムの展示。ともに一つの「説」なのだから等しく尊重すべきだと主張する（筆者撮影）

るように見える。ここでもまた「イデオロギー」を超えて「メソドロジー」は伝播している。

伝播は地球規模だ。日本もその例外ではなく、第10章で見た二〇一九年あいちトリエンナーレの「表現の不自由展・その後」や映画『主戦場』がネット右翼によって攻撃された際にも、同様の言論構造が見られたことは記憶に新しい。第2章で論じた歴史否定論、いわゆる歴史修正主義でも、おなじみの戦術である。つまり、思想の内実にかかわらず、「また別の説」を主張する方法として広く普及した言論〈戦術〉となっているようだ。

元来そういう目的でつくられてはいないものを工夫して攻撃のツールにする行為を「兵器化(weaponization)」と呼ぶ。近年ネット上の社会運動では、ぺぺのように「ミームの兵器化」や「言論・レトリックの兵器化」が顕著である。人々の日常にまでソーシャルメディアが普及したとき、インターネットはこの手の戦術に最適な「現場《フィールド》」になる。SNSは「戦場化」しているのだ。

兵器化と戦場化——「言論空間」に対話はあるのか？

戦場化したSNSにおける兵器化した言説。そこにある言論は、思想上の健全な対立と見ることはできない。これらは、むしろ価値観・思想の上で対抗関係にあるものを「敵」と認定し、「否定」して、「キャンセル」することを目的としたものだ。「兵器化」した「言論」には対話や熟議は不在で、合意をとることはもはや難しい状況にある。健全な対話、すなわち「他者」と交渉や妥協をした上で、ときに自分自身の考えを変化させながら人々が共存する、公共＝政治をつくる余地は、あらかじめ絶たれてしまっている。

こうした「言論の兵器化」が起こっているのは、ネット上だけではない。連動しつつリアルな現場での社会運動が展開されている。兵器が飛び交う戦場となった「言論空間」の「フィールド」は二重化しているのだ。

再び近年のアメリカの教育運動に例をとると、各州の教育委員会や公教育の現場では「**批判的人種理論**（critical race theory＝CRT）」と呼ばれる言論の兵器化運動が巻き起こっている。この理論は社会制度や構造に「人種」的な差別構造が反映されていることを「批判的に」考えるというもので、元は法学の分野でアフリカ系にとって差別的な法律を批判するために使われた言葉だった。現在、熱心に政治運動をする保守派なら誰もが知っているものとなったこの言葉は、当初とはまったく異なる意味で使われている。

それは、むしろ有色系を優遇するために「白人はすべて差別主義者だ」と教える逆差別の理論だと主張される。だから、歴史や社会の授業で奴隷制や**ブラック・ライブズ・マター運動**について教えることなどは人種差別的でとんでもない、というふうに保守派のあいだで通用するようになった。アプロプリエーションされたのである。批判のために相手の議論を歪曲する、いわゆる藁人形論法だ。

フォックスのニュースキャスターであるカールソンは、この理論の普及と運動化でも大きな貢献を果たした。マスメディアに加えて、ソーシャルメディアでの言論、それらを取り上げるポッドキャスターやニュースサイトのミドルメディアがネットワーク的に「言論空間」を構成した。その結果、各地の公立学校では、人種差別を教えるのかと反対する親たちが抗議の声をあげている。彼らは対抗手段として「批判的人種理論」を攻撃対象に使っているだけであって、反対意見をもつ人々とその妥当性を検討したり、妥協しつつ折り合いをつけたりしようとする姿勢で問題提起しているわけではない。

「置き換え説」と同様、ここでも「理論／説（theory）」という言葉が使われていることも着目すべき点だ。天地創造論者も「進化論（evolutionary theory）」を採りうる「一つの説」として名指し、それは蓋然性の問題だとして相対的な弱体化を図った。「学説」と呼んで各々の主張に応じてその妥当性の低さを喧伝したり、あるいは科学性を装ったりと恣意的に用いる。これもまた「科学理論」のナラティブの「戦術」であり、悪用なのである。

言論が兵器化し、戦場となった「言論空間」では、実際のところ反対する立場の人々との対話は意図されていないのである。

クリスチャン文化産業という楽しい政治

数々のイデオロギーの文化装置を見てきた。これらが機能するのは、一口に言って、人々が使うからである。それらを積極的に利用したり、そこに参加したりして、能動的に関わっているからだ。いわば「楽しい」コミュニケーションの土台がつくられることで人々は集合する。だからこそ「政治」的な力をもつのだ。

市場原理の強いエンターテインメント産業は、こうした「楽しい政治」の舞台になっている。アンナーズ・イン・ジェネシスが運営するクリエーション・ミュージアムやテーマパーク「万丹との遭遇」は、コンテンツこそ聖書や科学博物館だが、そのスタイルはお堅いものではなく、福音派向けのエンタメ施設として活況を呈している。内容は思想教育をするイデオロギー的な施設であるものの、同時にそれは人々の暮らしに密着した大衆娯楽の文化なのである。

　クリスチャン、とりわけ信心深いプロテスタントの人口比に占める割合が高いアメリカ合衆国には、伝統的にこのようなキリスト教文化産業の巨大な市場がある。例えば、二〇一四年にクリスチャン音楽はレコード売り上げ全体の六・六%、三億二〇七六万ドルを占め、全米人口の六八%が過去一ヵ月のあいだにクリスチャン音楽を聴いたと答えている。[31]その規模感は、ミュージアムやテーマパークの経営が成り立つことからも窺い知れるだろう。その他にも、映画、小説、演劇、ゲーム、アパレルやグッズ販売……多数のカルチャー・ジャンルに及び、中絶の例に見たように世俗的な世界とは矛盾することも多い聖書的世界観の規範に沿って娯楽を提供するために、さまざまなツールが使われている。

　アメリカの音楽産業では、ラジオ局に「クリスチャン」のチャンネルが数多く開設されていて、説法などと同時に宗教的な歌詞の楽曲を流している。やはり信仰心の厚い南部ではチャンネル数も多く、南部の宗教保守派が多い「聖書地帯」で車を走らせているとＡＭ／ＦＭ局の半数くらいがクリスチャン・チャンネルということも少なくない。その楽曲のスタイルの多くは「コンテンポラリー・クリスチャン・ミュージック（ＣＣＭ）」と呼ばれるもので、ゴスペルなどの教会音楽とは区別される。いわば「世俗的」なスタイルに乗せて発展したキリスト教音楽である。古くはクリスチャン・カントリーがあるが、そのほかクリスチャン・ロック、クリスチャン・メタルやハードコア、クリスチャン・オルタナに、クリスチャン・ヒップホップまで存在する。ジャンルは各世代に対応して多様化しており、一九八〇年代頃から市場が拡大して現在の産業様式が定着した。

一九九〇年代以降は、礼拝音楽（worship music）として飛躍的に市場が拡大する。それは音響設備を十分にそなえた大型イベント会場型の教会「メガチャーチ」――数千人を超える巨大規模で行われることもある――の普及に対応したものだ。こうしたメガチャーチでは、説法もスタンダップコメディ風であったりと、コンテンツはより現代的で娯楽的、「世俗的」な様式をとることが多い。そのため、音楽では時代ごとに少しだけ時代遅れの典型的な大衆音楽が好まれ、取り入れられてきた。

キリスト教信仰に基づくカルチャーコンテンツは「クリスチャン」のチャートが別に設定されているが、時折「通常の」ヒットチャートにクリスチャン音楽がランキング入りすることがある[32]。

一部の保守系キリスト教大学には、神学などと併設して、クリスチャン音楽の作詞・作曲、エンジニアリングやパフォーマンスを教えるカリキュラムがあるところもある。商品として提供された文化を単に受容し、楽しむだけでなく、担い手を育てる仕組みがあり、内部で循環してクリスチャン音楽の文化全体が機能する構造がつくられている。

ビジネスの〈戦略〉としての思想

信仰や政治などのイデオロギー的な領域は人々が強い思いを抱くものなので、「彼らが抱く思想を身を粉にして人々に伝道している」などと捉えがちである。しかし、資本主義のもとで巨大な産業となった「文化装置」のビジネスは、信者という「客」を見越して活動し、ありていに言うなら、「金になるから商売として」やっているケースも少なくない。

愛国心を支える文化装置の最たるものは、アメリカ国旗だ。国旗製造の何割がアメリカ製でなくてはならないとか、連邦政府組織はアメリカ製でなくてはならないとか、さまざまに定めようとする法案がたびたび提出されてきた。例えば、二〇一九年の「すべてアメリカ製国旗法」は、現行法が半数と定めた連邦が購入する国旗のアメリカ製の割合を一〇〇%にしようとするものだ。[33]逆に言えば、自由主義経済においては、制限をかけないとそれは実現されないということだ。

図14-14　トランプ大統領在任時のMAGAグッズ「KEEP AMERICA GREAT」（「アメリカを偉大に維持しよう」）バージョン

経済保護主義を唱えるトランプのスローガンは「Make America Great Again」（ＭＡＧＡ）として知られる。ＭＡＧＡグッズでさえ、皮肉にもその多くが国外でつくられているという現実がある。[34]海賊版グッズは中国、ホンジュラス、ハイチ産などが多いという。トランプ選対オフィシャルサイトには「誇りをもってアメリカ製」と強調されている（図14－14）。さらに皮肉にも、その製造を担うカリフォルニアの会社Cali Fameの従業員の八割は、トランプが無根拠に「ドラッグを持ち込むレイプ犯」として悪魔化し、壁を建てて排除したラテン系である。

アメリカ国旗は愛国者の手によってつくられるとは限らないし、ＭＡＧＡグッズを製造し、売る者は必ずしもトランプ主義者ではない。ここでは商品たる「思想」はマネタイズの方法であり、「目的ではなく手段」という面がある。政治や信仰などイデオロギー性が高い領域でさえ、駆動原理は思想に限らない。

運営側から見れば、経営の拡大は社会での政治的な影響力の拡大を意味するが、同時にビジネスのリソースである。クリエーション・ミュージアムを建てたジェネシスの経営は、きわめて「戦略」的なものだ。例えば、その立地。全米からどのくらいの割合の人々が何時間かかってたどりつけるかを綿密にマーケティングし、開園・開館すべき土地の買収計画を決定している。物流効率が高いため、近くには倉庫や工場が多く、傘下の学校の用地にする予定でトヨタの工場跡地を買い取ったりもしている。そこに定めた理由を支持者向けには「神が導いたため」と説明しているところも巧みだ。

しかし、こうした実利か理念かといったバランス取りに失敗することもある。筆者が行ったインタビューでも、巨大で成功したクリスチャン産業のビジネスに対して、熱心な信者が過度なビジネス優先の姿勢に落胆した、という話がしばしば聞かれた。人気商売という点では、「夢」を売るスポーツ選手やハリウッドスター、ミュージシャンなどと並ぶ大衆文化の領域だ。人気ミュージカルのタイトルにあるように、『ジーザス・クライスト＝スーパースター』はセレブのポップスターなのである。

文化産業のビジネスは「戦略」的な経営によって人々を巻き込むよう努める。楽しい政治が成功すれば、人々はそこに巻き込まれていく。

＊

新旧保守派の運動について見てきた本章では、インターネットミームやミュージアムなど、さまざまな文化の装置が信仰や政治の領域でいかに用いられてきたのかを確認した。本章冒頭で、対話はなぜ機能不全に陥っているのか、その不健全なコミュニケーションの土台はどのようなものなのか、と問うた。これに一言で答えるなら、コミュニケーションの土台たる「言論空間」が揺らいでしまったため、である。

〈現場〉と〈対話〉の両面において、コミュニケーションを支える「言論空間」が揺らいでいる。

オンとオフがつながり、拡張した〈現場＝フィールド〉では、「声」を届ける範囲や手段が広がり、人々は同類とつながりやすくなった。しかし、同時に、意見が異なる人と見知り、つながる機会は減少し、結果として内向きにブロック化した側面もある。SNSの炎上やキャンセル・カルチャーに顕著なように、ウェブとリアルが複層化し、複雑化した「現場《フィールド》」では、人々が場を共有できず、関わる場もうまく育たず、複数の作法が併存して、すれ違うなどして、場の操縦の仕方が定まらずにいる。本来なら言論が拠って立つべきコミュニケーションのための空間が揺らいだ状態にある。

フィルターバブル（ネットで表示される情報の自動選別）によって〈現場〉はイデオロギーごとに緩やかに区分けされつつも、完全に孤立化しているわけではない。共有されつつ分断されたこの「言論空間」は、兵器化されたミームや言論が飛び交う戦場となっている。思想を運ぶ文化の装置は互いに影響し合い、模倣しながら増殖する。カエルのペペに見た意味の奪い合いとは、集合文化戦争に特有の「言論」なのである。アプロプリエーションされ、その含意が文脈に依存した「言語」は、言論空間にさらなる混乱をもたらす。

そこではまた〈対話〉も揺らいでいる。揺らぐ〈現場〉はコミュニケーションを阻害し、両者の揺らぎは連鎖していく。他者との〈対話〉へ開かれるべき回路が少なくなったばかりか、ある種の言論は対話のための方法でさえなくなっている。イデオロギーを支える文化装置は、「われわれ」をグループとして領土化し、「他者」を敵として攻撃する方法を洗練させていた。「言論」それ自体が兵器化されたのである。それも、単に模倣された手法が伝播しているだけでなく、方法論（メソドロジー）として定式化されてもいた。

この名ばかりの「言論」とは、対話を通じて何とかすり合わせながら融和し、コミュニティの形を築いていくようなコミュニケーションではない。それは「空間」が支える「言論」という名の兵器である。それを象徴するのが、ぺぺの右翼化事件をはじめとする本章で取り上げた事例である。真空のカプセルのように「ポスト真実」を純粋培養する言論空間が生み出した結末が、アメリカ連邦議会への襲撃だった。それはカエルの神が産み落とした卵なのである。

おわりに

本書は筆者にとって初めての単著になる。まだ改装前だった講談社のカフェで企画のことを話してからおよそ二年半、最初に書籍の案を考えてから数えると約五年になるから、「本をつくる」というのがいかに大変なことかと身に沁みており、とても感慨深い。

……などと自分の足取りを振り返りながらつらつら書くことをちょっと恥ずかしく思う気持ちは、この本をつくりながら自分の中で育ってきた。というのも、この本を編集する作業は、「誰にどう読んでもらうのか」を考えながら原稿の束を「書籍」として仕上げるプロセスだったからだ。次第に具体的に読者を想像するようにもなり、尊敬するあの著者、お世話になったあのかたや教え子たちがこの本をどう読むだろうか、と考えているとこうして自分語りすることが照れ臭くもなった。と、言い訳めいた少しのためらいの言葉も記しつつ、以下ではなぜこの本が生まれたのかを説明し、本書の狙いについて補足しておきたい。

本書は評論集であり、各章の初出は左記のとおりである。これらを元に大幅に加筆している。筆者はアメリカ地域をフィールドにミュージアム研究を行う研究者だから、一部の章を除いて厳密な意味での専門分野を扱ったものではなく、だからこそ、ちょっとだけ冒険をしてみたいという気持ちで書いてきた。自分にとって新しいものを知る、好奇心に従って言葉をしたためてきたのである。

第Ⅰ部

第1章：「パブリックヒストリーが開く虐殺の歴史——オクラホマ州タルサをトランプ集会とＨＢＯドラマ「ウォッチメン」で見る」、『FENICS』二〇二〇年九月二五日。

第2章：「コンクリートジャングルのカウボーイとカウガール——白く塗られた黒人馬乗りの歴史を「修正」する」、『wezzy』二〇二一年七月三日。

第3章：「お化けと差別に背筋が凍る——ドラマ『ゼム』が描く住まい・契約・トラウマの人種主義」、『wezzy』二〇二一年八月七日。

第4章：「『ユダ&ブラック・メシア』とH.E.R.〈Fight For You〉——映画を深める二つのミュージックビデオを読む」、『wezzy』二〇二一年九月一八日。

第5章：書き下ろし。

第6章：「投票の前には「まだ見ぬアメリカの夢」を観る——選挙と〈アメリカン・ユートピア〉」、『wezzy』二〇二一年一〇月二九日。

第7章：「「アウトサイド」からアメリカを映す——『ノマドランド』のイエ・シゴト・タビ」、『wezzy』二〇二一年六月五日。

第Ⅱ部

第8章：「コロナ禍のフィールドワークとアメリカのカーデモ（前）」（連載「コロナ禍のフィールド

ワーク」)、『FENICS』二〇二〇年四月二五日、「コロナ禍のフィールドワークとアメリカのカーデモ（後）」（連載「コロナ禍のフィールドワーク」)、『FENICS』二〇二〇年五月二五日。
第9章：「東京・代々木「ブラック・ライブズ・マター・トーキョー」デモのエスノグラフィー——ネットで軽やかにフィールドをつなぐこと、「見えない」ものに目を凝らすこと」（連載「コロナ禍のフィールドワーク」)、『FENICS』二〇二〇年六月二六日。
第10章：書き下ろし。
第11章：書き下ろし。
第12章：書き下ろし（一部を以下で発表。「共時間（コンテンポラリー）とコモンズ——ミュージアムの脱植民地化運動とユニヴァーサリズムの暴力」、『広告』第四一七号、博報堂、二〇二三年三月、八三三—八七七頁)。
第13章：「ハッシュタグをハックする——K-POPファンのブラック・ライブズ・マター運動」（連載「コロナ禍のフィールドワーク」)、『FENICS』二〇二〇年七月二五日、「正義の荒らし？——警察アプリとTikTokをめぐるK-POPファンの平和攻撃」（連載「コロナ禍のフィールドワーク」)、『FENICS』二〇二〇年八月二五日（一部を以下で発表。「拡張する社会運動の〈現場＝フィールド〉——K-POPファンダムのブラック・ライブズ・マターとネットミームの連邦議事堂襲撃」、『立教アメリカン・スタディーズ』第四六号、立教大学アメリカ研究所、二〇二四年三月、七—三一頁)。
第14章：「なぜオルタナ右翼はマンガのカエルを「神」として担ぎ上げたのか？——「カエルのペペ右翼化事件」を考える」講談社現代ビジネス、二〇二一年四月二二日。

「楽しい政治」のためのキーワード事典：書き下ろし。

東京外国語大学アジア・アフリカ言語文化研究所の椎野若菜さんには主催するフィールドワーク研究会ＦＥＮＩＣＳのウェブマガジンに、筆者にとって初の連載の機会をいただいた。それまで誌面は短い体験記を載せる趣旨のものだったにもかかわらず、今アメリカで次々と起こっている社会運動について記録したい、という筆者の申し出を快く受けとめ誌面を開放してくださり、どうしても長文を載せたいというわがままにも応えていただいた。椎野さんは筆者が三年間のフィラデルフィア滞在を終えて所属も決まらないまま帰国した際、東京外国語大学アジア・アフリカ言語文化研究所に迎え入れてくださった。研究者生命もつないでいただいたのである。併せて深く感謝したい。

フィールドワークを旨とする同誌の連載では、コロナ禍のカーデモやＢＬＭ運動などを扱った。パンデミック下のアメリカ社会で矢継ぎ早に起こる現象を、フットワークがより軽いウェブマガジンで少しでも多く記録しておきたかった。二〇二〇年はじめのその時期は国外への渡航制限が始まった時期であり、いざアメリカの「現場《フィールド》」に行こうと思っても行けなくなった。「フィールドワーク」に代わることが何かできないか、渦のように流れていくこの時期の現象を、「フィールドに行けないフィールドワーカー」という立場に置かれた「現在」の記憶とともに文章に記録しておきたい——そう考えてのことだった。

一方、この時期は大学もコロナ禍に巻き込まれていた。ひと月遅れで始まった新年度には全面オンラインで授業を行いながら、学生たちが日々何をして暮らしているのか、授業で彼らが何を期待し、何に興味をもってくれるのかと、学修支援システムとモニター越しに探った。とにもかくにも、彼らは「動画」に浸かっていた。

配信される映画やドラマ、TikTokやYouTubeなど動画系SNSが日常生活の大半を占めているようだった。「おうち時間」が「動画時間」の状況下、彼らが、そして私たちが生きる「現場《フィールド》」でもある映像をどう扱えるかと工夫を凝らして授業を組み立てた。配信や記録された授業はそれ自体が動画であり、それらはときに倍速で再生されていた(!)。映画ファンの血も騒ぎ、優良映画を素材に「きちんと鑑賞したい!」と思ってもらえるような授業をしたいと努力した。

その一部を文章として発表する機会をくださったのが、ウェブマガジンのwezzyである。新型コロナウイルスの犠牲となったアーティストの追悼記事の掲載を依頼したことを覚えてくださっていた編集担当の金子昂さんが、「映画やドラマを通してアメリカの社会課題が理解できるような解説記事」の連載ができないかと依頼してくださった。なんと奇遇にも、これは以前よりあたためていた書籍案の主旨とほぼ一致し、同時にコロナ禍の授業で実践していたものでもあった。本書の土台となる素晴らしい機会をいただいて感謝している。

月並みな言い方だが、本書は自分なりのコロナ禍への応答である。コロナ禍の「現場《フィールド》」で何ができるのかと考えながら始めた研究や教育を一つの形にすることができた。パンデミックの「現場」で、パンデミックの「現場」について書いたものを公《パブリック》に刊行できたことは、フィールドワーカーとしてうれしく思っている。

この本をパブリックに届けるためにご尽力くださったのは、講談社学芸第三出版部の互盛央さんである。本書の話が具体化したのは、とある別の書籍案の企画書に興味をもっていただいた縁で、「打ち合わせ」という言葉がおよそ似つかわしくない「楽しい」おしゃべりに興じていたときである。ハードコアな〝鈍器本〟を次々と世に送り出す書き手でもある互さんの一読者として感じていた、次のような問題意識について二人は確実に共有していると、打ち合わせの中で強い確信をもった。

現代の日本で人文科学の知識は、一部の研究者やある種の専門的で階層や教育水準の高い読者のあいだで流通しているだけである。意識や関心の高い一部にだけ言論が届いてもそのサークル内で知識が循環するにとどまってしまう(当然それらには別の意義があるのは言うまでもない)。とりわけ社会の分断や言論のすれ違いが目につく昨今では、他者と共存するコミュニケーションを見直すことが喫緊の課題で、そのためには、いかに知識を外側へと「開いて」いけるのかが肝要だ――こうした問題意識である。

こうしてめでたく書籍でこれを実現していきましょうという話になり、あとはがんばって面白い本としてテーマをまとめよう……と考えていたら、難関が立ちはだかった。

「〝アメリカの本〟だと多くの読者には届かないので、ぜひアメリカの本には見えないようにまとめてください!」とメールが届く。大変にこやかに互さんがそう言っている顔が浮かぶ。しかし、元はアメリカのコロナ禍を記録しなくてはと書いてきた断章だったので、大変困った。しかし、このアドバイスが結果的に、誰が読むのか、そしてどのように読んでもらうのかを考える道筋となったのである。

読者はアメリカ研究者やアメリカ社会を知りたい人たちばかりではないのだから、アメリカの文化にはこんなに面白いものがある、アメリカ社会の仕組みはこうなっている、というようなある種の解説本とは違う、読んでもらうための動機づけが必要である。

そこで工夫したのは、まず、読もうと思えるとっかかりを増やし、読み始める間口を広げるという点である。各章単独で読めるものにしたり、映像作品の読み解きと同時に、逆に映像作品を通して社会を読解するという二重の体裁にしたりと工夫を凝らした。

単独でも楽しめる体裁でキーワード事典を執筆したのもそのためである。図鑑、雑誌、レシピ本、見開き頁で広がるカタログ文化の世界は楽しい。学生の頃には興味を抱いた分野の事典を読み物にしていたし、ウィキペディアが登場した頃ネットサーフィンで夜を明かしたが、最近は気楽に読める事典的書物をあまり見かけないなと思っていたこともあった。

しかし、入り口をたくさん準備しても単なる寄せ集めでは、「開き」っぱなしで誰にも届かないだろう。そこで、通読すればより大きなテーマへ通じていく章構成とし、各章にある複数の主題を交差させる形で書き直していった。また、時間をかけてていねいに熟読すれば、学術的な堅固で詳細な知見やデータへも通じる書物を目指し、注はなるべくつけることにもした。研究論文や学術書のように一直線に筋の通った「主旨」があるわけではないが、くねくねと曲がりくねった坂道をたどれば、気づけば大きな山を登っている。そんな書物になっているだろうか。

こうして書籍としての形を検討するうちに、自身の研究専門であるミュージアムやモニュメントについても入れるのが、テーマの広がりや議論の奥行きも出せてよいのではないかと考えて書き下ろしたのが、第10章、第11章、第12章である。時事問題を扱っているので本当はすぐにでも世に出したい気持ちも強かったが、時事性を狙った類書の出版も続き、焦りも募る中で、それらとは表面上似ていても狙いが違うなと思いとどまって、結果的には現在の形に落ち着いた。

『楽しい政治』という表題に込めた思いは「はじめに」で述べたとおりであるが、書き終えて振り返ってみると、本書における「楽しい」の意味は主に次の二つに定義することができそうである。

一つは、利用可能な状態にあること。「楽しい政治」とは、社会〈構造〉と〈コミュニケーション〉にまつわる力関係・権力構造についての理解、すなわち「政治＝学」が、誰にとっても民主的に開かれていることである。英語で言うならaccessibleであるが、これは交通機関やミュージアムといった公共的なリソースを、障害の有無、人種やジェンダーなどにかかわらず誰もが公正に使えるように設計すべきである、というような文脈で使われる言葉である。日本社会は「政治」に対するアクセシビリティが必要なのだと思う。

もう一つは、政治にアクセスできたとき、そこに積極的に関わりたいという気持ちになるということである。言い換えれば、これは自分のものだ、と気がつくということだ。英語のownershipは通常「土地のオーナー」のように経済的な所有権を意味するが、本書ではそれを政治に置き換えて考えた。政治やその理解が透明で開かれたものであったとしても、わたしたちはそれらのオーナーなのだと気がついているだろうか。先進国である日本は仕組みの上ではそのはずだが、政治の「所有権」を使いこなせているだろうか。「はじめに」でも書いたように、政治は人々が使うべき道具である。道具を使うには、まずは自分がそのオーナーだと気がつかなくてはならない。本書で取り上げたのは、イデオロギーを問わず政治参加に成功した人々の活動や、それを学ぶための作品である。つまり「楽しい政治」とは、政治の「自分事化」のことである。

もしこの本のタイトルがミスリードだと感じてガッカリされた読者のかたがいたなら申し訳なかったのだけれど、しかしこのズレこそが、日本社会特有の「政治」と、政治という文化それ自体が有している豊かな可能性の間にあるギャップなのだと思う。

もちろん「楽しい」というのは単に字義どおり、満ち足りていることや快活に心が動くものでもあるが、冷笑や嘲笑といった、他者を敵とみなし、距離を置いて馬鹿にする笑いの「楽しさ」は、私が理想と考える「楽しさ」とは程遠いものである。しかし、現在、日本でもアメリカでも、そして世界中で人々はそれを「楽しい」と感じ、いがみ合い傷つけ合っているようだ。本書でも見たように、悲しきかな、それが今の「楽しい政治」の現実でもある。

映画やドラマの作品やアメリカのちょっと気になった現象について、好奇心をもって読み進めていくと、背景にある社会の課題について理解が深まる。同時に、豆知識を足がかりに「知る快楽」や「学ぶ充実感」が得られる。その結果、気がつくと大きな社会構造や文明論にも手が届いている……。「楽しく」「知る」、そうすると「政治」を考えることになる。こうした順序で「楽しい政治」へたどりつく。力及ばずこうした理想には程遠いかもしれないが、本書を形にする中で試みた狙いはこうした点にある。

本書は「ミュージアム」である。好奇心に従って物見遊山で素材を見ているうちに、何となくだがテーマの全体像が理解され、じっくり時間をかけさえすれば、その分野のエキスパートによる知見がさほど苦労せずして得られる。各章の「展示室」には動線が引いてあるが、それを無視してぶらついても楽しめる。それぞれの好奇心に沿って「展示物」を読み進める、ミニージアムのような書物として楽しんでもらえていればうれしい。自身の専門になぞらえた見立てのお遊びだが、こうしたミュージアムの性格が好きなのである。

「はじめに」では、あえてこうした狙いを書かないよう努めた。舞台裏ならぬ「学芸員の部屋」、手の内をまずは見せずにどのように読まれるのかを試してもらいたかったからだ（『楽しい政治のミュージアム』などという、余計に訳がわからない書名も候補に考えてはいた）。

直接間接にいただいた知恵や知識や刺激や影響のことを考えると、当然ここに挙げると紙面が尽きてしまう多くのかたの名前が思い浮かぶ。直接原稿を読んで助言をいただいたかたの名前だけを挙げると、大学院に入りたての頃からの友人で勤務先の同僚でもある新田万里江さんには、研究と校務とご家族との時間にお忙しい中、長い原稿を通読していただいたことを記して感謝したい。

カバーデザインに、代表作《戦争のかたち／Remnants》を快く提供してくださり、本書の顔とも言える装丁に「楽しさ」を加えてくれたのは、アーティストの下道基行さんである。同作は、第二次世界大戦時の砲台跡などが現代社会でさまざまに利用されている風景を撮影したもので、「日常の中に政治なるものの形を発見する」という本書のテーマを視覚的に見事に代弁してくださった（帯の裏に隠された仕掛けも、ぜひご覧ください）。下道さんとは、二〇一〇年筆者がキュレーションした企画〈かじこ〉に出品してもらって以来のコラボレーションが思わぬ形で実現できて、本当にうれしく思っている。下道くん、どうもありがとう！

そして、編集担当の互さんが細やかに文章を推敲してくださった作業によって、本書は何倍も読みやすく「楽しい」ものになった。およそ三年もの期間、誰にどう届けるかと苦心する作業に伴走してくださり、何より初めての単著を世に出す機会をくださったことに心より感謝をしたい。

最後に、議会で政策をつくることで「楽しい政治」を世に実現しようと努力している頼もしいパートナーへ、本書を目にしてもらうことは間に合わなかった父の神前へ、そして二度の大病から快復してくれて本書を読んでもらうことがかなった母に、感謝とともにこの本を届けたい。

二〇二四年六月某日
サバティカルでロンドン滞在中、お気に入りの仕事場にしているミュージアム（大英博物館、大英図書館、テート・モダン、ヴィクトリア&アルバートミュージアム、デザイン・ミュージアム、ウェルカム・コレクション……）にて

小森真樹

https://www.riaa.com/reports/news-and-notes-on-2014-riaa-music-industry-shipment-and-revenue-statistics/#:~:text=Full%2Dyear%202014%20U.S.%20recorded,that%20were%20seen%20at%20midyear.

32 映画のジャンルでも見られる現象。一方、ジャンルの区分は曖昧で、明白に信心深いキリスト教徒を対象にしたような作品も、キリスト教モチーフが用いられているだけの作品も「クリスチャン」ジャンルでランキングされるような例もある。メル・ギブソン監督の『パッション（*The Passion of the Christ*)』（アメリカ＋イタリア、2004年）は「クリスチャン」チャート以外でも知られているクリスチャン映画の例である。

33 法案の公式サイト "H.R.1526 - American Flag Production Act of 2021: 117th Congress (2021-2022)", Congress.gov | Library of Congress: https://www.congress.gov/bill/117th-congress/house-bill/1526/text?r=89&s=1

34 以下の記事では、MAGAハットはアメリカ製なのかと「ファクトチェック」している。Adrienne Dunn, "Fact Check: Official MAGA Hats Are Made in America", *USA Today,* September 8, 2020: https://www.usatoday.com/story/news/factcheck/2020/09/08/fact-check-trump-campaigns-official-maga-hats-made-america/5658106002/. ドナルド・トランプによる「アメリカを救え」ストア（現在、店名は変更されている）：https://secure.winred.com/save-america-joint-fundraising-committee/storefront/?location=djt_sa_header&_ga=2.193012205.1723498313.1651819849-1932975403.1651819849

26 「あなたは生まれ変わりを信じていますか、あるいは福音派キリスト教徒ですか？」という質問への回答。“Religion: Gallup Historical Trends”: https://news.gallup.com/poll/1690/religion.aspx

27 以下の拙論は、クリエーション・ミュージアムでのフィールドワークに基づいた調査報告。小森真樹「アメリカ合衆国における創造博物館の科学・娯楽・政治学——ケンタッキー州ピーターズバーグの Creation Museum」、『博物館学雑誌』第 38 巻第 2 号、全日本博物館学会、2013 年 4 月、47-73 頁。以下は、天地創造論者が公教育でキリスト教的教育を実現するために展開してきた言論戦術に焦点をあてたもの。小森真樹「兵器化する科学主義——両論併記で「天地創造」を科学する博物館」、『史苑』第 83 巻第 2 号、立教大学史学会、2023 年 3 月、89-117 頁。報道には以下など。「進化否定　米の博物館」、『読売新聞』2015 年 6 月 11 日（朝刊）。

28 Eugenie C. Scott, *Evolution vs. Creationism: An Introduction*, 2nd ed., Westport, Conn.: Greenwood Press, 2009（Eugenie C. Scott『聖書と科学のカルチャー・ウォー——概説 アメリカの「創造 vs 生物進化」論争』鵜浦裕・井上徹訳、東信堂、2017 年）.

29 Roy Rosenzweig and David Thelen, *The Presence of the Past: Popular Uses of History in American Life*, New York: Columbia University Press, 1998, p. 91. アメリカ史に関する 1998 年の調査。10 段階で評価してもらい、順に「博物館」、「祖父母や親類からの話」、「〔肉親によらず〕実体験した人の話」、「大学教授」、「高校教員」、「ノンフィクション本」、「映画やテレビ番組」となっている。やや古い時代のものであるため、ポスト真実や Q アノン流行以降の時代にも同種の調査が待たれる。

30 National Awareness, Attitudes, and Usage Study による意識調査。2017 年および 2020 年のもの。“People Trust Museums More Than Newspapers: Here Is Why That Matters Right Now (DATA)”: https://www.colleendilen.com/2017/04/26/people-trust-museums-more-than-newspapers-here-is-why-that-matters-right-now-data/

31 “NEWS: GMA & CMTA Research Shows Popularity of Christian Music”, *GMA*, July 13, 2015: https://gospelmusic.org/news/news-gma-cmta-research-shows-popularity-of-christian-music#:~:text=Key%20Takeaways%20from%20Gospel%20Music%20Association%20Research%3A&text=215%20million%20people%20have%20listened%20to%20Christian%20music%20in%20the%20past%20month.&text=68%20percent%20of%20Americans%20listened%20to%20Christian%20music%20in%20the%20past%20month.&text=93%20percent%20of%20African%2DAmericans,radio%20in%20the%20past%20year.; “2014 RIAA Music Industry Shipment and Revenue Statistics”, *RIAA*, 2015:

Boys, Got Removed by Square, Chase, PayPal", *Slate*, Feburuary 7, 2019: https://slate.com/technology/2019/02/proud-boys-1776-shop-paypal-square-chase-removed.html; Neil MacFarquhar, Alan Feuer, Mike Baker, and Sheera Frenkel, "Far-Right Group That Trades in Political Violence Gets a Boost", *The New York Times*, September 30, 2021: https://www.nytimes.com/2020/09/30/us/proud-boys-trump.html. 現在店舗のサイトやSNSは閉鎖中。

18 藤代裕之「フェイクニュース生成過程におけるミドルメディアの役割」、『情報通信学会誌』第37巻第2号、情報通信学会、2019年、93-99頁。

19 "Buffalo Massacre: Gunman Cited Racist 'Great Replacement' Conspiracy Theory Popularized by Fox News", *Democracy Now!*, May 16, 2022: https://www.democracynow.org/2022/5/16/great_replacement_theory_fuels_buffalo_massacre

20 石川将来「Qアノンの正体は「代替現実ゲーム」の側面も　武邑光裕氏に聞く」、『毎日新聞』2022年1月11日。

21 同記事。

22 オンライン運動研究者のアンジェラ・ネイグルが『リア充を殺し尽くせ』でオルタナ右翼の対抗性について論じている。Angela Nagle, *Kill All Normies: Online Culture Wars from 4chan and Tumblr to Trump and the Alt-Right*, Winchester, U. K.: Zero Books, 2017.

23 国連WHOは、情報とウイルスの拡散のことを「インフォデミック（情報の流行）」と類比的に表現して注意を呼びかけた。新型コロナウイルスはテクノロジーとソーシャルメディアでつながった状態で人々のあいだに情報が広がった初めての流行感染症（エピデミック）だ。誤情報や偽情報は感染症のごとく世界に拡大していった。"Countries Urged to Act against COVID-19 'infodemic'", *UN News*, September, 23, 2020: https://news.un.org/en/story/2020/09/1073302

24 Staff, "From Alt Right to Alt Lite: Naming the Hate", *Anti-Defamation League*, July 12, 2017: https://www.adl.org/resources/backgrounder/alt-right-alt-lite-naming-hate. 詳細は割愛するが、トランプ支持や極右思想だが「白人至上主義者」、「人種主義者」、「同性愛嫌悪」、「反ユダヤ」などといったアイデンティティ政治に関わらない「オルト・ライト（alt-lite / alt-Right）」もあり、アフロ＝キューバ系のプラウド・ボーイズ議長タリオもそう自認している。カタカナ表記は同じなので、日本語だと余計にややこしい。

25 ここでの「旧右派」とは、オルタナ右翼などの2000年代の右派ポピュリズム登場以前から続いてきた保守主義を大まかにそう呼んでいる。詳しくは、キーワード事典の「保守主義」の項を参照。

%B1%A1%E5%BE%B5-%E4%BB%8A%E5%B8%B8%E8%A6%8B%E9%A6%99%E6%B8%AF%E7%A4%BA%E5%A8%81%E7%8F%BE%E5%A0%B4-%E5%89%B5%E4%BD%9C%E8%80%85%E5%92%81%E5%9B%9E%E6%87%89

10　ブロックチェーンで取引される「レアペペ」をまとめたサイト Rare Pepe Directory: http://rarepepedirectory.com/

11　Sean Dickens, "Debut Sotheby's 'Metaverse' Auction Sees Record-Breaking NFT Sales", *Yahoo!Finance,* October 27, 2021: https://finance.yahoo.com/news/debut-sotheby-metaverse-auction-sees-102103038.html?guccounter=1

12　Aleksandra Artamonovskaja, "Narcissus Gallery Presents: The Long-Awaited Rare Pepe Exhibition", *NFTS.WTF,* May 23, 2021: https://nfts.wtf/narcissus-gallery-presents-the-long-awaited-rare-pepe-exhibition/

13　Chris Tramount, "An NYC Gallery of Physical & Digital Pepes", *PEPE is ART Scarce City*: https://scarce.city/blog/pepe-is-art

14　オックスフォード英語辞典。また、政府による「歳費」などの意味もあるが、これは「私財を公的な用途にあてること」から来ている。逆に「公費を私的に流用すること」、つまり「横領」は misappropriation と言う。

15　ミシェル・ド・セルトー『日常的実践のポイエティーク』山田登世子訳、筑摩書房（ちくま学芸文庫）、2021 年。

16　文化のアプロプリエーションについて広く論じたジェイムズ・ヤングやジョン・ウェルシュマンの議論は、概念整理に有益な基礎文献ではあるものの、芸術領域とりわけファインアートの表現を中心にしたものである。本書の焦点である「盗用する／される」主体の権力構造や歴史的・制度的文脈については、批評家ジェイムズ・クリフォードやアフリカ美術史家・柳沢史明の議論なども参照。先住民研究、ミュージアム研究、ファッション論や映画論、美術史など、各種領域での文化のアプロプリエーションの問題に関する本格的な議論が待たれる。John C. Welchman, *Art after Appropriation: Essays on Art in the 1990s,* New York: Routledge, 2003; James O. Young, *Cultural Appropriation and the Arts,* Malden, Mass.: Wiley-Blackwell, 2008; James Clifford, "Museums as Contact Zones", in *Routes: Travel and Translation in the Late Twentieth Century,* Cambridge, Mass.: Harvard University Press, 1997, pp. 188-219（ジェイムズ・クリフォード「接触領域としてのミュージアム」、『ルーツ——20 世紀後期の旅と翻訳』毛利嘉孝・有元健・柴山麻妃・島村奈生子・福住廉・遠藤水城訳、月曜社、2002 年、215-250 頁）、柳沢史明『〈ニグロ芸術〉の思想文化史——フランス美術界からネグリチュードへ』水声社、2018 年、78-81 頁。

17　April Glaser, "1776.shop, an E-Commerce Site Associated with the Proud

第14章

1 本作はDVDと配信で鑑賞可能（2024年6月現在）：https://tofoofilms.co.jp/catalog/catalog-839/

2 "Adam Interviews the Makers of 'Feels Good Man'", *YouTube*, September 25, 2020: https://www.youtube.com/watch?v=ino9PEWf4K8

3 ウェブサイトKnow Your Memeにはさまざまなネットミームが収集・記録されている。カエルのペペのさまざまなバージョンに関しては、作者フューリーのオリジナルから系統立てている「ペペの進化」樹形図がわかりやすい。"Pepe the Frog - Pepe Evolution", Know Your Meme: https://knowyourmeme.com/photos/1947763-pepe-the-frog

4 ファンダムがつくられ、「ケキスタン共和国」関連用語のウィキがつくられている。"Kekistan", *The Republic of Kekistan Wiki*: https://kekistanreborn.fandom.com/wiki/Kekistan

5 Matt Furie, "Pepe the Frog's Creator: I'm Reclaiming Him. He Was Never about Hate", *Time*, October 13, 2016: https://time.com/4530128/pepe-the-frog-creator-hate-symbol/

6 本作は以下で読むことができる。Matt Furie, "Pepe the Frog: To Sleep, Perchance to Meme", *The Nib*, October 17, 2016: https://thenib.com/pepe-the-frog-to-sleep-perchance-to-meme/

7 Christina Ko, "How Pepe the Frog Became Face of Hong Kong Protests: Despite Cartoon Being a Symbol of Hate in US", *South China Morning Post*, August 17, 2019: https://www.scmp.com/lifestyle/arts-culture/article/3023060/how-pepe-frog-became-face-hong-kong-protests-despite-cartoon

8 Heidi, "Pepe青蛙成逆權運動文宣～網民去信告知原作者，原作者：「Pepe for the people!」", *Holiday* 假期日常、August 20, 2019: https://holiday.presslogic.com/article/141813/pepe%E9%9D%92%E8%9B%99%E6%88%90%E9%80%86%E6%AC%8A%E9%81%8B%E5%8B%95%E6%96%87%E5%AE%A3-%E7%B6%B2%E6%B0%91%E5%8E%BB%E4%BF%A1%E5%91%8A%E7%9F%A5%E5%8E%9F%E4%BD%9C%E8%80%85-%E5%8E%9F%E4%BD%9C%E8%80%85-pepe-for-the-people

9 Daniel Victor, "Hong Kong Protesters Love Pepe the Frog: No, They're Not Alt-Right", *The New York Times*, August 19, 2019. 香港版アイコンの一覧は、向樂高「青蛙Pepe曾被指極右象徵 今常見香港示威現場 創作者咁回應...」、香港01、2019年8月20日：https://www.hk01.com/%E7%86%B1%E7%88%86%E8%A9%B1%E9%A1%8C/365848/%E9%9D%92%E8%9B%99pepe%E6%9B%BE%E8%A2%AB%E6%8C%87%E6%A5%B5%E5%8F%B3%E8

りやすい。Jemima McEvoy, “At Least 13 Cities Are Defunding Their Police Departments”, *Forbes,* August 13, 2020: https://www.forbes.com/sites/jemimamcevoy/2020/08/13/at-least-13-cities-are-defunding-their-police-departments/#1970194029e3

8　フロイドの事件直後に話題になったフィラデルフィアのデモ隊に警察が催涙ガスを投げる様子。現在に至るまでポートランドでは暴力的な鎮圧が続く。警官のみならず税関国境警備局（CBP）や国土安全保障省（DHS）、無記名の軍隊がデモ隊を急に車内に拉致して連れ去る様子が多数目撃されている。Christoph Koettl, Nilo Tabrizy, Muyi Xiao, Natalie Reneau, and Drew Jordan, “How the Philadelphia Police Tear-Gassed a Group of Trapped Protesters”, *The New York Times,* June 25, 2020: https://www.nytimes.com/video/us/100000007174941/philadelphia-tear-gas-george-floyd-protests.html; Branko Marcetic, “The Nightmare in Portland”, *Jacobin,* July 30, 2020: https://www.jacobinmag.com/2020/07/portland-protests-federal-agents-repression

9　投稿された動画は以下。https://www.tiktok.com/@maryjolaupp/video/6837311838640803078

10　Donie O’Sullivan, “TikTok Users Are Trying to Troll Trump’s Campaign by Reserving Tickets for Tulsa Rally They’ll Never Use”, *CNN,* June 20, 2020: https://edition.cnn.com/2020/06/16/politics/tiktok-trump-tulsa-rally-trnd/index.html

11　Julia Hollingsworth, “How BTS Became the World’s Biggest Boy Band”, *CNN,* June 8, 2019: https://edition.cnn.com/2019/06/01/asia/bts-kpop-us-intl/index.html

12　オカシオ＝コルテス議員のツイート：@AOC X (Twitter), June 21, 2020: https://twitter.com/AOC/status/1274499021625794565

13　Keir Milburn, *Generation Left,* Cambridge: Polity, 2019（キア・ミルバーン『ジェネレーション・レフト』斎藤幸平監訳、岩橋誠・萩田翔太郎訳、堀之内出版、2021年）; 三牧聖子『Z世代のアメリカ』NHK出版（NHK出版新書）、2023年。

14　Maanvi Singh, “Trump Bans US Transactions with Chinese-Owned TikTok and WeChat”, *The Guardian,* August 7, 2020: https://www.theguardian.com/technology/2020/aug/06/us-senate-tiktok-ban?CMP=Share_iOSApp_Other

15　アメリカ自由人権協会による声明記事：https://www.aclu.org/news/free-speech/dont-ban-tiktok-and-wechat/

16　前嶋和弘『キャンセルカルチャー――アメリカ、貶めあう社会』小学館、2022年。

49 アメリカ自然史博物館の特別展。"Addressing the Statue: Special Exhibit", AMNH: https://www.amnh.org/exhibitions/addressing-the-statue

50 ZOOMで実施された公聴会。YouTubeでアクセス可能で公開性が高い。"Public Design Commission Public Meeting, Monday, June 21, 2021": https://www.youtube.com/watch?v=GmYz35R9thg

51 引用者訳。「人種について話す」公式ウェブサイト Talking About Race: https://nmaahc.si.edu/learn/talking-about-race

第13章

1 Internet activism, hacktivism, web activism, online activism, digital campaigning, digital activism, online organizing, electronic advocacy, e-campaigning, e-activism なども同義語にある。

2 Monica Anderson, Michael Barthel, Andrew Perrin, and Emily A. Vogels, "#BlackLivesMatter Surges on Twitter after George Floyd's Death", *Pew Research Center*, June 10, 2020: https://www.pewresearch.org/fact-tank/2020/06/10/blacklivesmatter-surges-on-twitter-after-george-floyds-death/

3 黒い画像投稿の運動がかえってウェブ上の適切な情報を埋もれさせることになる、という指摘がなされている。玉石混交で大量のツイートは人々が「動いた」ことは示すが、その効果や内実は単純ではない。A. J. Willingham, "Why Posting a Black Image with the 'Black Lives Matter' Hashtag Could Be Doing More Harm Than Good", *CNN*, June 2, 2020: https://edition.cnn.com/2020/06/02/us/blackout-tuesday-black-lives-matter-instagram-trnd/index.html

4 Julia Hollingsworth, "K-Pop Fans Are Being Credited with Helping Disrupt Trump's Rally: Here's Why That Shouldn't Be a Surprise", *CNN*, June 22, 2020: https://edition.cnn.com/2020/06/22/asia/k-pop-fandom-activism-intl-hnk/index.html; ファンによって立ち上げられた慈善団体One In An ARMYのキャンペーン一覧：https://www.oneinanarmy.org/archive

5 Henry Jenkins, *Convergence Culture: Where Old and New Media Collide*, New York: New York University Press, 2006, pp. 2-3（ヘンリー・ジェンキンズ『コンヴァージェンス・カルチャー――ファンとメディアがつくる参加型文化』渡部宏樹・北村紗衣・阿部康人訳、晶文社、2021年、24頁）. 消費と市民参加の関係については、特に同書、第6章の議論を参照。

6 伊木緑「ツイッターデモの拡散力　人が集まれない時代の市民運動」、『朝日新聞』2020年5月17日。

7 「警察機構の解体」に関して、現時点までの流れについては次の記事がわかの問題については、特に同書、第5章。

38 "Declaration on the Importance and Value of Universal Museums", *ICOM*: https://icom.museum/en/ressource/declaration-on-the-importance-and-value-of-universal-museums/. 全文は以下で閲覧できる：https://ia801608.us.archive.org/11/items/cmapr4492/20030000%20Information%20Declaration%20on%20the%20Importance%20and%20Value%20of%20Universal%20Museums.pdf

39 Hicks, op. cit., p. 195.

40 ibid.

41 当事国からは多くの声があがってきた。例えば、Kwame Opoku, "Is The Declaration on the Value and Importance of the 'Universal Museums' Now Worthless?: Comments on Imperialist, Museology", *Modern Ghana,* February 25, 2010: https://www.modernghana.com/news/265620/is-the-declaration-on-the-value-and-importance-of-the-unive.html

42 朽木ゆり子『パルテノン・スキャンダル——大英博物館の「略奪美術品」』新潮社（新潮選書）、2004年、81-92頁。

43 https://www.theacropolismuseum.gr/en/exhibit-halls/parthenon-gallery

44 Geoffrey Robertson, "It's Time for Museums to Return Their Stolen Treasures", *CNN*, June 11, 2020: https://edition.cnn.com/style/article/return-stolen-treasures-geoffrey-robertson/index.html; David Sanderson, "Minister Rules Out Return of Treasures," *The Times,* April 22, 2019: https://www.thetimes.co.uk/article/minister-rules-out-return-of-treasures-2jlf3qh63; Tristram Hunt, Hartmut Dorgerloh, Nicholas Thomas, "Restitution Report: Museum Directors Respond", *The Art Newspaper,* November 27, 2018: https://www.theartnewspaper.com/2018/11/27/restitution-report-museum-directors-respond

45 Robertson, op. cit., pp. 147-148にまとめられている。

46 ミュージアムにおけるデジタル化と保存については、以下の拙論でも触れている。小森真樹「コロナ禍で変容する「展示の現場」——第四のミュージアムのデジタル化」、『博物館研究』第56巻第9号、日本博物館協会、2021年9月、19-23頁。

47 James W. Loewen, *Lies across America: What Our Historic Sites Get Wrong,* New York: New Press, 1999.

48 市長を代表とする諮問委員会。Mayoral Advisory Commission on City Art, Monuments, and Markers, "Report to the City of New York, January 2018": https://www1.nyc.gov/assets/monuments/downloads/pdf/mac-monuments-report.pdf

ったが、ユダヤ人移民という少数派として黒人の置かれた境遇に共感してアフリカ美術コレクターになった。美術館は奴隷制解放論活動家として知られるフレデリック・ダグラスが住んでいた家屋を活用した。Dennis Hevesi, "Warren M. Robbins, Collector of African Art, Dies at 85", *The New York Times*, December 16, 2008: https://www.nytimes.com/2008/12/16/arts/design/16robbins.html

32　Gabriella Angeleti, "The Met Repatriates Looted Benin Works", *The Art Newspaper*, November 23, 2021: https://www.theartnewspaper.com/2021/11/22/met-returns-looted-benin-works; Peggy McGlone, "Smithsonian to Give Back Its Collection of Benin Bronzes", *The Washington Post*, March 8, 2022: https://www.washingtonpost.com/arts-entertainment/2022/03/08/smithsonian-benin-bronzes-nigeria-return/; Matt Stevens, "Smithsonian to Return Most of Its Benin Bronze Collection to Nigeria", *The New York Times*, March 8, 2022: https://www.nytimes.com/2022/03/08/arts/design/smithsonian-benin-bronze-nigeria.html

33　Peggy McGlone, "Congress Authorizes Smithsonian Museums Focused on American Latinos and Women's History", *The Washington Post*, December 22, 2020: https://www.washingtonpost.com/entertainment/museums/smithsonian-museums-latino-womens-history/2020/12/22/4f9211ac-43c6-11eb-b0e4-0f182923a025_story.html

34　スミソニアン以外の際立った動きとして、American LGBTQ+ Museum が2024年ニューヨーク歴史協会の一角にオープンすることが発表された。比較的小規模な博物館はこれまでもサンフランシスコ、ロサンゼルス、フロリダやニューヨークなどに存在していたが、初めて大型の公的資金を投入した博物館となる予定だ。https://americanlgbtqmuseum.org/news/

35　https://www.theartnewspaper.com/2022/06/01/what-has-happened-to-frances-grand-plans-to-return-africas-heritage

36　Catherine Hickley, "Netherlands Takes Lead in Europe's Efforts to Return Artefacts to Former Colonies", *The Art Newspaper*, February 4, 2021: https://www.theartnewspaper.com/2021/02/04/netherlands-takes-lead-in-europes-efforts-to-return-artefacts-to-former-colonies; Gareth Harris, "'The Benin Bronzes Are Returning Home': Germany and Nigeria Sign Historic Restitution Agreement", *The Art Newspaper*, July 4, 2022: https://www.theartnewspaper.com/2022/07/04/the-benin-bronzes-are-returning-home-germany-and-nigeria-sign-historic-restitution-agreement

37　Geoffrey Robertson, *Who Owns History?: Elgin's Loot and the Case for Returning Plundered Treasure*, London: Biteback Publishing, 2019, p. 147. こ

20　文化人類学者・池田光穂氏のウェブサイトが網羅的で資料性がきわめて高い。池田光穂「学術人類館への長い旅　Journey to The Human Exposition, the JINRUIKAN, 1903」：https://navymule9.sakura.ne.jp/journey_to_jinruikan.html

21　小原真史『帝国の祭典——博覧会と〈人間の展示〉』水声社、2022年。

22　UNESCO, "Convention on the Means of Prohibiting and Preventing the Illicit Import, Export and Transfer of Ownership of Cultural Property", November 14, 1970: https://en.unesco.org/about-us/legal-affairs/convention-means-prohibiting-and-preventing-illicit-import-export-and# ~:text=The%20States%20Parties%20to%20this,one%20of%20the%20most%20efficient

23　同年3月にスコットランドのアバディーン大学がナイジェリア・ミュージアム協会に返還したのがベニン・ブロンズ初の事例になったとされる。"Ceremony to Complete the Return of Benin Bronze", The University of Aberdeen, October 27, 2021: https://www.abdn.ac.uk/news/15479/

24　Gabriella Angeleti, "The Met Repatriates Looted Benin Works", *The Art Newspaper*, November 23, 2021: https://www.theartnewspaper.com/2021/11/22/met-returns-looted-benin-works

25　Catherine Hickley, "Digital Benin: A Milestone on the Long, Slow Journey to Restitution", *The Art Newspaper*, June 8, 2020: https://www.theartnewspaper.com/2020/06/08/digital-benin-a-milestone-on-the-long-slow-journey-to-restitution

26　Dan Hicks, *The Brutish Museums: The Benin Bronzes, Colonial Violence and Cultural Restitution*, London: Pluto Press, 2020, p. 152.

27　Paula Girshick Ben-Amos, *Art, Innovation, and Politics in Eighteenth-Century Benin*, Bloomington, Ind.: Indiana University Press, 1999.

28　Hicks, op. cit.

29　Peggy McGlone, "Why the Smithsonian Is Changing Its Approach to Collecting, Starting with the Removal of Looted Benin Treasures", *The Washington Post*, January 6, 2022: https://www.washingtonpost.com/entertainment/museums/smithsonian-collecting-policy-overhaul/2022/01/05/36998dd8-6819-11ec-b0a7-13dd3af4f70f_story.html

30　Gareth Harris, "Smithsonian to Return Its Collection of Benin Bronzes to Nigeria", *The Art Newspaper*, March 9, 2022: https://www.theartnewspaper.com/2022/03/09/smithsonian-to-return-its-collection-of-benin-bronzes-to-nigeria

31　ロビンスは、アンドリュー・カーネギーなどアメリカで美術館をつくる富豪らのように裕福なわけでも、アフリカに渡航した経験があるわけでもなか

8　美術館の歴史における男性中心主義を見直す試みについては、以下の拙著で論じた。小森真樹「女性史美術館へようこそ——展示という語りと語り直し」、小森謙一郎・戸塚学・北村紗衣編『人文学のレッスン——文学・芸術・歴史』水声社、2022年、146-170頁。

9　「「民族共生象徴空間」基本構想（改定版）」アイヌ総合政策推進会議、平成28年7月22日：https://www.kantei.go.jp/jp/singi/ainusuishin/pdf/kousou20160726.pdf

10　「大学等におけるアイヌの人々の遺骨の保管状況の再調査結果」文部科学省、平成29年4月：https://www.mext.go.jp/component/a_menu/science/detail/__icsFiles/afieldfile/2017/05/25/1376459_3_2_1.pdf.「博物館等におけるアイヌの人々の遺骨及びその副葬品の保管状況等に関する再調査結果（改訂版）」文化庁、令和4年7月：https://www.bunka.go.jp/seisaku/bunkazai/ainu/pdf/93735701_01.pdf. 菊地重秋「我が国における研究不正等の概観（その7）の補遺」、『IL SAGGIATORE』第44号、2017年、62-78頁。

11　植木哲也「アイヌ遺骨返還運動とDNA研究」、松島泰勝・木村朗編『大学による盗骨——研究利用され続ける琉球人・アイヌ遺骨』耕文社、2019年、92-114頁。

12　五十嵐彰『文化財返還問題を考える——負の遺産を清算するために』岩波書店（岩波ブックレット）、2019年。

13　土取俊輝「「北海道大学文学部人骨事件」からみる遺骨返還問題——植民地主義と学術研究」、『四天王寺大学紀要』第68号、2019年9月、353-367頁。

14　青柳絵梨子「どう返す？　集めたアイヌの遺骨1287体　研究で持ち去られ、ウポポイ慰霊施設に」、47 NEWS、2020年5月27日：https://www.47news.jp/4851037.html

15　北海道大学医学部の公式見解「本学が保管するアイヌ遺骨に関する声明(2019年11月5日)」：https://www.hokudai.ac.jp/pr/johokokai/ainu/post-33.html

16　テッサ・モーリス＝スズキ「演出された民族共生」、テッサ・モーリス＝スズキ＋市川守弘『アイヌの権利とは何か——新法・象徴空間・東京五輪と先住民族』北大開示文書研究会編、かもがわ出版、2020年、19-57頁。

17　小田博志「骨から人へ——あるアイヌ遺骨のrepatriationと再人間化」、『北方人文研究』第11号、北海道大学大学院文学研究科北方研究教育センター、2018年、73-94頁。

18　モーリス＝スズキ「演出された民族共生」37、47頁。

19　松村瞭「大阪の人類館」、『東京人類学会雑誌』第18巻第205号、1903年、289-292頁。

committee/building-name-review-kroeber-hall

22 小原真史『帝国の祭典——博覧会と〈人間の展示〉』水戸社、2022年、107頁。

23 吉見俊哉『博覧会の政治学——まなざしの近代』講談社（講談社学術文庫）、2010年。

24 "Brain of Last Yahi Indian Found at Smithsonian", *The New York Times,* Feburuary 21, 1999: https://www.nytimes.com/1999/02/21/us/brain-of-last-yahi-indian-found-at-smithsonian.html

25 イシの遺体返還に関するドキュメンタリー。先住民の Chris Eyre（部族：Cheyenne / Arapaho）と Brian Wescott（Athabascan / Yup' k）監督で制作された。*Ishi's Return*（製作：Katahdin Productions、2016年）。

26 Gretchen Kell, "Kroeber Hall, Honoring Anthropologist Who Symbolizes Exclusion, Is Unnamed", *Berkeley News,* January 26, 2021: https://news.berkeley.edu/2021/01/26/kroeber-hall-unnamed/

第12章

1 Robert W. Rydell, *All the World's a Fair: Visions of Empire at American International Expositions, 1876-1916,* Chicago: University of Chicago Press, 2013, p. 219.

2 Samuel J. Redman, *Bone Rooms: From Scientific Racism to Human Prehistory in Museums,* Cambridge, Mass.: Harvard University Press, 2016, pp. 158-162.

3 Lawrence W. Levine, *Highbrow / Lowbrow: The Emergence of Cultural Hierarchy in America,* Cambridge, Mass.: Harvard University Press, 1990（ローレンス・W・レヴィーン『ハイブラウ／ロウブラウ——アメリカにおける文化ヒエラルキーの出現』常山菜穂子訳、慶應義塾大学出版会、2005年）.

4 Rachel Hatzipanagos, "The 'Decolonization' of the American Museum", *The Washington Post,* October 11, 2018: https://www.washingtonpost.com/nation/2018/10/12/decolonization-american-museum/

5 John Wilkens, "As It Moves Forward with Decolonizing, Museum of Man Gets a New Name", *The San Diego Union-Tribune,* August 2, 2020: https://www.sandiegouniontribune.com/news/story/2020-08-02/museum-of-man-name-change

6 香取啓介「「人種」の概念 科学で使わないで 悪用・誤解による差別助長を懸念」、『朝日新聞』2019年3月28日（朝刊）。

7 平野千果子『人種主義の歴史』岩波書店（岩波新書）、2022年は、人種にまつわる科学の悪用の歴史をコンパクトに総覧している。

歩・貴堂嘉之編『「ヘイト」の時代のアメリカ史――人種・民族・国籍を考える』彩流社、2017年、57-58頁、Baxter Holmes, "A 'Redskin' Is the Scalped Head of a Native American, Sold, Like a Pelt, for Cash", *Esquire,* June 17, 2014: https://www.esquire.com/news-politics/news/a29445/true-redskins-meaning/

13 Ives Goddard, "'I Am a Red-Skin': The Adoption of a Native American Expression (1769-1826)", *European Review of Native American Studies,* Vol. 19, No. 2, 2005, pp. 1-20.

14 C. Richard King, *Redskins: Insult and Brand,* Lincoln: University of Nebraska Press, 2016; Ian Shapira, "A Brief History of the Word 'Redskin' and How It Became a Source of Controversy", *The Washington Post,* May 19, 2016: https://www.washingtonpost.com/local/a-brief-history-of-the-word-redskin-and-how-it-became-a-source-of-controversy/2016/05/19/062cd618-187f-11e6-9e16-2e5a123aac62_story.html; Simon Moya-Smith, "Seeking $250 Reward, Settlers Hunted for 'Redskin Scalps' during Extermination Effort", *Indian Country Today,* January 26, 2015: https://ictnews.org/archive/seeking-250-reward-settlers-hunted-for-redskin-scalps-during-extermination-effort

15 J. J. Sutherland, "L. Frank Baum Advocated Extermination of Native Americans', *NPR,* October 27, 2010: https://www.npr.org/sections/thetwo-way/2010/10/27/130862391/l-frank-baum-advocated-extermination-of-native-americans

16 1995年センサス調査の報告。Clyde Tucker, Brian Kojetin, and Roderick Harrison, "A Statistical Analysis of the Cps Supplement on Race and Ethnic Origin", *US Census Bureau,* 1996: https://citeseerx.ist.psu.edu/document?repid=rep1&type=pdf&doi=a9a368be06c8ec80c14ad46a74277ed4c838c6c1

17 Michael Chen, "Campaign to 'Rebrand' Serra High School Name, Mascot", *ABC 10News San Diego,* June 25, 2020: https://www.10news.com/news/local-news/campaign-to-rebrand-serra-high-school

18 同校公式発表。https://canyonhills.sandiegounified.org/

19 Artie Ojeda, "Sisters Behind Drive to Change Name of Serra High School", *NBC 7 San Diego,* August 21, 2020: https://www.nbcsandiego.com/news/local/sisters-behind-drive-to-change-name-of-serra-high-school/2390571/

20 David Waldstein, "For Opponents of Native American Nicknames, 2020 Has Brought Hope", *The New York Times,* December 18, 2020: https://www.nytimes.com/2020/12/18/sports/nicknames-mascots-native-americans.html

21 "Building Name Review: Kroeber Hall", Office of the Chancellor of UC Barkley: https://chancellor.berkeley.edu/task-forces/building-name-review-

Planned in Three States", *USA TODAY*, June 2, 2020: https://www.usatoday.com/story/news/nation/2020/06/02/george-floyd-funeral-memorial-services-burial-planned-three-states/3122453001/; Nadja Sayej, "The Story Behind the Mural at the George Floyd Memorial", *Forbes*, June 4, 2020: https://www.forbes.com/sites/nadjasayej/2020/06/04/the-story-behind-the-mural-at-the-george-floyd-memorial/?sh=30bb03ff27f1

4 ジョーダン・パウエル＝カリスによる彫像。木製からのちには鋼鉄製で再制作された。Ben Hovland, "Iconic Fist Sculpture from George Floyd Square Rises in Brooklyn Center, Where Police Killed Daunte Wright", *Sahan Journal*, April 13, 2021: https://sahanjournal.com/policing-justice/daunte-wright-fist-icon-george-floyd-square/

5 "Minneapolis City Council Approves George Perry Floyd Jr. Place as Commemorative Name for Portion of Chicago Avenue", *KSTP.com*, September 18, 2020: https://kstp.com/kstp-news/top-news/minneapolis-city-council-approves-george-perry-floyd-jr-place-as-commemorative-name-for-portion-of-chicago-avenue/

6 Robert Z. Pearlman, "NASA Names Headquarters Building for 'Hidden Figure' Mary Jackson", *Space.com*, June 25, 2020: https://www.space.com/mary-jackson-hidden-figure-nasa-headquarters.html

7 R. E. Lee Monumental Association, Facebook, December 15, 2020: https://www.facebook.com/LeeMonumentalAssociation/posts/pfbid0J739gGJfx5L1KVqijkj2pYEbgF2d7R8ybMcyV6tnDb9XT4TbMTYU5hYK8YRojUvSl?__cft__[0]=AZUcZaUownIw_hkBv4hzvJDLB-NERnevsPptm2tu_gw3w4Dkb9_Bknm1WfBUPsVJJgRlts8hDydYWiluknZbXt2ZdlRLaQnrAKqvWGtP0RAS9UvCydWlQXgmtuHCymw0Z0o&__tn__=%2CO%2CP-R

8 Cybele Zhang, "Op-Ed: Native American Mascotry Creates Detrimental Atmosphere for All Races", *The Oracle*, May 6, 2017: https://archeroracle.org/32504/opinion/oped-nativeamericanmascotry/

9 Jan Johnson Yopp and Katherine C. McAdams, *Reaching Audiences: A Guide to Media Writing*, Boston: Allyn and Bacon, 2003, p. 198.

10 Suzan Shown Harjo, "Dirty Word Games", *Indian Country Today*, June 17, 2005.

11 Lakshmi Gandhi, "Are You Ready for Some Controversy?: The History of 'Redskin'", *NPR*, September 9, 2013: https://www.npr.org/sections/codeswitch/2013/09/09/220654611/are-you-ready-for-some-controversy-the-history-of-redskin

12 石山徳子「先住民族の大地——「移民の国」という幻想への抵抗」、兼子

Protesters Facing Trial over Removal of Slave Trader Statue", *CNN*, December 11, 2021: https://edition.cnn.com/style/article/banksy-colston-bristol-black-lives-matter-protest-statue-scli-intl-gbr/index.html; "Signed Banksy Colston Four T-Shirt Sells for £12k at Auction", *BBC News*, May 30, 2022: https://www.bbc.com/news/uk-england-bristol-61630711

15 banksy Instagram, December 20, 2021: https://www.instagram.com/tv/CXrmyJuFT1E/?utm_source=ig_web_copy_link

16 以下の拙稿では展示に関するデジタル化について概観している。2本の論文はコロナ禍の前後で書かれたため、その間の変化がわかる。小森真樹「デジタル・ミュージアム・研究――デジタル時代のミュージアムとモノと場所」、『立教アメリカン・スタディーズ』第40号、立教大学アメリカ研究所、2018年3月、57-89頁、小森真樹「コロナ禍で変容する「展示の現場」――第四のミュージアムのデジタル化」、『博物館研究』第56巻第9号、日本博物館協会、2021年9月、19-23頁。

17 古川美佳『韓国の民衆美術《ミンジュン・アート》――抵抗の美学と思想』岩波書店、2018年。

18 「私たちの表現の不自由展・その後」(主催:「表現の不自由展・その後」をつなげる愛知の会)トークイベント(市民ギャラリー栄、2022年8月27日)での小泉の発言。

19 アート・コレクティヴのChim↑Pomによる東日本大震災時に被災者たちとともに撮影した映像作品「気合い100連発」がツイッター上で一部の発言が切り取られたことで炎上し、批判を呼ぶ、ということも起こった。

20 より詳しくは以下の拙論を参照されたい。小森真樹「「パブリック」ミュージアムから歴史を裏返す、美術品をポチって戦争の記憶に参加する――藤井光〈日本の戦争画〉展にみる「再演」と「販売」」、artscape、2024年6月3日:https://artscape.jp/article/14853/

21 井上昇治「あいちトリエンナーレ　藤井光が展示ボイコットを宣言」、OutermostNAGOYA、2019年9月22日:https://www.outermosterm.com/aichi-triennale2019-freedom-of-expression-fujiihikaru-boycott/

第11章

1 "The 8:46 Project" Vice: https://www.vice.com/en/topic/846-news

2 この数字が事件を象徴するようになったときにも、実際の長さははっきりしない、という指摘は出ていた。Nicholas Bogel-Burroughs, "8 Minutes, 46 Seconds Became a Symbol in George Floyd's Death: The Exact Time Is Less Clear", *The New York Times*, June 18, 2020: https://www.nytimes.com/2020/06/18/us/george-floyd-timing.html

3 N'dea Yancey-Bragg, "George Floyd Funeral: Memorial Services, Burial

New York: Knopf, 2005, p. 216.

5 Matt Hickman, "Richmond's Felled Confederate Monuments will Likely Go to State Black History Museum", *The Architechtur's Newspaper,* January 5, 2022: https://www.archpaper.com/2022/01/richmond-felled-confederate-monuments-state-black-history-museum/

6 Jessica Stewart, "Powerful BLM Video Projections Help Reclaim Controversial Robert E. Lee Monument [Interview]", *My Modern Met,* July 28, 2020: https://mymodernmet.com/light-projections-robert-e-lee-memorial/. ディレクションしたアーティストであるダスティン・クレインのインスタグラムでは、他にもさまざまなバージョンが公開されている。Dustin Klein (@videometry) Instagram: https://www.instagram.com/videometry/

7 Livia Gershon, "Richmond's Robert E. Lee Statue Is Headed to a Black History Museum", *Smithsonian Magazine,* January 5, 2022 https://www.smithsonianmag.com/smart-news/richmond-confederate-monuments-headed-to-black-history-museum-180979319/

8 "Vikings settled in North America in 1021AD, Study Says", *BBC News,* October 22, 2021: https://www.bbc.com/news/world-us-canada-58996186

9 Gordon Campbell, "Why the Myth That Vikings Discovered America Is Problematic", *Time,* June 29, 2021: https://time.com/6076460/vikings-discovered-america-myth/

10 Kristi Miller, "Protesters Tear Down Christopher Columbus Statue on Minnesota Capitol Grounds", *TwinCities.com* Pioneer Press, June 10, 2020: https://www.twincities.com/2020/06/10/protesters-tear-down-christopher-columbus-statue-on-minnesota-capitol-grounds/

11 Christopher Brito, "Dozens of Christopher Columbus Statues Have Been Removed since June", *CBS News,* September 25, 2020: https://www.cbsnews.com/news/christopher-columbus-statue-removed-cities/

12 Jennifer Hassan, "Edward Colston Statue Goes on Display at M-Shed Museum in Bristol", *The Washington Post,* June 4, 2021: https://www.washingtonpost.com/world/2021/06/04/bristol-edward-colston-statue-museum/

13 Tim Cole and Joanna Burch-Brown, et al., *The Colston Statue: What Next? 'We are Bristol' History Commission Full Report,* Bristol, 2022: https://www.bristol.gov.uk/files/documents/1825-history-commission-full-report-final/file

14 "Queues Form as Banksy Colston Statue Trial T-Shirts Go on Sale", *BBC News,* December 11, 2021: https://www.bbc.com/news/uk-england-bristol-59620631; Jeevan Ravindran, "Banksy to Sell T-Shirts in Aid of

新聞デジタル、2020年6月8日：https://www.asahi.com/articles/ASN682VBTN67PTIL001.html. また、渋谷では前週の6日、前日の13日にも集会やデモがあった。@westtokyohustle X (Twitter), June 10, 2020: https://twitter.com/westtokyohustle/status/1270594476495405056?s=20

13 黄澈「「人種差別反対」名古屋で300人がデモ、高校生が主催」、朝日新聞デジタル、2020年6月21日：https://www.asahi.com/articles/ASN6P61QJN6POIPE001.html

14 濵田理央・坪池順「『Black Lives Matter Tokyo』デモの主催者が伝えたいこと 「誰もが公平に扱われるのは当たり前」」、HUFFPOST、2020年6月14日：https://www.huffingtonpost.jp/entry/story_jp_5ee5f806c5b6ef5713a53244

15 日本の入国管理局などの辛辣な状況について、詳しくは先のリンク集「外国人の長期収容・警察残虐行為」の項目などを参考にされたい。https://docs.google.com/document/d/1oNy4wKYTsco2neHxvfXY0-T8ozxET4V5XEdZnKdHPqo/edit?fbclid=IwAR0SQW30AuqgS6DTddIM10w61yQA3fHPtYpMmvTFxf3A1Se833wVLNOoMvg#heading=h.nj23sjpj5u97

16 https://iwj.co.jp/wj/open/archives/475499

17 「〈牛久入管で何が…長期収容される外国人〉 (1)自傷、精神病む人　続出」、東京新聞TOKYO Web、2020年5月3日：https://www.tokyo-np.co.jp/article/10512. 映画『牛久 Ushiku』（監督：トーマス・アッシュ、日本、2021年）：https://www.ushikufilm.com/

18 “A Riot Is the Language of the Unheard”, speech from Martin Luther King Jr.: https://www.youtube.com/watch?v=A-lWsXKRbeI

19 Leon de Kock, “Interview with Gayatri Chakravorty Spivak: New Nation Writers Conference in South Africa”, *Ariel: A Review of International English Literature*, Vol. 23, No. 3, July 1992, pp. 29-47: http://jan.ucc.nau.edu/~sj6/Spivak%20Interview%20DeKock.pdf

第10章

1 Harvey Young, “The Black Body as Souvenir in American Lynching”, *Theatre Journal*, Vol. 57, No. 4, December 2005, pp. 639-657.

2 Trudier Harris, *Exorcising Blackness: Historical and Literary Lynching and Burning Rituals*, Bloomington, Ind.: Indiana University Press, 1984.「うさぎの足」を幸運のお守りとみなしていたことに類する行為であり、それは（元）奴隷である黒人を「人」と見ていなかったということである。

3 R. E. Lee Monumental Association 公式サイト：https://www.releema.org/

4 Eric Foner, *Forever Free: The Story of Emancipation and Reconstruction,*

www.instagram.com/p/CBLjLrWhwpQ/?utm_source=ig_web_copy_link

4 https://www.meetup.com/ja-JP/devjapan/events/271175213/

5 Brooke Auxier and Monica Anderson, "Social Media Use in 2021", *Pew Research Center*, April 7, 2021: https://www.pewresearch.org/internet/2021/04/07/social-media-use-in-2021/

6 「#Black Lives Matter（黒人の命も大切だ）に関する日本語資料」：https://docs.google.com/document/d/1oNy4wKYTsco2neHxvfXY0-T8ozxET4V5XEdZnKdHPqo/edit?fbclid=IwAR0SQW30AuqgS6DTddIM10w61yQA3fHPtYpMmvTFxf3A1Se833wVLNOoMvg#heading=h.nj23sjpj5u97

7 オックスフォード英語辞典の "slacktivism" の項目によれば、明白にネット運動論の文脈で使われるのは2005年以降のこと（https://www.oed.com/view/Entry/51394141?redirectedFrom=Slacktivism#eid）。以下の記事は、南アフリカでの「黒人の命」が失われた事件への着目がフロイド氏の事件のように大きな運動へと展開しなかった非対称構造や、BLM運動への賛意を示すことが企業の広告手段となっていることに、運動への支持表明と同時に警鐘を鳴らしている。Thabi Myeni, "Black Lives Matter and the Trap of Performative Activism", *Al Jazeera*, June 20, 2020: https://www.aljazeera.com/opinions/2020/6/20/black-lives-matter-and-the-trap-of-performative-activism/

8 デモサウンド研究者Noriko Manabeによるフロイド事件以降のデモの記録。Noriko Manabe, "Chants and Music from Black Lives Matter Protests, June 2020", *Medium*, June 7, 2020: https://medium.com/@norikomanabe/chants-and-music-from-black-lives-matter-protests-june-2020-af354e4b31fb. 同著者には東日本大震災後のデモ音楽に関する著書もある。Noriko Manabe, *The Revolution Will Not Be Televised: Protest Music after Fukushima*, New York: Oxford University Press, 2015.

9 Sam Gillette, "How Kendrick Lamar's 'Alright' Became the Protest Song of the Black Lives Matter Movement", *PEOPLE*, October 22, 2020: https://people.com/music/how-kendrick-lamar-alright-became-the-protest-song-of-the-black-lives-matter-movement/

10 当日のレポートは以下の記事が写真付きでより詳しい。Hiraiwa Sogo「3500人が参加したBLM東京行進【レポート】#BlackLivesMatter」、*i-D*, June 19, 2020. 約2時間の動画も参加者がアップしている：https://www.youtube.com/watch?v=PPguWA1F3kU

11 https://www.japantimes.co.jp/news/2020/06/14/national/black-lives-matter-spreads-tokyo-2000-people-march-protest-racism/

12 玉置太郎「大阪で「ブラック・ライブズ・マター」 外国人ら行進」、朝日

6 Joseph Tirella "'A Gun to the Heart of the City': Fifty Years Ago Today, Rogue Civil Rights Activists Tried to Shut Down the New York World's Fair", *Slate,* April 22, 2014: https://slate.com/news-and-politics/2014/04/cores-1964-stall-in-the-planned-civil-rights-protest-that-kept-thousands-away-from-the-worlds-fair-in-new-york.html; Erin Pineda, "Present Tense, Future Perfect: Protest and Progress at the 1964 World's Fair", *The Appendix,* September 2, 2014: http://theappendix.net/issues/2014/7/present-tense-future-perfect-protest-and-progress-at-the-1964-worlds-fair. ジャーナリストであるエイミー・グッドマンによる番組『デモクラシー・ナウ』のインタビューでデモ参加者が当時を振り返っている。"Protesting the 1964 World's Fair: Activists Recall Effort to Highlight Civil Rights, Labor Struggles", *Democracy Now!,* April 25, 2014: https://www.democracynow.org/2014/4/25/protesting_the_1964_world_s_fair

7 2011年のセンサス統計によれば、人口の6.4%にあたる2000万人ほどがトレーラーハウスに住んでいるという（トレーラー部分のみも含む）。Tom Geoghegan, "Why Do So Many Americans Live in Mobile Homes?", *BBC News,* September 24, 2013: https://www.bbc.com/news/magazine-24135022

8 Marguerite Roby, "Tractorcade", *Smithsonian Institution Archives,* February 21, 2012: https://siarchives.si.edu/blog/tractorcade

9 John R. Vile, "Saia v. New York", Encyclopedia of *The First Amendment*: https://www.mtsu.edu/first-amendment/article/369/saia-v-new-york

第9章

1 Black Lives Matter Tokyo 公式ウェブサイト：https://blacklivesmattertokyo.carrd.co/

2 2020年のBLM運動はZ世代など若年層を中心に展開された、という指摘は多い。例えば以下では、この世代が友人と知り合う手段がネット経由かどうかをまったく気にしない（それ以上の世代では出会い方で友人の種類を区別する）という2018年のマッキンゼー報告を引いて解説している。Rebecca Bellan, "Gen Z Leads the Black Lives Matter Movement, On and Off Social Media", *Forbes,* June 12, 2020: https://www.forbes.com/sites/rebeccabellan/2020/06/12/gen-z-leads-the-black-lives-matter-movement-on-and-off-social-media/#12bbb1ce19a8. Z世代という視座でアメリカ社会を総合的に論じた以下も参考になる。三牧聖子『Z世代のアメリカ』NHK出版（NHK出版新書）、2023年。

3 公式インスタグラムアカウントのフォロワー数が3273、デモの宣伝ポストには1269の「いいね」がついている（2020年6月26日時点）。https://

る高齢労働者たち』鈴木素子訳、春秋社、2018 年）。

5 “Nomadland Movie Earthship Feature”, *Earthship Biotecture,* April 24, 2021 / December 29, 2022: https://earthshipbiotecture.com/nomadland-earthship/

6 James Bloodworth, *Hired: Six Months Undercover in Low-Wage Britain,* London: Atlantic Books, 2018（ジェームズ・ブラッドワース『アマゾンの倉庫で絶望し、ウーバーの車で発狂した——潜入・最低賃金労働の現場』濱野大道訳、光文社（光文社未来ライブラリー）、2022 年）。

7 Johannes Fabian, *Time and the Other: How Anthropology Makes Its Object,* New York: Columbia University Press, 1983; Roger Sanjek, “The Ethnographic Present”, *Man,* Vol. 26, No. 4, December 1991, pp. 609-628.

8 「福永壮志監督（映画『アイヌモシㇼ』）×入江悠監督：対談」（https://www.youtube.com/watch?v=8cYEKw99LEg）。リベリアからニューヨークに移民したタクシードライバーを主人公にして描いた福永監督の前作『リベリアの白い血（*Out of My Hand*）』（アメリカ＋リベリア、2015 年）にも、語る主体性への問いが込められているように感じる。

9 Jazz Tangcay, “‘Everything Everywhere’ Star Ke Huy Quan on How ‘Crazy Rich Asians’ Gave Him FOMO and Inspired His Return to Movies”, *Variety,* March 25, 2022: https://variety.com/2022/film/news/ke-huy-quan-crazy-rich-asians-everything-everywhere-1235214799/

第 8 章

1 “Coronavirus: Armed Protesters Enter Michigan Statehouse”, *BBC News,* May 1, 2020: https://www.bbc.com/news/world-us-canada-52496514; Beth LeBlanc and Craig Mauger, “Whitmer: Demonstration Will ‘Come at a Cost to People’s Health’”, *The Detroit News,* April 15, 2020: https://www.detroitnews.com/story/news/politics/2020/04/15/stay-home-protest-michigan-capitol-opposition-whitmer-order-coronavirus/2989230001/

2 “Coronavirus: President Trump Defends Tweets against US States’ Lockdowns”, *BBC News,* April 18, 2020: https://www.bbc.com/news/world-us-canada-52330531

3 Andrew Romano, “Yahoo News / YouGov Coronavirus Poll: Most Americans Reject Anti-Lockdown Protests”, *yahoo!news,* April 20, 2020.

4 Catherine E. Shoichet, “Protests Are Changing as Coronavirus Spreads”, *CNN,* April 14, 2020: https://edition.cnn.com/2020/04/14/us/coronavirus-car-protests/index.html

5 @pjbreenphoto X (Twitter), April 11, 2020: https://twitter.com/pjbreenphoto/status/1248846666473426944?s=20

Literature, and Art, Cambridge, Mass.: Harvard University Press, 1988, pp. 189-214（ジェイムズ・クリフォード『文化の窮状――二十世紀の民族誌、文学、芸術』太田好信・慶田勝彦・清水展・浜本満・古谷嘉章・星埜守之訳、人文書院（叢書文化研究）、2003 年、242-272 頁）.
7 この論争の詳細は以下を参照。吉田憲司『文化の「発見」――驚異の部屋からヴァーチャル・ミュージアムまで』岩波書店（現代人類学の射程）、1999 年、121-170 頁、大久保恭子『〈プリミティヴィスム〉と〈プリミティヴィズム〉――文化の境界をめぐるダイナミズム』三元社、2009 年。以下の拙論では、植民地主義の影響という観点から美術展史を総覧している。小森真樹「ブラック・アートはなぜ形容詞つきなのか？――展覧会とミュージアムの歴史からたどる」、『美術手帖』2023 年 4 月号、美術出版社、108-109 頁。
8 Kel Kawas, “David Byrne Announces ‘American Utopia: Unchained’ Performances Amid Positive COVID Tests in Cast”, *Live For Live Music*, December 28, 2021: https://liveforlivemusic.com/news/david-byrne-american-utopia-unchained/
9 American Utopia 公式の Instagram やツイッターの投稿でその様子が見られる。https://www.instagram.com/p/CYEo287rACG/?utm_source=ig_web_copy_link
10 Devon Ivie, “And You May Find Yourself in the Library of Congress”, *Vulture*, December 14, 2021: https://www.vulture.com/2021/12/national-film-registry-adds-talking-heads.html

第 7 章

1 Alissa Wilkinson, “Oscars 2021: Nominee Diversity Is Linked to Academy’s Membership Growth”, *Vox*, March 17, 2021: https://www.vox.com/22332389/oscars-academy-diversity-membership-2021; Lauren Huff, “Academy Invites 819 New Members and Hits Diversity Goals”, *Entertainment Weekly*, June 30, 2020: https://ew.com/awards/oscars/academy-invites-819-members-hits-diversity-goals-2020-class/
2 “Academy Establishes Representation and Inclusion Standards for Oscars® Eligibility”, *City Life Org*, September 8, 2020.
3 Rebecca Ford, “This Year’s Oscar Race May Already Have a Diversity Problem”, *Vanity Fair*, October 14, 2021: https://www.vanityfair.com/hollywood/2021/10/awards-insider-2022-oscar-race-diversity-problem
4 Jessica Bruder, *Nomadland: Surviving America in the Twenty-first Century*, New York: W. W. Norton, 2017（ジェシカ・ブルーダー『ノマド――漂流す

February 6, 2018: https://www.bl.uk/votes-for-women/articles/suffragists-and-suffragettes; "Did You Know? Suffragist vs Suffragette", *National Park Service* (last updated on September 1, 2020): https://www.nps.gov/articles/suffragistvssuffragette.htm

12 William E. Scheuerman, *Civil Disobedience*, Cambridge: Polity Press, 2018（ウィリアム・E・ショイアマン『市民的不服従』森達也監訳、井上弘貴・藤井達夫・秋田真吾訳、人文書院、2022 年)。

13 Kristine Somerville, "Visual Burlesque: Ralph Barton and Puck Magazine", *The Missouri Review*, Vol. 42, No. 2, Summer 2019, pp. 93-106: https://missourireview.com/article/visual-burlesque-ralph-barton-and-puck-magazine/

14 David Kunzle, *Fashion and Fetishism: Corsets, Tight-Lacing & Other Forms of Body-Sculpture*, Cheltenham: The History Press, 2006.

15 Ben Zimmer, "'Casting Couch': The Origins of a Pernicious Hollywood Cliché", *The Atlantic*, October 16, 2017: https://www.theatlantic.com/entertainment/archive/2017/10/casting-couch-the-origins-of-a-pernicious-hollywood-cliche/543000/

第 6 章

1 *HeadCount*: https://www.headcount.org/about-headcount/

2 Eric Kohn, "David Byrne on Voter Suppression and Talking Heads Reunion", *IndieWire*, October 1, 2020: https://www.indiewire.com/2020/10/david-byrne-voter-suppression-talking-heads-reunion-1234589830/

3 Daniel Kreps, "David Byrne Can't Vote But Hopes You Will", *Rolling Stone*, November 4, 2008: https://www.rollingstone.com/politics/politics-news/david-byrne-cant-vote-but-hopes-you-will-116245/. バーンの徴兵制度についての言明は以下を参照。David Byrne "The Activist Who Saved My Life, and Other Contrarians", *The Guardian*, May 31, 2016: https://www.theguardian.com/commentisfree/2016/may/31/david-byrne-vietnam-activist-daniel-berrigan-joan-of-arc-musical

4 Kohn, op. cit.

5 Jem Aswad, "David Byrne Apologizes for Wearing Blackface in 1984 Promo Video", *Variety*, September 1, 2020: https://variety.com/2020/film/news/david-byrne-apologizes-blackface-1234755775/; Toyin Owoseje, "David Byrne Apologizes for Donning Blackface in 1984 Video", *CNN*, September 2, 2020: https://www.cnn.com/2020/09/02/entertainment/david-byrne-apology-blackface-video-scli-intl/index.html

6 James Clifford, *The Predicament of Culture: Twentieth-Century Ethnography,*

https://www.independent.co.uk/arts-entertainment/films/news/early-toy-story-concept-art-had-woody-and-buzz-lightyear-looking-a-little-strange-a6792291.html; “Ed Kemmer TV Star and Inspiration for the Character of Buzz Lightyear”, *The Herald,* November 19, 2004: https://www.heraldscotland.com/news/12411899.ed-kemmer-tv-star-and-inspiration-for-the-character-of-buzz-lightyear/

6 プラスチックの兵隊の「ストロング遊びの博物館」を「おもちゃの殿堂」に登録した学芸員のMichelle Parnett-Dwyerによれば、第二次世界大戦モチーフは意図して維持されているという。ベトナム戦争など他の戦争は政治的すぎるので、「よりシンプルな時代でシンプルに遊べる」からで、アメリカ人は現実世界と距離をとってノスタルジアに浸れるのだと述べている。Brian VanHooker, “Why Are Plastic Army Men Still from World War II?”, *MEL* (No Date): https://melmagazine.com/en-us/story/why-are-plastic-army-men-still-from-world-war-ii

7 Johnny Diaz “Mr. Potato Head Brand Goes Gender Neutral (Sort of)”, *The New York Times,* February 25, 2021: https://www.nytimes.com/2021/02/25/business/mr-potato-head-gender-neutral.html

8 William Shakespeare, *Shakespeare's King Lear,* edited by Sidney Lamb, Foster City, Calif.: IDG Books Worldwide (CliffsComplete), 2000.

9 図版に挙げたもののほか、1845年にロンドンで刊行された挿絵つきの童話集などでは、より幼い姿で描かれている。Clara de Chatelain, *Little Bo-Peep and Other Tales,* London: Darton, 1845.

10 古賀令子『コルセットの文化史』青弓社、2004年。

11 「サフラジスト」と「サフラジェット」という用語については、意味と語感について興味深い歴史がある。イギリスでは19世紀半ば頃に活動したより平和的な運動を志向するグループが「サフラジスト」と呼ばれていたが、その後20世紀初頭になって登場したより行動的で攻撃的なグループは「サフラジェット」として区別された。1906年、ある記者が彼らの活動を揶揄し、過小評価するために“-ette”(「少ない、小柄な」などを意味する接尾辞。これもまた女性的印象がある)をつけて呼び始めたが、その後、当事者たちは否定的な意味合いの名称をあえて自称した、つまり文脈的な意味を奪い取ったのである。一方、アメリカでは異なる語感で用語は普及した。イギリスと同じく参政権活動家は「サフラジスト」と呼ばれていたが、アメリカでは反対派からの「サフラジェット」という否定的な名指しを拒否し、当事者が使うことはなかった(本書第11章、第14章、キーワード事典「文化のアプロプリエーション」の項も参照)。British Library Lerning, “What Is the Difference between the Suffragists and the suffragettes?”, *British Library,*

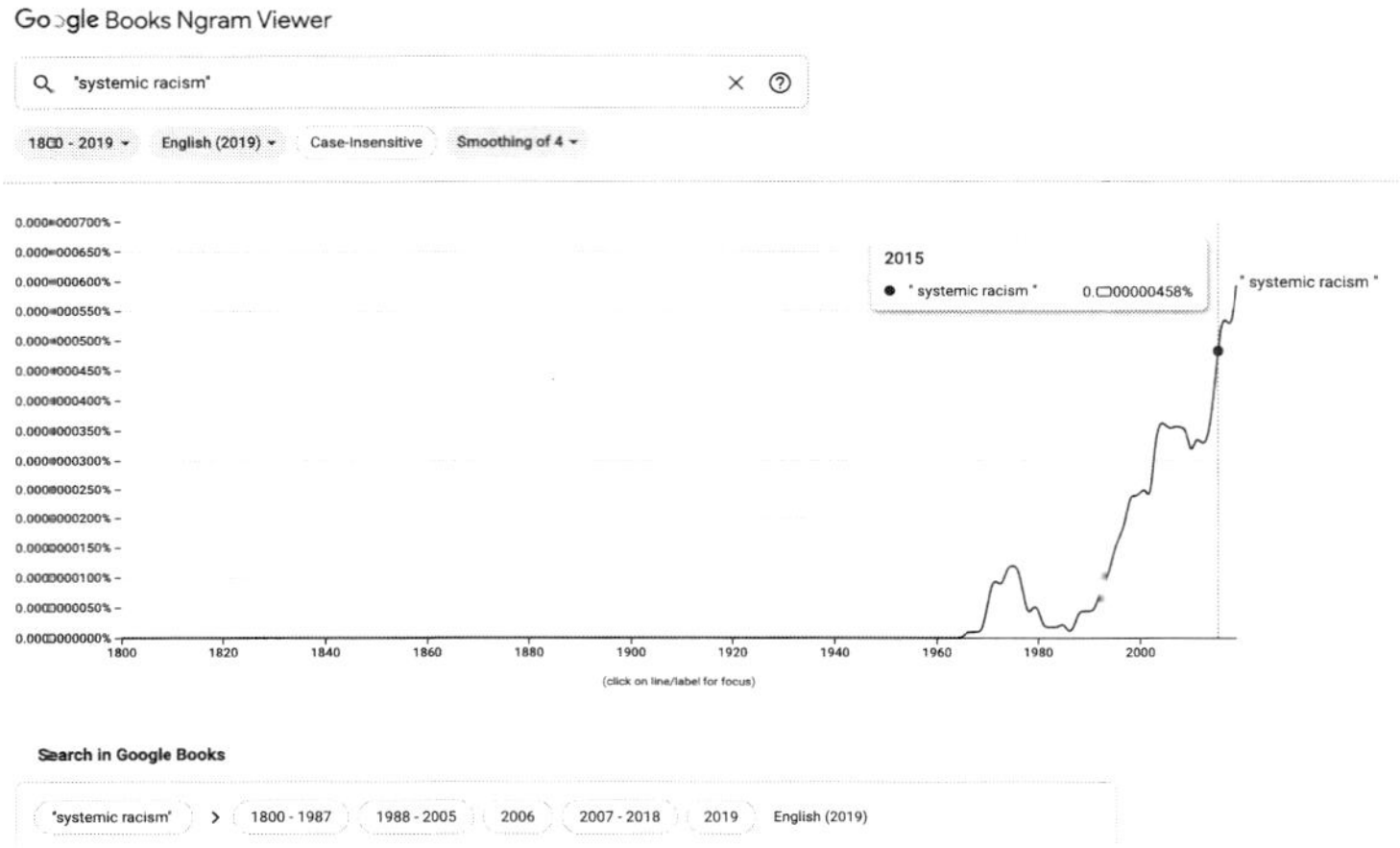

図 4-3

Books Ngram Viewer と Google Trends での "systemic racism" 検索結果。

第５章

1 2020 年末時点での以下のデータでは世界興行成績で 35 位、36 位にランクイン。アメリカ国内でも２作は 40 位以内に位置する。"Top Lifetime Grosses Worldwide", *Box Office Mojo by IMDbPro*: https://www.boxofficemojo.com/chart/ww_top_lifetime_gross/?area=XWW

2 2022 年２月、ディズニープラスでの配信版を参照。

3 Yohana Desta, "Toy Story: All the Pop Culture That Inspired Pixar's Classic Series", *Vanity Fair*, June 19, 2019: https://www.vanityfair.com/hollywood/2019/06/toy-story-pop-culture-references#:~:text=The%20character%20was%20named%20after,until%20his%20death%20in%201994

4 Gina Camodeca, "Uncle Toy's Cabin: The Politics of Ownership in Disney's 'Toy Story'", *Studies in Popular Culture*, Vol. 25, No. 2, October 2002, pp. 51-63 など。

5 Clarisse Loughrey, "Early Toy Story Concept Art Had Woody and Buzz Lightyear Looking a Little Strange", *Independent*, December 31, 2015:

www.latimes.com/entertainment-arts/tv/story/2021-04-19/them-amazon-two-distant-strangers-netflix-debate

10 Jason Okundaye, "'Black Trauma Porn': Them and the Danger of Jordan Peele Imitators", *The Guardian,* April 21, 2021: https://www.theguardian.com/tv-and-radio/2021/apr/21/black-trauma-porn-them-jordan-peele-amazon. プロデューサーのウェイスは「黒人の痛みを搾取しているのではない」とコメントしている。Nakeisha Campbell "Amazon Prime's Newest Horror Series 'Them' Is the Stuff of Nightmares: Here's My Honest Review", *Pure Wow,* April 10, 2021: https://www.purewow.com/entertainment/amazon-prime-them-review

第 4 章

1 "The Black Panthers and Disability History", *Independence Now,* February 12, 2021: https://www.innow.org/2021/02/12/black-panthers/

2 Jem Aswad and Jazz Tangcay, "Becoming H.E.R.: How a Prodigy Grew into a Voice for Her Generation", *Variety,* June 16, 2021: https://variety.com/2021/music/news/her-music-egot-grammys-fight-for-you-1234996423/

3 Jazz Tangcay, "H.E.R. Releases New Music Video for 'Fight For You'", *Variety,* April 5, 2021: https://variety.com/2021/artisans/awards/her-fight-for-you-music-video-1234944062/

4 語用の実態把握は難しいものの、次の指標を参考にすれば、「構造による人種差別」という言葉は、黒人の抑圧に社会が注目するたびに普及し続けてきたようだ。Google Books の登録書籍から 1800 〜 2019 年の期間で年ごとの語用比率を測る Google Books Ngram Viewer で "systemic racism" を検索した結果が図 4-3 である。初出は 1966 年で数年後には使用が増え始める。特に 1990 年代にかけて増加を続け、2013 年頃からさらなる伸びを見せている。それぞれ、公民権運動やブラックパワー運動、ロス暴動、ブラック・ライブズ・マター運動などの余波を受けた時期にあたる。また、別の調査では、『ニューヨーク・タイムズ』、『ワシントン・ポスト』、『ロサンゼルス・タイムズ』、『ウォール・ストリート・ジャーナル』の主要 4 紙の 1970 〜 2020 年の用例調査がある。それを見ると、2014 年と 2019 年で 10 倍の伸びを見せている。2020 年 5 月 25 日のフロイド事件以降に関しては実体的なデータに乏しいが、Google で検索傾向を測る Google Trends でアメリカ国内からのアクセス結果を参考とすれば、2020 年 5 月 24 日〜 9 月 5 日の期間に一時的に急返に検索数が増えている。Zach Goldberg, "How the Media Led the Great Racial Awakening", *Tablet,* August 5, 2020: https://www.tabletmag.com/sections/news/articles/media-great-racial-awakening および Google

winslet-hbo-tv-miniseries-rolling-rock-yuengling

第3章

1 Jacob W. Faber, "We Built This: Consequences of New Deal Era Intervention in America's Racial Geography", *American Sociological Review,* Vol. 85, Issue 5 (October 2020), pp. 739-775: https://journals.sagepub.com/doi/10.1177/0003122420948464

2 Maris Fessenden, "The Tragic Aftermath of Mustard Gas Experiments in World War II", *Smithsonian Magazine,* November 5, 2015: https://www.smithsonianmag.com/smart-news/americans-who-were-exposed-mustard-gas-wwii-experiments-180957152/; Caitlin Dickerson, "Secret World War II Chemical Experiments Tested Troops By Race", *NPR,* June 22, 2015: https://www.npr.org/2015/06/22/415194765/u-s-troops-tested-by-race-in-secret-world-war-ii-chemical-experiments

3 Harriet A. Washington, *Medical Apartheid: The Dark History of Medical Experimentation on Black Americans from Colonial Times to the Present,* New York: Anchor Books, 2008.

4 Alexis Clark, "How 'The Birth of a Nation' Revived the Ku Klux Klan", *History,* August 14, 2018: https://www.history.com/news/kkk-birth-of-a-nation-film

5 "Report - Tattered Robes: The State of the Ku Klux Klan in the United States", *ADL,* November 5, 2016: https://www.adl.org/education/resources/reports/state-of-the-kkk

6 Reuters / Ipsos / UVA Center for Politics Race Poll, August 8, 2018.

7 Mikki Kendall, *Hood Feminism: Notes from the Women That a Movement Forgot,* New York: Viking, 2020, Chap. 6: "How to Write About Black Women"（ミッキ・ケンダル『二重に差別される女たち——ないことにされているブラック・ウーマンのフェミニズム』川村まゆみ訳、DU BOOKS、2021年）.

8 "Tell Merriam-Webster Dictionary to Stop Promoting Discrimination and Stereotypes!!": https://www.change.org/p/promoting-education-or-discrimination-vote-today-to-make-a-change?source_location=topic_pagechange.org で2015年に行われたオンライン署名。

9 Lovia Gyarkye, "'Them': TV Review", *Hollywood Reporter,* April 8, 2021: https://www.hollywoodreporter.com/tv/tv-reviews/them-tv-review-4163582/; Greg Braxton, "Media Images of Black Death Come at a Cost, Experts Say: And Many Viewers Are Fed Up", *Los Angeles Times,* April 19, 2021: https://

＋ハン・トンヒョン＋飯野由里子『ポリティカル・コレクトネスからどこへ』有斐閣、2022 年、186-189 頁。

11 Layla A. Jones, “Uncertain Future for North Philly Horse Riding Club, Famous Worldwide and Beloved at Home”, *BillyPenn,* November 29, 2020: https://billypenn.com/2020/11/29/philly-urban-cowboys-fletcher-street-ellis-ferrell-strawberry-mansion-idris-elba-pha-susquehanna-housing/

12 “Escape”, *This American Life,* May 4, 2008: http://www.thisamericanlife.org/TV_Season.aspx?season=2

13 “Rudimental - Feel The Love (ft. John Newman)” [Official Video], *YouTube,* April 12, 2012: https://www.youtube.com/watch?v=oABEGc8Dus0

14 Peter Crimmins , “Urban Horse Riding Club Inspires Latest Barnes Exhibit”, *Barnes Foundation,* June 29, 2017: https://www.barnesfoundation.org/press/in-the-news/urban-horse-riding-club-inspires-latest-barnes-exhibit

15 “2020 Pennsylvania at Risk”, *Preservation Pennsylvania*: https://www.preservationpa.org/2020-pennsylvania-at-risk/

16 Oona Goodin-Smith, “Philadelphia Jazz Great John Coltrane’s House ‘at Risk,’ Preservationists Say”, *The Philadelphia Inquirer,* February 8, 2020: https://www.inquirer.com/news/coltrane-john-historic-house-preservation-philadelphia-jazz-20200208.html; tonnetta6, “John Coltrane House, Museum and Cultural Arts Center”, *Strawberry Mansion CDC,* May 11, 2021: https://www.strawberrymansioncdc.org/post/john-coltrane-house-museum-and-cultural-arts-center

17 Michael Milberger, “American Snapshot: Yuengling, America’s Oldest Brewery”, *ABC News,* September 24, 2009: https://abcnews.go.com/GMA/Weekend/yuengling-brewery-180-years-beer-americas-oldest/story?id=8650554. ミラークアーズなどの大手醸造所のように海外巨大資本から買収をもちかけられたが、「地元の労働者への忠誠を守って」断ったという。

18 正確には、ウィンスレットが演じたメアはイェングリングを「飲まない」。同じくペンシルヴェニア州発の大衆ビールであるローリングロックが登場し、メアは必ずこちらを選ぶ。その理由の解釈も一種のネタになり、イェングリングの社長がトランプ支持者だからだとか、メアは刑事だから酔わないようにしているのだ（アルコール度数が 0.1% だけ低い）という説が登場した。Dayna Evans, “Why Does Mare of Easttown from ‘Mare of Easttown’ Drink Rolling Rock? An Investigation the Biggest Mystery in the New Kate Winslet Crime Drama: Why No Yuengling?”, *Eater Philadelphia,* April 21, 2021: https://philly.eater.com/22393507/mare-of-easttown-kate-

entertainment/7-tulsa-race-massacre-documentaries-and-specials-to-watch/

21 Libby Cathey, "Biden Signs Bill Making Juneteenth, Marking End of Slavery, a Federal Holiday", *ABC News*, June 18, 2021: https://abcnews.go.com/Politics/biden-sign-bill-making-juneteenth-federal-holiday-commemorating/story?id=78335485

第２章

1 Fletcher Street Urban Riding Club: https://fsurc.com/

2 Walter Benjamin, "On the Concept of History" (Or "Theses on the Philosophy of History"): https://www.sfu.ca/~andrewf/CONCEPT2.html

3 リンダ・ノックリン『絵画の政治学』坂上桂子訳、筑摩書房（ちくま学芸文庫)、2021 年、11 頁。ただし、歴史研究の規範それ自体をひっくり返すことはないという点で彼女は批判的な立場をとっており、限定的な評価ではある。

4 Anna White, "What Schools Teach about Women's History Leaves a Lot to Be Desired", *Smithsonian Magagine*, March 2019: https://www.smithsonianmag.com/history/what-schools-teach-womens-history-180971447/

5 ジェンダー的な偏りを美術史や美術館からなくす試みについては、以下の拙論で論じた。小森真樹「女性史美術館へようこそ——展示という語りと語り直し」、小森謙一郎・戸塚学・北村紗衣編『人文学のレッスン——文学・芸術・歴史』水声社、2022 年、146-170 頁。

6 武井彩佳『歴史修正主義——ヒトラー賛美、ホロコースト否定論から法規制まで』中央公論新社（中公新書)、2021 年。

7 「修正」に加えて、「本来はこうあるべきだったと主張する」という意味の「リクレイム」という言葉も象徴的な術語である（第 10 章参照)。本作で元子役で落ちぶれたアジア系俳優ジュープが運営する、ウェスタンをテーマにしたアミューズメントパークの名前は「ジュピターのクレイム」。ユニバーサル・スタジオ・ハリウッドにアトラクションとしてオープンした。Angelica Martinez, "Calling All 'Nope' Fans: You Can Visit the Jupiter's Claim Set of Jordan Peele's Movie IRL Now", *BuzzFeed*, July 26, 2022: https://www.buzzfeed.com/angelicaamartinez/nope-jupiters-claim-set-universal-studios

8 "True Grit Exclusive: Movies News at IGN", *IGN*, October 16, 2011.

9 Christina Hansen, "Clinton Park Stable", *Carriage on: All about the Famous New York City Carriage Horses*: http://carriageon.com/clinton-park-stables/

10 ハン・トンヒョン「「社会的な望ましさ」をめぐるコミュニケーションとしての PC——レイシズム・多文化主義とその周辺から考える」、清水晶子

July 30, 2020: https://www.buzzfeednews.com/article/davidmack/herman-cain-dies-coronavirus

13 Kay Jones and Brian Ries, "Tulsa Sees Covid-19 Surge in the Wake of Trump's June Rally", *CNN*, July 9, 2020: https://www.cnn.com/2020/07/08/us/tulsa-covid-trump-rally-contact-tracers-trnd/index.html

14 Adam B. Vary, "'Watchmen' Cast on Tulsa Massacre, Racism and Police", *Variety*, June 23, 2020: https://variety.com/2020/tv/news/watchmen-tulsa-massacre-racism-police-1234645870/

15 Kadia Goba, "Emails Show Tulsa Officials Considered an Event to Counter Trump's Rally", *BuzzFeedNews*, September 18, 2020: https://www.buzzfeednews.com/article/kadiagoba/trump-tulsa-rally-city-response-juneteenth

16 Adam B. Vary, "'Watchmen' Makes Emmys History with Limited Series Win", *Variety*, September 20, 2020: https://variety.com/2020/tv/news/watchmen-emmys-best-limited-series-1234775407/

17 Scott Collura, "Why Watchmen's Damon Lindelof Used the Tulsa Massacre of 1921 as a Backdrop", *IGN*, October 22, 2019: https://za.ign.com/watchmen-tv/138366/feature/why-watchmens-damon-lindelof-used-the-tulsa-massacre-of-1921-as-a-backdrop. コーツの該当記事は、Ta-Nehisi Coates, "The Case for Reparations", *The Atlantic*, June 2014 Issue: https://www.theatlantic.com/magazine/archive/2014/06/the-case-for-reparations/361631/. ここで扱われる居住区差別の問題は、本書第3章でも解説する。

18 Noel King, "'Watchmen' Creator Damon Lindelof: Not Talking about Race Felt 'Irresponsible'", *NPR*, October 22, 2019: https://www.npr.org/2019/10/22/771998690/watchmen-creator-damon-lindelof-not-talking-about-race-felt-irresponsible

19 James M Pitsula, "Canadian Viewers of HBO's 'Watchmen' Should Know the KKK Helped Bring Down a Provincial Government in 1929", *Conversation*, September 20 2020: https://theconversation.com/canadian-viewers-of-hbos-watchmen-should-know-the-kkk-helped-bring-down-a-provincial-government-in-1929-146170

20 本作は以下から視聴可能。"Blood on Black Wall Street: The Legacy of the Tulsa Race Massacre", *NBC News*, May 28, 2021: https://www.nbcnews.com/video/blood-on-black-wall-street-the-legacy-of-the-tulsa-race-massacre-113765957920. 以下の記事には、その他のタルサ人種虐殺事件関連作のリストがある。D'Shonda Brown, "7 Tulsa Race Massacre Documentaries and Specials to Watch", *Essence*, May 31, 2021: https://www.essence.com/

注

第 1 章

1 Gilbert Cruz, "A Brief History of Juneteenth", *Time* , June 18, 2008: http://content.time.com/time/nation/article/0,8599,1815936,00.html

2 トランプ大統領は、日付が意味するところを黒人のシークレットサービスに教えられたと述べ、「誰も知らなかった記念日を有名にしてやった」と自分の手柄だと主張した。https://edition.cnn.com/2020/06/18/politics/donald-trump-juneteenth-credit/index.html

3 1920 年代には、400 もの石油企業、2 つの新聞社、7 つの銀行、4 つの電信社がタルサに存在していた。https://www.aoghs.org/petroleum-pioneers/making-tulsa-oil-capital/

4 Tom Huddleston Jr., "'Black Wall Street': The History of the Wealthy Black Community and the Massacre Perpetrated There 100 Years Ago", *make it CNBC,* July 4, 2020: https://www.cnbc.com/2020/07/04/what-is-black-wall-street-history-of-the-community-and-its-massacre.html

5 Scott Ellsworth *Death in a Promised Land: The Tulsa Race Riot of 1921,* Baton Rouge: Louisiana State University Press, 1992, Chap. 5, Sec. 3.

6 ibid., Chap. 3, Sec. 4.

7 "The Case for Reparations in Tulsa, Oklahoma A Human Rights Argument", *Human Rights Watch,* May 29, 2020: https://www.hrw.org/news/2020/05/29/case-reparations-tulsa-oklahoma#_Toc41573960

8 Scott Ellsworth, "Tulsa Race Mssacre", *Oklahoma Historical Society*: https://www.okhistory.org/publications/enc/entry.php?entry=TU013

9 Oklahoma Commission (February 28, 2001), "Final Report", *Tulsa Race Riot: A Report by the Oklahoma Commission to Study the Tulsa Race Riot of 1921*: https://archive.org/details/ReportOnTulsaRaceRiotOf1921

10 事件とその歴史を伝える状況について日本語で読めるものには以下など。坂下史子「記憶の抑圧と歴史の書き換え――タルサ人種虐殺を例に」、兼子歩・貴堂嘉之編『「ヘイト」に抗するアメリカ史――マジョリティを問い直す』彩流社、2022 年、105-124 頁。

11 Melissa Quinn, "Trump Draws Criticism for Suggesting a Slowdown in Coronavirus Testing", *CBS News,* June 22, 2020: https://www.cbsnews.com/news/trump-tulsa-rally-coronavirus-testing-slowdown-suggsetion-criticism/

12 David Mack, "Herman Cain Dies Of Coronavirus At 74", *BuzzFeedNews,*

14-9 https://www.flickr.com/photos/acrider/50658866101/in/photolist-2kbxVXT-kXCWC-2kbywxq-2jdRmUR-2n24Rne-x7a5ek-2kSfP3b-atiL8i-2kpXZ7H-7RmD1C-2kpx5CK-2kbxQaA-2kbu8eq-2kby21U-2kbyjNP-2kbuhaB-2mazbSt-2qDY1-oeYjwd-2kby42n-2hB72b5-2kbxSKf-ovrszt-2kby2Lw-2mazad6-2gBj2B8-2kbu7dY-2kpZWdU-2kbu6G7-2kh5f93-2hB72Qr-2kbu57i-2kbykw2-2khomcL-2kby3q2-2kpwrUz-2kbu5UW-WPUmkr-2kMLZjh-2kbxTs2-2kbyuoR-2kby3Nr-2kbygDx-2kbu6gx-2kbyw4u-2kbu5RV-2kMGTzW-2kMM4Sa-2kbuiqN-2kbucmJ

14-10 テキストは以下のQdrop記録サイトより。画像は筆者作成。https://qalerts.app/?n=432

14-14 https://www.newsweek.com/trump-keep-america-great-hats-1454921

12-4　小原真史蔵。https://www.premiumcyzo.com/modules/member/2014/03/post_4982/

12-5　https://www.theartnewspaper.com/2021/06/09/the-met-will-return-two-benin-bronzes-to-nigeria

12-6　https://commons.wikimedia.org/wiki/File:Acropolis_Museum._pediments,_frieze_%26_statues.jpg

12-7　https://www.npr.org/2022/01/20/1074394869/roosevelt-statue-removed-natural-history-museum

12-8　https://www.amnh.org/exhibitions/addressing-the-statue/today（当該のパネルは現在は削除されている）

12-9　https://www.communitycuration.org/home/connectionDetail?id=5f0f035d6f53b70036225f81

14-1　https://www.washingtonpost.com/politics/2021/01/18/silicon-valley-tech-biden-democrats/

14-4　https://thehill.com/blogs/pundits-blog/campaign/301875-savepepe-were-taking-pepe-the-frog-back-from-the-alt-right/

14-5　https://en.wikipedia.org/wiki/Maest%C3%A0_%28Duccio%29#/media/File:Duccio_maesta1021.jpg

14-6　https://en.wikipedia.org/wiki/File:War_Ensign_of_Germany_(1935%E2%80%931938).svg および https://en.wikipedia.org/wiki/File:Flag_of_Kekistan.svg

14-7　https://en.wikipedia.org/wiki/Pepe_the_Frog#/media/File:2019-09-15_Hong_Kong_anti-extradition_bill_protest_006.jpg

14-8　https://pbs.twimg.com/media/FDHxYXFXsAcXUiV?format=jpg&name=large

10-1 https://www.archpaper.com/2022/01/richmond-felled-confederate-monuments-state-black-history-museum/

10-2 https://mymodernmet.com/light-projections-robert-e-lee-memorial/

10-3 https://www.instagram.com/banksy/

10-5 https://www.instagram.com/banksy/

11-1 https://www.google.com/search?q=8%3A46+I+can%27t+breathe&tbm=isch&ved=2ahUKEwidgZmX3sf3AhXeU_UHHep0DpUQ2-cCegQIABAA&oq=8%3A46+I+can%27t+breathe&gs_lcp=CgNpbWcQAzoHCCMQ7wMQJ1AAWII2YKZAaAJwAHgAgAFuiAG_BZIBAzcuMZgBAKABAaoBC2d3cy13aXotaW1nwAEB&sclient=img&ei=KG9zYp3NKN6n1e8P6um5qAk&bih=1295&biw=2240&hl=en-JP#imgrc=vmwPulgV__AXMM

11-2 https://www.flickr.com/photos/number7cloud/49972844848

11-3 https://static01.nyt.com/images/2020/06/18/us/18UNREST-TIME/merlin_173568468_5e27feaf-9470-4875-9150-2481be23b7c6-mediumSquareAt3X.jpg

11-5 https://logos-world.net/washington-redskins-logo/ および https://1000logos.net/cleveland-indians-logo/

11-6 https://oac.cdlib.org/ark:/13030/kt5b69n7tp/

11-7 Orin Starn, Ishi's Brain: In Search of America's Last "Wild" Indian, New York: W. W. Norton, 2004

12-1 https://www.10news.com/news/local-news/san-diego-museum-of-man-changes-name-to-museum-of-us

12-2 https://artsandculture.google.com/asset/race-are-we-so-different-unknown/TQFRj7QCbwwOiA

5-1 https://www.flickr.com/photos/78039748@N07/50804369398

5-2 https://shop.hasbro.com/en-us/product/potato-head-create-your-potato-head-family-toy-for-kids-ages-2-and-up-with-45-pieces-to-customize-potato-families/1A20A46F-8105-42A7-8480-08B87196D5EF

5-3 https://commons.wikimedia.org/wiki/File:The_Baby%27s_Opera_A_book_of_old_Rhymes_and_The_Music_by_the_Earliest_Masters_Book_Cover_31.png

5-4 https://en.wikipedia.org/wiki/Suffragette#/media/File:Annie_Kenney_and_Christabel_Pankhurst_(cropped).jpg

5-5 https://commons.wikimedia.org/wiki/File:Bo_Peep_Puck_magazine_cover_1916_Apr_29_cph.3b49318.jpg

6-1 『アメリカン・ユートピア』より（1:26:31）

6-2 https://assets.catawiki.nl/assets/2018/10/11/3/d/e/3de56354-0f41-4e35-9ff1-cbbb1c9a68e1.jpg

6-3 https://www.youtube.com/watch?app=desktop&v=o51RdZBsv0w

6-4 『アメリカン・ユートピア』より（1:45:03-09）

7-1 https://pangeabuilders.com/services/

7-2 https://cheaprvliving.com/

8-1 https://twitter.com/pjbreenphoto/status/1248846664734269444?s=20

8-2 https://www.pinterest.jp/pin/363947213618576610/

8-3 https://www.flickr.com/photos/usdagov/6752340499/in/photostream/

8-4 https://modernfarmer.com/2014/02/living-legacy-d-c-tractorcade-35-years-later/

図版出典一覧

1-1 https://www.flickr.com/photos/tanenhaus/51126316766/in/photolist-2kTRJL7-2m6StvB-67BCRS-2m6fvT8-2m6aK26-2m6aJsL-2m6jPAB-2m6jPUH-2m6eud9-2m6aHym-2m6jPFX-2m6aJUN-2m6ihg8-2m6fvq9-2m6eueg-2m6jPvr-2m6fw2e-2m6fvFz-2m6iiMK-2m6fx2A-2m6fvMM-2m6jPPs-2m6iixm-2m9pk1M-2kQ97By-6w7CP-2knu8ZW-2csCeUe-7vPvNJ-t4pRXL-2koA6UV-qJ8KJ9-2khhM4W-2m6eumA-6ba3Rq-2exqHuB-21YEXCG-2kRD5ks-bxMNmw-2kiESdy-2m6etmK-2m6fx4K-2m6fw8X-2m6fvA4-2m6iiAh-2m6esRb-bC9YY5-2m6fwS2-2m6ihRw-2m6aHLq

1-2 *Tulsa Race Riot: A Report by the Oklahoma Commission to Study the Tulsa Race Riot of 1921* (February 28, 2001), p. 18: https://www.okhistory.org/research/forms/freport.pdf

1-4 https://hellogiggles.com/breonna-taylor-t-shirt/

1-5 『ウォッチメン』(HBO ドラマ、2019 年)

2-1 http://fsurc.com/news/

2-2 https://www.findagrave.com/memorial/4407/jay-silverheels

2-3 https://en.wikipedia.org/wiki/John_Coltrane_House#/media/File:ColtraneH.jpg

3-1 https://dsl.richmond.edu/panorama/redlining/#loc=13/33.99/-118.49&city=los-angeles-ca&adview=full

3-2 『ゼム』(Amazon Prime Video ドラマ、2020 年)

3-3 https://www.history.com/news/kkk-birth-of-a-nation-film

3-4 『ゼム』公式キーヴィジュアル

ムがつくられたり、フィクション映画としても人気を博すなど、ポピュラーカルチャーにも見られる。以下のドキュメンタリーや伝記映画もオススメ。[第1章、第6章、第14章]
→インターネットミーム／共和党・民主党／ゲリマンダリング／構造による人種差別／ジェンダー・ロール／投票率／フェミニズム
◎岡山裕・前嶋和弘『アメリカ政治』有斐閣（有斐閣ストゥディア）、2023年
◎映画『RBG 最強の85才』（監督：ジュリー・コーエン＋ベッツィ・ウェスト）、アメリカ、2018年
◎映画『ビリーブ 未来への大逆転（*On the Basis of Sex*）』（監督：ミミ・レダー）、アメリカ、2018年

ロマンティック・ラブ・イデオロギー
愛と性と生殖とが結婚を媒介とすることで一体化されたものと定義される。ヨーロッパの騎士道および宮廷恋愛においても、近世日本の「色恋」においても、性や結婚と愛が切り離されることは肯定的に描かれてきたが、それに対してロマンティック・ラブは「性別役割分業に基づいた生産・再生産の単位である「近代家族」という制度」の維持に最適化されたものであり、きわめてキリスト教的かつ近代主義的なものである。[第5章]
→温情主義／家父長制／構造による人種差別／「個人的なことは政治的なこと」／ジェンダー・ロール／フェミニズム／マイノリティの歴史／ #MeToo
◎有賀夏紀・小檜山ルイ編『アメリカ・ジェンダー史研究入門』青木書店、2010年
◎上野千鶴子『近代家族の成立と終焉』（新版）、岩波書店（岩波現代文庫）、2020年

面的否定を試みたり、意図的に矮小化したり、一側面を誇張したり、何らかの意図で歴史を書き替えようとすること」である。しかし、武井彩佳はただちに次のように述べる。「ただし、歴史を新たな知見で「修正」すること自体は、必ずしも悪いことではない。新史料が発見されれば歴史が大きく書き直されることがあるし、時代が変われば社会の記憶も変化する。〔…〕しかし、歴史を特定の意図で都合のよいように「書き替える」ことと、過去の出来事に違った角度から光を当てて歴史を「書き直す」こととの区別は、容易ではない」(『歴史修正主義』i-ii 頁)。この区別の難しさを悪用しているのが、悪意のある、いわゆる「歴史修正主義者」である。ホロコーストの戦争責任におけるナチ擁護などの議論が長らく前景化してきた欧米では、意図して歪曲し、都合の悪い史実を矮小化ないしなかったことにする者を「否定論者(denier)」と呼んで区分けする。日本でも、南京大虐殺や従軍慰安婦、沖縄戦などを中心に史実の否定が見られる。現代社会が過去に向き合っていく意識と仕組みが必要である。[第 2 章、第 11 章]

→カウボーイ、西部劇/カウンターカルチャー/パブリック・ヒストリー/文化戦争、文化への戦争/保守主義/ポリティカル・コレクトネス/マイノリティの歴史

◎武井彩佳『歴史修正主義——ヒトラー賛美、ホロコースト否定論から法規制まで』中央公論新社(中公新書)、2021 年

◎デボラ・E・リップシュタット『否定と肯定——ホロコーストの真実をめぐる闘い』山本やよい訳、ハーパーコリンズ・ジャパン(ハーパー books)、2017 年

◎映画『否定と肯定(*Denial*)』(監督:ミック・ジャクソン)、イギリス+アメリカ、2016 年

連邦最高裁　→連邦最高裁判事

連邦最高裁判事(Supreme Court Justices)

時の大統領が指名する終身制度の判事計 9 名のグループで構成される。そのため、二大政党制においてはイデオロギー的あるいは党派的な任用になりうること、原則として存命中が在任期間となるため年齢による指名が起こりやすいことなど、政治戦略的な運用が効いてしまう制度設計であるにもかかわらず、全米州法への法的な力を有するなど、社会に与える影響力はきわめて大きく、社会的な認知度も高い。個人の活動や思想について報道などでの扱いも大きく、日本での判事の知名度とは比較にならない。近年の例では、反性差別の法整備に尽力し、女性の権利前進に大きく貢献した故ルース・ベイダー・ギンズバーグ判事が社会的なアイコンとなり、インターネットミー

メタフィクション（metafiction）

作品構造自体に言及する創作の形式。ポストモダン文学とその批評などに顕著に現れる。1970年代以降にこの概念は普及したが、その形式は『カンタベリー物語』や『ドン・キホーテ』など、きわめて古くから見られる。小説では、演劇では、映像では、マンガでは……などと表現ジャンルごとにメタフィクションの特徴を見ていくことで、それらのメディア特性について考えるのも楽しい。[第6章]

→ミュージカル、ミュージカル映画／リプレゼンテーション

モニュメント　→記念碑

[ラ]

リヴィジョニズム　→歴史修正主義

リプレゼンテーション（演技、代表、代弁、表象、描写／representation）

別の手段によってある対象を表すこと。しばしば多数を少数で示す。各種領域で使われる用語で、文脈ごとに多くの訳をあてないと理解できないことが多い。これはヨーロッパ言語の用法が日本語で一致させにくい点や、各領域での用法同士が矛盾する点にあるだろう。映画や演劇など芝居の文脈では、役者は特定の物語における存在を「演技」していて、観客はその位相に存在しないこととする約束事を意味する（対義語はpresentationで、観客はその場にいることになっている）。政治における「代表（制）」とは、有権者集団がもつ意見を「代弁」して意思決定の場に伝えることである。しばしば人種や信仰や性別などの属性で集団を代表する。第7章で見た映画産業の例であれば、アカデミー会員やスタッフに占める割合が実社会のそれと一致するかどうか、ポリティカル・コレクトネスの観点から問題にして制度設計しようとするのは、政治の代表制のモデルに準えた運用だと言える。作品の「表象・描写」にこうした配慮が入ることを懸念する意見もあるが、役者の表象とは雇用の機会を生み、かつステレオタイプや憧れの型をつくる「代表（制）」の基盤でもある。[第2章、第6章、第7章]

→アメリカ国立フィルム登録簿／映画芸術科学アカデミー／共和党・民主党／パブリック・ヒストリー／ポリティカル・コレクトネス／マイノリティの歴史／メタフィクション

歴史修正主義（リヴィジョニズム）

参考文献から定義と論点をまとめれば、歴史修正主義とは「歴史的事実の全

よって歴史の見方や社会を是正していこうという活動である。植民地で略奪された文化財の返還ばかりに焦点があたるきらいがあるが、より適切で公正なモノの所有のあり方を検討すること、その取り扱いに差をつけられてきた（いる）先住民や他民族の遺体や信仰聖遺物などのコレクションの扱いを人権問題として検討すること、展示で語られる物語を公正で公共的なものに改善すること、先住部族などの当事者や地域共同体の構成員なども参与してそれらを進めるフォーラムをつくること、といった活動もある。近代国民国家は想像力で生み出した「国民（nation）」という枠組みを使って人々を統治してきた。言語、信仰などの文化的多様性・混交性（hybridity）を覆い隠して、「民族（nation）」や「文化」を確固たる枠組みとして捏造し、「一つの市民」として認知させるために国史を唯一または中心的なものとして語ってきたのである。ミュージアムはこうした「想像の共同体（imagined communities)」を生み出す主力の機関だからこそ、ほとんどの国では国立の博物館・美術館がその国最大級のものなのである。主流の「ドイツ人」、「アメリカ人」や「日本人」が定義される傍らで、植民地という遠く離れた存在は周縁化され、歴史から忘却されるか、下位に位置づけられていった。近代国民国家が生んだ歴史の歪みと暴力に対して、現時点でとりうる対策を進めるのがミュージアムの脱植民地化である。[第10章、第11章、第12章]

→遺体の収集／温情主義／ニューヨーク近代美術館／人間動物園／万国博覧会／文化財返還運動／文化人類学／ポスト植民地主義論／ミュージアム／歴史修正主義

◎ベネディクト・アンダーソン『定本 想像の共同体――ナショナリズムの起源と流行』白石隆・白石さや訳、書籍工房早山（社会科学の冒険）、2007年

ミュージカル、ミュージカル映画

音楽とダンス、歌唱で構成される演劇様式であるミュージカルは、ヴォードヴィル、バーレスクやパントマイム、ミンストレルショーなど、19世紀までに現れた舞台上の娯楽を前身としている。1866年9月にニューヨークで開演された『The Black Crook』が最初のミュージカル・コメディだと言われるが、その後20世紀に入り、映画が娯楽の中心となるにつれて、ミュージカル産業は映画産業と交差しつつ発展してきた。[第6章]

→アメリカ国立フィルム登録簿／映画芸術科学アカデミー／パブリック・ヒストリー／ブラックフェイス

民主党 →共和党・民主党

◎ジョディ・カンター＋ミーガン・トゥーイー『その名を暴け――#MeTooに火をつけたジャーナリストたちの闘い』古屋美登里訳、新潮社（新潮文庫）、2022年
◎映画『アシスタント（*The Assistant*）』（監督：キティ・グリーン）、アメリカ、2019年
◎映画『SHE SAID／シー・セッド その名を暴け』（監督：マリア・シュラーダー）、アメリカ、2022年

ミュージアム

「ミュージアム」という言葉が意味するところは国や地域、定義の仕方でさまざまに捉えられうるが、一般的には博物館や美術館だけでなく、公園や記念碑、動植物園や図書館なども含めて、モノを主軸として文化の保存や研究・教育に携わる公共的な施設を広く指す。前近代に存在した、王侯貴族などの権力者が珍品器物を集めた「驚異の部屋」や生きた動物の小部屋「メナジェリー」などが起源と言えるが、国民国家の制度として整備された「ミュージアム」は西洋近代の思想に起源をもつものであり、ゆえに現在でも欧米諸国を「中心」に、その他を「周縁」と位置づける力学の中でミュージアム共同体が構成されている。明治期に輸入概念として整備された日本の「博物館」は、近代思想を西洋から移入する過程で寺社仏閣の宝物殿や覗きからくりなどによって混成的に整備された。「学堂」、「書庫」、「書房」、「陳列所」などの訳語群もあてられていたところに、当時の人々がその役割をどこに見ていたのかの足跡が見られる。［第12章］
→遺体の収集／温情主義／ニューヨーク近代美術館／人間動物園／パブリック・ヒストリー／万国博覧会／文化財返還運動／文化人類学／ポスト植民地主義論／ミュージアムの脱植民地化
◎北澤憲昭『眼の神殿――「美術」受容史ノート』筑摩書房（ちくま学芸文庫）、2020年
◎木下直之『美術という見世物――油絵茶屋の時代』講談社（講談社学術文庫）、2010年
◎暮沢剛巳『ミュージアムの教科書――深化する博物館と美術館』青弓社、2022年
◎村田麻里子『思想としてのミュージアム――ものと空間のメディア論』（増補新装版）、人文書院、2024年

ミュージアムの脱植民地化（decolonizing museums）

近代化によって支配してきた人々を従属的な地位に追いやった歴史の力学を反省し、ミュージアムの活動を「政治的に正しいもの」にして、その活動に

マーティン・ルーサー・キング・Jr. 牧師

ジョージア州アトランタ生まれのプロテスタント・バプテスト派牧師で、公民権運動の指導者（1929-68年）。ボストン大学の神学博士号を取得後、アラバマ州モントゴメリーで牧師となり、バス・ボイコット運動を先導した。法やその運用の不公正な状況下において、非暴力的に抵抗を行うことで制度の矛盾を社会に示す「市民的不服従（civil disobedience）」の実践者として知られる。[第1章、第2章、第3章、第4章、第6章、第9章]

→医学的アパルトヘイト／クー・クラックス・クラン／構造による人種差別／セグリゲーション／白人至上主義／ブラックパンサー党／ブラックフェイス／ブラック・ライブズ・マター運動、警察の暴力／マイノリティの歴史

◎ウィリアム・E・ショイアマン『市民的不服従』森達也監訳、井上弘貴・藤井達夫・秋田真吾訳、人文書院、2022年

◎映画『グローリー ―明日への行進―（*Selma*）』（監督：エヴァ・デュヴァネイ）、イギリス＋アメリカ、2014年

#MeToo

「私も」の意味。MeTooという言葉はアフリカ系アメリカ人活動家のタラナ・バークが性的虐待を受けた非白人女性の支援のために創案し、2007年頃から使われていたものだが、2017年に女優のアリッサ・ミラノがツイッター（現X）上でハッシュタグとして使用したことで、ソーシャルメディア上で性被害を訴えるキーワードとして世界的に広まった。その最も大きなきっかけとなったのは、ハリウッド業界で数々の大作を手がけてきたプロデューサーであるハーヴェイ・ワインスタインが、ビジネス上の力関係を盾に業界人に対する多数の性暴力を行っていた事件が被害者の訴えから発覚したことである。2017年10月に『ニューヨーク・タイムズ』紙記者のジョディ・カンターとミーガン・トゥーイーによる調査報道が公にした。2人の活躍を描いた書籍『その名を暴け』は、のちに映画化もされている。その主題は映像メディアでも頻繁に描かれるようになった。第5章で論じたように、日本でも#MeToo運動で性被害の告発が広くなされる一方で、大手芸能事務所の創業者や政治家と近いジャーナリストなど、政治経済的に強い立場にいる加害者をマスメディアが追及せずに問題が風化したり、あるいは、BBCなど海外のメディアが報じて問題が明るみになるといった例も相次ぎ、「構造的な差別」である側面にも光があたり始めている。[第5章]

→温情主義／構造による人種差別／「個人的なことは政治的なこと」／ジェンダー・ロール／フェミニズム／マイノリティの歴史／ロマンティック・ラブ・イデオロギー

用すること」と説明される場合の映画ビジネスでの白人重視に関しては、有色系の雇用機会が奪われたり、旧来どおりの白人中心のスターダムが再生産されたりする点が問題とされる。さらに、有色系ルーツの文化や歴史が巨大なビジネスで商材として利用される場合には、「文化の盗用」という批判にも通じやすい。［第1章、第2章、第3章、第5章、第6章、第7章、第11章］

→アメリカ国立フィルム登録簿／カウボーイ、西部劇／パブリック・ヒストリー／文化のアプロプリエーション／ポリティカル・コレクトネス／マイノリティの歴史／リプレゼンテーション

［マ］

マイクロアグレッション（**microaggression**）

日常的な場面で使われる言葉、些細な言動の中に見られる、特定の属性の人々に対する軽蔑や敵意のこと。人の外見やアイデンティティが対象となることが多く、年齢、容姿や体型、障害の有無など、性別や性的指向、人種、民族や信仰などが典型的な例である。意図せずに使われるものも含む。［第3章、第5章、第7章］

→永遠の外国人／家父長制／ハッシュタグ運動／フェミニズム／ポリティカル・コレクトネス／#MeToo

◎デラルド・ウィン・スー『日常生活に埋め込まれたマイクロアグレッション——人種、ジェンダー、性的指向：マイノリティに向けられる無意識の差別』マイクロアグレッション研究会訳、明石書店、2020年

マイノリティの歴史

歴史学では、さまざまなマイノリティ属性についての歴史が分けられて研究が進められてきた。例えばアメリカ合衆国の例をとると、女性史、クィア史、黒人史、アジア系史、イタリア系史、アイルランド系史、障害者史、労働者史……など。これらを「アメリカ史」と呼ぶとき、主流の歴史が健常者のWASPの白人男性による一国史的な軍事・政治・経済の歴史を中心にしたものであることに対する対抗言説として機能する。［第2章、第7章、第10章、第11章］

→構造による人種差別／デジタル人文学、デジタル・ヒストリー／パブリック・ヒストリー／批判的人種理論／マーティン・ルーサー・キング・Jr. 牧師

◎ピーター・バーク『文化史とは何か』（増補改訂版第2版）、長谷川貴彦訳、法政大学出版局、2019年

→遺体の収集／温情主義／人間動物園／万国博覧会／文化財返還運動／文化人類学／ミュージアム／ミュージアムの脱植民地化
◎本橋哲也『ポストコロニアリズム』岩波書店（岩波新書）、2005年

ポリティカル・コレクトネス（political correctness ＝ PC、政治的な正しさ、社会的な望ましさ）

差別や偏見に基づく表現や認識を是正し、妥当なものに代替すること。また、アファーマティブアクションといった是正のための制度設計や社会活動のこと。「政治的な正しさ」と訳されることが多いが、以下の参考文献では、ポリティカル・コレクトネスとは正しさをめぐる力関係のことであり、「社会的な望ましさ」であると定義している。「政治」には権力関係一般を指す用法もあるが、日本語では政策決定を行う政体を指す狭義の「政治」の語感が強いためである。第2章でも記したように、「正しさ」という日本語には押しつけられた感覚を得る人も多いようで、「望ましさ」というフレーズは広く受け入れやすくなるように感じる。同書ではレイシズムにまつわる表現への対応を3段階に整理して、(1)差別・ヘイトスピーチに対処すべき「法令化」、(2)偏見・ステレオタイプを助長する表現に対する企業や業界のガイドラインなどの「消極的なPC」、(3)多様性・配慮に欠ける表現に対して属性への偏見や固定観念を打破する表現で代替しようとする「積極的なPC」としている。第I部で試みたのは「積極的なPC」についての具体的な解題である。［第1章、第2章、第3章、第4章、第5章、第6章、第7章、第11章、第13章、第14章］
→カウンターカルチャー／キャンセル・カルチャー／コンヴァージェンス・カルチャー／天地創造論と進化論／ハッシュタグ運動／批判的人種理論／フェミニズム／ブラック・ライブズ・マター運動、警察の暴力／文化戦争、文化への戦争／文化のアプロプリエーション／保守主義
◎清水晶子＋ハン・トンヒョン＋飯野由里子『ポリティカル・コレクトネスからどこへ』有斐閣、2022年

ホワイトウォッシング

ハリウッドなどの映画産業を典型とする表現の文脈で使われる場合、「白人に好意的、特徴的、または迎合的な方法で改変をすること」と定義できる。その問題は2つに分けられる。(1)「過去の描写において白人の重要性、関連性、影響力を高め、非白人のそれを最小化したり、誤ったイメージで描いたりすること」というときには、物語や史実といった描く対象の見方における白人偏重であり、そのバイアスのかかった歴史理解が再生産される点が批判の対象となる。(2)「非白人や架空の人物を基にした役に白人の出演者を起

る加害として並べうるものなのである。[第6章、第7章、第10章、第11章、第14章]

→カウンターカルチャー／キャンセル・カルチャー／コンヴァージェンス・カルチャー／ハッシュタグ運動／批判的人種理論／フェミニズム／ブラック・ライブズ・マター運動、警察の暴力／文化戦争、文化への戦争／保守主義

文化への戦争 →文化戦争

保守主義（conservatives）

アメリカ合衆国の保守主義は、小さな政府の支持、連邦政府からの独立、建国以来の共和主義の堅持、伝統一般の希求、キリスト教義的規範の重視、全体主義や共産主義への対抗などによって特徴づけられる。孤立主義、保護主義、伝統家族や南部文化の尊重を旨とする「旧保守主義／伝統的保守主義（paleoconservatives）／オールドライト」、世界の警察としてのアメリカ政府の外交的な介入を支持する「新保守主義（neoconservatives）」、同性愛・同性婚や人工妊娠中絶、性規範の自由化など社会において自文化の価値観が侵されているとして反発し、保守を求める社会保守主義、小さな政府を極端に志向し、規制撤廃や非課税を求めるリバタリアニズム（自由至上主義）、および近年ウェブ上で活発化する右派ポピュリズム（ティーパーティ運動、トランプ支持者、オルタナ右翼やQアノン）などがある。当然ながら、これらは重なりつつ存在し、またフィールドワークで「保守的」、「保守」と自認する多くの非専門家から話を聞くと、これらの意味はかなり曖昧に使用されている。この事実も改めて注意しておきたい。[第10章、第13章]

→陰謀論／オルタナ右翼／温情主義／家父長制／Qアノン／共和党・民主党／ゲリマンダリング／文化戦争、文化への戦争／文化のアプロプリエーション

◎井上弘貴『アメリカ保守主義の思想史』青土社、2020年

◎宇野重規『保守主義とは何か――反フランス革命から現代日本まで』中央公論新社（中公新書）、2016年

ポスト植民地主義論（postcolonial theory）

帝国主義と植民地主義政策によって受けた政治経済や社会、文化への影響に焦点をあてる学術理論。文学や歴史学、社会学などの学問分野を横断して研究される。過去に植民地であった地域の研究者が、「当事者」として主に旧宗主国を中心としてきた研究に参加することが増えるにつれて、知の構造への批判的視座を投げかけるものでもある。その性質上、アクティヴィズム的な活動と連動することも多い。[第6章]

訳、以文社、2006 年
◎竹沢尚一郎『人類学的思考の歴史』世界思想社、2007 年

文化戦争、文化への戦争（culture wars）

価値観の優劣をめぐる社会集団の対立。典型的には、保守主義対進歩主義の左右対立、カウンターカルチャーにおける世代的価値対立、1980 年代の保守反動時に強化された因習的な「家族」像、ポリティカル・コレクトネスをめぐる批判、近年では SNS を介したキャンセル・カルチャーなどが焦点となる。社会学者ジェイムズ・デイヴィソン・ハンターが 1991 年の著書『カルチャー・ウォーズ——アメリカを定義する闘い（*Culture Wars: The Struggle to Define America*）』で紹介したことで言葉が広まったが、確たる定義があるわけではなく、社会における価値観の二項対立的な対抗現象のことを一般にこう呼ぶようになっている。[第 11 章、第 14 章]

→インターネットミーム／オルタナ右翼／カウンターカルチャー／キャンセル・カルチャー／キリスト教福音派／コンヴァージェンス・カルチャー／天地創造論と進化論／ハッシュタグ運動／批判的人種理論／ブラック・ライブズ・マター運動、警察の暴力／文化のアプロプリエーション／保守主義／ポリティカル・コレクトネス／ #MeToo

文化のアプロプリエーション（盗用、奪用、転用）

本書では「アプロプリエーション」に対して「盗用」以外の訳をいくつか例示したが、それは「盗用」という言葉だけがあまりにも強調されて理解されているので別の見方を提案するためである。アプロプリエーションとは、「別の文脈に移すこと」を意味する。ハイファッションのモチーフに先住民や着物が使われるとか、ディズニー映画に北欧の民間伝承が使われるといった際に批判的に用いられる文脈では、「文化の移動」ではなく「権力の勾配」が問題になっている。単にモチーフやスタイルを流用するというのは、ほとんどすべての文化のクリエーションに見られるものであろう（この主題についての優れたマンガ作品に浦沢直樹『BILLY BAT』がある）。問題になるのは、そして問題にすべきと私が考えているのは、⑴権力構造において不均衡があるとき、⑵アプロプリエーションされる文化に所属する人々（弱いという点でマイノリティになる）から同意を得ていないとき、⑶ある文化を歪曲したり、ステレオタイプ化したり、ましてや攻撃したりする表現である場合、⑷商品として使用しているにもかかわらず文化の源泉コミュニティや個人へと経済的に還元しない搾取が生じているときである。ジェイムズ・ヤングは、この問題に関する著書で、植民地などから文化財が略奪されたことも「文化の盗用」に含めている。文化的な簒奪と経済的な簒奪は、実行力あ

ズ、エジプトのロゼッタストーンなどがある。当時駐トルコ英国大使であったエルギン卿は、1802年から約10年もの期間をかけてパルテノン神殿から大理石彫刻群を削り出し、英国に移送した。大英博物館へと移築されたこれらの彫刻群について、ギリシャ政府は再三返還を求めており、とりわけ1981年のEU加盟以降はユネスコもそれを支持し、決議を繰り返して勧告し、国際世論が返還要求をあと押しするようになったが、英国政府と大英博物館は返還を拒否し続けている。所有する側のミュージアムが反省することを求められる一方で、ミュージアムはまた返還要求のツールにもなる。2009年にギリシャが開館したニュー・アクロポリス・ミュージアムは、発掘現場の真上に建設され、考古学と美術史を結びつけた研究、展示教育、保護や保存のための申し分のない施設となっており、「ギリシャには返還すべき適切なミュージアムがなく、文化遺産保護や研究上の不備がある」という大英博物館の主張をはね除けるのに十分なものである。運動は歴史認識をめぐる国家間の外交問題の道具とされており、摩擦を回避する文化財所有のあり方やていねいなコミュニケーションが必要である。［第12章］

→遺体の収集／温情主義／ニューヨーク近代美術館／人間動物園／万国博覧会／文化人類学／文化戦争、文化への戦争／ポスト植民地主義論／ミュージアム／ミュージアムの脱植民地化／歴史修正主義

文化人類学（cultural anthropology）

文化人類学は大変魅力的な知恵だが、使い方次第では危険なことになる学問である。人間を調査するというのは、人体実験などと同様に人を対象にするので、倫理的であって然るべきだ。人類学は、西洋諸国が見知らぬ人々に出会った帝国主義と植民地主義の時代に生まれた。それは他者について理解することによって、協働しながら交渉をうまく進める術を得ようとしただけでなく、国民国家の制度と結びつき、狡猾に支配や搾取を行う知の権力の現場でもあった。研究は、国家によって整備されたミュージアムと大学が担ってきた。文化人類学からこの負の歴史の反省が始まったのは1980年頃で、そのとき鳴らされた警鐘が少しずつ世の中や研究にも浸透してきたように見える。こうした自省的展開は派生的な進化を生んでおり、人類学はアートと融合することで高度に文明化され尽くした社会が忘却した創造力を運ぶ触媒にもなる。一方でアクティヴィズムの現場では、空回りする株式投資が極端な格差を広げる後期資本主義において草の根の人々に抵抗の知恵を提供してもいる。［第6章、第7章、第11章］

→遺体の収集／温情主義／人間動物園／万国博覧会／文化財返還運動／ポスト植民地主義論／ミュージアム／ミュージアムの脱植民地化

◎デヴィッド・グレーバー『アナーキスト人類学のための断章』高祖岩三郎

人口に膾炙したが、警察の人種暴力と抵抗の歴史は、レンジャー部隊、南北戦争、公民権運動、「麻薬との戦い」キャンペーン、ロドニー・キング殺害とLA反乱……とアメリカ史をたどることができる。[第1章、第3章、第4章、第5章、第6章、第8章、第9章、第10章、第11章、第12章、第13章、第14章]

→記念碑/構造による人種差別/公民権運動/コンヴァージェンス・カルチャー/ジューンティーンス/ハッシュタグ運動/パブリック・ヒストリー/批判的人種理論/ブラックフェイス/文化戦争、文化への戦争/ポスト植民地主義論/マイノリティの歴史/マーティン・ルーサー・キング・Jr. 牧師/#MeToo

◎アリシア・ガーザ『世界を動かす変革の力——ブラック・ライブズ・マター共同代表からのメッセージ』人権学習コレクティブ監訳、明石書店、2021年

◎バーバラ・ランスビー『ブラック・ライヴズ・マター運動誕生の歴史』藤永康政訳、彩流社、2022年

プロテスト・ソング

この言葉が指す本質は社会の「変革」にあると考えられる。社会問題や政治的事象を訴える音楽表現でも、現状維持を支持し、称揚するものは「プロテスト・ソング」とはみなされないからである。人々はある表現が「プロテスト・ソング」に該当するかどうかを決めたがり、しばしば審美的価値とジャンル分類という2つの基準が使われる。例えば、否定的なレッテル貼りとしてプロテスト・ソングであることは芸術性の低さに結びつけられて排除される一方で、抽象的な歌詞表現などで普遍的なメッセージとして表現されたプロテスト表現は「見事な芸術」と賛美される。美術など音楽以外の芸術領域でも、この「政治芸術のゲットー化」はしばしば起こる。[第6章]

→カウンターカルチャー/「個人的なことは政治的なこと」/サブカルチャー/パブリック・ヒストリー/フェミニズム/文化戦争、文化への戦争

文化財返還運動

帝国主義、植民地主義、国際法が機能しない状況下で移管された文化財の返還の取り組み。ミュージアムの脱植民地化運動において現在進んでいる領域である。前近代や近代初期には、略奪や不平等条約など不均衡な力関係の下で物品が収集され、欧米諸国や日本を含む旧宗主国の博物館にはこうした歴史に由来するコレクションが多数存在している。その筆頭である大英博物館は各国から返還要求を受けており、よく知られたものにギリシャのパルテノン神殿の大理石彫刻群、現在のナイジェリアにあったベニン王国のブロン

セグリゲーション／白人至上主義／ブラックフェイス／ブラック・ライブズ・マター運動、警察の暴力／ホワイトウォッシング／マイノリティの歴史／マーティン・ルーサー・キング・Jr. 牧師

ブラックフェイス

主に白人が黒人を装って顔に黒塗りをする演劇のメイクのこと。侮蔑と搾取の歴史に根差し、アメリカ合衆国では強いタブーとされる。19 世紀以降のアメリカで現れ、公民権運動が高まった 20 世紀半ば頃には公の場から姿を消したが、2020 年代の現在まで公式非公式に実際には続いており、その扱いがときに論争になる。第 3 章でも触れたように、国や文化習慣によって扱いに差があるため、グローバルに情報が流通する近年では、その摩擦が目に見えることが多い。これは差別意識や文化へのリスペクトの有無などとは別の問題である。文字どおりの黒塗り行為は、ここ数十年アメリカの主流エンターテインメントではあまり見られなくなったものの、「黒塗り」とは今日に至るまで続く黒人「文化の盗用」と模倣の象徴だという見方もある。これは雇用機会の問題としても取り上げられる。白人男性が占める世界であるスタント業で黒塗りして黒人役を演じる「ペイントダウン」ま（女性に見せるのは、かつらをつけるので「ウィギング」と言う）、別の属性にある人々の雇用を奪っているとして批判がなされている。差別的な歴史に鑑みて、公正に機会を配分する措置もとられてきた。［第 3 章、第 6 章］

→医学的アパルトヘイト／クー・クラックス・クラン／構造による人種差別／セグリゲーション／白人至上主義／ブラックパンサー党／ブラック・ライブズ・マター運動、警察の暴力／ホワイトウォッシング／マイノリティの歴史／マーティン・ルーサー・キング・Jr. 牧師

ブラック・ライブズ・マター運動（**Black Lives Matter ＝ BLM**）、警察の暴力（**police brutality**）

警察による黒人への人種差別を訴えるところから始まった人種差別抗議の運動。黒人を取り締まり、死に至らしめる警官が不起訴や無罪となることが抗議行動のきっかけとなった。2012 年にフロリダ州で 10 代の黒人青年トレイボン・マーティンを射殺したジョージ・ジマーマンが無罪放免された件、2014 年にミズーリ州ファーガソンでマイケル・ブラウンが射殺された件やニューヨーク市でエリック・ガーナーが窒息死させられた件などが広く知られる。2020 年コロナ禍の中でミネソタ州ミネアポリスでジョージ・フロイドがデレク・ショービンに殺された件がソーシャルメディアで広がったことで抗議行動は再燃し、世界的な運動へと広がっていった。2013 年、社会運動家のアリシア・ガーザがフェイスブックの投稿でこの言葉を使用してから

『ブリタニカ国際大百科事典』2019年版の定義によれば、フェミニズムとは「社会的、経済的、政治的にすべての性が平等だという信念」である（強調は引用者）。運動論や理論に基づいた理念上の定義に反して、この言葉が実際に用いられる際には、論争的で差別的なニュアンスをまとうことがある。フェミニストとは「不寛容な女性上位主義者」や「男性への反差別を進める者」といった理解が典型的なものだが、そこでは誤用と意図的な歪曲がないまぜになっている。後者は、差別是正の動きを攻撃するためのレッテル貼りの「悪魔化」戦術としていきわたっている。そこには、ミソジニー（女性嫌悪）的志向の男性からの攻撃だけでなく、男性中心主義的な構造に適応して社会の平等化に反対する女性もいる。また、トランス差別など性的少数者に敵対する立場の者が「フェミニスト」を自認するという対立構造もあり、連帯の困難さが表れている。これら属性による対立がある中で、ジェンダー経験の違いから生物学上の「女性」を当事者とし、それ以外の立場の者がフェミニストを名乗ることを忌避することもあるように、「文化の盗用」とも類似した構造がある。第14章で解説した人種の「置き換え説」のように、マイノリティの権利状況を是正することをマジョリティが危険視するという文脈と共通する問題でもある。上述したような含意があるカタカナ「フェミニズム」の語感を避けてのことだろうか、映画字幕の日本語訳などでは別の言葉で訳されているのをしばしば目にする。[第4章、第5章、第14章]

→陰謀論／温情主義／家父長制／構造による人種差別／「個人的なことは政治的なこと」／ジェンダー・ロール／マイノリティの歴史／ #MeToo ／ロマンティック・ラブ・イデオロギー

◎『現代思想』2020年3月臨時増刊「総特集＝フェミニズムの現在」青土社

◎清水晶子『フェミニズムってなんですか？』文藝春秋（文春新書）、2022年

福音派　→キリスト教福音派

ブラックパンサー党

1966年から82年まで存在したアメリカの党。より急進的なブラック・パワー運動の母体となった。当初はカリフォルニア州オークランドでの警察暴力に対抗した自衛組織であり、困窮する黒人に食事、教育、医療などを提供する活動や、公民権運動で解決されなかった事実上の運動などへと展開し、全米各地の大都市に拠点をもった。コミックや映画で展開するマーベルの『ブラックパンサー』第1作は党結成の3ヵ月前に刊行されているが、公式見解によれば、なんと偶然の一致だという。[第3章、第4章]

→医学的アパルトヘイト／クー・クラックス・クラン／構造による人種差別／

◎吉見俊哉『博覧会の政治学――まなざしの近代』講談社（講談社学術文庫）、2010年

パンデミック　→新型コロナウイルス

批判的人種理論（critical race theory ＝ CRT）
元はアメリカ合衆国の法学理論で、数百年来の連続性がある憲法などの法律の制定には人種差別的な社会や認知の前提が埋め込まれているのだから、その構造に着目して是正措置を検討しながら現行法の修正やその試行をしなくてはならない、という法学の立場。これが2020年の大統領選を経て、逆に反対する立場からの政治運動のキーワードとなり、子育てをする親の学校教育に対する不信感と恐怖心を煽る草の根運動として展開した。その主張は、おおよそ、公教育で「白人は人種差別主義者である」と教育する仕組みをつくるのは逆差別的だ、という事実無根のものである。［第14章］
→陰謀論／カウンターカルチャー／キャンセル・カルチャー／キリスト教福音派／戦略と戦術／天地創造論と進化論／白人至上主義／パブリック・ヒストリー／文化戦争、文化への戦争／文化のアプロプリエーション／保守主義
◎前嶋和弘『キャンセルカルチャー――アメリカ、貶めあう社会』小学館、2022年

表象　→リプレゼンテーション

ビール
クラフトビールなどと呼ばれる小規模な醸造所に代表されるビール文化は、単なるプロダクトの場ではなく、醸造家のクラフツマンシップが発揮される工房でもあり、DIY文化に支えられ、それを育む〝ものつくり〟のコミュニティのハブでもある。アメリカには1920年代に連邦法で酒類の販売をほぼ禁じた過去があるように、政府による法的規制と独占的・寡占的支配によって文化の醸成が抑え込まれるのは日本に限ったことではない。しかし、禁酒法の時代にも大衆の暮らしに根差したビールが例外的に扱われたことで、その文化は生き延び、近年のクラフトビール文化として再生した。酒は、料理と同じく、人がつくり、受け継いでいく無形の文化財なのである。［第2章］

否定論　→歴史修正主義

フェミニズム

ク・ライブズ・マター運動、警察の暴力／#MeToo

パブリック・ヒストリー（公の歴史）

歴史家が語ってきた「歴史」ではなく、非専門家によってさまざまな手段で語られてきた歴史を指す言葉。狭義には、歴史学の分野で訓練を受けた専門家が大学の授業や執筆といった専門的で学術的な場面以外でその知見や技能を用いる実践のこと。具体的には、博物館や美術館展示、史跡や記念碑の建設、公園や指定地区の整備、テレビ番組や映画、小説やマンガなどの創作物で人々が語り認知する歴史のことである。歴史家ヘイドン・ホワイトは「実用的な過去（practical past）」という類概念でこうした現象を捉えている。［第1章、第2章、第10章、第11章、第12章］

→アメリカ国立フィルム登録簿／映画芸術科学アカデミー／カウボーイ、西部劇／カウンターカルチャー／記念碑／Qアノン／コンヴァージェンス・カルチャー／サブカルチャー／ジューンティーンス／「進歩主義」と「狂乱の二〇年代」／スーパーヒーロー・コミック／ディズニー／デジタル人文学、デジタル・ヒストリー／文化戦争、文化への戦争／ポリティカル・コレクトネス／マイノリティの歴史／ミュージアム／リプレゼンテーション／歴史修正主義

◎菅豊・北條勝貴編『パブリック・ヒストリー入門——開かれた歴史学への挑戦』勉誠出版、2019年

◎ヘイドン・ホワイト『実用的な過去』上村忠男監訳、岩波書店、2017年

万国博覧会

万国博覧会の歴史とは、単なる視覚展示の技術的発展の痕跡ではなく、本質的にイデオロギー的な含みをもった政治的で戦略的な装置の展開である。文化史に「政治学」的読解をもたせるこうした万博研究の視座は、国内の包括的研究としては、吉見俊哉『博覧会の政治学』がいち早く提示したものだ。同書は18世紀から20世紀までの欧米と日本の事例から、博覧会を「帝国主義のプロパガンダ装置」、「消費文化の広告装置」、「大衆娯楽の見世物」という3点に特徴づけながら理解していく。オリンピックや万博が奇妙にリバイバルし、インターネットを介して空間が多層化していく近年において、「博覧会なるもの」はいかに表れるのだろうか。［第8章、第10章、第11章、第12章］

→遺体の収集／温情主義／デジタル人文学、デジタル・ヒストリー／ニューヨーク近代美術館／人間動物園／パブリック・ヒストリー／文化財返還運動／文化人類学／ポスト植民地主義論／ミュージアム／ミュージアムの脱植民地化

いる。割合が増える有色系や移民などの敵対する立場が「われわれ白人を悪魔化している」とし、自分たちは不当な扱いを受ける被害者であるとすることが多く、陰謀論的な社会の把握に基づいた主張もしばしば見られる。[第1章、第8章、第10章、第11章、第14章]

→陰謀論／オルタナ右翼／Qアノン／ジェノサイド、エスノサイド、カルチュラル・ジェノサイド／ハッシュタグ運動／批判的人種理論／文化人類学／保守主義／ポスト植民地主義論

◎平野千果子『人種主義の歴史』岩波書店（岩波新書）、2022年

◎エドウィン・ブラック『弱者に仕掛けた戦争――アメリカ優生学運動の歴史』貴堂嘉之監訳、西川美樹訳、人文書院、2022年

◎渡辺靖『白人ナショナリズム――アメリカを揺るがす「文化的反動」』中央公論新社（中公新書）、2020年

パターナリズム　→温情主義

ハッシュタグ運動（**hashtag activism**）

社会運動のためにSNSのハッシュタグを利用すること。2007年に投稿を整理するために開発されたハッシュタグは、社会課題や政治などに関する発信に利用されるようになった。フレーズで端的に問題を要約し、投稿同士をつなげて声を拡大する機能を果たす。声をあげることが物理的・心理的に困難な人たちの参加を促したりマスメディアによって見えづらい問題を可視化したりする利点がある一方で、参加が限定的で実際の行動につながらないことや一部の声が大きく見えすぎたり、煽情的な投稿が生じたりしやすく、ひいては不健全な言論を誘発することなどが課題として指摘されることが多い。有名な例を挙げると、「#BlackLivesMatter」やオスカーの白人文化を嘆く「#OscarsSoWhite」、性被害を告白する「#MeToo」のほか、フロリダ州の高校で起こった銃乱射への「#MarchForOurLives」や、トランプ元大統領に対して起こった、ムスリムへの入国制限やメキシコ国境壁建設に対する「#NoBanNoWall」、女性の行進「#WomensMarch」、ALS病の認知と寄付を求めてゲーム的に拡大した「#IceBucketChallenge」などがある。「#AllLivesMatter（全ての命が大切）」や「#BlueLivesMatter（警察の命も大切）」など、ブラック・ライブズ・マター運動による警察暴力批判に対抗する立場からのハッシュタグ運動などもある。[第7章、第8章、第9章、第13章]

→インターネットミーム／オルタナ右翼／カウンターカルチャー／キャンセル・カルチャー／Qアノン／コンヴァージェンス・カルチャー／サブカルチャー／デジタル人文学、デジタル・ヒストリー／フェミニズム／ブラッ

万国博覧会では、帝国主義のプロパガンダとして国民国家の統治の成功を顕彰するために、植民地における先住民ら異民族を実際に連れてきて展示した。その理念は民族学、文化人類学に支えられており、「自然」あるいは「原始」状態にある「未開」社会はヨーロッパなど近代化した社会が進化した足跡の過去に位置していると考えられてきた。近代化社会は「後進」の社会を保護する役割を担うべきというパターナリズム的な保護主義が植民地政策を正当化する役割も果たした。「規範的な（normal）」身体と異なる「異形の（abnormal）」身体をもつ者もまた、「フリークショー」、つまり娯楽としてしばしば併置・展示された。博覧会パビリオンが常設化したミュージアムが文化人類学の研究機関になることもある。20 世紀に入って植民地政策が退行し、また人権意識が高まると博覧会での人間動物園は見られなくなったが、動物園で起こる類似行為がたびたび批判にさらされてきた。日本でも「実演展示」が行われることが多いが、こうした歴史的経緯に留意する必要がある。批判的視座から諷刺的に演劇や美術の題材とされることも多く、エディンバラなどで上演されたブレット・ベイリーの『EXHIBIT B』や沖縄で上演された知念正真の『喜劇　人類館』、藤井光による《日本人を演じる》、ボルスパ・ハルパによる《変換された視座：ヘゲモニー・ミュージアム》などがある。[第 11 章、第 12 章]

→遺体の収集／温情主義／カウンターカルチャー／ニューヨーク近代美術館／パブリック・ヒストリー／万国博覧会／文化財返還運動／文化人類学／ポスト植民地主義論／ミュージアム／ミュージアムの脱植民地化／歴史修正主義

◎小原真史『帝国の祭典──博覧会と〈人間の展示〉』水声社、2022 年

［ハ］

白人至上主義（white supremacy）

「白人」を特別視し、優位とする思想。近代の白人至上主義は科学によって支えられてきた側面がある。医学や人類学によって正当化され、普及した「人種」の概念は、19 世紀には骨相学、観相学などの形で積極的に人間の区分と序列化に寄与し、優生学はジェノサイドへと通じていった。帝国主義・植民地主義の時代には「異人種」が「発見」され、奴隷制が序列制度に組み込まれていった。白人至上主義は思想としてこれらと並走してきたものである。現代アメリカにおいても合理性や科学性の言説は機能しており、白人至上主義的な立場をとる指導者たちは、みずからを「歴史家」という研究者、「白人ナショナリスト」という思想家、「人権活動家」や社会活動家などと自認する。あくまで理性的にふるまい、そこには低学歴労働者のいわゆる「ホワイト・トラッシュ」などのイメージとは異なるエリート的世界が広がって

館」、『史苑』第 83 巻第 2 号、立教大学史学会、2023 年 3 月、89-117 頁

投票率

投票率は政治への民意の反映の指標として最もよく参照される数値である。いかに上げるべきなのかと問われる一方で、いかにしてその数値が出ているのかが問われることは比較的少ない。政治的に活発な印象をもたれるアメリカ社会だが、2022 年の国政投票率は 52.2％と、同年日本の参議院選挙の 52.05％とほぼ同率である。さらに言えば、2000 年以来 2 番目に高い投票率でこれである（2023 年 5 月 2 日付センサス統計）。第 6 章や第 10 章でも触れたとおり、アメリカでは投票登録制度など投票までのハードルが日本と比べて非常に高いためである。そこには、特定の人種など敵対するグループへの選挙妨害が議員の活動としても草の根運動でも行われている現状もある。［第 6 章］

→共和党・民主党／ゲリマンダリング／公民権運動

盗用　→文化のアプロプリエーション

［ナ］

ニューヨーク近代美術館（MoMA）

マンハッタン西 53 丁目にある美術館。ロックフェラーなど富豪たちの主導の下、アメリカに当時の最先端の「近代美術」の美術館をつくるという意思で 1929 年に創設された。とりわけ第二次世界大戦後になってユダヤ系学者や芸術家らの亡命が起こったことで、ニューヨークでヨーロッパ由来の芸術や文化が花開き、「近代美術」およびその後継と言ってよい「現代美術」と呼ばれる美術史ないし美術界の一ジャンルが同地で盛んになったことを受けて、グローバルな美術界を牽引する立場となった。資本主義陣営の文化を生み出す中心地となったが、それは赤狩りなど反共主義を推進する政治的運動でもあった。美術館内に複数のジャンルを部門化する先駆ともなり、「建築とデザイン」、「写真」、「本」、「映画」、「電子メディア」などの収集や区分けは他館にも影響を与えた。［第 6 章］

→アメリカ国立フィルム登録簿／「進歩主義」と「狂乱の二〇年代」／ミュージアム／ミュージアムの脱植民地化

◎大坪健二『アルフレッド・バーとニューヨーク近代美術館の誕生――アメリカ二〇世紀美術の一研究』三元社、2012 年

人間動物園（human zoo）

た女性たちの知られざる物語』石原薫訳、フィルムアート社、2021 年

デジタル人文学、デジタル・ヒストリー（歴史学）

情報技術やコンピューティングなどの活用を行う人文学のことを「デジタル人文学」と言い、その一分野として歴史学領域で技術を活用した分析や教育、成果の公開を行うものを「デジタル・ヒストリー」と呼ぶ。デジタル技術に関する歴史研究とは異なる。技術の発展によって研究への活用は常になされてきたが、とりわけインターネット普及以降の革新的な発展は期待をもたれており、GLAM（Galleries（美術館）、Libraries（図書館）、Archives（公文書館）、Museums（博物館））領域で先行しつつ、大学においても活発化し始めている。例としては、人口統計学や社会史的な値をマッピングなどで見せるデータ・ヴィジュアライゼーションや、日用品や詩・写真など個人がもっている資料を投稿型で集約するプラットフォームなどがある。［第 10 章］

→パブリック・ヒストリー

◎小風尚樹・小川潤・纓田宗紀・長野壮一・山中美潮・宮川創・大向一輝・永崎研宣編『欧米圏デジタル・ヒューマニティーズの基礎知識』人文情報学研究所監修、文学通信、2021 年

デジタル・ヒストリー　→デジタル人文学

天地創造科学　→天地創造論と進化論

天地創造論と進化論（creationism and evolution）

現代アメリカ合衆国において人間の起源について問えば、進化論による説明を信じる人の割合よりも、聖書にかかる知識をより真理に近いと感じている人のほうが多い。近年無神論者も高まる傾向にあるが、それでも進化論は 3 割程度にとどまる（2019 年ギャラップ統計）。他の説明に、そのままの状態で神が天地創造によって人を創ったという厳密な意味での「天地創造論」（40%）と、進化は起こったがそこには神の力が働いている可能性があるという折衷的な「有神論的進化論」（33%）がある。［第 14 章］

→陰謀論／カウンターカルチャー／キャンセル・カルチャー／キリスト教福音派／戦略と戦術／白人至上主義／パブリック・ヒストリー／批判的人種理論／文化戦争、文化への戦争／文化のアプロプリエーション／保守主義

◎ Eugenie C. Scott『聖書と科学のカルチャー・ウォー――概説 アメリカの「創造 vs 生物進化」論争』鵜浦裕・井上徹訳、東信堂、2017 年

◎小森真樹「兵器化する科学主義――両論併記で「天地創造」を科学する博物

章］

通過儀礼（**rite of passage**）

象徴的な変化をともなって通過する段階として設定されている儀礼。加入儀礼のようにある共同体から別の共同体に入る際のものや、成人式のように同じ共同体で別の段階に移行するものなどがある。その段階に「分離」して一度「移行期（liminality）」を経たのちに「再統合」されることでその構造へと個人を組み込む機能をもつ。アルノルド・ヴァン＝ジェネップが分析概念として提案し、民俗学や文化人類学などの儀礼や神話の分析によって広がったが、現在では文芸や映画やマンガなど物語の分析でも頻繁に用いられるキー概念となっている。［第5章］

→文化人類学

◎A・V・ジェネップ『通過儀礼』（第2版）、秋山さと子・彌永信美訳、新思索社、1999年

ディズニー

ウォルト・ディズニー・カンパニーが関わる事業はテレビ、スポーツ、配信プラットフォームと多岐にわたるようになったが、ウォルター・イライアス・ディズニー（1901-66年）が生前に関わった「アニメーション制作」と「テーマパーク事業」の2つはいまだに基幹事業である。ナサリア・ホルトが2019年に著した伝記は、ディズニーのアニメ制作の歴史において見過ごされてきた女性の才能にまなざしを向けることで、人種主義やプロパガンダ性など多角的な視座からディズニー作品と制作の現場の権力構造を評価し直す「歴史修正主義」的なディズニー史である。『ズートピア』など近年の作品まで目配りしている。テーマパークとしてのディズニーを解きほぐしていく能登路雅子『ディズニーランドという聖地』は、米国ディズニーパークへの熱狂がいかに「アメリカ精神のエッセンス」を象徴するものであるかを喝破している。現在のディズニーパークにはディズニーのキャストらが巧みに仕込んだ小ネタを楽しむファン文化が存在するが、アトラクション評としても読める同書はそうしたイースター・エッグに文化論的な主柱を立ててくれる。［第5章、第11章］

→アメリカ国立フィルム登録簿／アメリカン・ドリーム／映画芸術科学アカデミー／パブリック・ヒストリー／保守主義／ミュージカル、ミュージカル映画／歴史修正主義

◎能登路雅子『ディズニーランドという聖地』岩波書店（岩波新書）、1990年

◎ナサリア・ホルト『アニメーションの女王たち――ディズニーの世界を変え

によって「場所」化した空間を弱者が奪い取る（appropriation）のが戦術である。本書において「戦術」とは、そのイデオロギーや有害さにかかわらず、場の構造を把握された弱者が抵抗的になんとかやっていこうと工夫したものとして理解しようと試みている。［第 7 章、第 10 章、第 13 章、第 14 章］
→カウンターカルチャー／サブカルチャー／文化のアプロプリエーション
◎ミシェル・ド・セルトー『日常的実践のポイエティーク』山田登世子訳、筑摩書房（ちくま学芸文庫）、2021 年

ソーシャル・インクルージョン（社会包摂）
「社会排除」の対義語として生まれた概念。社会において抑圧・疎外されているホームレスや障害者、貧困者など、肌の色、民族、宗教、ジェンダー、階級、教育機会、政治状況などによって社会から疎外されている困窮者を共同体の設計において「包摂」することで共同体自体の価値を生み出し、すべての構成員にとっての価値にしようという考え方。［第 5 章、第 6 章、第 10 章］
→インナーシティ／永遠の外国人／ギグ・エコノミー、ギグ・ワーカー、クラウド・ワーカー／ジェンダー・ロール／ジェントリフィケーション／セグリゲーション／フェミニズム／マイノリティの歴史
◎岩渕功一編『多様性との対話――ダイバーシティ推進が見えなくするもの』青弓社（青弓社ライブラリー）、2021 年

［タ］

対抗文化　→カウンターカルチャー

代表　→リプレゼンテーション

ダダ、ダダイスム、ダダイスト（仏：Dada / Dadaïsme / Dadaïste）
20 世紀初頭に起こった、論理・合理的思考、近代美術・美学を否定しようとする芸術運動。ナンセンス、不合理、反特権階級などを旨とし、絵画におけるコラージュやレディメイド、文学でのカットアップ散文や音声詩など、形式を否定する表現として現れる。スイスのチューリヒにあったキャバレー「ヴォルテール」が中心地として知られ、ニューヨーク、パリ、ケルン、東京など各地にもグループが生まれた。第 6 章の『アメリカン・ユートピア』の例に見たようにジャンルを越えて後代にも受け継がれ、フランク・ザッパやニルヴァーナのカート・コバーンなども影響を公言している。［第 6

ン
◎トラヴィス・スミス『アメコミヒーローの倫理学――10人のスーパーヒーローによる世界を救う10の方法』堀内進之介監訳・訳、塚越健司訳、PARCO出版、2019年

政治的な正しさ　→ポリティカル・コレクトネス

西部劇　→カウボーイ

セグリゲーション（隔離）（segregation）
人種の分離状態のこと。「法的な人種分離」と「事実上人種分離」に分けられる。前者には、植民者によって非人間とされてきた「奴隷」が人間となった南北戦争後のアメリカにおける居住区や公共施設の分離、婚姻の禁止などを定めたジム・クロウ法、南アフリカ共和国におけるアパルトヘイトなどがある。これらが撤廃されても、なお経済政治的な力学や文化的な差別などによって隔離状態が維持されており、後者はそれを指す。［第2章、第3章］
→医学的アパルトヘイト／インナーシティ／構造による人種差別／公民権運動／ジェントリフィケーション／ソーシャル・インクルージョン／批判的人種理論
◎アラン・マラック『分断された都市――再生するアメリカ都市の光と影』山納洋訳、学芸出版社、2020年

戦略と戦術（仏：stratégie et tactique）
本書では、第14章を除いて具体的な説明は省いたが、これらの言葉を次のような意味で使い分けている。ミシェル・ド・セルトーは『日常的実践のポイエティーク』の中でこれらの軍事用語に特別な意味を与え、軍隊や政治家や企業家などの強者が客体をグリッド線や地図などで計算上可能なものとして操作する「戦略（stratégie）」と、そうした時空間を握られる弱者がわずかな好機にゲリラ的に奪いながら行う「戦術（tactique）」を峻別した。この無名の弱者が「なんとかやっていく」術は、軍事的な植民地政策に対する先住民のふるまい、政治家がなした都市設計を無視して闊入する歩行者やグラフィティの介入、教会の儀礼とは関わらない信仰心の篤い者の祈り、経営者にこき使われる社員のサボりやマスメディアが流す物語への読者の読み替え、規格化されたゲームを勝手にプログラミングするゲーマーなどに至るまで、「消費」によって「生産」する諸々の戦術として理解されうる。ド・セルトーによれば、意味づけられた制度としての「場所」と、意味を事後的に与えることができる舞台装置のような「空間」が区別されるが、強者が戦略

ものと言われる。経済的にも健康面でも人々のあいだの格差は拡大した。世界規模でつながるソーシャルメディアのコミュニケーションによって、共通する不満や苦難の経験が可視化された。大統領みずからが煽るなど、政治の季節とも相俟って、アメリカ合衆国ではウイルスへの恐れがアジア系へのヘイトとして表れた。世界に遍在した病は政府の対応や公共性など各地の社会制度や倫理観を試すリトマス試験紙にもなったと言える。[第 1 章、第 6 章、第 8 章、第 9 章、第 10 章、第 13 章]

→インナーシティ／永遠の外国人／ギグ・エコノミー、ギグ・ワーカー、クラウド・ワーカー／ジェンダー・ロール／ジェントリフィケーション／セグリゲーション／フェミニズム／ポリティカル・コレクトネス／マイノリティの歴史

「進歩主義」と「狂乱の二〇年代（ジャズ・エイジ）」

アメリカ史における時代区分。社会革新が進んだ 1910 年代の進歩主義時代に対して、「狂乱の時代」と呼ばれる 1920 年代には第一次世界大戦後の経済発展を受けた中間層の富裕化によって都市部の大衆文化が花開いた。ジャズの流行に代表されるため「ジャズ・エイジ」とも呼ばれる。1929 年の世界大恐慌の影響で終焉。[第 5 章]

→アメリカン・ドリーム

人類学　→文化人類学

スーパーヒーロー・コミック（日本語では「アメリカン・コミック」とも）

スーパーヒューマンとヴィラン（悪役）のあいだの事件解決をめぐる物語を軸とするエンターテインメントの一類型。その発展は 4 つの時代区分で語られる。大衆化した初のヒーロー「スーパーマン」が登場し、赤青のコスチュームに見られる愛国主義が戦中にはプロパガンダへと変身したゴールデン期（1938-54 年）から、SF 要素が高まりキャラクターの内面描写が深化したシルバー期（1956-69 年）、政治や社会問題を主題にとってキャラクターが多文化主義化したブロンズ期（1970-84 年）に続く、『ウォッチメン』に代表されるモダン期（1985 年以降）は、物語がダークで王道の設定や主題を覆す脱構築的特徴をもつ。コミック雑誌からテレビドラマや映画、ビデオゲームまで、マルチメディアに展開しながら世界中で普及するスーパーヒーロー・コミックは、アメリカ発の文化でありながら、各地で現地版がつくられるなど、文化のアメリカナイゼーションの現場でもある。[第 1 章]

→アメリカン・ドリーム／映画芸術科学アカデミー／カウボーイ、西部劇／サブカルチャー／ディズニー／パブリック・ヒストリー／リプレゼンテーショ

◎一橋大学社会学部佐藤文香ゼミ生一同『ジェンダーについて大学生が真剣に考えてみた――あなたがあなたらしくいられるための29問』佐藤文香監修、明石書店、2019年

ジェントリフィケーション（gentrification）

高級地区化とも翻訳・説明されるもので、インナーシティなど貧困や治安の問題を抱える地区を開発などの手段によって、その地価を上げようとすること。郊外に富裕層が出ていき大都市が荒廃したという歴史的経緯や、そこに住むさまざまな課題を抱える者たちの福祉といった社会包摂を考慮せず、政治・経済的な力をもって企業や政府が住人をモノのように扱い、追い出すような事例が増えて批判されてきた。[第2章、第3章]

→医学的アパルトヘイト／インナーシティ／構造による人種差別／公民権運動／セグリゲーション／ソーシャル・インクルージョン／批判的人種理論

◎藤塚吉浩『ジェントリフィケーション』古今書院、2017年

社会的な性別役割　→ジェンダー・ロール

社会包摂　→ソーシャル・インクルージョン

ジューンティーンス（Juneteenth）

南北戦争後の奴隷解放にちなむ6月19日は、アメリカ連邦政府が2021年に制定したいちばん新しい祝日である。1983年の「マーティン・ルーサー・キング・Jr.の日」の次に新設されたものとなり、黒人に関わるものはそれらの日のみ。祝祭日の創設は、オフィシャルな「アメリカ史」が書き換えられていく過程である。[第1章、第11章]

→アメリカを再び偉大に／記念碑／パブリック・ヒストリー／文化戦争、文化への戦争

◎小森真樹「祝日・祭日」、アメリカ学会編『アメリカ文化事典』丸善出版、2018年、502-503頁

◎能登路雅子「祝祭日と祝い事」、『事典 現代のアメリカ』大修館書店、2004年、859-872頁

女性史　→マイノリティの歴史

新型コロナウイルス、パンデミック

2019年末より世界へと広がり「パンデミック」状態となった新型コロナウイルスは、その拡大規模と死者の数で言えば1918年のスペイン風邪以来の

ジェノサイド、エスノサイド、カルチュラル・ジェノサイド

ジェノサイドとは、国民、人種、民族、宗教などの特定の属性にある集団を破壊しようとする行為。国連の国際条約「ジェノサイド条約」は次のように定義している。「a　集団構成員を殺すこと、b　集団構成員に対して重大な肉体的または精神的な危害を加えること、c　全部または一部に肉体の破壊をもたらすために意図された生活条件を集団に対して故意に課すること、d　集団内における出生を防止することを意図した措置を課すること、e　集団の児童を他の集団に強制的に移すこと」。本法は、1948年、ナチス・ドイツによるユダヤ人大量虐殺ホロコーストに対して法的な意味を明確なものとし、以降同種の行為に対して国際法で規制をかけるために国連が定めたもの。日本は2023年時点で批准していない。法解釈や学問的な議論を残しているが、大量殺戮をともなわず、民族のアイデンティティを消去することを企図する同類の行為を「エスノサイド（民族文化消去）」、「カルチュラル・ジェノサイド（文化消去）」と呼ぶこともある。上に挙げたように、合意されてきた「ジェノサイド」の国際的定義は、一部に同様の意味を含む。［第3章、第11章、第12章、第14章］

→遺体の収集／オルタナ右翼／Qアノン／クー・クラックス・クラン／歴史修正主義

◎ジェーン・スプリンガー『1冊で知る虐殺《ジェノサイド》』築地誠子訳、原書房、2010年

ジェンダー・ロール（社会的な性別役割）

生物学的な性を指す「セクシュアリティ」と区別して、「ジェンダー」という言葉で社会的な性のことを指す。これによって、出生時に2つに固定化される性区分は医学や家族や社会などの制度によって社会が暫定的に決めているものであり、そこには複数の選択可能性がある、という視座が得られる。家族という最小のものから国家や人類といった最大規模のものまで、共同体で与えられる性別役割を――その意図や意識の有無にかかわらず――担いながら人に生活を営んでいる。［第5章］

→温情主義／家父長制／構造による人種差別／「個人的なことは政治的なこと」／フェミニズム／マイノリティの歴史／#MeToo／ロマンティック・ラブ・イデオロギー

◎加藤秀一『はじめてのジェンダー論』有斐閣（有斐閣ストゥディア）、2017年

◎加藤秀一・石田仁・海老原暁子『図解雑学　ジェンダー』ナツメ社、2005年

力／文化戦争、文化への戦争／文化のアプロプリエーション／ #MeToo ／リプレゼンテーション
◎ヘンリー・ジェンキンズ『コンヴァージェンス・カルチャー――ファンとメディアがつくる参加型文化』渡部宏樹・北村紗衣・阿部康人訳、晶文社、2021 年

［サ］

サブカルチャー

下位文化・副次文化・準文化。この言葉が指す範疇は時代と場所で異なる。この語は英米では「若者」中心に〝上〟からの「抑圧」や「抵抗」と関わって理解されてきた。パンクスやモッズなど、1970 年代イギリスの若者の族文化について論じ、「規範への破壊」と定義したディック・ヘブディジの『サブカルチャー』と同じく、アメリカにおいても「主流＝メイン（ストリーム）」とは呼ばれないものを指す。例えば一時期までのゲイカルチャー、ヒップホップやコンピューティングなど。対義語は「主流文化」であり、主流化するとそうみなされなくなる。規範への対抗的な態度、すなわちカウンターカルチャーとも結びつけられ、例えば「アメリカーナ」と呼ばれるレトロな伝統文化や、第 14 章で紹介したような異性愛同士の家族像に基づいたキリスト教に関わるカルチャーなどの保守（回帰）的な領域はそう呼ばれない。一方、日本語では、1960 年代に主にアメリカ西海岸からの対抗文化を輸入した時期を除いて、その後カタカナの「サブカルチャー」は対抗色を脱色され、特に政治的かどうかにかかわらず「逸脱的／周縁的な文化（outsider / marginal culture）」を指すと同時に消費文化としての色彩を帯びるようになった。ここでの対義語は「高級・高位文化」だが、同時に大衆的な「主流文化」でもありうる。2000 年代半ば頃に普及したのはマンガ・アニメなど「オタク系」のコンテンツを「サブカル（チャー）」と呼ぶ用法だが、主流文化の内側にある適度に逸脱的なサブジャンルのようにも用いられる。［第 14 章］

→カウンターカルチャー／パブリック・ヒストリー／マイノリティの歴史／リプレゼンテーション
◎小森真樹「若者雑誌と 1970 年代日本における「アメリカナイゼーション」の変容――『宝島』、『Made in U.S.A. catalog』、『ポパイ』、『ブルータス』を事例に」、『出版研究』第 42 号、日本出版学会、2011 年、47-68 頁
◎榊祐一「日本におけるサブカルチャーをめぐる語りの諸類型」、『層――映像と表現』第 10 巻、北海道大学大学院文学研究科映像・現代文化論講座、2018 年、245-267 頁

動を指す一方で、当初の問題が完全に解決されたわけではなく、運動が名前や形を変えながら続いてきた点にも注意を払いたい。[第3章、第4章、第5章、第6章]

→医学的アパルトヘイト／インナーシティ／構造による人種差別／セグリゲーション／ソーシャル・インクルージョン／批判的人種理論

◎ジェームス・M・バーダマン『アメリカ黒人の歴史』森本豊富訳、NHK出版（NHKブックス）、2011年

黒人史　→マイノリティの歴史

「個人的なことは政治的なこと（The personal is political / The private is political）」

フェミニズム運動の有名なスローガン。1960〜70年代の第二波フェミニズム運動においてキャロル・ハニッシュの出版物のタイトルで知られるようになり、さらにその後プロテストの現場や文学、映画、アートなどの表現でたびたび使われるようになって普及してきた。その意味は、解釈にもよるが、子育てや家事の分担、容姿や妊娠中絶など個人的な問題と思われがちなものは社会が構成する価値観や政治の機能不全という構造的な問題であり、集団として仕組みの水準から解決すべきだ、というものが一般的である。[第5章、第6章]

→陰謀論／温情主義／家父長制／構造による人種差別／ジェンダー・ロール／フェミニズム／マイノリティの歴史／#MeToo／ロマンティック・ラブ・イデオロギー

コンヴァージェンス・カルチャー（集合・収斂する文化）

コミュニケーション学者のヘンリー・ジェンキンズが2006年刊行の同名の著書で提唱した概念。『スター・ウォーズ』、『ハリー・ポッター』などのファンダムで起こる現象は、受動的な消費ではなく能動的な創造である。コンヴァージェンスの特徴は、(1)「多数のメディア・プラットフォームにわたってコンテンツが流通すること」、(2)「多数のメディア業界が協力すること」、(3)「オーディエンスが自分の求めるエンターテインメント体験を求めてほとんどどこにでも渡り歩くこと」とされる。作り手・送り手もファンのコンヴァージェンス・カルチャーを無視することはできなくなっている。[第13章、第14章]

→インターネットミーム／オルタナ右翼／カウンターカルチャー／キャンセル・カルチャー／サブカルチャー／スーパーヒーロー・コミック／ディズニー／パブリック・ヒストリー／ブラック・ライブズ・マター運動、警察の暴

特定の政党が有利になるよう選挙区割りを再編成すること。1812 年マサチューセッツ州知事エルブリッジ・ゲリーが行った区割りの地図がサラマンダー（トカゲ状の架空の生物）のように見えたことに由来する、なんとも洒落たネーミング。日本では 1 票の格差として知られるように、アメリカに限らず世界中で見られる現象で、ルールを決める立場が都合よくふるまえないようにする仕組みが必要である。[第 6 章]

→共和党・民主党／投票率／保守主義

構造による人種差別（systemic racism）

人種差別・レイシズムは、「個人」の差別意識や失敗などに起因する（だけの）ものではなく、法律や教育や制度設計や文化など歴史的に「構造」の中に埋め込まれていることを理解するための用語。「システミック（systemic）」とは「システム（仕組み、制度）」の形容詞だが、体内の血液循環などに対して使われる語で、「システマティック」以上に根深く張り巡らされて自明化している、というニュアンスがある。警察による暴力を訴える運動の際に拡大したが、2010 年代以降、ブラック・ライブズ・マター運動、とりわけ 2020 年 5 月のジョージ・フロイド殺害事件以降、さらに普及した。[第 2 章、第 3 章、第 4 章]

→医学的アパルトヘイト／クー・クラックス・クラン／セグリゲーション／白人至上主義／ブラックパンサー党／ブラックフェイス／ブラック・ライブズ・マター運動、警察の暴力／ポスト植民地主義論／ホワイトウォッシング／マイノリティの歴史／マーティン・ルーサー・キング・Jr. 牧師／ミュージアムの脱植民地化

◎兼子歩・貴堂嘉之編『「ヘイト」に抗するアメリカ史――マジョリティを問い直す』彩流社、2022 年

公民権運動

近代以降憲法で保障された権利を求める運動一般のことを指しうるが、狭義には 20 世紀半ばにアメリカ合衆国で高まったアフリカ系アメリカ人の公民権を認める法律制定の運動を指す。1865 年の南北戦争終結後に奴隷制は廃止されたが、法的差別すら残存していた。20 世紀初頭から全米有色人種地位向上協会（NAACP）が運動を展開し、1954 年には最高裁が学校での人種分離を違憲とするブラウン判決を下す。1955 年、バスで白人に席を譲らなかったローザ・パークスの逮捕に始まり、キング牧師が指導したバス・ボイコット運動、大学生が飲食店で行うシット・イン運動、投票権法を求めたセルマからモントゴメリーへの行進などによって、さまざまなレベルで公民権法成立を実現してきた。この言葉はアメリカ史上の特定の時期に起こった運

の割合は世界最大である。とりわけ1980年代のレーガン政権時代には、政治化して「宗教右派」の大きな票田となったことが社会への影響力を相乗的に高めた。[第14章]

→陰謀論／カウンターカルチャー／キャンセル・カルチャー／戦略と戦術／天地創造論と進化論／白人至上主義／パブリック・ヒストリー／批判的人種理論／文化戦争、文化への戦争／文化のアプロプリエーション／保守主義

◎映画『ジーザス・キャンプ ～アメリカを動かすキリスト教原理主義～(*Jesus Camp*)』（監督：ハイディ・ユーイング＋レイチェル・グレイディ）、アメリカ、2006年

クー・クラックス・クラン（KKK）

アメリカ合衆国の白人至上主義秘密結社。団体の創始は奴隷制廃止のきっかけとなった南北戦争後の1866年頃とされるが、雲散霧消し、歴史的断絶を経て活動は続いてきた。時期を分けて理解されることも多く、それぞれの活動趣旨や特性が異なるという点を理解することも重要である。名称は、ギリシャ語の「ククロス（結社）」と英語の「クラン（氏族）」に由来する。反ヘイト団体の名誉毀損防止同盟（ADL）によると、2017年時点で公式にわかっただけでも全米に42団体3000名程度の正規メンバーが記録されており、団体の半数以上は過去3年に結成されたものである。メディアで報じられたり研究や創作の対象となったりと、トランプ大統領登場以降、再度光があたり始めている。活動は穏健化したように見える一方で、白人至上主義団体の破壊工作や（元）メンバーによるヘイトクライム殺人なども起こっており、正しく理解することがいっそう求められている。[第1章、第2章、第3章、第10章]

→陰謀論／サブカルチャー／ジェノサイド、エスノサイド、カルチュラル・ジェノサイド／白人至上主義／批判的人種理論／文化人類学／保守主義／ポスト植民地主義論

◎浜本隆三『クー・クラックス・クラン——白人至上主義結社KKKの正体』平凡社（平凡社新書）、2016年

クラウド・ワーカー　→ギグ・エコノミー

黒塗り　→ブラックフェイス

警察の暴力　→ブラック・ライブズ・マター運動

ゲリマンダリング

大統領制と並んでアメリカ政治を特徴づけるのが二大政党制である。近年の「共和党」、「民主党」は典型的には以下のように理解される。共和＝「小さな政府、キリスト教的伝統、白人・高所得者・プロテスタント」、民主＝「大きな政府、伝統に固執しない価値観、人種マイノリティ・中低所得者・カトリック・ユダヤ教の支持層」。しかし、トランプ現象など、この図式では説明できない現象がとりわけ近年では前景化するようになっており、あくまでモデルと理解しつつ内部の多様性に着目することが肝要である。正規の「党員」と同等程度「無所属」が存在するにもかかわらず、実体的には政治に参加することを通してアメリカ国民の多くが共和党・民主党いずれかに参加する感覚をもっている。高校生が架空の二大政党による模擬選挙を行うワークショップに密着した映画『ボーイズ・ステイト』は、党員へとつながる政治的な志向が育まれているのか（そして、そこでいかにマッチョで「有害な男性性」が機能するのか）を活写している。映画『スイング・ステート』は、国政の中枢ワシントンDCの党選対本部に「狙われた」ウィスコンシン州の選挙区が舞台の諷刺コメディドラマで、アメリカの選挙の仕組みがよくわかる（監督は政治諷刺コメンテーターとして知られるジョン・スチュワート）。［第1章］

→オルタナ右翼／Qアノン／キリスト教福音派／ゲリマンダリング／投票率／保守主義

◎岡山裕・前嶋和弘『アメリカ政治』有斐閣（有斐閣ストゥディア）、2023年

◎映画『スイング・ステート（*Irresistible*）』（監督：ジョン・スチュワート）、アメリカ、2020年

◎映画『ボーイズ・ステイト（*Boys State*）』（監督：ジェシー・モス＋アマンダ・マクベイン）、アメリカ、2020年

キリスト教福音派（evangelical Christian）

主にプロテスタントに広がる超教派の運動であり、個人の道徳および信仰の回心を経験する「生まれ変わり（born-again）」を旨に、信者はキリストに贖罪され、罪から解放された存在である、とする。聖書の記述は科学的にも歴史的にも全面的に真理であるとし、唯一の救いである死後天国に行くこと、つまり回心の意義を行動主義的に伝える福音活動を積極的に行う。18世紀の大覚醒など幾度も信仰リバイバル運動によって普及してきたが、20世紀以降には、教会と併せてラジオ、テレビ、ネットなどの情報産業、学校や博物館や教科書などの教育産業、音楽や映画、文芸などの文化産業など、各分野がネットワーク化した資本主義的土壌で発展したことに特徴がある。アメリカにおけるキリスト教の主流派はプロテスタントだが、国内の福音派

変化し、保守的なイデオロギー性や党派性が色濃く与えられるようになった。この言葉で論難する場合には「表現の自由」や「検閲」を主張することが多い。日本語の「歴史修正主義」などと同じく、時代や言語の違いでこうしたニュアンスは容易に変わりうるし、言葉の意味の奪い合い（＝アプロプリエーション）も起こる。声をあげて取り下げさせるのは脅迫めいていておかしい、とただちに短絡するのではなく、「キャンセル・カルチャー」というキーワードが運動の戦術になっていると理解することが肝要である。［第10章、第13章、第14章］

→インターネットミーム／オルタナ右翼／カウンターカルチャー／キリスト教福音派／コンヴァージェンス・カルチャー／天地創造論と進化論／ハッシュタグ運動／批判的人種理論／ブラック・ライブズ・マター運動、警察の暴力／文化戦争、文化への戦争／文化のアプロプリエーション／保守主義／ポリティカル・コレクトネス／#MeToo

◎前嶋和弘『キャンセルカルチャー——アメリカ、貶めあう社会』小学館、2022年

Qアノン

ウェブ掲示板をメディアとした陰謀論による政治運動。食人族の児童虐待売買春を行う悪魔たちの陰謀に対してドナルド・トランプは救世主として立ち向かっている、という都市伝説（ピザゲート）を含み、伝統的に続いてきたユダヤ陰謀論などを吸収して展開している。2017年頃、大統領選直後の時期にトランプ支持派グループとして知られ始め、2020年の再選時には選挙結果を覆そうとした連邦議会襲撃事件にも多くの信奉者が参加した。国政政治家にさえその参加を公言するものがいて支持が広がっている。アメリカ政治を経て、ドイツ、カナダ、オーストラリア、アルゼンチンやブラジル、ロシアなど、さまざまな政治体制の各国に広がっている。日本も例外ではなく、とりわけ2020年代以降、各種選挙時には日本型アノン（J-Anon、QArmyJapanFlynn、YamatoQなど）による運動が拡大した。［第14章］

→陰謀論／オルタナ右翼／カウンターカルチャー／キャンセル・カルチャー／コンヴァージェンス・カルチャー／サブカルチャー／パブリック・ヒストリー／文化戦争、文化への戦争／文化のアプロプリエーション／保守主義／リプレゼンテーション

◎藤原学思『Qを追う——陰謀論集団の正体』朝日新聞出版、2022年

◎ドキュメンタリーシリーズ『Qアノンの正体（*Q: Into the Storm*）』（監督：カレン・ホーバック）、アメリカ、2021年

共和党・民主党（Republican, Democrat）

◎上野千鶴子『家父長制と資本制——マルクス主義フェミニズムの地平』岩波書店（岩波現代文庫）、2009 年

カルチュラル・ジェノサイド　→ジェノサイド

ギグ・エコノミー、ギグ・ワーカー、クラウド・ワーカー

超短期の低賃金派遣労働者にIT的なスタイリッシュな装いを与える言葉。「ウーバー化（uberization）」と呼ばれる雇用と経済を指すこれらのカタカナの用語が普及したのは2010年代であり、いわゆる「日雇い」労働が抱える大きな問題が長らく議論されたあとのことである。［第7章］

◎ジェームズ・ブラッドワース『アマゾンの倉庫で絶望し、ウーバーの車で発狂した——潜入・最低賃金労働の現場』濱野大道訳、光文社（光文社未来ライブラリー）、2022 年

ギグ・ワーカー　→ギグ・エコノミー

記念碑（モニュメント）

人物または歴史的出来事を記念したり顕彰したりするための有形の建築物。彫像や戦争記念碑などのように、それ以外の目的をもたないものも多い。歴史的建造物や史跡・遺跡など、それ自体がモニュメント化されたものもある。ラテン語のmoneo（思い出させる、警告する）などに由来するとされるように、その重要さを記憶するという点に主眼が置かれ、多くは肯定的に用いられてきた。第10章の奴隷制像の保存の議論に見たように「反省の歴史」を残すモニュメントはそれほど一般的ではなく、いまだ議論が始まった段階と言えよう。［第8章、第11章、第12章］

→白人至上主義／パブリック・ヒストリー／マイノリティの歴史／ミュージアム／歴史修正主義

◎小田原のどか『近代を彫刻／超克する』講談社、2021 年

キャンセル・カルチャー（cancel culture）

容認できない態度や言動をとった人物や不適切な広告や商品とみなされたものに対して、抗議やボイコットを行い、表現や商品の取り下げや変更を求める慣習のこと。価値観が対立する文化戦争状態で普及した言論の戦術である。元は黒人コミュニティで通用していた冗談めいたフレーズだったが、2020年頃にアメリカ大統領選やコロナ禍、ブラック・ライブズ・マター運動などをめぐる分極化した対立において、ソーシャルメディアを通じて保守派が反ポリティカル・コレクトネスの文脈で用いることでそのニュアンスが

後はジョン・ウェインやジョン・フォードなどの作品群が活況を呈し、テレビが娯楽の中心になると番組編成の一大領域となった。「ウェスタン／西部劇」というジャンルや「カウボーイ」というテーマは、各種メディアに息づいている。映画やドラマや小説のほか、カントリー音楽の一つのジャンルとして知られ、テーマパーク・アトラクションなどの展示施設にも広がっている。例えばテキサス州フォートワースにあるカウガール博物館のように、ウェスタン史における女性の存在について検証・教育する動きもある。［第2章］

→カウンターカルチャー／パブリック・ヒストリー／文化戦争、文化への戦争／保守主義／ポリティカル・コレクトネス／マイノリティの歴史／歴史修正主義

カウンターカルチャー（対抗文化）

狭義にはヒッピー運動やロックンロールなど1960年代にアメリカ西海岸から拡大した若者文化現象として知られるが、アーティストたるもの主流社会に対抗しなくてはならないという広義の「対抗文化」思想はより歴史が長く、プッチーニの《ラ・ボエーム》など18〜19世紀のロマン主義まで起源をたどることができる。主流文化に対抗し、別の可能性を求める「オルタナティブ」へのポーズと美学、普及と商品化は、資本主義の影響を多かれ少なかれ受ける文化圏ではあまねく見られる。ヒースとポターの言う「反逆の神話」は、未来の見通しの甘かった文化左翼の席捲によって皮肉めいた形で遍在化してしまった。さて、この「楽しい」文化はどう使えるものになるだろうか？［第7章、第8章、第14章］

→オルタナ右翼／キャンセル・カルチャー／Qアノン／コンヴァージェンス・カルチャー／サブカルチャー／ビール／プロテスト・ソング

◎ジョセフ・ヒース＋アンドルー・ポター『反逆の神話――「反体制」はカネになる』（新版）、栗原百代訳、早川書房（ハヤカワ文庫）、2021年

家父長制（patriarchy）

男性の権力を中心に据えて設計される家族や家系の制度であり、所有物としての女性を含めた財を再生産することで維持される社会構造。人類学的知見によれば古来から見られる制度だが、近代以降には社会の設計にあまねく高度に家父長制を反映させることで、いわば人々から性の選択肢を奪い、「女性」を従属させることで合理化された社会をつくった。対義語は「家母長制（matriarchy）」。［第4章、第5章、第7章、第12章］

→温情主義／「個人的なことは政治的なこと」／フェミニズム／マイノリティの歴史／ロマンティック・ラブ・イデオロギー

オルタナ右翼（alt-right / alternative right）

2000年代に現れた保守主義の一種。白人ナショナリスト、リバタリアニスト（個人自由至上主義）、ネオナチ、白人至上主義者、反フェミニズム、反LGBTQ、反移民などの緩やかな極右連合で、主にウェブ上でネットワーク的に展開したと考えられており、一般には2017年頃トランプ大統領の支持基盤として認知されるようになった。1980年代に反動的に現れた、孤立主義・保護主義、伝統家族や南部文化の尊重、および反ユダヤ主義・人種差別主義・排外主義を特徴とする「旧保守主義／伝統的保守主義（paleoconservatives）／オールドライト」の復活または継承とも見られている。［第14章］

→陰謀論／カウンターカルチャー／キャンセル・カルチャー／Qアノン／コンヴァージェンス・カルチャー／サブカルチャー／パブリック・ヒストリー／文化戦争、文化への戦争／文化のアプロプリエーション／保守主義／リプレゼンテーション

◎「胡乱な人種差別主義結社が「オルタナ右翼」になるまで」、WIRED（2017年1月23日）：https://wired.jp/2017/01/23/alt-right-grew-obscure-racist-cabal/

◎前嶋和弘×八田真行×町山智浩×荻上チキ「オルタナ右翼を考える」、SYNODOS（2017年1月25日）：https://synodos.jp/opinion/international/18993/

温情主義（パターナリズム）（paternalism）

社会構造で権威をもつ立場のものが力の弱いものに対して保護し、同様の発展を導く、という思考。いわば上から目線での保護主義のこと。［第6章、第10章、第11章］

→キリスト教福音派／文化財返還運動／ポスト植民地主義論／ミュージアムの脱植民地化

［カ］

カウボーイ、西部劇

開拓時代にテキサス州などアメリカ西部で登場した肉牛の牛追い業のことだが、各種メディアを通じてテーマとしての「カウボーイ」は今でも生き続けている。大きな影響力をもった初めてのメディアは「ダイム（10セント）・ノベル」と呼ばれる大衆小説である。暴力に満ちた世界で野生動物を手なづけて冒険を繰り広げるバッファロー・ビルという主人公の型が生まれ、現実世界でも牧場近郊でのロデオショーなどの見世物へと発展した。映画の普及

永遠の外国人（perpetual foreigner）
人種主義的・排外主義的なステレオタイプである。帰化したり、あるいはその地で生まれている市民であっても「外国人」のように扱われ、社会から差別される現象。少数民族集団であったり、外見上人種マイノリティに属していたり、話す言語がマジョリティの言語と異なったりする場合には、とりわけ起こりうる。日本では、非アジア系日本人がとりわけこの被害者として想定される。［第７章］
→インナーシティ／構造による人種差別／ジェントリフィケーション／新型コロナウイルス、パンデミック／セグリゲーション／フェミニズム／マイノリティの歴史

映画芸術科学アカデミー（Academy of Motion Picture Arts and Sciences）
「アカデミー賞（オスカー）」を授与していることで知られるアメリカの映画業界団体。俳優、プロデューサー、監督や脚本家、撮影や音楽、広報など各種スタッフで構成され、さらに世界中の映画関係者に一般会員がいる。1927年設立で、歴史的には労働組合が発展する以前に資本家を含む権力者による連携組織をつくろうという政治的意図もあった。アカデミー賞が現在のような地位を得たのはテレビ局にセレモニー放映権を販売することが始まった1950年代以降であり、授賞式会場で知られるサミュエル・ゴールドウィン・シアターや研究所などの開設によって、次第にハリウッド映画およびアカデミー自体が価値づけられ、アメリカの主流映画が文化芸術としての地位を獲得した。コロナ禍の遅延を経て2021年に鳴り物入りで開館したアカデミー映画ミュージアムは、この文脈でも理解できよう。1930年代の最先端アール・デコ様式の建築を、現代建築界で第一級のレンゾ・ピアノに改装させ、全米を代表する美術館ロサンゼルス・カウンティ美術館の隣に立地したことも、芸術文化史における「ハリウッド映画」を物語る。なお、日本を含め他国にも映画関係の「アカデミー賞」が多数あるが、日・英のアカデミー賞のみがアメリカの団体から認可を受けている。［第７章］
→アメリカ国立フィルム登録簿／アメリカン・ドリーム／パブリック・ヒストリー／ミュージカル、ミュージカル映画／リプレゼンテーション／歴史修正主義

エスノサイド　→ジェノサイド

公の歴史　→パブリック・ヒストリー

インナーシティ（inner city）

都市部ダウンタウンの人種マイノリティが住む低所得者層の住居地区を婉曲的に指す言葉。アメリカでは、第二次世界大戦後に増え始めた白人富裕層が郊外に流出し、都市が低所得者層の住む地区となる一方で、福祉への支出が抑えられた都市では住環境も劣悪なものとなっていった。インナーシティは「黒人コミュニティの社会問題」のような含みのある言葉として使われ、人種化されるようになったのである。［第2章］

→医学的アパルトヘイト／構造による人種差別／公民権運動／ジェントリフィケーション／セグリゲーション／ソーシャル・インクルージョン／批判的人種理論

陰謀論（conspiracy theory）

広く知られる悲劇的な出来事を非常に大きな権力集団の行動の結果として理解する試み。天災、感染症、戦争やスパイ、政治機構、宗教組織、メディアの情報操作から、オカルト的なものや「……は実は存在しない」など反科学的信念まで幅広い。対抗的に通説を否定する性格をもつため、常識的な見方や公式見解は陰謀のさらなる証拠とみなされやすい。リチャード・ホフスタッターの論文「アメリカ政治におけるパラノイド・スタイル」（1964年）は、アメリカの政治にはこうした伝統があることを指摘し、個人の病理ではなく集団間のプロセスと見る視座を提供した。陰謀論的思考は、恐怖や不安を募らせる集団同士の対立から生まれ、地位闘争につながる。それは他の集団の文化や生活様式を恐れる感覚に支えられており、したがって政治的立場の極端なところにいる過激派は偏執的な態度を身につけていくのである。［第1章、第8章、第14章］

→インターネットミーム／オルタナ右翼／Qアノン／サブカルチャー／ジェノサイド、エスノサイド、カルチュラル・ジェノサイド／新型コロナウイルス、パンデミック／白人至上主義／ハッシュタグ運動／パブリック・ヒストリー／批判的人種理論／文化人類学／文化戦争、文化への戦争／保守主義／ポスト植民地主義論／歴史修正主義

◎ジェシー・ウォーカー『パラノイア合衆国――陰謀論で読み解く《アメリカ史》』鍛原多恵子訳、河出書房新社、2015年

◎リチャード・ホフスタッター「アメリカ政治におけるパラノイド・スタイル」入江哲朗訳、『表象』第17号、表象文化論学会、2023年、75-102頁

◎ジョゼフ・E・ユージンスキ『陰謀論入門――誰が、なぜ信じるのか？』北村京子訳、作品社、2022年

◎ゲイリー・ラックマン『トランプ時代の魔術とオカルトパワー』安田隆監訳、小澤祥子訳、ヒカルランド、2020年

最新のゲノム科学まで』東郷えりか訳、作品社、2020 年

遺体コレクション　→遺体の収集

遺体の収集

研究や医療利用などの観点から、命ある存在はミュージアムや研究所、大学などに集められ、保存されてきた。東日本大震災やパンデミック、パレスチナやウクライナ戦争などを思い出されたいが、災害時や緊急時には、こうした扱いが揺らぎ、それによって生き残った遺族らがトラウマを抱える事態も起こりうる。モノとして扱われている死体を「遺体」、「人間」として扱うことができる条件を整えることが肝要である。合理化のための制度は倫理的に定められなくてはならない。[第 11 章、第 12 章]

→温情主義／人間動物園／万国博覧会／文化財返還運動／文化人類学／ポスト植民地主義論／ミュージアム／ミュージアムの脱植民地化

◎松島泰勝・木村朗編『大学による盗骨——研究利用され続ける琉球人・アイヌ遺骨』耕文社、2019 年

インターネットミーム

より一般的には「人々の模倣と改変によってネット空間に広がる視覚情報」と説明できる。進化生物学者リチャード・ドーキンスが 1976 年に『利己的な遺伝子』で文化現象を遺伝子の進化モデルになぞらえた「ミーム」という造語が元になっている。ミームとは、進化論的な原則で遺伝子を説明するモデルを「文化」の説明に応用したもので、例えばファッションの流行、特定の言いまわしや会話表現などのフレーズ、携帯電話をもつといった行動様式、建造物の工法などのスキル、学術や芸術におけるアイデアなどであり、複製し、伝播し、変異する、という遺伝子における三つの条件があれば同様に「進化」する、という説である。「ミーム学（memetics）」と呼ばれる分野があるが、インターネット現象に対して使われる場合には、学術的な探究は発展途上である。第 14 章で見たミームへの関心は、社会運動や政治や信仰などのイデオロギー的な領域と、アートやカルチャーなどの審美的な領域が交差する点にあった。生成 AI などの登場によって、両面で高度化するであろう今後の動向にも関心が高まる。[第 14 章]

→Qアノン／オルタナ右翼／カウンターカルチャー／キャンセル・カルチャー／コンヴァージェンス・カルチャー／サブカルチャー／パブリック・ヒストリー／文化戦争、文化への戦争／文化のアプロプリエーション／#MeToo／リプレゼンテーション

ンプ自身が支持者のことを「マガドニアン（Magadonians）」と呼んだこともある。［第1章、第12章、第13章、第14章］

→陰謀論／オルタナ右翼／Qアノン／共和党・民主党／ジェノサイド、エスノサイド、カルチュラル・ジェノサイド／投票率／白人至上主義／ハッシュタグ運動／批判的人種理論／文化人類学／保守主義／ポスト植民地主義論／歴史修正主義

アメリカン・コミック　→スーパーヒーロー・コミック

アメリカン・ドリーム

資本主義社会で堅実に働けば、よい所有物や教育などを通じて、階級や生まれにかかわらず、あらゆる人は階層を上昇させて成功する可能性がある、というアメリカに普及する信念。言葉のとおり、民主主義や法の統治、自由の概念など「アメリカ的」とされるものに結びつけられて理解されることも多い。階層上昇の感覚には「証拠」が必要であるが、多くの国民が消費財を手に入れることが可能な段階になり、物質文化が自己実現に直結するという意識が広がると、この神話は実感をもつ。その意味では、1920年代や1950年代という好景気の時代に迫り出してきたのも不思議ではない。ジェームズ・トラスロー・アダムスがアメリカ合衆国の生活を神話化した1931年の著書『アメリカの叙事詩（*The Epic of America*）』の中で用いた造語として普及した。［第3章、第5章、第7章、第8章］

→アメリカを再び偉大に／映画芸術科学アカデミー／カウボーイ、西部劇／スーパーヒーロー・コミック／ディズニー／保守主義

◎デイヴィッド・ハルバースタム『ザ・フィフティーズ——1950年代アメリカの光と影』（全3巻）、峯村利哉訳、筑摩書房（ちくま文庫）、2015年

医学的アパルトヘイト

人種差別は医学の歴史においても露骨に見られる。第12章の先住民の遺体の扱いでも見られたように、戦時に「敵国」、「異人種」の捕虜が医学検体として用いられた負の遺産は、現在のアメリカの医学や人類学系博物館のコレクションにも見られる。黒人のみを対象にガス兵器の人体実験を被験者に伝えずに行っていたタスキギー事件などで知られるように、実験対象を人種マイノリティに限る「医学的アパルトヘイト」の歴史がある。［第3章、第12章］

→インナーシティ／構造による人種差別／公民権運動／セグリゲーション／ソーシャル・インクルージョン／白人至上主義／批判的人種理論

◎アンジェラ・サイニー『科学の人種主義とたたかう——人種概念の起源から

「楽しい政治」のためのキーワード事典

キーワード事典は読みものとしても楽しい。パラパラとめくりながら、関連する本文の章に戻って、もうちょっと深めて楽しむ。オススメブック＆映画リストも兼ねている。アクセスしやすい日本語文献を中心に挙げておいたので、さらに読み込むにはそちらも。極私的に綴った解説事典。

［ア］

アプロプリエーション　→文化のアプロプリエーション

アメリカ国立フィルム登録簿（National Film Registry）

1980年代、フランク・キャプラやマーティン・スコセッシら映画界の有力者の働きかけで制定された国立映画保存法によって設立された。アメリカ議会図書館の一部門として、毎年25点を上限に文化的、歴史的、芸術的に価値がある映画という基準で保存作を選定している。長編と短編に分け、「物語映画」、「ドキュメンタリー」、「アニメ」、「実験映画」などのカテゴリーがある。第6章で論じたように、1984年公開のデイヴィッド・バーン出演の過去作が新作で活躍した年に選定されたり、実写化が話題になった2022年にアニメ版のディズニー『リトル・マーメイド』が登録されるなど、同時代の価値観を強く反映している。［第6章］

→映画芸術科学アカデミー／パブリック・ヒストリー／ミュージカル、ミュージカル映画／リプレゼンテーション

アメリカを再び偉大に（Make America Great Again, MAGA）

ドナルド・トランプが大統領に選ばれた2016年の選挙キャンペーンで知られるようになったフレーズ。実はロナルド・レーガン大統領も使用していた。2020年の再選を狙う選挙では「アメリカを偉大に維持しよう（Keep America Great）」などを当初は使っていたが、結局このフレーズに再度落ち着いたように、認知度のあるブランド化された言葉になったと言える。「再び偉大に」とは、公民権運動以前の社会こそが「偉大」というふうにとれば、白人至上主義者にもアピールできる。こうした言葉の意味が曖昧なフレーズを大多数に向けて発する「犬笛政治」のフレーズと理解されており、大統領退任後は分裂する共和党内部でトランプの強い影響力を受ける政治家や支持者をこの言葉で指すことも多い。「マガ（MAGA）」と略される。トラ

小森真樹（こもり・まさき）

一九八二年、岡山県生まれ。東京大学大学院総合文化研究科博士課程修了。博士（学術）。武蔵大学人文学部准教授、立教大学アメリカ研究所所員およびテンプル大学歴史学部客員研究員。専門は、アメリカ文化研究・ミュージアム研究。批評・雑誌編集・展覧会企画にも携わる。

主な著書に、『人文学のレッスン』（共著、水声社）、『かじこ――旅する場所の１０８日間の記録』（共編著、かじこ）ほか。

主な論文に、「ミュージアムで「キャンセルカルチャー」は起こったのか？」（『武蔵大学人文学会雑誌』第五五巻第二号）、「兵器化する科学主義」（『史苑』第八三巻第二号）、「遺体が芸術になるとき」（『民族藝術学会誌 Arts/』第三七巻）、「デジタル・ミュージアム・研究」（『立教アメリカン・スタディーズ』第四〇号）、「ミュージアム研究における「展示の政治学」論の系譜」（『ムゼイオン 立教大学博物館研究』第六三号）、「美術館の近代を〈遊び〉で逆なでする」（『あいちトリエンナーレ２０１９ラーニング記録集』）ほか。

そのほか、連載として、「ミュージアムで迷子になる」（OHTABOOKSTAND）。編集・企画として、「美大じゃない大学で美術展をつくる vol.1 藤井光〈日本の戦争美術１９４６〉展を再演する」、ウェブマガジン『-oid』など。

楽《たの》しい政《せい》治《じ》

「つくられた歴《れき》史《し》」と「つくる現《げん》場《ば》」から現《げん》代《だい》を知《し》る

二〇二四年一〇月　八日　第一刷発行

著者　小《こ》森《もり》真《まさ》樹《き》

発行者　篠木和久

発行所　株式会社　講談社

東京都文京区音羽二丁目一二―二一　〒一一二―八〇〇一

電話　（編集）〇三―五三九五―三五一二

（販売）〇三―五三九五―五八一七

（業務）〇三―五三九五―三六一五

装幀者　奥定泰之

本文印刷　株式会社　新藤慶昌堂

カバー・表紙印刷　半七写真印刷工業　株式会社

製本所　大口製本印刷　株式会社

ISBN978-4-06-537411-5　Printed in Japan　N.D.C.311　445p　19cm

講談社選書メチエの再出発に際して

講談社選書メチエの創刊は冷戦終結後まもない一九九四年のことである。長く続いた東西対立の終わりはついに世界に平和をもたらすかに思われたが、その期待はすぐに裏切られた。超大国による新たな戦争、吹き荒れる民族主義の嵐……世界は向かうべき道を見失った。そのような時代の中で、書物のもたらす知識が一人一人の指針となることを願って、本選書は刊行された。

それから二五年、世界はさらに大きく変わった。特に知識をめぐる環境は世界史的な変化をこうむったとすら言える。インターネットによる情報化革命は、知識の徹底的な民主化を推し進めた。誰もがどこでも自由に知識を入手でき、自由に知識を発信できる。それは、冷戦終結後に抱いた期待を裏切られた私たちのもとに差した一条の光明でもあった。

その光明は今も消え去ってはいない。しかし、私たちは同時に、知識の民主化が知識の失墜をも生み出すという逆説を生きている。堅く揺るぎない知識も消費されるだけの不確かな情報に埋もれることを余儀なくされ、不確かな情報が人々の憎悪をかき立てる時代が今、訪れている。

この不確かな時代、不確かさが憎悪を生み出す時代にあって必要なのは、一人一人が堅く揺るぎない知識を得、生きていくための道標を得ることである。

フランス語の「メチエ」という言葉は、人が生きていくために必要とする職、経験によって身につけられる技術を意味する。選書メチエは、読者が磨き上げられた経験のもとに紡ぎ出される思索に触れ、生きるための技術と知識を手に入れる機会を提供することを目指している。万人にそのような機会が提供されたとき初めて、知識は真に民主化され、憎悪を乗り越える平和への道が拓けると私たちは固く信ずる。

この宣言をもって、講談社選書メチエ再出発の辞とするものである。

二〇一九年二月　　野間省伸